杜威中期著作

1899—1924

复旦大学杜威与美国哲学研究中心　组译

杜威全集

Collected works of John Dewey

《教育中的兴趣与努力》
1912至1914年间的期刊文章、书评及杂记

第七卷

1912—1914

刘　娟　译　欧阳谦　校

华东师范大学出版社

The Middle Works of John Dewey, 1899 – 1924

Volume Seven: Essays, Book Reviews, Encyclopedia Articles in the 1912 – 1914 Period, and *Interest and Effort in Education*

By John Dewey

Edited by Jo Ann Boydston

上海市版权局著作权合同登记　图字:09 – 2004 – 377 号

《杜威全集》中期著作(1899—1924)

主　　编　乔·安·博伊兹顿(Jo Ann Boydston)
文本顾问　弗雷德森·鲍尔斯(Fredson Bowers)　弗吉尼亚大学　荣誉退休

编辑顾问委员会成员
刘易斯·E·哈恩(Lewis E. Hahn)　主席　南伊利诺伊大学
乔·R·伯内特(Joe R. Burnett)　伊利诺伊大学
S·莫里斯·埃姆斯(S. Morris Eames)　南伊利诺伊大学
威廉·R·麦肯齐(William R. Mckenzie)　南伊利诺伊大学
弗农·A·斯顿伯格(Vernon A. Sternberg)　南伊利诺伊大学出版社

目　录

中文版序

《杜威全集》中文版终于由华东师范大学出版社出版了。作为这一项目的发起人,我当然为此高兴,但更关心它能否得到我国学界和广大读者的认可,并在相关的学术研究中起到预期作用。后者直接关涉到对杜威思想及其重要性的合理认识,这有赖专家们的研究。我愿借此机会对杜威其人、其思想的基本倾向和影响以及研究杜威哲学的意义等问题谈些看法,以期抛砖引玉。考虑到中国学界以往对杜威思想的消极方面谈论得很多,在这方面大家已非常熟悉。我在此主要谈其积极方面,但这并非认为可以忽视其消极方面。

一、杜威其人

约翰·杜威(John Dewey, 1859—1952)是美国哲学发展中最有代表性的人物。他不仅进一步阐释并发展了由皮尔士创立、由詹姆斯系统化的实用主义哲学的基本理论,而且将其运用于社会、政治、文化、教育、伦理、心理、逻辑、科学技术、艺术、宗教等众多人文和社会科学领域的研究,并在这些领域提出了重要创见。他在这些领域的不少论著,被西方各该领域的专家视为经典之作。它们不仅对促进这些领域的理论研究起过重要的作用,在这些领域的实践中也产生过深刻的影响。杜威由此被认为是美国思想史上最具影响的学者,甚至被认为是美国的精神象征;在整个西方世界,他也被公认是 20 世纪少数几个最伟大的思想家之一。

杜威出生于佛蒙特州伯灵顿市一个杂货店商人家庭。他于 1875 年进佛蒙特大学,开始受到进化论的影响。1879 年,他毕业后先后在一所中学和一所乡村学校教书。这时他阅读了大量哲学著作,深受当时美国圣路易黑格尔学派刊物《思辨哲学杂志》的影响,1882 年在该刊发表了《唯物主义的形而上学假定》和《斯宾诺莎的泛神论》二文,很受鼓舞,从此决定以哲学为业。同年,他成了约翰·霍普金斯大学的哲学研究生,在此听了皮尔士的逻辑讲座,不过当时对他影响最大的是黑格尔派哲学家莫里斯(George Sylvester Morris)和实验心理学家霍尔(G. Stanley Hall)。两年后,他以《康德的心理学》论文取得哲学博士学位。

1884 年,杜威到密歇根大学教哲学,在此任职 10 年(其间 1888 年在明尼苏达大学)。初期,他的哲学观点大体上接近黑格尔主义。他对心理学研究很感兴趣,并使之融化于其哲学研究中。这种研究,促使他由黑格尔主义转向实用主义。在这方面,当时已出版并享有盛誉的詹姆斯的《心理学原理》对他产生了强烈的影响。杜威对心理学的研究,又促使他进一步去研究教育学。他主张用心理学观点去进行教学,并认为应当把教育实验当作哲学在实际生活中的运用的重要内容。

1894 年,杜威应聘到芝加哥大学,后曾任该校哲学系主任。他在此任教也是 10 年。1896 年,他在此创办了有名的实验学校。这个学校抛弃传统的教学法,不片面注重书本,而更为强调接触实际生活;不片面注重理论知识的传授,而更为强调实际技能的训练。杜威后来所一再倡导的"教育就是生活,而不是生活的准备"、"从做中学"等口号,就是对这种教学法的概括。杜威在芝加哥时期,已是美国思想界一位引人注目的人物。他团聚了一批志同道合者(包括在密歇根大学就与他共事的塔夫茨、米德),形成了美国实用主义运动中著名的芝加哥学派。杜威称他们共同撰写的《逻辑理论研究》(1903 年)一书是工具主义学派的"第一个宣言",它标志着杜威已从整体上由黑格尔主义转向了实用主义。

从 1905 年起,杜威转到纽约哥伦比亚大学任教,直到 1930 年以荣誉教授退休。他以后的活动也仍以此为中心。这一时期不仅是他的学术活动的鼎盛期(他的大部分有代表性的论著都是在这一时期问世的),也是他参与各种社会和政治活动最频繁且声望最卓著的时期。他把两者有机地结合在一起。他对各种社会现实问题的评论和讲演,往往成为他的学术活动的重要组成部分。从 1919年起,杜威开始了一系列国外讲学旅行,到过日本、墨西哥、俄罗斯、土耳其等国。"五四"前夕,他到了中国,在北京、南京、上海、广州等十多个城市作过系列讲演,1921 年 7 月返美。

杜威一生出版了 40 种著作,发表了 700 多篇论文,内容涉及哲学、社会、政治、教育、伦理、心理、逻辑、文化、艺术、宗教等各个方面。其主要论著有:《学校与社会》(1899 年)、《伦理学》(1908 年与塔夫茨合著,1932 年修订)、《达尔文主义对哲学的影响》(1910 年)、《我们如何思维》(1910 年)、《实验逻辑论文集》(1910 年)、《哲学的改造》(1920 年)、《人性与行为》(1922 年)、《经验与自然》(1925 年)、《公众及其问题》(1927 年)、《确定性的寻求》(1929 年)、《新旧个人主义》(1930 年)、《作为经验的艺术》(1934 年)、《共同的信仰》(1934 年)、《逻辑:探究的理论》(1938 年)、《经验与教育》(1938 年)、《自由与文化》(1939 年)、《评价理论》(1939 年)、《人的问题》(1946 年)、《认知与所知》(1949 年与本特雷合著)等等。

二、杜威哲学的基本倾向

杜威在各个领域的思想都与他的哲学密切相关。它们不只是他的哲学的具体运用,有时甚至就是他的哲学的直接体现。我们在此不拟具体介绍他的思想的各个方面和他的哲学的各个部分,仅概略地揭示他的哲学的基本倾向。杜威哲学的各个部分,以及他的思想的各个方面,大体上都可从他的哲学的基本倾向中得到解释。这种基本倾向从其积极意义上说,主要表现为如下三点:

第一,杜威把对现实生活和实践的关注当作哲学的根本意义所在。

在现代西方各派哲学中,杜威哲学最为反对以抽象、独断、脱离实际等为特征的传统形而上学,最为肯定哲学应当面向人的现实生活和实践。如何通过人本身的行为、行动、实践(即他所谓以生活和历史为双重内容的经验)来妥善处理人与其所面对的现实世界(自然和社会环境),以及人与人之间的关系,是杜威哲学最为关注的根本问题。杜威哲学从不同的角度说有不同的名称,例如,当他强调实验和探究的方法在其哲学中的重要意义时,称其哲学为实验主义(Experimentalism);当他谈到思想、观念的真理性在于它们能充当引起人们的行动的工具时,称其哲学为工具主义(Instrumentalism);当他谈到经验的存在论意义,而经验就是作为有机体的人与其自然环境的相互作用时,称其哲学为经验自然主义(Empirical Naturalism)。贯彻于所有这些称呼的概念是行动、行为、实践。杜威哲学的各个方面,都在于从实践出发并引向实践。这并不意味着实践就是一切。实践的目的是改善经验,即改善人与其自然和社会环境的关系,一句话,改善人的生活和生存条件。

杜威对实践的解释当然有片面性。例如,他没有看到人类的物质生产活动在人的实践中的基础作用,更没有科学地说明实践的社会性;但他把实践看作是全部哲学研究的核心,认为存在论、认识论、方法论等问题的研究都不能脱离实践,都具有实践的意义,则在一定意义上是合理的。

　　值得一提的是:与胡塞尔、海德格尔等人通过曲折的道路返回生活世界不同,与只关注逻辑和语言的意义分析的分析哲学家也不同,杜威的哲学直接面向现实生活和实践。杜威一生在哲学上所关注的,不是去建构庞大的体系,而是满腔热情地从哲学上去探究人在现实生活和实践的各个领域所面临的各种问题及其解决办法。在杜威的全部论著中,关于政治、社会、文化、教育、心理、道德、价值、科学技术、审美和宗教等各个领域的具体问题的论述占了绝大部分。他的哲学的精粹和生命力,大多是在这些论述中表现出来的。

　　第二,杜威的哲学改造适应和引领了西方哲学由近代到现代转向的潮流。

　　19 世纪中期以来,西方哲学发展出现了根本性的变更,以建构无所不包的体系为特征的近代哲学受到了广泛的批判,以超越传统的实体性形而上学和二元论为特征的现代哲学开始出现,并越来越占主导地位。多数哲学流派各以特有的方式,力图使哲学研究在不同程度上从抽象化的自在的自然界或绝对化的观念世界返回到人的现实生活世界,企图以此摆脱近代哲学所陷入的种种困境,为哲学的发展开辟新道路。西方哲学由近代到现代的这种转折,不能简单归结为由唯物主义转向唯心主义、由进步转向反动,而包含了哲学思维方式上一次具有划时代意义的转型。它标志着西方哲学发展到了一个新的、更高的阶段。杜威在哲学上的改造,不仅适应了而且在一定意义上引领了这一转型的潮流。

　　杜威曾像康德那样,把他在哲学上的改造称为"哥白尼革命"(Copernican revolution)。但他认为康德对人的理智的能动性过分强调,以致使它脱离了作为其存在背景的自然。而在他看来,人只有在其与自然的相互作用中才有能动作用,甚至才能存在。哲学上的真正的哥白尼革命,正在于肯定这种交互作用。如果说康德的中心是心灵,那么杜威的新的中心是自然进程中所发生的人与自然的交互作用。正如地球或太阳并不是绝对的中心一样,自我或世界、心灵或自然都不是这样的中心。一切中心都存在于交互作用之中,都只具有相对的意义。可见,杜威所谓哲学中的哥白尼革命,就是以他所主张的心物、主客、经验自然等的交互作用、或者说人的现实生活和实践来既取代客体中心论,也取代主体中心论。他也是在这种意义上,既反对忽视主体的能动性的旧的唯物主义,也反对忽视自然作为存在的根据和作用的旧的唯心主义。

不是把先验的主体或自在的客体、而是把主客的相互作用当作哲学的出发点;不是局限于建构实体性的、无所不包的体系,而是通过行动、实践来超越这样的体系;不是转向纯粹的意识世界或脱离了人的纯粹的自然界,而是转向与人和自然界、精神和物质、理性和非理性等等都有着无限牵涉的生活世界,这大体上就是杜威哲学改造的主要意义;而这在一定程度上,也正是多数西方哲学由近代到现代转向的主要意义。杜威由此体现和引领了这种转向。

第三,杜威的哲学改造与马克思在哲学上的革命变更存在某些相通之处。

西方哲学从近代到现代的转向与马克思在哲学上的革命变更的政治背景大不相同,二者必然存在原则性区别;但二者发生于大致相同的历史时代,具有共同的历史和文化背景,因而又必然存在相通之处。如果我们能够肯定杜威的哲学改造适应并引领了西方哲学从近代到现代转向的潮流,那就必须肯定杜威的哲学改造与马克思在哲学上的革命变更必然同样既有原则区别,又有相通之处。后者突出地表现在,二者都把实践当作哲学的根本意义而加以强调。马克思正是通过这种强调而得以超越旧唯物主义和唯心主义辩证法的界限,把唯物主义和辩证法有机地统一起来,建立了唯物辩证法。杜威在这些方面与马克思相距甚远。但是,他毕竟用实践来解释经验而使他的经验自然主义超越了纯粹自然主义和思辨唯心主义的界限,并由此提出了一系列超越近代哲学范围的思想。

杜威的经验自然主义并不否定自然界在人类经验以外自在地存在,不否定在人类出现以前地球和宇宙早已存在,而只是认为人的对象世界只能是人所遭遇到(经验到)的世界,这在一定程度上类似于马克思所指的与纯粹自然主义的自在世界不同的人化世界,即现实生活世界。杜威否定唯物主义,但他只是在把唯物主义归结为纯粹自然主义的唯物主义的意义上去否定唯物主义。杜威强调经验的能动性,但他不把经验看作可以离开自然(环境)而独立存在的精神实体或精神力量,而强调经验总是处于与自然、环境的统一之中,并与自然、环境发生相互作用。这与传统的唯心主义经验论也是不同的,倒是与马克思关于主客观的统一和相互作用的观点虽有原则区别,却又有相通之处。

杜威是在黑格尔影响下开始哲学活动的。他在转向实用主义以后,虽然抛弃了黑格尔的绝对唯心主义,甚至也拒绝了黑格尔的辩证法,但是在他的理论中又保留着某些辩证法的要素。例如,他把经验、自然和社会等都看作是统一整体,其间都存在着多种多样的联系;他在达尔文进化论的影响下,明确肯定世界(人类社会和自然界)处于不断进化和发展的过程之中。他所强调的连续性(如经验与自然的连续、人与世界的连续、身心的连续、个人与社会的连续等等)概念,在一定程度上就是统一整体的概念、进化和发展的概念。这种概念虽与马克思的辩证法不能相提并论,但毕竟也有相通之处。

三、杜威哲学的积极影响

杜威实用主义哲学对现实生活和实践的强调,对西方哲学从近代到现代转向的潮流的适应和引领,特别是它在一些重要方面与马克思哲学的相通,说明它在一定程度上体现了时代精神发展的要求。正因为如此,它必然是一种在一定范围内能发生积极影响的哲学。

实用主义在美国的积极影响,可以用美国人民在不长的历史时期里几乎从空地上把美国建设成为世界的超级大国来说明。实用主义当然不是美国唯一的哲学,但它却是美国最有代表性的哲学。实用主义产生以前的许多美国思想家(特别是富兰克林、杰斐逊等启蒙思想家),大多已具有实用主义的某些特征,在一定意义上为实用主义的正式形成作了思想准备。实用主义产生以后,传入美国的欧洲各国哲学虽然能在美国哲学中占有一席之地,其中分析哲学在较长时期甚至能在哲学讲坛上占有支配地位;但是,它们几乎都毫无例外地迟早被实用主义同化,成为整个实用主义运动的组成部分。当代美国实用主义者莫利斯说:逻辑经验主义、英国语言分析哲学、现象学、存在主义同实用主义"在性质上是协同一致的",它们"每一种所强调的,实际上是实用主义运动作为一个整体范围之内的中心问题之一"①。就实际影响来说,实用主义在美国哲学中始终占有优势地位。桑塔亚那等一些美国思想家也承认,美国人不管其口头上拥护的是什么样的哲学,但是从他们的内心和生活来说都是实用主义者。只有实用主义,才是美国建国以来长期形成的一种民族精神的象征。而实用主义的最大特色,就是把哲学从玄虚的抽象王国转向人所面对的现实生活世界。实用主义的主旨就在

---

① Morris, Charles W. *The Pragmatic Movement in American Philosophy*. New York: George Braziller, 1970, p. 148.

指引人们如何去面对现实生活世界，解决他们所面临的各种疑虑和困扰。实用主义当然具有各种局限性，人们也可以而且应当从各种角度去批判它，马克思主义者更应当划清与实用主义的界限；但从思想理论根源上说，正是实用主义促使美国能够在许多方面取得成功，这大概是一个不争的事实。

在美国以外，实用主义同样能发生重要的影响。与杜威等人的哲学同时代的欧洲哲学尽管不称为实用主义，但正如莫利斯说的那样，它们同实用主义"在性质上是协同一致的"。如果说它们各自在某些特定方面、在一定程度上体现了现代西方社会的时代特征，实用主义则较为综合地体现了这些特征。换言之，就体现时代特征来说，被欧洲各个哲学流派特殊地体现的，为实用主义所一般地体现了。正因为如此，实用主义能较其他现代西方哲学流派发生更为广泛的影响。

杜威的实用主义在中国也发生过重要的影响。早在"五四"时期，杜威就成了在中国最具影响的西方思想家。从外在原因上说，这是由于胡适、蒋梦麟、陶行知等他在中国的著名弟子对他作了广泛的宣扬；杜威本人在"五四"时期也来华讲学，遍访了中国东西南北十多个城市。这使他的思想为中国广大知识界所熟知。然而，更重要的原因是：他在理论中所包含的科学和民主精神，正好与"五四"时期中国先进知识分子倡导科学和民主的潮流相一致。另外，他的讲演不局限于纯哲学的思辨而尤其关注现实问题，这也与中国先进分子的社会改革的现实要求相一致。正是这种一致，使杜威的理论受到了投入"五四"新文化运动和社会改革的各阶层人士的普遍欢迎，从而使他在中国各地的讲演往往引起某种程度的轰动效应。杜威本人也由此受到很大鼓舞，原本只是一次短期的顺道访华也因此被延长到两年多。胡适在杜威起程回国时写的《杜威先生与中国》一文中曾谈到："我们可以说，自从中国与西方文化接触以来，没有一个外国学者在中国思想界的影响有杜威先生这样大的。我们还可以说，在最近的将来几十年中，也未必有别个西洋学者在中国的影响可以比杜威先生还大的。"[1]作为杜威的信徒，胡适所作的评价可能偏高。但就其对中国社会的现实层面的影响来说，除了马克思主义者以外，也许的确没有其他现代西方思想家可以与杜威相比。

尽管杜威的实用主义与马克思主义有原则区别，但"五四"时期中国马克思主义者对杜威及其实用主义并未简单否定。陈独秀那时就肯定了实用主义的某

---

[1] 引自《胡适哲学思想资料选》（上），华东师范大学出版社 1981 年版，第 181 页。

些观点,甚至还成为杜威在广州讲学活动的主持人。1919 年,李大钊和胡适关于"问题与主义"的著名论战,固然表现了马克思主义与实用主义的原则分歧,但李大钊既批评了胡适的片面性,又指出自己的观点有的和胡适"完全相同",有的"稍有差异"。他们当时的争论并未越出新文化运动统一战线这个总的范围,在倡导科学和民主精神上毋宁说大体一致。毛泽东在其青年时代也推崇胡适和杜威。

"五四"以后,随着国内形势的重大变化,上述统一战线趋向分裂。20 世纪 30 年代后期,由于受到苏联对杜威态度骤变的影响,中国马克思主义者对杜威也近乎于全盘否定了。20 世纪 50 年代中期,为了确立马克思主义在思想文化领域的主导地位,从上而下发动了一场对实用主义全盘否定的大规模批判运动。它在一定程度上达到了预期的政治目的,但在理论上却存在着很大的片面性。当时多数批判论著脱离了杜威等人的理论实际,形成了一种对西方思潮"左"的批判模式,并在中国学术界起着支配作用。从此以后,人们在对杜威等现代西方思想家、对实用主义等现代西方思潮的评判中,往往是政治标准取代了学术标准,简单否定取代了具体分析。杜威等西方学者及其理论的真实面貌就因此而被扭曲了。

对杜威等西方思想家及其理论的简单否定,势必造成多方面的消极后果。其中最突出的有两点:一是使马克思主义及其指导下的思想理论领域在一定程度上与当代世界及其思想文化的发展脱节,使前者处于封闭状态,从而妨碍其得到更大的丰富和发展;二是由于扭曲了马克思主义哲学和现代西方哲学的关系,忽视了二者在某些方面存在的共通之处,在批判杜威哲学等现代西方哲学的名义下扭曲了马克思主义哲学一些最重要的学说,例如关于真理的实践检验、关于主客观统一、关于个人与社会的关系等学说都存在这种情况。这种理论上的混乱导致实践方向上的混乱,甚至在一定程度上导致实践上的挫折。

需要说明的是:肯定杜威实用主义的积极作用并不意味着否定其消极作用,也不意味着简单否定中国学界以往对实用主义的批判。以往被作为市侩哲学、庸人哲学、极端个人主义哲学的实用主义不仅是存在的,而且在一些人群中一直发生着重要的影响。资产阶级庸人、投机商、政客以及各种形式的机会主义者所奉行的哲学,正是这样的实用主义。对这样的实用主义进行坚定的批判,是完全正当的。但是,如果对杜威的哲学作具体研究,就会发觉他的理论与这样的实用主义毕竟有着重大的区别。杜威自己就一再批判了这类庸俗习气和极端个人主义。如果简单地把杜威哲学归结为这样的实用主义，那在很大程度上就是把杜威所批判的哲学当作是他自己的哲学。

四、杜威哲学研究在当代中国的积极意义

改革开放以来，中国政治和思想文化上的"左"的路线得到纠正，哲学研究出现了求真务实的新气象，包括杜威实用主义在内的现代西方哲学研究得到了恢复和发展。以1988年全国实用主义学术讨论会为转折点，对杜威等人的实用主义的全盘否定倾向得到了克服，如何重新评价其在中国思想文化建设中的作用的问题也越来越受到学界的关注，对杜威等人的实用主义的研究由此进入了一个新阶段。"五四"时期，由于杜威的学说正好与当时中国的新文化运动相契合，起过重要的积极作用；今天的中国学界，由于对马克思主义哲学和现代西方哲学都已有了更为全面和深刻的理解，对杜威的思想的研究也会更加深入和具体，更能区别其中的精华和糟粕，这对促进中国的思想文化建设会产生更为积极的作用。

对杜威哲学的重新研究在当代中国的积极意义，至少包括如下三个方面：

第一，有利于对马克思主义哲学有更为全面和深刻的理解。

这是因为，杜威哲学和马克思的哲学虽有原则性区别，但二者在一些重要方面有相通之处。这主要表现在二者都批判和超越了以抽象、思辨、脱离实际等为特征的传统形而上学；都强调对现实生活和实践的关注在哲学中的决定性作用；都肯定任何观念和理论的真理性的标准是它们是否经得起实践的检验；都认为科学真理的获得是一个不断提出假设、又不断进行实验的发展过程；都认为社会历史同样是一个不断发展的过程，社会应当不断地进行改造，使之越来越能符合满足人的需要和人的全面发展的目标；都认为每一个人的自由是一切人取得自由的条件，同时个人又应当对社会负责，私利应当服从公益；都提出了使所有人共同幸福的社会理想，等等。在这些方面将马克思主义与杜威的实用主义作比较研究，既能更好地揭示它们作为不同阶级的哲学的差异，又能更好地发现二者作为同时代的哲学的共性，从而使人们既能更好地划清马克思主义和实用主义的界限，又能通过批判地借鉴后者可能包含的积极成果来丰富和发展马克思主义。

第二,有利于对中国传统文化的批判继承。

杜威哲学和中国传统文化有着两种不同的联系。以儒家为代表的中国传统文化是一种前资本主义文化,没有西方资本主义文化的理性主义特质,不会具有因把理性绝对化而导致的绝对理性主义和思辨形而上学等弊端;但未充分经理性思维的熏陶又是中国传统文化的缺陷,不利于自然科学的发展,更不利于人的个性的发展和自由民主等意识的形成。正因为如此,以儒家为代表的中国传统文化往往被历代封建统治阶级神圣化和神秘化,成为他们的意识形态,后者阻碍了中国科学技术的发展、人民的觉醒和社会历史的进步。"五四"新文化运动的主要矛头就是针对儒家文化作为封建意识形态的方面,以此来为以民主和科学精神为特征的新文化开辟道路。杜威哲学正是以倡导民主和科学为重要特征的。杜威来到中国时,正好碰上"五四"新文化运动,他成了这一运动的支持者。他的学说对于批判作为封建意识形态的儒学,自然也起了促进作用。

但是,儒家文化并不等于封建文化;孔子提出的以"仁"为核心的儒学本身并不是统治阶级的意识形态。直到汉武帝实行"罢黜百家,独尊儒术"的政策以后,儒学才取得了独特的官方地位,由此被历代封建帝王当作维护其统治的精神工具。即使如此,也不能否定儒学在学理上的意义。它既可以被封建统治阶级所利用,又能为广大民众所接受,成为他们的生活信念和道德准则。历代学者对儒学的发挥,也都具有这种二重性。正因为如此,儒学除了被封建统治阶级利用外,还能不断发扬光大,成为中华民族宝贵的思想文化遗产。儒学所强调的"以人为本"、"经世致用"、"公而忘私"、"以和为贵"、"己所不欲,勿施于人"等观念,具有超越时代和阶级的普世意义。新文化运动的代表人物并不反对这些观念,而这些观念与杜威哲学的某些观念在一定程度上是相通的。杜威哲学在"五四"时期之所以能为中国广大知识分子接受,在一定程度上正是因为中国文化传统中已有与杜威哲学相通的成分。正因为如此,研究杜威的实用主义思想,对于更清晰地理解儒家思想,特别是分清其中具有普世价值的成分与被神圣化和神秘化的成分,发扬前者,拒斥后者,能起到促进作用。

第三,有利于促进对各门社会人文学科的研究。

杜威的哲学活动的一个突出特点,是他非常自觉地超越纯粹哲学思辨的范围而扩及各门社会人文学科。我们上面曾谈到,在杜威的全部论著中,关于政治、社会、文化、教育、道德、心理、逻辑、科学技术、审美和宗教等各个领域的具体问题的论述占了绝大部分。他不只是把他的哲学观点运用于这些学科的研究,而且是通过对这些学科的研究更明确和更透彻地把他的哲学观点阐释出来。反过来说,他对这些学科的研究都不是孤立地进行的,而是通过其基本哲学观点的具体运用而与其他相关学科联系起来,从而把对这些学科的研究形成为一个有机整体,并由此使他对这些学科的研究可能具有某些独创意义。

例如,杜威极其关注教育问题并在这方面作了大量论述,除了贯彻他对现实生活和实践的重视这个基本哲学倾向、由此强调在实践中学习在整个教学过程中的决定作用以外,他还把教育与心理、道德、社会、政治等因素紧密地结合在一起,从而使教育的内容更加丰富、全面。他的教育思想也由此得到了更为广泛的认同,被公认为是当代西方最具影响的教育学家。值得一提的是:无论在中国还是在苏联,杜威在教育上的影响几乎经久不衰。即使是在政治和意识形态影响极为深刻的年代,杜威提出的许多教育思想依然能不同程度地被人肯定。陶行知的教育思想在中国就一直得到肯定,而陶行知的教育思想被公认为主要来源于杜威。

我们这样说,并不是全盘肯定杜威。无论是在哲学和教育或其他方面,杜威都有很大的局限性,需要我们通过具体研究加以识别。但与其他现代西方哲学家相比,杜威是最善于把哲学的一般理论与其他人文社会学科密切结合起来、使之相互渗透和相互促进的哲学家,这大概是不可否认的事实。在这方面,很是值得我们借鉴。

五、关于《杜威全集》中文版的翻译和出版

要在中国开展对杜威思想的研究,一个重要的条件是有完备的和翻译准确的杜威论著。中国学者早在"五四"时期就开始从事这方面的工作。当时杜威在华的讲演,为许多报刊广泛译载并汇集成册出版。"五四"以后,杜威的新著的翻译出版仍在继续。即使是杜威在中国受到严厉批判的年代,他的一些主要论著也作为供批判的材料公开或内部出版。杜威部分重要著作的英文原版,在中国一些大的图书馆里也可以找到。从对杜威哲学的一般性研究来说,材料问题不是主要障碍。但是,如果想要对杜威作全面研究或某些专题研究,特别是对他所涉及的人文和社会广泛领域的研究,这些材料就显得不足了。加上杜威论著的原有中译本出现于不同的历史年代,标准不一,有的译本存在不准确或疏漏之

处,难以为据。更为重要的是,在杜威的论著中,论文(包括书评、杂录、教学大纲等)占大部分,它们极少译成中文,原文也很难找到。为了进一步开展对杜威的研究,就需要进一步解决材料问题。

2003 年,在复旦大学举行的一次大型实用主义国际学术讨论会上,我建议在复旦大学建立杜威研究中心并由该中心来主持翻译《杜威全集》,得到与会专家的赞许,复旦大学的有关领导也明确表示支持。2004 年初,复旦大学正式批准以哲学学院外国哲学学科为基础,建立杜威与美国哲学研究中心,挂靠哲学学院。研究中心立即策划《杜威全集》的翻译。华东师范大学出版社朱杰人社长对出版《杜威全集》中文版表示了极大的兴趣,希望由该社出版。经过多次协商,我们与华东师范大学出版社达成了翻译出版协议,由此开始了我们后来的合作。

《杜威全集》(*Collected works of John Dewey*)由美国杜威研究中心(设在南伊利诺伊大学)组织全美研究杜威最著名的专家,经 30 年(1961—1991)的努力,集体编辑而成,乔·安·博伊兹顿(Jo Ann Boydston)任主编。全集分早、中、晚三期,共 37 卷。早期 5 卷,为 1882—1898 年的论著;中期 15 卷,为 1899—1924 年的论著;晚期 17 卷,为 1925—1953 年的论著。各卷前面都有一篇导言,分别由在这方面最有声望的美国学者撰写。另外,还出了一卷索引。这样共为 38 卷。尽管杜威的思想清晰明确,但文字表达相当晦涩古奥,又涉及人文、社会等众多学科;要将其准确流畅地翻译出来,是一项极其庞大和困难的任务,必须争取国内同行专家来共同完成。我们旋即与中国社会科学院哲学研究所、北京大学、清华大学、中国人民大学、北京师范大学、南京大学、浙江大学、武汉大学、北京外国语大学,以及华东师范大学和上海社会科学院哲学研究所等兄弟单位的专家联系,得到了他们参与翻译的承诺,这给了我们很大的鼓舞。

《杜威全集》英文版分精装和平装两种版本,两者的正文(包括页码)完全相同。平装本略去了精装本中的"文本的校勘原则和程序"等部分编辑技术性内容。为了力求全面,我们按照精装本翻译。由于《杜威全集》篇幅浩繁,有一千多万字,参加翻译的专家有几十人。尽管我们向大家提出在译名等各方面尽可能统一,但各人见解不一,很难做到完全统一。为了便于读者查阅,我们在索引卷中把同一词不同的译名都列出,读者通过查阅边码即原文页码不难找到原词。为了确保译文质量,特别是不出明显的差错,我们一般要求每一卷都由两人以上参与,互校译文。译者译完以后,由复旦大学杜威与美国哲学研究中心初审。如无明显的差错，交由出版社聘请译校人员逐字逐句校对，并请较有经验的专家抽查，提出意见，退回译者复核。经出版社按照编辑流程加工处理后，再由研究中心终审定稿。尽管采取了一系列较为严密的措施，但很难完全避免缺点和错误，我们衷心地希望专家和读者提出意见。

复旦大学杜威与美国哲学研究中心的工作是在哲学学院和国外马克思主义与国外思潮创新基地的支持下进行的，学院和基地的不少成员参与了《杜威全集》的翻译。为了使研究中心更好地开展工作，校领导还确定研究中心与美国研究创新基地挂钩，由该基地给予必要的支持。《杜威全集》中文版编委会由参与翻译的复旦大学和各个兄弟单位的专家共同组成，他们都一直关心着研究中心的工作。俞吾金教授和童世骏教授作为编委会副主编，对《杜威全集》的翻译工作作出了重要的贡献。汪堂家教授作为常务副主编，更是为《杜威全集》的翻译工作尽心尽力，承担了大量具体的组织和审校工作。华东师范大学出版社的编辑人员一直与我们有着良好的合作，她们默默无闻地在组织与审校等方面做了大量的工作，在此一并表示衷心的感谢。

刘放桐
2010 年 6 月 11 日

导　言

拉尔夫·罗斯(Ralph Ross)

在对威廉·詹姆斯(William James)的《彻底经验主义文集》(*Essays in Radical Errpiricism*)作书评的时候[①]，杜威评论说："他的影响力大多应该归之于极其生动活泼的文风。"他立刻又说，仅就文风而言还不能完全解释这种影响力。人们不禁要问，在这个对文风的评论中，他是否承认了自己文体之笨拙并流露出懊悔之意呢？詹姆斯确实是一位出色的作家，可以肯定，他的才能并不是刻意雕琢、反复修改和打磨润色的结果，因为其尖锐透彻、言简意赅和富有活力的文风表现得十分明显，尤其是在他的私人信件里。

当偶尔有些辞不达意的时候，杜威确实是一个文笔欠佳的作者。但是，他的文章通常还是清楚明了的；他写的东西给人一种言必有中、切中要害、一扫冗余的印象。每当他需要清楚地进行表达的时候，他总能设法做到这一点，甚至能创造出一些令人惊奇的巧妙比喻，虽然这些比喻常常不是那么得体。在指出传统认识论预设了一个静态宇宙的时候，他说，按照这种理论，"知识就是一种柯达照相机的定影"。

与詹姆斯极具个人特性的风格相比，杜威显得比较客观，他会告诉你世界是怎么样的，而不是约翰·杜威的感觉是怎么样的。当然，他并不带有桑塔亚那(Santayana)那种在奥林匹斯山上俯瞰下面的超然态度；他满怀激情地去探索事物，但这种激情体现在他的理论主张而不是个人反应之中。他似乎并没有给自己创造一个个人的世界，以便让他有一个可以退却的地方、一个可以暂时安居的

---

① 本卷第 142、148 页，此为原版书页码，也即本书边码。下同。——译者

地方。也许他有时对自己缺乏个性而感到遗憾,这种遗憾表现在他挑选出詹姆斯文章里的一些句子,用赞赏的口气说它们是"珍贵的"。杜威写道:詹姆斯特别相信"世界本身有一种未完成的因素,而哲学家们一个显著的错误就是赋予'实在'一种事实上并不具有的完成性"(本卷第143页)。杜威在引用詹姆斯的一段话来说明这个观点的时候,表现出他少有的个人倾向:

> "整个"宇宙以其绝对可靠和无可挑剔的普遍性,令我感到窒息。它没有可能性而只有必然性,它没有主体的位置而只有关系的存在,这些让我感到我似乎签订了一份毫无保留权利的契约,或者说,让我感到我似乎只得住在一个没有私人卧室的巨大的海滨公寓里。这就是我能够逃离社会的避难之所……"整个"哲学似乎就是一个衣冠笔挺、打着白领带且胡须刮得干干净净的家伙,他无法为广阔无垠、缓慢运动和无知无觉的宇宙代言,因为宇宙有着令人惊恐的深渊和难以预料的潮汐。

本卷中的哲学文章在很大程度上是在讨论其他哲学家,这一点与其教育论文截然不同。杜威对柏格森(Bergson)、罗伊斯(Royce)、麦吉尔夫雷(McGilvary)作了相当详尽的论述,还在书评中论及席勒和詹姆斯。他可能有过某种迟疑,因为他曾提到发展自己的思想可能比回应批评更好些(他并没有对柏格森的批评给予回应,但对罗伊斯和麦吉尔夫雷作出了回应)。然而,他通过回应批评澄清了自己的思想,他的思想也因为这种澄清而得到了发展。

这种发展在对詹姆斯的评论中含而不露地表现出来了。在那篇文章中,杜威说道,对于专业哲学家而言,彻底经验主义会比实用主义更具有影响力。他引用了拉尔夫·巴顿·佩里(Ralph Barton Perry)的话见证这种影响,即詹姆斯本人在接近生命的尽头时认为彻底经验主义更加重要。早在1905年的时候,杜威就已经在一篇文章里探讨了某种形式的彻底经验主义,这篇文章的题目是"直接经验主义的预设"(The Postulate of Immediate Errpiricism),(《杜威中期著作》,第3卷,第158—167页)。他也越来越多地投身于实在论原理的阐发,他把自己称作是实用主义的实在论者(pragmatic realist),以此与其他类型的实在论者划清界线,尤其是与诸如桑塔亚那和罗伊·伍德·塞拉斯(Roy Wood Sellars)等批判实在论者(critical realist)划清界线。他的直接经验主义和实在论被结合到自然主义里面,而自然主义是他后来谈得很多的一个主题。

尽管桑塔亚那把杜威的自然主义描述成"半心半意的",但它仍然比大多数 自然主义要彻底得多,并且就像他的实用主义一样,给他的批判者留下了不少问题。这是因为,杜威把实用主义和自然主义看作是同一种哲学。在他50多岁写作本卷中的文章的时候,他的哲学思想几乎完全形成,他此后的主要作品对他的观念进行了重述和扩展,直面哲学基本观念的新转向和新变化所带来的挑战。也许他最具新意的思想发展是在审美领域,这一发展在 1934 年完成的《作为经验的艺术》(*Art as Experience*)一书中达到了顶峰,在这本书中,他的主要哲学思想都顺理成章地汇合在一起。

在 1912—1915 年间,当杜威把自己投身于与重要敌手的论争中的时候,他作为一个批评家的才智得到了充分的展现。所有的批评都显露出这样一种状态,即它常常是隐而不显的,因此有时是不明确的,也许还是不一致的。批评的最低原则是相信一致性和清晰性,他把这些原则作为其批判的立足点。但是,杜威从一种明确的哲学出发进行批判,他并没有隐藏这一哲学,而是试图在与他所考察的哲学的论战中建立起来,检验他自己理论的力量,应付其他人以如此相异的方式处理的问题。这里表明了他那特殊的批判才能,特别是由于批判者的常用工具都是一种习性:意义分析,找出矛盾,预测结果,等等。

杜威的批判是从实用主义的自然主义出发的,这一理论的发展到 1912 年已经在许多方面超越了自然主义,而自然主义到 20 世纪 30 年代还有许多的信奉者。当时有一种倾向,就是把自然主义看作可以在所有研究领域里使用的一种单一的理解工具,由此来排除超自然主义、神秘主义和直觉主义的哲学信仰。杜威很长时间以来坚持一个同样的观点,即相信人类与石头、树木、星星一样都是自然的;他还往前推进了一步,主张人类的基本特性就是自然性,包括心智、意识、价值和目的的本质都是自然的。这就意味着,一个事物被认知,与它的生长一样是自然的;认知了某物而对它有目的地实施改变,与它自身的腐烂或腐蚀一样是自然的。这也意味着,心智和意识失掉了所有非自然的精神特性,转而变成 了有机体的功能或认知的关系,而不再是隐秘的实体。

杜威因此反对那些把心智和意识视作实体的哲学,这种实体要么是空洞的存在,要么是仅仅作为认知的心智功能(也许还是作为人类生命发展的顶点)。创造、使用、指导、预见以及其他种种行为,又该如何把握呢?杜威认为,他的论敌仍然被束缚在精神和物质相分离的旧观念里。对他而言,这似乎是理所当然的,即不断进化的心智的功能一直在指导人们的行动以适应环境,并且从改善生存的利益出发来改变其环境。现在把心智看作是一个为了认知而去认知的认知者,没有一点它原有功能的痕迹,这对他来说,显然是不真实的。当然,文明已经解放了一些人的心智,尤其是有闲阶级的心智,使他们摆脱了直接的危险;这种解放也许带来了一种繁荣,它使纯粹知识像是一种理想的满足,即为了思考本身而进行思考。做一个事件的旁观者而不是参与者,做一个行为的理解者而不是行动者,甚至不是为了更有效地行动而进行理解的聪明的行动者,这些都被作为理想的类型而得到赞美。为了反对这种哲学化的理想类型,杜威敏锐地意识到,要用反思来解决人类一直面对的危险和问题,并且指责"认知者"对于认知价值的一无所知。

正是从这种观点出发,杜威与柏格森和罗伊斯形成了对立。柏格森把日常经验视作一个漏网,它把有用的和合意的留下来,而让所有其他的从网眼里漏出去。我们对于需要和活动的关切,指示着我们的经验;有生命的和行动的动物认识到什么与它的生命相一致,它是在有用性的范畴之下进行这种认识,因此既在日常生活又在科学中进行这种认识。然而,哲学与未过滤和未扭曲的实在相关,因为它关注的是实在本身。从这种观点出发,柏格森能够到达一种审美状态。杜威对此毫无兴趣,但这对于其他人诸如休姆(T. E. Hulme)[1]、柏格森《形而上学导论》(*An Introduction of Metaphysics*)一书的权威译者来说却十分重要。他认为,柏格森的重要影响,使得许多作家和艺术家将日常生活的感知和艺术的感知明确地划分开来。

正如休姆所描述的,柏格森认为,日常的感知与艺术的无功利的现实感知是完全不同的。

> 生命是积极的活动。为了采用合适的行动以应对外在的事物,生命意味着要接受事物的实用方面。我观看,我倾听,我听见,我思考我正在观看的东西,我思考我正在倾听的所有东西。当我在分析我自己的时候,我想我

---

[1] T・E・休姆,"柏格森的艺术理论"(Bergson's Theory of Art),《沉思集》(*Speculations*),伦敦:劳特利奇出版社,1949 年(第一版,1924 年),第 141—167 页。

是在分析我自己的心智。

但是，我并没有分析自己。

我所看到和听到的一切，仅仅是我的感觉指导我的行动而作出的选择。我的感觉和意识给予我的，仅仅是对现实的一种实际的简化。在我对现实的一般感知里面，那些对人类无用的所有差异都被抑制了……事物已经以一种我能够利用的方式被归类了。①

科学也有它自己的目的，因而科学的感知是局部的和有限的。但是，艺术就像哲学或形而上学一样，可以洞察未被扭曲的现实；它在直觉的帮助下达到这种洞察，直觉用一种现实的内在运动取代了行动的需要。这种二元论是柏格森哲学的一个重要主题，它像所有二元论一样令杜威感到不满，尤其令他不满的是某种绝对实在从这个世界里消失了；这个世界是人类有机体需要去探求和适应的，心智、记忆和生命与杜威视作生命过程本身的有机体的活动被分开了。生命和心智在柏格森那里变成了一些实体，不管他多么尽力地去逃避它，他最后所持的还是一种泛灵论的信念，即相信整个物质宇宙是一种意识。知觉问题引发了许许多多的争论。杜威欣然同意柏格森的地方是，知觉被他涂上了有机体的需要和意图的色彩；但是杜威坚持认为，正是这种对知觉的解释，表明了有机体和环境的相互影响。这也正是我们尝试去理解自然的线索所在，而不是一种需要去克服的偏差。

杜威对罗伊斯论文的回应，引出了另外一个不同的更加注重社会的观点。xiv罗伊斯将他自己的绝对唯心主义(Absolute Idealism)与对工具主义(instrumentalism)的特别关注结合在一起，尽管他使用了许多老一套的手法，毫无疑问，他是从他的朋友和同事威廉·詹姆斯那里获得这种工具主义的。罗伊斯没有像布拉德雷(F. H. Bradley)那样去论证真理的三个层次，但是他发现了三种"动机"(motivation)。工具主义就是这些动机中的一种，这些动机应该被组合到一种更高的综合体里面。对罗伊斯而言，拒绝跟随他达到这种高度显然是不明智的，他所使用的策略就是使其明朗化。这些策略与布拉德雷在1893年出版《现象与实

---

① T·E·休姆，"柏格森的艺术理论"，《沉思集》，伦敦：劳特利奇出版社，1949年(第一版，1924年)，第158页。

在》(*Appearance and Reality*)的时候所设想的能够打败他的论敌的策略是一样的。他在这本书导言的第一页里写道：

> 打算证明形而上学的知识为完全不可能的人，是得不到任何答案的……他与形而上学家其实是同胞兄弟，他也有一种可以匹敌的基本原理理论……说实在是我们的知识所无法企及的，就是在要求去认识实在；说我们的知识不能超越现象，其本身就暗示了这种超越。因为如果我们没有一种超越的观念，就不知道怎样去谈论失败或者成功。

当罗伊斯写这篇论真理问题的文章的时候，他一直致力于符号逻辑和数学的研究。虽然他有了一个唯意志主义的转折，即认为思想在根本上就是意志，他相信自己在逻辑关系里发现了绝对真理，他把命题定义为真理的坚固基础，但否定同时也意味着肯定，尽管其表现方式不同。正如刘易斯(C. I. Lewis)在谈到 p 必然为真时所做的精彩表述："p 的真理性可以从它自己的否定中演绎出来。"罗伊斯认为，符号逻辑和数学的进步已经为哲学家带来了一种崭新的局面。他并不是唯一一个持这种信念的人。伯特兰·罗素(Bertrand Russell)说，哲学再也不需要十分恭敬地到科学那里去寻找真理了。然而，罗伊斯仍然坚持绝对。不过，这种在形式必然性里面去发现绝对真理的"新"尝试，不过是把老策略包裹在精致的新饰物里面而已。布拉德雷所暗示的是，关于存在一个超越现象的实在的绝对真理是一个必然性的命题，因为它的真理性可以从它自己的否定中演绎出来。

在以同样的方式论证这一旧问题的时候，罗伊斯试图把他的论证建立在一种新的逻辑之上，而不是鲍桑奎(Bosanquet)和布拉德雷的唯心主义逻辑。他写道，"纯粹数学科学的存在，证明了绝对为真的命题的存在"（本卷第 437 页）。即使逻辑和数学具有假设性的特征，它们的断言也是绝对为真的，这大概是因为在所有的情况下，若 p 和 q 都是命题，当"如果 p 那么 q"为真的时候，那么，q 是根据 p 得出的就是绝对为真的。尽管他对新逻辑很有兴趣，但最富有启发的是：罗伊斯的例子与布拉德雷的例子是同样的，它们根本不需要什么新的逻辑。罗伊斯认为，我们不能排除绝对真理的假定。对此，他举例说明道："我们甚至能够定义相对主义的真理，只需要断言，无论如何，相对主义是绝对为真的。"（本卷第

436 页)在一个有点类似布拉德雷所举的例子里，他争辩道："如果我说'从来就不存在过去'，那么，我就自我矛盾了，因为在我否定过去的时候已经假设了过去。"（同上）也许每一个词语（按照古老的唯心主义逻辑）都被设想成在"实在"中有一个指涉的对象，通过使用"过去"这个词语，我就假定了它所指涉的对象。如果因为我说"从来没有美人鱼"就认为我是自相矛盾的，那么是令人讨厌的，但是我认为这两个例子的内在逻辑是一致的。如果我要使用一个词语，就应当知道这个词语意味着什么。这是一个明智的忠告，但它并不意味着这个词语的意思是一种实有的事物。

杜威没有对这种唯心主义的论证作出任何回应；当时有一种把这种论证作为陷阱而加以回避的习惯。但是，在评论罗伊斯的文章里，他否定了这种论证的理由，因为他了解这种理由。罗伊斯认为，工具主义的真理论建立在对结果的证明之上；而且他认为，证明是一种个人行为，因此是一种私人行为。同样的，真理是有价值的，但价值是一个个人问题，也许甚至是内在于"意识状态"之中的。所以，我们需要绝对实在和绝对真理，因为它们超越了私人的和个人的行为，并且具有客观价值。也许，问题的源头在于工具主义对经验的依赖。对罗伊斯而言，经验总是某一个人的经验，这种经验与其他人的经验是分割开的，因此是私人的经验而不能保证成为公共和客观的事实。所以，我们必须做的就是基于信用（"信用"来自詹姆斯的一个生动比喻）接受其他人所说的经验，而这对真理而言是一个可疑的基础。 *xvi*

杜威受到刺激而作出了激烈的反应。在对詹姆斯的批评中，正是这种同样"合理的"论证被一再地得到使用，这促使詹姆斯在 1909 年出版了《真理的意义》（*The Meaning of Truth*）一书，但似乎没有什么人能够理解这本书。因此，杜威在对罗伊斯的评论中这样写道："就我自己而言，我可以说，如果我有任何虚无主义和无政府主义的个人自我主义观念，并且用这种观念去判断个体的行为、状态、手段和结果的话，我可能愿意诉诸某种绝对以逃避我'自己的'可怕的孤立和自私。"（本卷第 68 页）诸如罗伊斯之类的批评大概断言 17 和 18 世纪的感觉经验主义（sensationalistic empiricism）正是工具主义者的"经验"的基础，然而，这种感觉经验主义正是工具主义者的主要批判目标。对杜威而言，在私人经验和客观经验之间并不存在鸿沟，正如他在《经验与自然》（*Experience and Nature*）里简要概括的那样，因为我们经验的内容就是自然。不管两个人所观察到的东西存在何种差别,通过检验和进一步的理解就能够取得一致。

　　杜威一直在说的"生物"(live creature)是与族类的有机生命相关联的,正如它是有机体一样,它也完全是社会的。经验的证实完全不是私人的,而是社会的。除非我们愿意相信其他人所拥有的经验,否则就不会有明智的行动。但是,我们并不是毫无疑问地接受任何人关于我们没有亲身经历的经验的描述,而只是暂时接受它,"经过试用"直到有了确证和证实。如果我们不能学习他人的经验,只是重复自己的经验,那么就不会有什么进步。正是生活和经验的社会本性让我们的知识超越了个人的局限,这种知识被设想成是由绝对所产生出来的。事实上,杜威认为,这种绝对不过是经验的社会性质的具体化而已。

　　本卷有一篇《什么是心态》(What Are States of Mind?)的文章,这是杜威在哲学协会所作的一次演讲,就我们所知,此前它从未发表过。杜威在这篇文章里xvii展开了对罗伊斯的评论。"心态"不是一种内在的精神实体,不是一种心智、意识或灵魂,而是一种心情,是表现在特殊行为模式里的感情倾向。区分个人的感情态度与行为发生条件的主要根据在于社会性,亦即在于政治、法律和道德,这样责任就得到了落实。但是,这种区分是一种回溯性的分析。在原初的经验里面,心态不是独立的存在,而只是一种情景体验。杜威回忆了詹姆斯的情感理论[这一理论因詹姆斯的宽宏大量而以詹姆斯—兰格理论(James-Lange theory)而著名]。在这一理论里,情感是对刺激所导致的整个有机体变化的感觉,而不是由这些变化所导致的一种心理状态。从一个较为宽泛的观点看,杜威认为,这一理论与其说是一种情感理论,不如说是一种关于如何描述思想的状态或构成的说明。当然,前提是将它们作为心理学的主题,杜威对此多少有些不同的意见。他认为,将"心理状态"作为私人性的内容,绝不是来源于经验的心理学,而是由传统认识论非法潜入到心理学里面的。

　　从这一分析的立场出发,杜威批判了柏格森和罗伊斯。但是,《什么是心态》一文也包括了杜威后来阐述得更加充分详细的哲学的一个重要发展、一个至今在他的思想传记里所缺失的链接。在对詹姆斯进行解释之后,或者说对詹姆斯构建的学说的遗漏作出洞察之后,杜威继续说道,被称之为心理状态的东西是不能与有机体的反应相分离的,它也不是先于或是伴随着有机体反应的,而就是反应的性质。然而,"心理状态"(它不过是心智的状态或构成)也是回溯性分析的结果。事实上,正如前文所指出的,它在经验里并没有独立的存在。杜威现在仍然坚持说，心理状态在经验里只是代表一种情景，这是一种完全经验化的东西。这是一个开端，也许不是唯一的开端，但由此可以得到这样一个观念，即经验有一种渗透性，它赋予心理状态各种色彩并渗透其中。"状态"(situation)这个词后来被用来描述具有某种特定性质的复杂现实，它支配着我们思想的表达。因此，愤怒作为一种情感也许是某种状态的蔓延，它影响着整个心理状态。有着不同性质的其他一些心理因素——比如兴奋、爱恋，或者希望——具有不同的色彩，因而具有不同的特征。①

这篇文章提出的经验的渗透性观念，对于杜威成熟的哲学有着非常重要的意义，但它又是含糊的和难以把握的。这种渗透性是走向统一的，是被感觉到而不是被思考到的。这样一种陈述必须采用进一步的陈述来进行补充，即用统一性的主题来确定感觉的意义。我们发怒的时候并不能立即察觉到愤怒本身，我们以不同的方式注意到我们愤怒的对象。此后，当我们思考我们的愤怒的时候，我们可能已经平静了；无论如何，我们就是这样使它成为另外一种状态下的对象。打个比方，渗透性就是一个状态的特性，而这个状态里的东西暂时都被这种特性所渗透。感觉是我们经历某个状态的方式，而不是对某个状态的主观反应。

在早期的经验主义者看来，联想不是一种连续性或相似性，而是一种统一性，而且是建立在习惯基础之上的。一件艺术作品最能说明一种经验状态。我们看到一幅油画，并且立刻就知道它是戈雅(Goya)的作品，或者是戈雅风格的作品。如果我们有着足够的训练，就会知道这一点，正如很快就知道某首奏鸣曲是莫扎特的作品一样。这一切发生在我们对细节的分析之前，而当我们确实去检查细节的时候，发现它们确实是戈雅或莫扎特的作品。所有这些情形显然与格式塔心理学(gestalt psychology)有着某种联系，杜威的直接经验的哲学仅仅依赖于他在经验中所发现的"给予"(given)，它是一种渗透性的经验存在。在这种经验存在中，思想可以找到它自己的背景，找到它自己的出发点和调节原则。

在为哲学协会而写的这篇精彩文章里面，杜威试图使他的思想与他在绝大多数文章里常常忽略(甚至似乎遭到否定)的内心生活相一致。毕竟，如果心智

---

① 虽然杜威在多处提到这一普遍观念，但其中心出处是在《定性思考》(Qualitative Thought)一文，出自《专题讨论会 I》(Symposium I)，1930 年，第 5—32 页；再版于《哲学与文明》(Philosophy and Civilization)，纽约：明顿·鲍尔奇出版公司，1931 年，第 93－116 页。

和意识不是内在实体,如果感觉和情感只是状态性质的,我们就很难知道"内心生活"(inner life)究竟意味着什么。杜威就像他通常所做的那样,通过诉诸日常语言来发展他的理论。他说道:"这事故令人沮丧,我也感到沮丧,这仅仅是从旁观者的角度给予的两个名称。就它的发生和它本身而言,其实是一个完全相同的状态。"(本卷第 38 页)如果我们把这个状态区分为两个方面,把它的一个方面设想成是客观的,另一个方面是主观的,那么情况会怎样呢? 我们发现,当我们想要预测和推动变化的时候,我们不是在应付一次令人沮丧的事故,而是在应付一个感到沮丧的人。

在早期的历史中,当人类滥用无生命对象的时候(无生命对象与其说是威慑而不如说是因果报应),当人类把自己的不道德行为理解成败坏的结果,而且这种败坏具有传染性、可能会影响到整个人类[比如在《俄狄浦斯王》(Oedipus Tyrannos)中]的时候,要去改变事物或影响人类的行为都是很困难的。因此,我们发展出不同的技术来对付自然事物和人类行为。正如我们遵照有机体的态度及其反应来行事,以求改变或引导它们,我们倾向于把它们说成或者看成动机和行动的源泉,把它们与独一无二的个体联系起来。在某种意义上,杜威并不真正相信存在着这种内在的王国(它们只是一些与环境、原因和作用相分离的感情态度),我们局限于其中并在其中发现我们的存在。他认为,宗教和艺术已经使人们相信了它们的存在。打一个比方来说,寻找我们的灵魂和内心,揭示我们与他人及其事物的关系,是一回事;但是,以为我们寻求灵魂和内心是为了发现远离事物和所有人的自我,那是截然不同的另一回事。前者是一种鲜明的和戏剧般的言说方式,而后者则是一种迷信。

在戏剧艺术里,各种类型的角色在各种不同的情景里得到刻画,通过对这些角色的移情作用,我们就有了间接经验。我们很容易感到进入了别人的内心生活,并发现一个通过他的个性折射而改变的世界。但是,在近几个世纪,正如杜威所见,艺术变得更加微妙,常常把"内心生活"视作直接主题,因此使感情态度完全远离了它们原初发生作用的世界;在某种孤立的状态下,是为了它们而培养它们。

在认定那种被他大多数作品所忽略的"内心生活"之后,杜威对这种内心生活的态度仍然是矛盾的。我想,不能过分夸大杜威对于"内心生活"的态度,以为他把内心生活视作某种理智的构造,而这种构造又是由分离的和破碎的生活经验所形成的。甚至就杜威的观点而言，它并不是一种虚构。它是一种真实的经验片断，为逐渐成熟的主观性所关注。虽然它经常被视作似乎没有什么关联性，但它依然是意义和价值的源头，它能够被我们分离、发现和利用。杜威的矛盾之处首先在于，他担心道德因此变成主观的和私人的。他的担心不久就被证明是正确的，当时哲学家流行的做法是把"这是善的"翻译成"我喜欢这个"，有时补充一句"我也希望你喜欢它"。杜威也知道，追求"内心生活"可以提高人们对生命意义的敏感性，以及对生存性质的细微感知。这种内心的生活完全是可以理解的，正如他意味深长地说道："没有人会因为缺少财富、名声和朋友而不能为自己提供这样一个内心世界，作为一种缓冲器，作为一个避难所，作为一个私人剧场。"（本卷第41—42页）

杜威的哲学与他的教育理论之间有着千丝万缕的联系，正如他的教育理论与他的政治理论之间有着千丝万缕的联系一样。从知识探索的角度来看，他的思想陈述不是分离的而是完全缝合在一起的。在这段时期，他依然非常关注教育，并在为"民主与教育"这一主题进行最完备的论述做准备。1913年，他发表了《教育中的兴趣与努力》(Interest and Effort in Education)这一长篇专论或者说一本小书，该专论已收集在本卷中。三年之后，他出版了《民主与教育》(Democracy and Education)。他此前有影响的作品，还有1899年出版的《学校与社会》(The School and Society)(《杜威中期著作》，第1卷，第1—109页)，以及1902年出版的《儿童与课程》(The Child and the Curriculum)(《杜威中期著作》，第2卷，第271—291页)。

像许多人一样，当杜威所写的东西不是很专业的时候，他的表述非常清晰。这部分原因在于不同主题之间的难度是有差别的，另有部分原因在于这样一种假定，即认为受过训练的哲学读者可以理解那些艰深和专业的主题，而教师和外行由于没有受过这方面的训练，为了保证他们能够理解，需要作者列举更多的事例，并且引用一些日常生活中的东西。杜威在这方面做得很出色，但他在教育思想方面的巨大影响还是经常遭到误解，因为他的信奉者或批评者作出的那些过于简单的评论往往容易误导一般读者，而事实上，他们的评论并没有真正把握住杜威的思想。

《教育中的兴趣与努力》很好地说明了杜威思想的性质，这也是他拥有大批追随者的原因所在。这本书是对杜威信念的直陈和阐明，其论述没有偏移、离题或犹豫。它就像是由绳子所绕成的一个绳球,只有当这个绳球被解开之后,我们才会看到一条完整的直线。读者在完全理解这篇经过详细论证的文章之后,一定会感到特别的满足。因为这篇文章里的论点非常有力,其中没有任何试探性的东西。行文充满了自信的措辞,诸如"这是荒唐的"、"事实上"、"这是错误的"。

在本书里,杜威虽然没有像他后来在《民主与教育》中那样论述人性,但是他采纳了一些在他早期思想里形成的信念。因此,当文化作为人类学的一个主要范畴而成为主导性观念的时候,他已经有了自己的看法;他对文化概念的深入把握,没有一个文化人类学家能够与之相媲美。当他在 1939 年出版《自由与文化》(*Freedom and Culture*)的时候,他充分运用了他的哲学思想以及他所拥有的广博的哲学史知识。即使《自由与文化》是作为一本通俗书籍而写的,并不企图提出什么解决方案,但它一种全新的方式探讨了人性和教养的问题。杜威写道:"这里有一个领域几乎没有被知识的探索者们涉猎过——那些关于人性构成的观念的形成过程,那些本来作为心理学研究结果的观念的形成过程,这些过程事实上反映了不同的组织、阶级和派别希望通过一些实际措施来保留旧观念或接受新知识,于是就导致了将心理学视作政治理论的一个分支。"①

按照这样的思路,杜威想说明固定不变的人性是不能解释文化的多样性的,社会的"影响"也不能解释人们的行为,因为社会的"影响"是所有被观察到的行为的一种预先的解释(而且常常是政治性的解释),而不管这一行为是否符合这一解释。在人和文化之间有着持久的相互作用,它们是互相改变的。在理解这种相互作用上出现的主要错误,就在于认为每一种文化结构都是建立在原有人性基础之上的。

杜威与文化概念的情投意合,部分原因在于他早期在处理人、动机、内心生活与环境条件的关系时,并没有把前者与后者完全地分割开来;部分原因在于,他把知识视作探索的过程,这个过程是积极而非消极的,是连续而非突然的或偶发的。教育是他检验自己的理论和进行理论实践的主要领域。在《教育中的兴趣与努力》一书里,他认为,"动机"指的是"可以保持和推动*活动*的目的或目标"(本卷第 181 页)[这个定义多少触及亚里士多德作为第一因的"终极因"(final cause)]。因此,他告诫不要把动机过于强烈地附着在个人身上,因为这样会使

---

① 杜威,《自由与文化》(纽约:G·P·普特南出版公司,1939 年),第 29 页。

它与期待中的目标相分离。教育儿童在他自身内寻找动机去学习某些知识,而不是在知识内去寻找能够使他愿意学习的动机,后者的做法是错误的。当然,在儿童的能力、兴趣和成长阶段中必然有着某种原因,把他与学习的目的或目标联系在一起,这种联系就是他的推动力之所在。

至于探究的活动过程,杜威发现,婴儿与成人一样,他们在认知过程中的所作所为就是为了认知。婴儿拿取、抓住或移动他们身边的物体,不是消极地去认知它们,而是采取了认知的行为。兴趣与动机相近,它是因为有公认的价值或内在的吸引力而产生的念头。它是学习的心脏。如果在 1913 年就存在着斯金纳(B. F. Skinner)的正强化理论,杜威一定会直接和详尽地对它进行驳斥。他认为,这种"刺激"行为就像是哄小孩一样,其知识的兴趣仅仅是由外在的东西引发的。引发行为的外在满足与杜威对学生的要求是截然不同的:对于所做事情的兴趣,是吸引学生达到其目的的一种手段。然而,这种目的不可以是外在的报酬,就像工资一样,而是与手段内在相联的目的,以至于它就是从手段中生长出来的,并因此渗透在手段之中,能够解释手段和赋予手段新的意义。

有些人误解了杜威,认为他有名的"从做中学"只是意味着用行动代替思考。其实恰恰相反,他关注理论和实践之间的紧密联系,认识到实践也是需要智力的,因为学习是一个逐渐认知的过程;一种检验假说的实验是产生知识的实践,想象性的实验同样如此。还有一些人同样误解了杜威,他们认为,杜威过于轻视意义和抽象思维力量的重要性。相反,杜威强调意义对于他的经验概念和学习理论而言都是基础性的,正是我们所经验到的意义在激发我们、刺激行动,并使我们能够明智地作出评价。比如,审美经验就充满了意义,否则就不可能存在。就抽象性而言,心智的一个衡量标准就在于它的抽象力量。学习的过程就是逐渐培养把握意义和抽象思考的能力。

传统教育让杜威不能接受的地方,是他所说的"错误的抽象观念"。这种错 误的观念建立在这样一个信念的基础之上,即心智能够远离对象而发生作用,它可以被并不表达任何事物的符号所占据;它是抽象的,因为它脱离对象、无所指涉、不包含任何真实的东西。有时引入一个对象,也仅仅是作为一种加强心智的训练,正如通过举杠铃来强身健体一样。借用"学究"这个词的贬义用法来说,这种做法是纯粹学究式的,因为它不可能在我们生活的、有着喜怒哀乐的世界里结出什么果实来。这种错误的抽象观念,也许是以虚构出一种内在孤立的心智和一种外在的对象为基础的。

我一直在强调杜威的哲学理论，这些理论与他的教育理论结合起来，并且得到了具体的应用。因为即使在今天，那些认真阅读杜威著作的人也可能要么只读他的哲学著作，要么只读他的教育论著，而不会两者兼顾地阅读。这种方式引起的困惑在1956年芝加哥大学出版社再版的平装本《儿童与课程》和《学校与社会》里表现得十分明显。这套平装本的前言是由伦纳德·卡迈克尔（Leonard Carmichael）写的，他试图把杜威关于教育的思考置于时间背景中，这段时间是在第二次世界大战之前。他认为，在这段时期，一种纯朴的乐观主义仍然是可能的，人们不需要忧虑既存的固定价值，就是这类价值已经足以抵挡诸如纳粹主义这样恐怖的野蛮进攻。

"杜威是一个始终如一的相对主义者"，卡迈克尔评论道。他还提到了杜威的"差不多半个多世纪以前的单纯的自然主义心理学"。[①] 但是，杜威的《民主与教育》一书完稿于1915年，那时第一次世界大战正在进行之中。这本书更多地延续了他早期著作中的思想而并非一种断裂，这并不是因为杜威不能面对这场战争的公众神话和盲从价值观所带来的巨大破坏性，而是因为他至少在很大程度上已经直面了。"单纯的自然主义心理学"与其说是一种心理学，还不如说是一种复杂的认识论。而且，这个"始终如一的相对主义者"并没有出人意料地去寻找绝对的价值，因为他不是一个如克莱德·克拉克洪（Clyde Kluckhohn）所说的文化相对主义者，他并不认为每一种文化都有它自己的正当理由，因此在某种意义上，任何文化都没有高下之分。杜威对待文化的态度是复杂的，因为他知道，有些文化是有益的，而有些文化则是有害的，而且存在着鉴定好坏的方式。他对价值的持续关注，就是通过一个探究的过程去发现哪一种价值站得住脚。在一种简单的相对主义看来，每一种文化都有着自己的主导价值，这种价值被编织到文化的结构里面。因此，我们能够理所当然地认为，每一种文化都有着它需要的价值，有着适合它的价值。但是，如果正如我们所做的，我们能够批判我们自己文化的主导价值，为什么就不能够批判其他文化的主导价值呢？

杜威从来就不认为，当一个人在罗马的时候，他就应当像罗马人那样行事，

---

① 杜威，《儿童与课程》，《学校与社会》（芝加哥：芝加哥大学出版社，凤凰书社，1956年），伦纳德·卡迈克尔作序，第vii页。

因为这可能意味着把基督徒扔进狮子的口里,因为罗马人如此行事并不比食人者更能够证明一个行为的正当性。卡迈克尔在结束时说道,当杜威"怀着一颗充满信念和力量的心而写作的时候,我们这个充满暴力和鲜血的世纪的一页还未翻开"[①]。卡迈克尔介绍的这两本书首次分别出版于 1900 年和 1902 年,因此也许他的话是针对这两本书的初版而言的。但是,《学校与社会》的修订本出版于 1915 年,而且没有迹象表明卡迈克尔知道杜威直到 1952 年才去世,并且是一个"早熟的"反共产主义者和反法西斯主义者。所有这一切,表明了也许杜威的教育著作足以表明他的主要观点;但是,一旦对他的教育理论产生疑问的时候,对这些疑问的解决就必须参照他关于其他主题的著作。对于那些阅读杜威除教育理论之外的所有书籍的人而言,这个道理同样适用,尤其是因为后者包括的例子和证据在很大程度上超出了前者。

在杜威大部分涉及哲学、教育、社会、政治和审美的著作里,一个非常重要的问题是工业与文明之间的关系。从逻辑上说,这个问题植根于他的工具主义,也源于他拒绝把心理和物理的活动视作完全分离的东西,或者拒绝重视其中一个而贬低另外一个。在他的教育论著中有一个反复出现的主题,他的其他作品也以不同的术语重现了这个主题。杜威强调作为科学家工作室的"实验室"(laboratory),这个词的词首部分就是"劳动"(labor)二字,因此他要突出科学的试验性。这不仅包括思考,还包括物理操作。证实产生知识,但证实是通过实验室里的试验和观察来实现的。科学本身是人类最伟大的成就之一,不仅因为认知是一件可喜的事情(它应当如此),而且因为科学的应用可以把人们从机械、刻板、艰辛的劳动里解放出来,并且使我们能够创造出我们喜爱的东西,消除防碍我们的东西。只需要通过创造出前者存在的条件,消灭后者存在的条件即可。总而言之,科学有助于我们更好地生活,它包括有意义的工作和享受应得的闲暇。

在本卷的教育文章里面,杜威对于职业培训的主要关注在于,他认为职业教育不应当与通识教育或人文教育分割开来。职业学校的学生应该作为训练有素的成员在社会中占据应有的位置,而不仅仅作为工人阶级的一员。他能够通过理解他的工作与整个历史、科学、艺术、社会、文化的关系,学会把握他所从事的

---

① 卡迈克尔,序言,第 xii 页。

工作的意义。杜威对儿童研究的循序过程抱有兴趣,这个从游戏到工作再到理论的循序过程,不仅是知识技能和合作能力增长的最佳程序,而且说明了工作与游戏和思想之间的关系。比较那些将成为职业学校学生的儿童而言,这对学习人文科目的儿童来说更加重要。

对杜威来说,在培养民主精神的所有机构里面,公立学校是至关重要的。除此之外,各种不同身份的儿童还能在哪里度过有相对平等的机会和被同样对待的时光呢?条件优越和生活贫穷的儿童除此之外,还能在别处相遇和一起玩耍吗?同样的公民理想和公民责任能够以哪一种更好的方式得到教导和分享呢?就民主问题的讨论而言,显然,杜威十分关注民主观念对职业教育的重要影响,因为一种狭隘的职业教育会滋生和维持一种与民主格格不入的阶级结构。缺乏通识教育和社会责任感的工人阶级,很容易接受独裁统治,或者被政治家煽动起来而进行盲目的造反。

正如杜威所要求的,教育应该是从劳动到理论、从烹饪到化学、从报时这样的实际技能再到天文学的研究。因此,在他的著作里面,对于劳动的思考把他引向了政治、道德、社会和艺术。因为人们往往是从劳动走向思考,从劳动走向艺术,反过来,他们又从思考和艺术返回劳动。同样地,人文教育引领着人们的职业选择,通常是一些专业化的职业,如艺术创作和科学研究,以及政治和外交。在最好的环境中,政治家和律师通过他们所受的教育而得到很好的职业训练。他们的职业训练还包括对待做其他工作的工人阶级的应有态度。因此,当观念的圈子扩展开之后,就像将一块石头扔进池塘里荡起的涟漪一样。

在杜威拒斥的许多二元论中,包括了劳动和闲暇的二元论。他完全无法接受这样一种观念,即认为更多的闲暇和更高的工资可以解决被技术强化而不是减轻的机械刻板的劳作这一问题。解决之道在于有意义的工作和工人的满足感。这一解决方案绝不仅仅只局限于工人阶级,因为它对任何一种工作来说都是一样的。闲暇不仅仅带来休息和恢复,还可以为全面开展公民的和文化的活动提供时间。

在理解工作与生活的其他方面的关系,以及与别人的工作和生活的关系的过程中,一个人可以把握住他的行为的道德意义。因为这种把握,是在了解选择和行为的条件及其结果之后才有的。一个人首先出于爱好和欲望而作出选择。

但是,只有当最初的选择由条件和结果来作出判断的时候,一个人的道德决定才是有所依托的。对杜威而言,道德植根于知识和预测之中,各种道德选择都是以它们为基础的。他在这里再次重申,某些科学的形式是不可或缺的条件,因为选择达到目的的手段需要我们了解能够带来预想结果的因素。而且在目标的选择中,我们还必须尽可能地把它们与我们的整个生活关联起来。

在对艺术的态度上,杜威反对职业教育与人文教育、劳动与闲暇的另一种形式的二元论,因为它把教育、政治和社会的观念搅成了一趟浑水。这种二元论在美学里面的表现形式,是把实用艺术和高雅艺术分割开来。在我们这个时代,为了使这种分割固定下来,就把实用艺术变得平庸,而把高雅艺术变得奢侈,就像是在一个有多种食材的浓味的蛋糕上面再盖上一层多余的糖霜。然而,这种二元论也是古已有之的;在其他古老的文化里,它有着不同的定义。古希腊区分了用手以及工具工作和用文字工作的人群,并且把这种观念神圣化。前者仅仅是匠人,后者则是艺术家。在应用到工匠和诗人身上的时候,这种区别特别明显。事实上,在匠人之中,包括许多雕刻家、建筑师和画家。可是按照这个划分,菲迪亚斯(phidicis,古希腊雕刻家——译者)是匠人,而欧里庇得斯(古希腊悲剧诗人——译者)则是艺术家。

今天由于机器的介入,实用艺术品可以从流水线上被冲压出来。但是,如果一个人在实用艺术和高雅艺术之间看到的是一种连续性而不是一种完全的分离,那么就很容易理解文明是如何发展起来的。其实,艺术及其欣赏的观念渗透在所有人类的创造之中。同样,其他的一些兴趣主导了美国城市的建造,近些年来,几乎每个城市的建设都丑陋而令人沮丧,某些城市完全是丑陋不堪的。城市建筑可以变得尊贵或者变得衰败。成千上万的人拥挤在一起,这就是绝大多数人的日常生活环境。它是一种对美的理念的窒息,拥挤的贫民窟更是挤压着文明所赖以建立的那些理念。这二者之间不是没有关联的。在杜威看来,有一些艺术表达的方式往往被看作不具有高雅艺术的性质。18 世纪着迷于崇高的理念;与美一样,崇高被看作是伟大艺术的一个重要特性。行为也可能是崇高的,同样也有它的美。用审美穿透生活最深层的部分是一件可欲之事,如果艺术作品能够进入所有社会的意识之中,它们将有助于实现这种审美的穿透。

我在这篇简短的导言里面,尤其想要阐明其中的文章是怎样说明杜威对于世界的哲学思考,这种思考是广泛的和发展的。与其说杜威关注的是对问题的解决,不如说他关注的是陈述和看待问题的那种富有成效的方式。他的辩论文章与其说是对其他人所提供的解决方案的直接攻击,不如说是他试图揭示他们的结论所依据的一种历史和文化的前提假定,这种假定无意中支持了一种非民主的社会,支持了一种片面的和误导的知识。每一种哲学都表达了一种文明的精神气质和世界观,杜威会欣然接受他替我们代言的责任。但是,他却受到了不公平的指责,因为他接受了美国人的技术观、操作观和富足观。事实上,他是完全拒绝这些观念的。要为一种文明说话,就不应当忘记去做这种文明的批判者,正如杜威从来没有忘记这一点一样,而批判是建立在去粗取精的基础之上的。这种选择必须有一个标准,正如杜威曾经说过的一样,哲学是一种批判的批判。哲学的最高职责就是去寻找基础。就杜威所思考的一切以及他对自己目标的认识来看,他试图表达的不仅仅是对我们这个五彩缤纷和充满危险的新世界的看法。在这种世界观之外,他还增添了对于一切生命及其一切文明背后的普遍真理的思考。事实上,他一生的作品就是一个巨大的成就。

论　文

知觉与有机体行为[①]

每一位柏格森的读者——以及那些今天还没有读柏格森著作的人——都清楚他的学说中存在一种双重的张力。一方面,知觉、常识和科学的基本特性是由它们与行为的密切联系来解释的;另一方面,各种哲学体系存在的无法调和的矛盾、中间存在的主要谬误,以及悬而未决的哲学问题,都是因为由行为的急切需要所形成的那些结论及其认识方法被运用到形而上学之中。对于有效行为的认识是正当的和必要的,但就形而上学的知识而言,它们不过是一些偏见而已。事实上,偏见还是一个过于温和的说法。运用到哲学里面的这些偏见完全将人引向歧途,它们无可救药地歪曲了它们应该能够认识清楚的事实。因此,哲学必须毅然决然地转过身去,面对行为中产生出来的所有方法和观念以求开出一条新路。这必须求助于直觉,因为正是直觉,让我们感受到了实在本身的运动。实在本身不会被出于身体需要的有效行为的考虑所歪曲。如此,柏格森的独特之处就在于:一方面,人们攻击他是一个实用主义者;另一方面,攻击他是一个神秘主义者。

有些读者认同第一种倾向,但又为第二种倾向感到困惑。事实上,他们的困惑程度与他们对第一种倾向的信服程度是一样的。他们肯定地对自己说,如果哲学那些无法解决的矛盾和含混的产生,就是因为没有注意到日常行为和科学知识行为之间的联系,以及公共行为和个人行为之间的联系,那么通过纠正这一

---

① 本文首次发表于《哲学、心理学与科学方法杂志》(*Journal of Philosophy, Psychology and Scientific Methods*),第 9 卷(1912 年),第 645—668 页。

失误,也就是说,通过彻底揭示知识所包含的真实内容,哲学问题就会得到澄清。他们对自己说,当哲学主动地采纳这一发现,并把这一发现运用到自身的事业中去,那么,哲学将获得怎样的一种解放啊!

也许是因为一种无可挽回的实用主义偏见,我发现自己也属于这一类人,因此也跟他们一样感到了一种困惑的期待和无效的逻辑。然而,正是这种感觉,表明了达到一种真正认识的可能,表明了一种合乎逻辑的知识冒险。照亮知觉和科学的发现,也同样会照亮哲学问题,这一假设从逻辑上说是成立的;但是,还不曾被讨论过。因此,它可能值得一试。那种认为此路不通的观念产生于推理的混乱。它立足于这样一种假设,即哲学体系之间无法解决的对立,以及阻止哲学进步的那些障碍,都是因为那些来自日常生活和科学而且仅仅与行为相关的方法和结果被运用到哲学之中。如果说哲学的不幸源自**有意地**保留那些人所共知的实践性思考,那么,哲学就必须把这类思考弃置一旁,另外寻找一种全新的思想方法。但是,这种假设既与事实相对立,也与柏格森的前提相对立。那么,我们为什么不试试另外的假设,即哲学的不幸源自己被日常知识和科学察觉到的存在于哲学中的谬误呢?为什么不公开和建设性地把这样一种认知结果带入哲学之中,即当我们从行为的观点看问题的时候,知觉和科学的问题可以得到直接的澄清;而当我们还是从知识与行为相对立的观点看问题的时候,这些问题依然模糊不清呢?

这样,我们所采取的步骤就不仅仅是一种有效的哲学冒险。如果那种被常识和科学所抛弃的自然观和知识观还继续保留在哲学里面,我们就会被迫接受一种二元论,从而导致严重的后果。人们不仅把哲学与常识、科学进行不公平的对照——在这种对照中,常识和科学可能会比哲学显得更加成功——而且还与"实在"进行对照。只要这种观念继续存在,人们就会认为,真正的知识与行为无关,而只是对实在本身的纯粹理论洞察,强调实践因素在知觉的和概念的"知识"中的作用,这样势必就会剥夺此类"知识"的真知地位。它给予我们的并不是实在本身,而是从身体需要出发受到歪曲和折射出来的实在。为了把哲学从它患有的病症中解救出来而把所有其他"知识"(作为知识而言)谴责为虚构和幻象,这样做的代价似乎太大了。

因此,我们不得不走得再远一点。一种哲学主张从与有机体有效行为相联系的观点来解释知觉和科学的事实,同时强调哲学要立足于一种完全不同的基础。它必定是一种要受到二元论折磨的实在哲学,这种二元论根深蒂固且难以消除。它把哲学所要直接面对的实在分裂开来。我们通过行为、效用和需要来解释知觉和科学,这是没有错的;但是,什么是行为、效用和需要呢?它们是有用的虚构吗?如果不是,它们就必定是随"实在"的变化而变化的;在这种情形之下,与行为相关并能满足实际需要的知识就必须洞穿而不是歪曲"实在"。就实在的这些特征来看,一种直觉的纯粹理论的洞察是折射出来的。我们假定观念是由有机体的利益虚构出来的,那么有机体的需要是虚构出来的吗?有机体的满足也是虚构出来的吗?或许答案是肯定的,那种对需要的发展和满足产生影响的观念知识在现实的变化中是起作用的,其作用不能用与需要相对立的那种理论的认知方式来理解。从哲学的观点看,分析的思维能力、空间和物质——凡是与有效行为相关的一切——必定是不可化约的荒谬的东西;因为在哲学认知中所把握住的实在,肯定忽略和排除了所有的此类事物。

同样的思考,正好适用知识论。如果那种把知识和行为分开来的古老观念还继续作为最终依据和最高法律存在的话,那么,柏格森的分析就会从构成其认识论的要素中得出完全迥异的结论。在日常事务和科学中,与行为相联系的那些认识方法及其结论能够给我们提供一种关于反思性才智的本质的理论,而不是局限性的理论。在涉及实在方面,当理论的和无关利益的知识不再占据一个特权地位的时候,就不会再有任何否定这类知识存在的动机和基础。这类知识展现在和谐与自由的行为中间。与之形成对照的,不是实践知识的局限性,而是在日常行为和党派行为中产生的知识的局限性!真正的理论知识能够更深入地洞察实在,其原因不在于它与实践相对立,而在于如果与那些反复无常、自私自利、宗派主义和例行公事的实践相比较,它是一种自由的、社会的和知性的实践,因此能够触及事物的本质。换句话说,如果不是因为那种与有机体生命相脱离的知识占据了垄断地位,与行为相关联的知识就不再是一种扭曲的和有限的知识。其关系是可以解释和澄清的。当我们从理智的有效行为的发展来看问题,心智与身体、自我与意识流之间的诸多复杂关系问题将得到解决,涉及这些问题的诸多因素也会各归其位,相应地,哲学的其他问题也就会得到解决。

早应该从这种普遍性的思考转向那些与之相关的特殊问题了。本文拟处理的正是它们与知觉的关系问题。然而,在直接处理这个问题之前,为了使我们上面所说的与下文之间的关系变得更清楚一些,我必须再对这些普遍性的思考作一些说明。纯粹作为一种假设,我们想象有一种哲学坚持认为知觉作为一种理论的认知方式,其特征是暧昧不明的,因而很难对其进行真正的分析;而一旦把它们视为有机体行为中的一个因素,其意义就会变得十分清晰。我们还可以想象一下,这种哲学还有这样一种信念,即有机体行为的本质里有某种东西使它完全脱离开真正的实在,以至于后者只能通过截然不同的方式才能知晓。设想一下,在对实在二元论的进一步讨论中,这种对待实在的方式会冲破和瓦解它自身的解释。有可能会发生什么呢?我们首先发现的,难道不是那些具体论题(不管是知觉、空间、数量还是物质)与纯粹知识和真正实在之间的尖锐对立吗?从这种二元论产生的形而上学结论来看,我们接着发现的,难道不是为了减少二者之间的对立而引入的使它们彼此接近的调和特征吗?这无疑就是柏格森方法的一个鲜明特色。然而,假如我们不是从后来得到纠正的观念而是从已经得到纠正的观念开始,对于那些具体论题(如知觉)的分析难道不会采取一种与它们的实际经验完全迥异的形式吗?原有的理论甚至在其概念上都是不一致的,这难道不是一种未经分析的假定吗?这种理论并不接受那种将有效行为与实在对立起来的观点,而且在后来还作出了纠正,这难道是不可能的吗?

我提出的上述问题没有期待得到读者的回答,也不想提前得到一个肯定的答案,而是想从一开始就让读者知道,以下对于柏格森知觉理论的批判以及对其方法内容的概要性批判都是从此观点出发的。正如我已经充分说明的,我不会质疑他的主要观点,即把知觉描述成有机体行为中的一个因素;我也不会质疑他在进行这种描述时所使用的具体措辞:不确定的可能性的首要性质,以及知觉对物理环境而不是精神状态的关注。我的观点是:只要这些特征得到了展现,我们就会得到这样一个结论,即有效行为本身不再与实在形成一种让人无法接受的对立,而那种与任何知识模式相对抗的哲学观点是值得怀疑的。

仅仅说知觉与行为相互关联是不够的,我们需要知道它是怎样关联的,需要知道行为的显著特征。只要柏格森的论述将知觉与行为关联起来,也就是说,用可能性(自由)来定性知识,让知识有助于自由行为的充分发展,那么,我们就不会再接受空间与时间、物质与精神、行为与直觉之间的二元对立。让我们回想一下柏格森使用的褒义的"生命"一词,以及他对"行为"一词的贬义用法,看看下面的句子(这是我在他的著作里发现的、对刚才所提到的观点最强有力的表述)有没有消除想象中行为和生命之间所存在的障碍,有没有把知觉和仅表现为生命过程的行为联系起来。"相反的是要复原知觉的真正特性，要承认在纯粹知觉中存在的一种原初行为方式，这种方式深深地扎根于实在之中；同时，要看到知觉与回忆是完全不同的。事物的实在不再是被建立或重建起来的，而是被触及、被穿透和被经历的。"①

可以把这段话与下面的陈述作一比较："我的有意识的知觉完全抱有一种实践目的，它表明了哪些事物能够激起我的行为反应。"（第306页）还有这句话："当我们从纯粹的知觉过渡到记忆的时候，我们会为了精神而放弃物质。"（第313页）这样一种知觉观，难道不是源于完全不同的另一种分析或是另一种关注吗？由此我们是不是可以这样说，我们是在知觉里**经历**到了实在本身？我最终的观点是：柏格森的知觉理论似乎在互相矛盾的观点之间摇摆。当然，我指出这种摇摆的存在，不是想简单地证明一位伟大的思想家仅仅犯了技术性的错误，而是说明这一分析关系到与行为相关联的知识的有效性问题，关系到另一种形而上学知识的需要问题。一种知觉观暗示，在知觉的活动、对象和器官的性质中存在诸多不确定的可能性（在时间、自由和生命方面同样如此）；另一种知觉观则把不确定的可能性看作是行为的必要条件，而不是去限定行为及其对象的性质。这个冗长的导言到此为止，我们下面将进入柏格森知觉理论的细节中去。

I.

柏格森认为，必须把知觉当作一个选择和排除的问题而不是一个增加和补充的问题来探讨。如果对于对象的有意识的知觉多于其存在，那么从对象到知觉的过渡问题就会被裹进一个不可解的谜团里面。如果对于对象的知觉意味着要比其存在少一些，情况就不是这样；因为这样一来，需要我们去揭示什么情形导致我们不去探索未被注意到的对象的某些方面（第27页）。在对这种情形的探讨中，我们首先要注意到认识主体的典型特征。物理世界总是表现为一种通过相同和相反作用对能量进行传输的场景，结果就是"在某种意义上，我们可以

9

---

① 《物质与记忆》(*Matter and Memory*)，英译本，第74—75页。如果我们回想起记忆是实在、时间和精神的指数，而知觉因为与行为相联而被束缚于空间和物质，那么，从这个角度出发，这段文字的重要意义就更加明显了。

说，对于任何无意识的质点（material point）的知觉在任何时候都超出了我们的认识范围，因为这个质点积聚和传递了物质宇宙中所有质点的影响"（第30页）。无论如何，只要将整个物理世界的部分传输能量排除掉，就会把受到遮蔽的这部分与其余的部分进行对照，从而得到一种知觉的等价物。在一个有着特殊兴趣的有机体身上，就会遇到这样的情形。有机体的行为，对于那些与它没有任何利害关系的所有影响和所有运动，都是听之任之而不会加以干涉的。这些影响或运动只是一个中立的传导体，它们与物理世界的其他部分是一样的。但是，有机体会挑出和分离那些它有兴趣的运动来（第28—29页）。这些运动被拦截下来，就像一个拦路抢劫的强盗劫持一个受害者而准备对其施加抢劫一样；正是这种打劫行为，定义了一个拦路抢劫的强盗。这种控制和分离使得那些有机体感兴趣的事物特性被突显出来：它们被感知到了。从这种知觉的解释中，可以推导出它的主要特征。它直接关注的是物理事物，这里没有精神的介入；被感知到的对象以我们的身体为中心被组织起来，它们随着身体的改变而改变；被感知到的领域范围会随着我们有机体兴趣的变化及其范围的扩大而扩大。首要的一点，知觉主要是一种行为，而不是一种认知。

在作出这一概括的过程中，我试图排除我前面提到的那些关于知觉的双重分析的非此即彼的思路，使我的论述尽可能做到中立。我们现在来看这些被排除掉的思路，必然使我的论述变得复杂起来。首先，我们必须强调这样一个事实，即在柏格森公开声称的观点里（它最后导致了与真正的实在知识的有害对立），从整个世界到被感知部分的变化仅仅是量的变化，表现为降低和减少。所谓关系，仅仅是部分与整体的关系。"这里没有什么积极的和新的东西增加在意象（客体）之上。客体仅仅是放弃了它的真实行为的某种东西。"[1]知觉"什么也没有创造，相反，其作用只是从意象（客体）整体中排除掉我所不能把握的东西，从我能够保留的东西里面排除掉与意象（客体）无关的、被我称为我的身体的东西"（第304页）。这种削减和排除整体的一些部分和方面的观念，提供了关于知觉的一个正式定义："一种对于事物的直接的和即时的想象"（第26页）；"一种未被打断的即时的系列想象，与其说它是我们的一部分，不如说它是事物的一部

---

[1]《物质与记忆》，英译本，第30页。最后一句话省略的部分会在后面提到。

分"。①

在对知觉的定义里面,柏格森强调了行为的不确定性,强调了各种真实的可能性的有效作用,从这里,我们可以演绎出似乎与上面不一致的观点。让我们看看下面这段话:

> 这种不断丰富起来的知觉,不是正好象征着选择的不确定性的广阔范围,即有机体在利用事物进行活动时的选择吗?让我们从这种不确定性开始,如同从真实的原理开始一样,尝试一下我们能否从它推导出有意识的知觉的可能性,甚至必然性……被驱策的反应越是直接,知觉就越像是一种单纯的接触,知觉和反应的全部过程就几乎不能与机械的冲动区别开来,这种冲动跟随着的是一种有机体的必需活动。但是,当反应变得愈发不确定而有着更多选择的时候,动物对吸引它的事物的感知距离就增加了……有机体能够自己做主的独立程度,或者说它的活动范围的不确定程度,使得它可以对相关事物的数目和距离进行先行的评估……这样,我们能够推导出下面的规则:**知觉是空间的主人,而行为是时间的主人**。②

引用这段话,是因为它表述了不确定行为的首要地位。它(在最后一句话里面)明确地提到了时间,在我看来,这是对真正的原理的**暗示**;但是仔细阅读之后,我们可以发现,柏格森在这里提到时间并不是在下结论。相反,柏格森的意思显然是:这种不确定仅仅是作为一种必不可少的和消极的条件在发挥作用的,它使得那些与不确定的行为有着可能关系的客体变得清晰起来。正如他在别处所说,它"通过我们来过滤外界真实事物的行为,是为了控制和保留实质性的东西"(第309页)。这种结果被再次说成是一种脱离和分离(第41页)。客体"从它们自身分离出我们在行为中捕捉到的和能够施加影响的东西"(第29页)。他谈到不确定的行为就像一面镜子,可以清晰地反映出周围的事物(第29—46

12

---

① 《物质与记忆》,英译本,第69页。熟悉柏格森时空观的读者不需要被提醒以下理论,即知觉作为一个即时完成的领域中的即时部分(非时间性的、非绵延的),会把知觉与物质连成一片,而把时间、心智和实在排除在外,因为它会从内部被直观到。

② 《物质与记忆》,第21、22、23页。增加出处也许是多余的,不过可以参见第28、29、35、37、67、68页。

页）。而且,身体可以"揭示出我们能够抓住的事物的某些部分和方面:我们的知觉可以准确衡量出我们对于事物采取的实质性行为,但它要受到客体的限制,实际上是客体在左右我们的器官,同时在刺激我们的行为"。①

所有这些叙述都仅仅是在强调削减、排除的原理,这正是知觉活动的本质所在。如果我现在引用似乎相反意思的一些段落,并不是因为我十分重视偶然出现的表述矛盾,而是这些段落与事实本身形成了明显的对照。在我们先前的引述中,有些句子在谈到客体时指出"为了显示其实际的行为",有机体仅仅放弃了其行为中的某些东西,但省略了下面的句子:"大体上,那就是有机体加诸客体的*可能行为*"(斜体部分为我所加②)。他还说了具有同样效果的一句话:我的身体"聚集着表象,即它(身体)对他者(客体)产生的*可能影响*"(第 59 页)。因此,知觉被说成是"对有机体的行为能力的表达和权衡,是对紧随刺激之后的运动或行为的*不确定性*的表达和权衡"(第 68 页,斜体部分为我所加)。他还说道:"知觉就在于从客体整体中分离出我的身体加诸它们的*可能行动*。"也许,最重要的是下面这一段话:"如我们所理解的,知觉可以衡量我们对于事物的*可能行为*,反过来说,对事物的*可能行为*也在衡量着我们。"(第 57 页,斜体部分为我所加)

正如我刚才所说,我尽量不对这些段落的词语意义附加过多的重要性。我们很容易用"物体是我们行为的对象"来替代柏格森的"我们对于事物的可能行为",虽然这两种表达在语句上是对立的,但意思是一样的,尤其当知觉可以"衡量"我们对于事物的可能行为似乎为此提供了一个联系的环节之时。但是,语句上的对立也许可以用来暗示:从柏格森关于知觉对不确定性的依赖理论中,可以推导出关于被感知对象的另一个完全不同的观念,而不是数量削减观念。如果我们放开思考这一观念,即被感知客体表明了我们对于世界的可能行为,或者显示了我们对于环境的可能行为,我们就会得到一个复杂的和质变的观念。因为客体能够显示我们将来行为的唯一方式,就是去察看这些行为的客观效果;也就是说,眼前的这个环境是要被我们的行为所改变的。这样,知觉将是期待性和预兆性的,它会提前向我们展示出可能行为的结果。因此,它能促进与行为有关的

---

① 《物质与记忆》,第 233 页;比较:"它从意象的整体里面排除出所有那些我所不能把握的东西。"同上书,第 304 页。
② 杜威在英文原版书中加的斜体,在中文版中均改为楷体,全书同。——译者

选择,因为事先预想行为的结果必然会影响到我们的最终行为。

就知觉的对象而言,会让我们将来自即时领域的材料替换为可以告诉我们可能行为结果的材料。换言之,我们感知到的东西并不仅仅是我们有所作用的东西,还有向我们反馈我们的行为结果的东西。就知觉行为而言,我们总是以为它是正在进行的选择行为,而不是一种已经完成的选择行为。知觉并不是通过压制其实际影响而只让有用的东西表现出来的一种分割化的即时行为,而是一个对不确定性进行确定的过程。

然而到此为止,我们有了两个形成对照而又并排在一起的观点。我们倾向于这个观点而不是另一个观点的依据是什么呢? 我首先要对柏格森所描述的情境因素进行形式的或辩证的分析,然后结合他关于大脑在知觉行为中的地位的论述来考察其作为选择的知觉理论。 *14*

II.

我认为,柏格森的知觉理论表明,他把知觉看作是一个即时的广阔世界中突显出来的即时部分,但这种观点仅当实际行为和可能行为两个观念快速更替时才被支持;当我们把这两个观念以一种能够满足情境需要的方式放在一起的时候,肯定会过渡到另一个知觉观念,即知觉考虑到可能的结果就会给前面的事件带来质的变化。

柏格森知觉理论中的困难,也许可以通过下面这段话表现出来:"如果生命就是不确定性的中心……我们能够设想,它们呈现出来的东西与它们因为没兴趣而压制的东西是可以等量齐观的。"(第28页,斜体部分为我所加)但即使我们以最灵活的方式运用我们的想象力,我们能做出这种设想吗? 我们似乎陷入了一个进退两难的局面,要么生命体没有什么行为而仅仅是在呈现;要么它们就是真的在活动。如果前一种情况为真的话,那么对环境就没有施加影响,既没有压制,也没有消除。如果是后者,行为就会改变它作用于其上的物体,我们就会得到比放弃更少或者更多的东西。这是不是意味着这样一种先验的假定:将知觉作为一种纯粹消极行为的结果,只是处在无意识观念和有机体通过反应改变环境的知觉观念中间状态的一种观念? 我们能够设想,有机体出于特殊兴趣而产生的一些动作、姿势或态度,可以**突出**它有意采取行动的那个部分,而这种突出 *15*等同于它们的知觉。

不过,也许我们难以摆脱困境是由于忽略了柏格森所坚持的一点,即知觉的不确定性和各种可能性。但是,这个困境似乎在不断地重现。有机体可能发生的行为仅仅是可能发生的吗?即使我们承认(对我而言,似乎不可承认)纯粹的可能性是一个纯概念的观念,仍然无法观察到它怎样施加哪怕是一种压制性的影响。但是,如果各种可能发生的行为代表着(对我而言,它们似乎必须有某种意义)实际行为的某种特性,那么,我们看到的就是实际的影响,这种影响远不是纯粹的排除和压制所能代表的。如果我们从不确定的角度看,其逻辑是没有变化的。不确定性和不稳定性要么意味着一种崭新的行为类型,要么意味着行为的空缺。

也许,我现在能够将柏格森关于实际行为和可能行为的转变问题搞清楚。将一个整体分割出一个部分来的行为,必定是一种实际的行为。它是一下子即刻完成的。它本身有数量限制。但是,这种排除性的选择行为还有待于进一步的解释。因此,我们必须诉诸各种可能性行为的出现。可以放开的是那些有机体不会去触碰的东西,需要抓住的是有机体能够对其发生作用的东西。于是,柏格森将这两个观念进行前后排列:从逻辑上说,可能性是先于(即暗示和要求)选择行为的;实际上,选择行为发生在可能行为的实现之前,它提供了活动的领域。柏格森似乎是在可能的现实行为和现实的(但是将来的)可能性行为之间不断地摇摆。前者是一种超越了即时性的活动,因而是一个过程;它不仅仅是分割,而且将知觉的材料进行归类,为后续的行为做好准备。后者体现了某种将会出现的即时的东西,体现了某种可以被设想为(或许)只是由于减少而产生的结果。但不幸的是,它除了满足环境的需要之外并没有表现出任何影响,它会突然变成一种当下展开的可能性行为,亦即变成一种具有特殊性的选择行为。同样的辩证法,对环境发生作用(正如我们很快就会看到的)。一方面被感知到的对象表明了对于有机体可能发生的行为,这是在知觉活动中所获得的东西;但是,另一方面,因为被感知到的对象是出自同一个整体的即时发生的部分,它能否得到展现已经被感知活动决定了。然而,因为这个说法与完全展现的观念相抵触,我们再次被迫回到把可能性看作是有机体带来的观念。

柏格森似乎承认,完全没有起作用的可能性(可能性似乎在可能的将来的现实行为和现实的可能性行为之间提供了一个中间项)毕竟不足以解释物理环境的缩减。不管怎样,我们可以控制来自我们与之打交道的那些物体的影响。这种控制活动在下面一段话里被赋予了某些积极的特征。在陈述了物体所有因素之间相互的作用和反作用之后,他继续说道:"相反,假设它们在某处遇到了某种自发的反作用:它们的行为就会发生缩减,而这种行为的缩减正好是物体给予我们的表象而已。"(第29页)就压制行为的**一贯手法**而言,我们在这里得到了一个我能够找到的最明确的表达。它被当作是一种实在的行为,这样可以满足有机体的需要;同时,它作为自发性的行为,又暗示了可能性的存在。我们承认,行为的自发性描述了一种特殊的行为类型,尽管它没有遵循作用和反作用的物理原理,而仅仅是减少环境对它的实际影响力。即使如此,在客体效力减小的情况下,我们拥有的也仅仅是一种特殊类型的行为而已。如果自发性意味着有机体的行为充满了可能性,它就可能暂时将环境的能量转化成一种自然效力的压制方式。但是,**转化**成一种不同形式的压制与仅仅作为缩减的压制是完全不一样的东西。后者可以通过减少它遇到的阻力,给随后的有机体活动提供一个更好的自我表现的机会,但其意义是有限的。它的处境是不自由的,把后继的行为称为可能的行为就是没有意义的。它是一种被延迟的行为,只有在自发性行为介入之后才会发生。它是我们提到过的现实的将来行为。总之,它不能满足将未感知的东西转化成感知的东西的条件。

17

然而,柏格森有时候表述得又不一样。正如他在一段已经引用过的话里面所说的,我们承认"通过我们来过滤外界真实事物的行为,是为了控制和保留实质性的东西:这种事物对我们的身体和我们的身体对事物的实质行为就是我们的知觉本身。"(第309页)略过这种观点与另一个陈述之间的矛盾,这个陈述认为,知觉的作用"受到客体的限制,客体实际影响着我们的器官并为我们的活动进行配制"。需要注意的是,实际发生的或可能发生的行为都是从我们的身体传递出来的,它制造了客体的性质,我们行为的特质就是把客体的这种性质孤立出来。这种观点在下面的一段话(第28页)里表达得更加清楚:

> 表象是存在的(换句话说,是普遍存在的),但它始终都是潜在的——当它变成实在的那一刻起,它就会失去作用。它有义务不断地推进自己并消失在其他东西之中。为了从潜在的内容转向实在的东西,表象不需要投射更多的光亮在客体身上。相反,它必须对客体的某些方面视而不见,缩减其中的内容。这样剩下的部分就可以从中分离出来而成为一幅**图象**,而不是

被当作一个**物体**让环境包裹起来。

如果我们记得物质是完全实在的而不是潜在的这个明确的定义,那么,这段

18
话的惊奇之处就很明显。然而,就我们目前讨论的问题而言,比这种矛盾更重要的是观点的完全转变。由此开始的可能性,完全站在有机体一边,正如现实性是世界的本质一样。既然有机体所实施的任何排除或减少的活动就是一种现实的活动,那么把可能性赋予客体就成了一种逻辑上的急迫要求,有机体的现实行为现在仅仅被视作一种展示其可能性的场合。但是,这个逻辑的急迫要求无论如何,需要设定有机体行为的不确定性,需要把有机体与无机体区别开来,于是可能性就从客体那里退却,重新居于有机体之内。①

读者很可能会有一种感觉,这里根本不再考虑知觉问题了,而是卷入了现实性与可能性、不确定性与确定性的逻辑论证的变换里面。让我们试着把这些观

19
念转换成它们事实上的等价物。我想,柏格森的基本观点也许可以正确地用下面的话来表述:有机体行为的不确定性延迟了它的运动反应。这种延迟给思考和选择提供了空间。它为意识作出一个确定的选择——为行为的自由提供了机会。但是,运动反应的延迟,也意味着它对世界进行了分割。世界的运动是绵延不断的,有些是有机体的,有些则在有机体之外;世界的运动是没有延迟反应的。结果,受到延迟反应作用的那部分世界运动就被割裂了,它们被分割出来以使其变得更加显眼。而且需要注意的是,这些突显出来的内容正好代表着那些运动,有机体的延迟反应可能会对其施加影响。这样被分割出来且与后续的有机体行

---

① 这一辩证法能不能解释柏格森的泛灵论的唯心主义,是值得考虑的。看起来,似乎他把泛灵论的特质归结于物质仅仅是我们刚才提到的循环逻辑的一种彻底泛化。如果(a)我们把知觉定义为一种基于可能性的意识表现,并且(b)依赖于人类的内在可能性来解释这种以意识表现为特点的范围缩减,这就必然会得出人类本身已经是某种类型的意识(参见第 313 页)。"毫无疑问,被定义成意象总和的物质宇宙本身是一种意识,在这种意识里面,事物之间互为补充、互相抵消。这种意识的所有潜在的部分,通过作用与反作用而互相平衡、相互抵消。"我想,我们在此处可以发现理解整个陈述的钥匙。让某物打破整个平衡,整个意识的一个部分就脱颖而出了。这个脱颖而出的部分就是一个意识表现,因为它是从作为意识的整体里被切割出来的。但是,为什么这个整体被称作意识?仅仅因为知觉是有意识的,并且因为知觉是从一个同质整体里被切割出来的。但是必须存在某种东西,可以导致这种切割,整体是不能切割它自身的。因此,需要诉诸作为不确定的可能性的中心的有机体的不同呈现。但是要坚持这一观点,就需要把所有被用来表明哲学直觉的优点与有机体活动的关键之处联系起来。因此,可能和自由被转回到整体,相应地就使物质变成了意识。

为关联起来的内容,就构成了纯粹的知觉。

这种解释的巧妙是毋庸置疑的。就我自己的经验看来,我认为它提供了一些正确解释的要素。但是,把这些要素以不同的方式组织起来,可能又会得到完全不同的结果。经过修正的解释,读起来有点类似。外界的运动是与有机体的各种活动牵连在一起的。只要这些有机体的活动是不确定的,那么在外界的运动中就不存在一个完全和充分的刺激,也不存在一个有机体的完全反应。充分的刺激和反应都被延迟了(这种延迟是一种结果而不是原因或条件,正如在柏格森的解释里表现出来的一样)。然而,部分的反应既不是仅仅多样化地分散了环境,也不仅仅是可能的事情。它们受到部分刺激的引导,以把它们转化成单一的彼此协调的刺激。有机体的整个反应就紧接而来。知觉就是把制约不确定行为的环境作用转化为一种决定有机体应有反应的条件。

这两种观点之间的区别是什么呢?根据第一种观点,知觉是一种刺激,这种刺激是现成的和完整的;根据第二种观点,它是*形成*一种刺激的活动。根据第一种观点,物体或既有的刺激只是设置了一个问题,寻找相应的答案或是作出反应的过程则存在于有机体之中;根据第二种观点,刺激或被感知到的物体决定着反应过程的一部分;不仅如此,刺激在它不断增长的过程中还决定着反应。只要一个完整和清晰的物体被突显出来,反应就是确定的,选择反应的唯一的明智方法就是形成刺激。与此同时,有机体的反应并没有被延迟,各种反应还在继续发生,通过这些反应,周围的环境形成了刺激的作用。由整个有机体活动最终导致的环境变化,仅仅是这种部分变化的完成,是部分反应在左右着整个知觉过程。它将最终决定一个清晰的知觉对象。这意味着被感知到的对象总是指向一个*已经发生*的反应,这个反应将决定后续的反应。它展示了有机体已经完成的事情,还展示了作为有机体*将来活动*的决定过程的构成部分的特性。如果把有机体通过部分反应来控制刺激从而决定其整个反应过程的线头弄丢了,我们就会毫无头绪。

III.

我们现在必须思考同一情形,但这次是从选择性活动的角度来思考的。我们先前的讨论已为眼前的问题做好了准备。我们可以预料到这两种观念之间的更替,要么将选择完全看作是一种即时性的行为,要么将选择看作是将来的可能性行为的特征。我们也能够预料到这样的变化，只要把现在的选择和将来的选择(它们是完全不同的)之间的更替用一个时间性的选择行为，即一个正在进行的选择来代替，那么循环论证就会消失。

21   按照柏格森提出的理论，有选择的排除本身就是一种选择。"我们的意识只能达到那些被感知到的东西的某些部分和某些方面。意识——在外部知觉方面——就存在于这种选择之中。"①然而，这样一种选择简直就像是金属对酸作出的选择性或差别性反应时所表现出来的选择。金属也"挑选"出它能够产生作用和被对方作用的能量形式。② 如果允许把这个句子当作一种隐喻的话，或者如果你愿意把这个隐喻当作一种事实的话，这里并不存在任何形式的不确定性，不存在什么不受决定的东西，也不需要任何继之而来的选择。全部的选择不过是有机体当即或是随后所产生的反应而已。但是，现在我们把将来可能发生行为的结果作为当下的东西加入进来。有很多可能发生的行为在那里埋伏以待。不然的话，作为放弃和突出的选择就不会发生。所以，被感知到的物体以某种方
22 式勾画和调节诸多可能的行为，在一个确定的反应出现之前就必须作出一个选择。在我们的面前有这样一个循环：眼下完成的选择使将来种种可能性的出现成为可能，而将来可能发生的行为又规定着眼下行为的性质。

    这两方面可以统一在这样一个思考里面，被感知到的物体反射或映照出我们的踌躇和犹豫状态；这是因为，我们必须根据情况作出选择。再重述一遍详细讨论过的根据，是完全没有必要的；如果我还没有成功地把这种循环论证揭示出

---

① 《物质与记忆》，第 31 页；比较第 304 页："知觉看来仅仅是一种选择。"
② 为了节约篇幅，我不得不省略许多和这一主题相关的有趣内容。但是此处，我忍不住要提及柏格森早期在叙述唯心主义和实在论的争论时的方式。读者会想起他从物体——为方便之故，称之为"意象"——可能变化的两种方式开始叙述。一种方式是物体根据加诸其上的影响而变化，另一种是根据一个特殊物体，即有机体的行为而变化。前一种方式描述了物理世界，后一种方式描述了可知世界。但是，他对后者特点的某些描述，无疑也涉及了前者的特点。因此，"我提到外界物体的大小、形状甚至颜色，根据我的身体靠近或远离它们而发生改变。气味的强度，声音的强度，随着距离而增加或减小"(第 6 页)。然而，任何物体对另外一个物体所施加的影响的强度当然是随着距离而变化的。被视为包含了整个对象的角度部分的形状和大小，以同样的物理方式随着距离的变化而变化，因距离远近而带来的光线强度变化也会同样引起颜色的变化。因此，选择正如此处所定义的，仅仅是一个物体施加于另一个物体上的具体行为的名称。但是，他在最后的表述里提到了一种由有机体的知觉引起的、在物理体系内的特别变化：物体不仅随其变化而变化，而且变化是为了反映它"最终的行为"(第 13 页)。事实上，这是一个真正的划分标准；我们对选择的进一步讨论，只是将后果与最终的行为性质联系起来而已。

来,那么现在不能再补充任何有用的东西了。但是,就选择所采取的形式而言,我们可以注意到相应的两种结果。既然说没有被感知到的世界是一个完全自在的世界——换言之,物理世界有它自己的定见——这种观点意味着给被感知的世界引入一种性质,这与单纯的数量选择概念是矛盾的。选择,即使是当下完成的选择,无论如何都有着某种积极的东西。但一个重要的问题是,仅仅映照出我们自身踌躇的知觉内容无法化解这种踌躇。如果我们坚持把它视为选择,这种选择仅仅是一种犹豫不决的选择。被感知到的客体把我们推回到选择的需要之中,它是那样漠然、阴郁和粗暴。这种知觉从来不会参与到"可以让我们对于眼前客体的有效行为之中去"①。我们在后来的可能行为中的选择将是盲目的和随意的,就像知觉从来就没有介入过一样。如何使这样的选择行为变得有效和适合呢?让它待在完全是机械作用的煎锅里,总比把它丢进完全任意作为的火焰里要好得多。②

如果我们把知觉活动视为一种时间性的活动,视为一种选择,请注意这些难题是如何消失的。说我们的反应是**不确定的**,对此观念的完全履行不仅仅"给迟

23

---

① 《物质与记忆》,第 84 页。斜体部分为我所加。在上下文里,这段引文指知觉中的大脑结构的作用。但是根据假定,作为被选定的客体,它必须能够传递给知觉,这并不违背逻辑。

② 也许有人会提出反对,认为我们在此处忽略了纯粹知觉和具体知觉的区别,以及把前者转化成后者的记忆的需要。这样一来,我们就把解释纯粹知觉的本质当成是解释中的一个困难。我们也许会被告知,纯粹知觉确实给我们完全呈现了不确定性,它反映了我们自身的踌躇。它提供了必须作出选择的一个领域。它设定了一个问题,要给运动的反应找出一个答案(参见第 41 页)。引导运动反应去寻找答案的,不是知觉,而是记忆。"虽然有机体的作用是接收刺激以把它们展现为不可预见的反应,反应的选择仍然不可能是机会的作用。这一选择倾向于受到**过去经验**的激发,并且如果不诉诸记忆的话,反应就不会发生。这类**记忆**可能是由类似的情景所留下的。需要去完成的行为的不确定性需要**保存**被感知到的意象,如果不把它与一时的心血来潮相混淆的话。"(第 69 页,斜体部分为我所加。也可参见第 103 页以及第 114 页)。我确信这段引文代表着柏格森的观点:知觉提出问题,并且仅仅是提出问题,记忆帮助运动反应找到有效的和合适的答案。即使我的整个论证似乎因为没有基础而悬而未决,我必须把对这一观点的考虑推迟,直到对记忆的明确讨论开始之后。不过,此处也许还是有必要作出某些提示。这一假定完全没有解释一个完全缺少可能性的物理世界(见第 80—81 页,如果物理世界具有可能性,它就会是意识的起源),怎样突然转化成了一个被感知为仅仅具有潜能的世界。被感知到的物质现在成了纯粹自由:作为记忆的心智是纯粹的决定性。但是,对目前问题而言,更为重要的是,要承认基于纯粹知觉的行为是一种"偶然",或者是一种"一时的心血来潮"。如果情形如此的话,纯粹知觉的客体如何才能提供线索,以回想起适当的记忆? 为什么这不是一种偶然发生的,即一时的心血来潮的行为? 但是,最重要的莫过于在知觉与记忆、空间与时间、物质与心智之间设置的先定和谐。通过这种观点,知觉设置了一个问题,对于这个问题只有靠一种所谓与众不同的力量才能得到唯一的回答。因为就像所有的先定和谐一样,它证明了一个先验的人为分离的可能性。

疑提供一个空间",而且包含了迟疑(第22页)。

我们实际作出的任何反应,不管它们充满了怎样的不确定性,都必然对它们所应对的环境作出调整。① 作为这种活动的对应物,我们将要面临一个决定性的领域。只要反应具有显著的不确定性,我们就能发现模糊和混乱——我们的确发现了它。但是,一种不确定的反应可能具有某种聚焦,这种聚焦会进一步规定它的对象。这样,它就能为更有效的后继反应提供刺激,直到被感知到的对象现出轮廓并变得清晰。但是,如果反应还在继续,那么,被感知到的对象就依旧混乱,反应的不确定性相应地也会持续下去。只有当知觉能够成为选择一个有用反应的行为的有用部分的时候,它才可以显示出反应的效果,即不断地为后继的反应提供更多有效的刺激。一个其行为有着不确定的可能性的生命存在,能够克服被感知客体的限制的唯一方式就是把被感知客体作为实现这种或那种可能性的条件。只有通过对一种可能活动的客观结果的预期,有机体才有可能被引导而作出一种选择;这种选择行为绝不是机械的,也不是任意所为的。知觉可以为我们有效合适的行为提供条件,可以不断地为这些行为提供必要的刺激。用柏格森表达得很到位的话来说:"构成我们纯粹知觉的是我们行为的开端,因为我们的行为已在那些表象(即客体)里得到了预示。我们知觉的现实性就在它的行为之中,在它的后继行为之中。"②如果认真地思考这句话,你在这里就会得到一个明确的知觉观念。它不是一个马上完成的选择,而是一个选择的过程。它所包括的可能的反应不仅仅被推迟了,而且还在当下的感觉运动反应中间发挥着作用。被感知的对象不仅显示了作为先于有机体反应的条件,而且显示了有机体反应在将来行为中所产生的变化。

IV.

我们在讨论中提到了感觉运动的反应,这样就带出了最后的主题,即知觉所

---

① 观察那些新实在论者的逻辑,会是一件饶有兴味的事情。当他们详细地展开他们的观念的时候,他们把感知的活动与有机体而不是与"意识"联系起来。蒙塔古(William Pepperell Montague)教授关于潜在能量作为意识的物理方面的理论似乎回避了陷阱,但如果我没有弄错的话,所有的潜在能量都集中于一个点,而不是在一个更广阔的领域内标明了压力,这断定了一个前所未有的物理事实。

② 《物质与记忆》,第74页,斜体部分为原书固有。

牵涉到的身体。在知觉活动中，大脑占据着什么样的位置？我们不需要提醒读者，问题的这个方面对于柏格森有多么的重要。从某种角度出发，他对知觉的整个讨论是要表明大脑不是意识表象的原因，而只是某种特定行为的器官。在知觉活动(意识表象)和大脑活动之间无可置疑的一致性，不能用唯物主义或者身心平行论(二者都把知觉视为一种认识问题而不是一种行为)来解释，而只能用意识表象和大脑活动均为初始的或潜在的行为的作用来解释。"表象"是指对于物质的环境条件的作用，大脑运动则是指对于紧密相关的器官的作用(第35、309页)。一致性是说行为的材料和工具相一致，就像播种活动中土壤和犁耙相一致一样。

我这是第三次、也是最后一次请读者关注这一领域。我们必须再次审视柏格森如何为他的论点提供充分的理由，如何把意识表象和大脑活动置入彼此的时间交替之中，从而使它们不能实现应有的功能；当他用现实因素和当下的不确定性来取代行为相继性的时候，他所作出的理论修正如何站得住脚。

作为一种身体组织，神经系统是传递运动的介质，而且仅仅如此。于是，大脑过程和知觉对象(所谓的意识内容或意识表象)之间的一致性或关联性都必须根据运动模式的一致性来理解。换言之，要描述与知觉活动相关的神经过程，就必须采用在被感知客体中展现出来的相类似的活动方式。大脑皮层活动和低级的所谓反射活动之间的区别就提供了这样一种线索。在反射活动中，刚刚出现的运动直接被看作是一种应答运动。在大脑皮层的活动中间，交流的通道被扩大了，传递的性质相应地变得复杂起来。同样一个刚产生的刺激，有着许多向它打开的输出通道。因此，大脑有了双重职能。一方面，它提供了一种机制以使外部刺激在到达脊髓而不是被转入它直接的反射通道里的时候，可能被置入与脊髓的其他运动机制的变化关系之中。被称作感觉器官的大脑皮层细胞，"允许接收到的刺激随意进入脊髓的这个或那个运动机理之中，*由此来选择它的感受*"。

另一方面，在大脑皮层中，由于运动通道能够同时对来自外部的刺激打开，这种刺激可以细分得更小，直至把自己消散在无数处在萌芽状态的运动反应里。因此，大脑有时把它接收到的运动引进一个*选定的*反应器官里，有时把整个运动通道都向这个运动打开。这样，它可以显示出所有可能的反应，再细分下去，散发开来……神经的要素……即刻指示出许多可能的行为或是去组织其中的一个(第20页)。

就我们正在讨论的问题而言，重要的是这个陈述：**有时候大脑有一种功能——允许一个被选择的反应继续下去；有时候是另外一种功能——允许它们分散到许多渠道中去**。同样的二元性也在这个句子里得到重复：大脑揭示了许多可能的反应或只把它们其中的一个组织起来。我们提到过的交替在这里公开和外显地表现出来了，而且这种二难推理是以明确的方式表现出来的。只要存在选择和一个固定通道的组织，就有一个单一的真实的反应。只要存在许多分散的通道，就有许多真实的反应。在任何一种情形中，可能性或可能性中的选择都没有出现。同时被揭示出来的真实状态是：大脑活动从许多冲突的和部分的反应中组织起一个完整的反应模式。

27　　我们当然能够想象，能量如此广泛地分散到许多通道中去，以至于它暂时阻碍了任何作用于环境的、进行中的活动。进行中的能量消耗（除了浪费掉的部分之外）是发生在器官内部的，甚至预示着下文即将提到的向感觉运动通道的散开，这种消耗是发生在大脑内部的。我们可以把这种对明显反应的短暂干扰等同于即时完成的传递活动的中断，这种中断可以使物质世界的一部分凸显出来。但是，这并不能说明什么。如果这种分散是在**运动通道**中，这些释放就正好是在一个初发状况下的**许多明显分散的活动**。① 它们并不是一种相应活动的开始。没有什么迹象表明，存在一种集聚活动以取代众多的分散倾向。就这种类型的活动而言——只有它能够满足生命的任何需求——这些分散的活动大多是过剩的能量。它们所反映的，不是我们将要做的东西，而是正在做的那些无用功。

　　我们也许可以说，如果唯一打开的通道表示一个为了更加高效而对一些竞争倾向进行协调的过程，那么，它就是将要实现的有效选择。同样，也可以说，如果这些倾向的出现与那种同时而不是交替去寻找和发现唯一有效的释放路线相联系的话，那么，它们表示出那些可能的初发活动（可能的选择路径）。当它们分散性的特征被消除以后，就变成了完全真实的和真正完整的东西。它们是参与建立起一个统一的有机体反应的初始活动。

　　当柏格森说到"作为感觉器官的大脑皮层细胞"的介入时，他附带提到了对众多分散倾向产生统一反应的同步关系的实现方式。不管是统一的还是分散的，所有直接的运动分流都属于反射的类型。只是因为对错综复杂的**感觉运动**

---

① 可以与前面所说的将来活动的真实性相比较，《物质与记忆》，第15页。

区域的不断刺激而导致的复杂化，才可能出现构成知觉活动的暂停和选择。这种活动就像吃饭、步行、拔钉子或点燃易燃物一样，是真实的运动，包括它作用于环境所引起的相同变化。① 但是，它的运动特性在于它并不是在诸如吃饭、步行、拔钉子或点燃易燃物这类活动中起作用，而是在品尝、观看和接触这类活动中起作用。只要知觉活动继续进行，运动反应就会使感觉器官发生转移，以求提高刺激来促使整个有机体进行重新调整——使整个有机体有一种反应。要做到这一点，就要让新产生的干扰"分流"到感觉运动区域而不是运动通道之中。② 在这些感觉运动区域的各种相互作用中（它们彼此之间相互刺激）可以找到一种机制，可以把一些现有的但不起作用的运动倾向组合成一种有效的和将来的反应。

我们试图让干扰通过视觉器官进入大脑。如果它被直接释放到眼睛的运动器官中去，其结果就不会表现在知觉上，而是表现为一种眼球运动。但是，伴随这一反应的还有一种分流活动，它出现在与品尝、抓握和接触相联的区域中。这些活动也会引起一种偶然的反射性的释放，但这不是全部；在这些大脑皮层的中心，还存在着交互释放。这些局部的运动释放没有一个能够达到完全的程度，只有与其他活动协调起来，才可能显示出有机体活动的总体方向。比如要完成吃饭的活动，首先需要一个手的抓握的活动，而这又需要一个手的伸出活动，这个活动还需要一个注视的活动；如果注视活动不能合适地被其他倾向刺激起来，那 么，它就不能激发其他的活动。这就是一种阻碍的状态。各种倾向之间彼此等待，也就阻挡了彼此的通路。感觉运动器官不仅提供了这种循环的条件，也提供了走出这种等待的方式。

这种方式是什么呢？显然，我们可以假设一下，如果注视的活动完成后，它紧接着就会刺激手的伸出活动，而这又会刺激手的抓握活动以及下面的活动。器官的感觉部分在本质上就是提供这样一些条件。眼睛受到的刺激会发挥注视

---

① 当然，活动本身并不是知觉的变化（这会使我们陷入无限回溯当中，新实在论者确实已经做了如此多的无限回溯），而是知觉由运动状态所引起的条件变化。

② 具有双重重要性的是：柏格森间接提到了卷入其中的感觉因素，但并没有夸大这一暗示。为了给知觉所发生的情境的不确定特点提供基础，并且为它内在的将来意义提供解释，这一暗示是必要的。它之所以没有被夸大，因为在柏格森体系中，对感觉特点的整个解释是在记忆中给出的，"记忆"因此再次被发现包含在纯粹知觉的中心里面。

的特性,它又与其他活动的具体特性联系在一起(通过对接触、品尝、触摸这些区域进行同时的刺激)。由感官刺激所产生的运动特性事实上是对活动展开的结果的一种预期。至于决定所需刺激的条件,就是我们正在讨论的那些真正起作用的明显反应。①

读者可能会把这种解释视作一种想当然的思辨。我个人认为,它勾勒出了知觉活动的主要特性。但是,这不是我们所要关注的。问题在于它是否提供了这样一种理论解释,既能够避免柏格森理论所陷入的二难推理,又能够坚持他的理论方法的三个要点,即把大脑视作进行接收和交流运动的器官;把不确定性看作是一个重要的特性;把大脑的感知过程看作与其具体活动相应的一个器官活动。

这里,我们结束了对柏格森理论的分析。相信读者自己会得出结论,我们究竟在多大程度上揭示了他的知觉理论,即认为知觉是建立在两种因素的交替作用之上,同时又认为这两种因素必须同时而不是交替起作用。当知觉被看作是这些因素同时发生作用所得到的,他自己会对这种知觉理论的价值作出判断。然而,请允许我提醒他:如果这种论证成功地达到了它的两个目标,从时间因素的真正实现过程来看,知觉和客观内容之间的不同特点也就消失了。知觉是一个时间过程:这不仅是说知觉活动需要时间,而且从更深层次的意义上说,不管活动还是对象,都会牵涉到时间因素。如果是这样的话,柏格森关于时间、记忆、心智、生命的整个理论都需要修正,因为在他那里,它们与有机体行为是分割开来的。

---

① 此处我们发现,我们对知觉的解释中所预设的一种作为获得过程的方法,是通过对部分刺激的部分反应,确定的刺激会导致确定的反应。参见前文,第19页。

什么是心态[①]

"因为我们进入了一个仅用象征来认识的世界之中。色彩不是在花朵的身 上,而是在我们的心中。"这里需要提醒俱乐部成员注意:我引用的这句话——出 自一本非哲学的著作——不是为了讨论唯心论和实在论而做的一种铺垫,虽然 我不能保证其结果不会与这个颇受争议的主题有牵连。本文的目的是要提出一 个描述性事实的问题。"在我们的心中"(in our minds)这个短语**指称**的究竟是 什么具体事实呢? 或者说"心态"(states of mind)这个术语指称的是什么事实 呢? 这个事实能够被具体地探知和描述吗?

按照俱乐部规则的要求,我相信,我把这篇论文的摘要放在文章的开头而不 是最后,对读者是有帮助的。

1. 一种心态意味着(而且仅仅是意味着)一种心情(frame of mind),它是表 现在某种行为方式里的一种情感倾向。

2. 在"心态"这个短语里面,介词"of"指示的是一种客观性,而不是一种占 有或所属的性质。它表明人的行为有着某种鲜明的特性,这种特性可以被称作 "心理的"或"精神的";事实上,并不存在一种心灵、意识或灵魂来作为行为的主 体、实体、代理者、性本质、归属,或者联想之场所。

3. 占有和指涉的主体是实际上被牵涉到一个难以适应的境遇里(a living organism-as-actually-implicated-in-a-mal-adjusted-situation)的生命有机体。这个

① 本文是杜威于 1912 年 11 月 21 日向纽约哲学俱乐部(New York Philosophical Club)提交的论文。 此手稿以前未曾公开发表,来源于哲学俱乐部论文特选集,哥伦比亚大学。

带有连字符的短语是要表明，一个行事者——一个人——对于一种事物特有的感情态度产生于经验而不是原来就有的。感情的真实存在是一种境遇，这种境遇除了初级的和次级的特性之外，还具有"强化的特性"；或者在一种境遇里面，对于明显不同的环境状况将会出现明显不同的反应；这两种描述，是对同一事实采用不同方式进行的分析性列举。

4. 个人的或情感的态度与非人的事物或客体的区别源自行为和结果之间关联性的不断加深，因为结果会在不同的程度上变得更好或更坏。在某些情形下，"强化的特性"既不能被用作(1)制造某些结果的手段，也不能被用作(2)作为可能结果的标志。在其他的一些情形下，情况则会相反。在第一种情形中，强化的特性被刻意地排了，只留下物理对象；在另外的情形下，强化的特性则得到了确定和加强，产生出意识的种种特性。

5. 导致这种区别的主要力量是社会的(政治的-法律的-道德的)。这种区别主要是为了确定最后的责任，为了得到社会的尊重。即是说，人这种生命有机体在这种意义上变成一种心理的或意识的存在，即他通过他的情感倾向及其结果而被社会看作是有责任心的人。从根本上说，心态是一种道德事实；也就是说，是一种根据其结果来评价活动的根源。

6. 这种主要的影响往往是被强化的，而且常常被其他影响所掩盖。以下是一些主要的影响因素：

(1) 戏剧化的艺术作品。

(2) 个人主义的道德规范——在使用这种道德标准和坚守这种道德态度方面，现代社会还没有一个非常明确的定义或认可。不过，当它像通常那样与神圣生命的观念结合起来的时候，这种影响就特别强大。

(3) 出于感情的或文学的目的，对感情态度价值的发现和利用。现代人没有把"内心世界"或"理想王国"看作一个政治-道德事实，就表达了这样的动机，它要么采取精致的自私自利的形式，要么采取文学艺术的形式，要么两者兼而有之。

(4) 在一定的范围内，对于前述因素的科学反映(在心理学中)也是很重要的。

这里的摘要远远超出了我将要展开的讨论。因此，如果有时间，我将它作为尽力去描述的一个最终结论的提要；在以下的篇幅里，我当然不会固守这样的提要来展开我的论证。

在英语的口语里,当人们提到某人心神不定(so and so is in a "state of mind")的时候,没有一个人会怀疑它(state of mind)的意思。它所传递出来的印象就是——他处于一种对事和对人的行为倾向中,这些人和事引起了他的愤怒和不安,这种情绪会使他讨厌周围的一切东西。抛开**易怒**的行为及其伴随的不愉快具有的特定含义,我们使用"心态"这个平常的短语比某些认识论的巨著能更好地揭示精神状态的本质。心态本质上是一种感情的态度或倾向,这种态度或倾向是有机生命体在某种情境中所特有的状态。为了让大家明白我所指的范围——或者我会出错的范围——我要表明,我的这个解释可以应用于任何一个事实,只要这个事实可以被看作是一种精神的状态:感觉、思想、意象、意愿诸如此类的所谓的意识状态。① 当一个心理学家说:"如果我看到草,我就会有绿色的感觉。"他说出的是合二为一的东西,要么他的意思是说,当他看到草的时候,他注意到草是绿色的;要么他顿时陷入一种特定的个人状态之中。在前一种情况下,这一表述没有任何心理的关联或内容;它只是表明了草作为一种对象的性质,而不是一种精神特性或心态。草是绿色的,这当然是真的;但是说思想是绿色的,或者草的绿色附着在或者留在思想中,肯定就是假的。② 我们也可以说草是在心里的,因为它由诸如绿色这种感觉构成,即使这样说是真实的,它也会如此明显地把心态和其他事物之间的区别抹掉,以至于把"心态"用作区别性的短语就变得毫无意义了。如果它还有任何特殊意义的话,有待于我们去寻找。其实,把它作为一种有机生命体的情感状态的假设还是可行的,就如同其他的假设一样。但是,在另一方面,如果"感觉"这个词与精神状态有关联,它就会涉及有机体激怒时的一种激动或兴奋——这种生命的激动乃是编织诗歌的素材,或者是那种"感伤"小报所赖以生存的材料。

在詹姆斯的情感理论里,就包含有这样的暗示——作为一个基本原则,他自

34

---

① 当然,所有这些短语还有另外的意思,它们表达了知识的某些**功能**或活动。就这种意义而言,它们不是**情感**态度,也不是"意识状态"。

② 因为某些分子或某种振动不是绿色的,因此草不是绿色的。这么说,是流行于认识论中的那些令人震惊的含糊措辞之一。

已似乎没有察觉到这一点。这个摆脱了其局部性的原则并未提供一种充分的情感理论，将心态的真正本质作为心理学的研究对象。詹姆斯理论中的有机体的共振和反射，构成了他所说的情感的"精神要素"（引号是他自己加的）。它事实上是每一种"心态"所赖以建构起来的东西。我们应该回想一下，"心理状态"（psychical states）这个支配着正统心理学的概念，并不是从心理学中起源的；它的胎记和遗传特征都不是科学的而是认识论的。它起源于哲学，产生于精神和物质之间关系的传统"形而上学"问题。这种情况是历史自然形成且能够解释的，这一方面是由灵魂的宗教观念所决定的，另一方面是因为还没有出现有关生理的和生物的科学。但是，只要我们摆脱了未加批判地被视作自明事实的思辨假设（内省心理学就是其表现方式），并试图从我们时代的科学观念和事实出发，这个自然形成的出发点就完全不一样了。我相信，对于任何精神问题的探讨，如能摆脱历史的先入之见，就必须以生命活动作为基本事实；一个处于竞争中的活着的生命，它的生活将建立在对生存世界作出的反应是成功还是失败之上。这种毫无偏见的观察者（在我看来，这是一个虚夸不实的人物，正如你们敏锐的心智察觉到的那样）也会发现，这是自然的，即有些新的特性会伴随一个活的生命的那些典型活动。因为反应总是有偏见的，总是倾向于延续或保留生命本身，这与非生命物的活动对其结果的漠然形成鲜明的对照。只有生命体才会有一种命运或宿命的意识，因而才会有一种生涯或历史的意识。[①] 这种意义明确的特性应该存在于生命体行为的不同性质里，这是不可避免的事实——否则，它根本就不可能存在。

像所有其他的存在一样，生命体随着环境的变化而变化，但它有着不同寻常的敏锐性和感受性。此外，这些反应性变化有着为了生命的延续而改变环境的倾向。我们谈论某种自我保护的倾向，它是生命现象的标志；也许在我们的谈论中有某些暗示，即生命体有对环境和自身直接施加影响的倾向。但是，稍作反思，我们就能意识到，有机体活动的影响从整体上看，是作用于环境的；从长远来看，自我保护绝对依赖于在环境中形成的这种变化的本性。只有通过对环境的间接利用，有机体才能设法继续作为一个有机体而存在。生命体对环境刺激作出的每一个反应，都会影响到它将来的成功，影响到它自身的生命延续。

---

① 这句话并不否定在生命体活动中包含的非生命因素也有其真实的历史。

我们并没有断言,这种与无机体行为区别开来的有机体行为的特征,即它的兴趣和关注所在(我是在一种纯粹客观的意义上使用这些词语的)就等同于我们所说的心理存在或心理状态。不过,我们可以断言,它提供了一个自然的出发点,可以为我们辨别和描述这种心理状态。在此,我们参照詹姆斯的理论是比较恰当的。**他提出情感作为一种意识的事实**①是有其特性的,这些特性标志着有机体对其环境深层次的适应性反应。詹姆斯的表述,主要是把这个事实作为一个观察到的事实而确立起来。奇怪的是,他不关心这一事实的意义或解释。因此,当他在提供那些有关情感认识的材料的时候,他只是详细地描述了心跳加快或减缓、呼吸的变化、循环运动器官、消化不良、分泌和排泄的作用,却没有阐述这些有机体的变化在人类生存斗争中的作用。我认为,他对这一事实的忽略,直接导致了大多数人反对把他的理论看作是对事实进行的描述。但是,这种重要的有机联系已经隐含于其中了,只需要对它们进行明确地认定。他否定存在着先行的(或并行的)不同心理状态,它们"表现在"诸如脸红、发抖等特定的身体姿态上。如果我们说出他隐含表达的那些内容,那么,他的这一否定就意味着我先前提到的那个概括——所有的心理状态既不是先行的,也不是伴随着有机体的反应而来的——其本身就是这些反应的体现。它们之间的分离并不存在(如果把这句只是加强语气的话看得太重,也会招致误解),心理状态是有机体为适应环境变化而进行努力的结果、后果、产物、记录,或者是有机体的反应所引起的种种变化。在一个生命体成功和失败摇摆不定的经历中,充满了害怕、愤怒、好奇、希望、爱情、兴奋和自卑,这些都是生命特有的状态;作为有意识的心理状态,它们是个体生命用来理解其自身态度的素材。

毫不奇怪,在心理存在意义上的"意识"②是私人的、内在的、瞬间的和个性化的,同时具有双面性的特点。这是所有关于"超越性"、"主体间关系"(transsubjective reference)、发射和投射的各种理论的源泉。因为有机体的反应

① 斜体部分的引入是为了提醒在其普遍运用中,情感不仅仅是一种意识事实——而且是一种以其特有的方式积极面对物和人的行为。

② 我使用引号和修饰语,把所讨论的主题与觉知(awareness)意义上的意识区分开来。对于我而言,试图为语言立法,坚持认为这类意义的此种或彼种才是合适的,似乎是无用的。它们都存在于专业文献中,也存在于日常会话中。真正的问题是每一种意义究竟意味着哪一种事实,以及这些事实如何彼此联接——如果它们连接的话。虽然我对后一种观点持相当肯定的意见,但它们不在本文的论述范围以内。

总是(1)一种直接性的应急变化,而且总是(也是"内在"的)这个或那个特定有机体面对命运作出的反应;同时(2)总是面对环境的某些变化,或者受到环境的影响,或者随着环境的变化而变化。

在我刚才论述的后面部分,已经超出了前面所讨论的东西。境况的某些特性与受到其影响的有机体的状态经历的区别(总之,把它们视作有机体或主体的条件而不是环境的条件)是一个衍生的事实、一种认知的内容。如果认为基本的经验事实是一种需要被引渡到一个客观世界里去的心理状态,或者认为基本的经验事实是一种具有严格自然特性的物理对象,同样都是错误的;这里表现出一种令人迷惑的、被万物有灵论或其他虚幻观念掩盖起来的倾向。经验中的基本事实和不变事实都是一种事件、一种事实、一种关注、一种复杂多变的境况。其中所谓初级的、次级的和强化的特性都不可分割地混合在一起,或者更准确地说,它们还没有被分解出来。我们不断地犯回溯性的错误。回头看过去,有悲哀的事件和悲伤的我;有沉重的负担和我的恐惧;有令人振奋的征兆和我满怀的希望。但是,原初的情境不会出现这样的两面性。这事故令人沮丧,我也感到沮丧,这仅仅是从旁观者的角度给予的两个名称。就它的发生和它本身而言,其实是一个完全相同的状态。"心态"并不是独立存在的,这不是说要把它归因于人类有机体的生存竞争,更不用提那些传统认识论和心理学在精神领域里面的正统观念了。心态是一种经验情境的特性,是一种被经验到的内容的特性。它需要一种独特的认识分析方法来进行概括,需要将一个有机体的生命过程作为它的起源和出处,犹如我们用某些事物的颜色来说明空气的颤动一样。①

II.

如果说这种经验情境本身既不是心理的,也不是物理的;既不是"主观的",也不是"客观的";既不是生物学的,也不是宇宙论的,那么,它是怎样被区分成这两种存在的呢? 我认为,答案的线索可以在经验情境的连续性里找到。我们可以发现,它们彼此联系。一种情境被用作另一种情境的预示或提示,并且被看作是另一种情境的产物。我们不妨把几千年来的历史浓缩一下。以前的人们发现,把太阳发怒或者天气变坏视作后发事件的动机或是将要发生事情的预兆,就

---

① 这部分大致对应于前面摘要里的前三个论点。

会挫败希望的力量和削弱人为的力量。因此,从产生后果的有效性和预言未来的可靠性这个角度来说,强化的特性就从整个对象中被排除出去了,次级的特性在合适的时机与强化的特性一样。物理对象——作为物理科学的对象——是一个由这两种与结果相关联的作用所构成的对象。另一方面,一个人发怒既可以作为预示他将来会做什么的充足理由,也可以是影响某些结果的重要因素。从自然的角度看,人的行为与物理行为的类型是有区别的;或者说,人与物之间的区别是非常明显和清楚的。 ³⁹

如果不是全部的话,人与物的这种区别大多受到社会因素的影响。人类一开始鞭打、虐待、烧毁或者惩罚无生命物体的时候,好像把它们视作是受道德倾向驱动的人来哄骗、贿赂、引诱的。相反,人类对待自己的同类,却将其道德素质视为一种与物理的污染、扩散和传播一样的东西。经过这种长时间的行为实验,影响人类行为的某些东西得到了肯定。我们现在有一套改变物理事件的方法,同时有另一套左右人类行为的方法。某些有机体的倾向和反应被提高到显著的和核心的地位,因为人们发现,通过它们并且只有通过它们,社会的教育、控制、奖惩过程才会变得有效。然而,认为我们对纯粹心智的某些内在状态产生了作用则纯粹是一种迷信、一种没有意义的观念,因为从来没有人哪怕以一种概要的方式揭示出这样一个步骤的一贯做法是什么。但是,我们确实能够对某些个体的生命态度和早期反应产生作用,以使它们产生这种或那种转向,确保这种或那种结果。这些态度通过教育过程,通过尊重或谴责,被单独地分离出来作为培养或排除的因素。它们被视作可控制的行为动机——或者简单地说,被视作动机。因为动机能够受到社会修正并产生普遍的社会影响,因此获得自己鲜明的色彩和价值;它们可以变成特殊的个性形态、心理倾向、心理情绪,以及依附于特定个体的感情。

借助个体意识状态的类推方法而建立起来的"客观人格"理论(它是从个人的经验出发的),与我们在不同背景中完全接受的整个事实相互矛盾。我们更容易把"心态"这个短语用在别人身上,而不是自己身上;可以肯定,在完全同样的情境下,当我们相信可以毫无偏见地得到客观结论的时候,有人会感到愤怒而不接受。可以肯定,有人会因为纯粹个人的恶意而伤害我们。我们作出的反应不仅仅受到个人报复心的驱使,而且会受到一种捍卫普遍正义的永恒法律的客观利益的驱使。坦率地说,正是因为社会的压力和教育,我们才能认识到我们有着 ⁴⁰

"心态"。有些人坚持认为我们是愤怒的并因此而谴责我们，把我们视作是天生愤怒的人，似乎我们的内在灵魂就是由这种材料构成的一样。这样，我们迟早（虽然总是有些三心二意和不太情愿）会把自己视作拥有某些特殊心态的生物。

我认为，我们无论如何不能夸大社会道德影响的程度，尤其在我们有时强调人与上帝或者与某些形而上学和宇宙论（如斯多葛学派的自然观）的关系来探讨日常社会的相互作用的时候。如果注意力被集中在我们自己的态度和动机之上，这不是因为我们的法律责任和日常的社会要求以及其他人的期待，而是因为某些看不见的存在所要求的内心活动。因为追求这种终极原则的个人的和内心的态度，正是实现德行和救赎（或者其他一些被高度概括起来的命运观）的条件，主观性就在这种永不停歇的追求中得到提高。在上面的天堂和下面的地狱之间是我们所处的这个"中间的地球"，它并不是一个很大的屏幕，然而可以生动地表现出我们内心感情生活的戏剧。

III.

我还要提到其他的影响作用，它们强化了这样一种感觉，即存在着一个内在的和分离的心理王国。这个心理存在与其他因素一起发挥作用，最终导致许多人相信，实际存在的仅仅是我们对这个世界的人和事的感情态度的复合体。它是一个分离和不可交流的世界，我们天生如此且永远局限于其中。每一种戏剧化的艺术形式都依赖于这样一个事实，即可以通过模仿创造出一种感情反应的情境。那些标志着我们有机体行为的特性，形成了我们对于生活的感觉——我们对于斗争的感觉，对于成功和失败的感觉，对于在成功和失败之间左右摇摆的各种各样的感觉。戏剧化艺术源自戏剧中的舞蹈和哑剧，其发展与戏剧性的诗歌、小说和辩论是同步的。它有一种技巧，即可以有目的地通过人为的刺激来唤起各式各样的生活感觉——从实际生存斗争的角度来看，它是人为制造出来的——它可以引起一些不完全的有机体反应。我们对英雄和罪犯、圣徒和大众、小丑和贤人的经历产生共鸣并得到乐趣。这种情境的人为性强调了从客观角度来看的感情（心态）的非现实性，它也激发起（如同它的来源一样）一种享受生活的倾向。当然，这仅仅是作为心境，与它们在行动中的正常功能是分离的。这种倾向划出了一条分界线。需要注意的是：这种戏剧化艺术的动机，与罗马和新教的基督教的某些发展阶段是完全一致的。

正如我们所知道的,这种戏剧化艺术的倾向并没有达到近几个世纪以来的艺术目标,它的发展及其结果都显得太过粗劣。现代的音乐、诗歌、小说、忏悔类自传类的文学,甚至还包括绘画,都不仅把揭示"内心生活"作为一种艺术享受的来源,而且作为一种艺术主题的来源。这种态度与此前提到的道德和宗教的影响合流,其反映的效果是无法估量的。一切"有教养"的人或多或少都是多愁善感的,他们会不断地意识到要把自己的感情态度从导致其产生的"真实对象"中分离出来;这些态度关系到他们的实际行为,是需要加以培养的。没有人会因为缺少财富、名声和朋友而不能为自己提供这样一个内心世界,作为一种缓冲器,作为一个避难所,作为一个私人剧场。也许我的语言暗示了伴随着这种主观性的发展所带来的不符合社会道德标准的特征。这些特征的存在,使我们所有的道德问题都变得复杂化了——只是因为它们想把道德问题变成这种内心世界的事情。众所周知,在另一方面,也是由于这个同样的原因,我们愈来愈受到生活意义的影响,受到生活中增多的那些微妙棘手的阴影的影响。这些都表现在公开的行为和社会的交往之中。

我得出的结论是,可以将探讨意识活动的内省心理学家(在其传统的理论任务中)区分为三类。正如前述,第一类是对来自笛卡尔、洛克和休谟的认识论的历史继承。第二类的兴趣在于动机和感情这样的心态,它们是由教育、法律和其他社会指导手段表现出来的,是由文学的和个人传记的内心世界表现出来的。第三类是他作为一个心理观察者而作出的特殊贡献。他的兴趣在于,探测我们的生命体在与事物打交道的过程中所包含的各种有机体的态度和反应。在这种研究兴趣中,他对这些态度和反应进行了分割,并且把它们作为"心态"进行归类。其实,这些态度是人为地制造出来的,其分析也是按照较小的构成性因素来进行的。在这个意义上,心理学家本人把他观察到的意识状态藏匿起来了。他把它们藏匿起来作为不同反应模式的典型标志,这些反应在喧嚣的生活中往往不为我们所注意。在前面提到的来自形而上学而没有什么科学保证的传统观念的影响下,当心理学家告诉你感觉只是身体的反应,它可以调节人体对距离和方向的知觉,感觉是建立空间感的材料,或者它至少是建立知觉这样一种感觉复合体的材料时,麻烦就出现了。

最后我想说的是:我很清楚,这篇论文几乎就是观点的摘要,就如同那些正式的论文摘要一样,它绝不是一种辩论,而仅仅是一种说明;或者,如果你们愿意

42

43

的话,也可以说,仅仅是一种声明。但是,根据我的经验,在谈论当作行为特征的"精神状态"的时候,其困难与其说在于发现或遵循论据,不如说在于获得这样一个观点,即它对一些人来说似乎是可以理解和深思熟虑的,所谓的心态不过是某种行为类型的性质而已。根据我所读到的和我在一些随意谈话中听到的,我形成了这样一种看法,即从相反的角度来看,对于"意识"的定义、描述和分析与其说是诉诸理智,不如说是诉诸对某个已有观点的取舍。

价值问题^①

哲学协会的所有成员都要感谢执行委员会对下次会议讨论的问题作出的简44
要陈述。我认为，要表达自己的谢意，再没有比马上回应委员会的要求，对这个
问题提交一份补充性的论述更好的方式了。

我首先要对委员会四个成员作出的阐述进行评价。^② 我以为，在问题——
价值是某种终极性的东西，是附着在独立于意识，或者独立于充满欲望和厌恶的
有机生命的"事物"之上的吗？——这个"或者"(or)应当被理解为是一种标志，
它标明了一种在"意识"和"一个充满欲望和厌恶的有机生命"之间的真正选择，
而不应当把后一个从句看作是意识的并列或者解释。这种选择是真实的和重要
的：因为某些人可能倾向于把价值的存在与有机体的行为联系起来，而不愿把欲
望和厌恶等同于"意识"——事实上，他们走得如此之远，以至于认为"意识"(不
管这里使用的这个术语具有何种意义)本身依赖于与有机体的欲望和厌恶相联
系的物质。然而，因为无意识的欲望和厌恶可能对某些人来说似乎包含着语言
使用的矛盾，所以把这两个词替换成更客观的术语也许更好，比如选择和拒绝；
或者更好的做法是将物质普遍化，把我们所讨论的选择看成是与有机生命行为45
相联系的选择。

当这样来理解上面的问题时，人们就会对第一个选择中的"终极"(ultimate)

---

① 这篇论文是为了回应委员会的要求而提交的，它要求对这一问题作进一步阐述后提交发表。首
次发表于《哲学、心理学与科学方法杂志》，第 10 卷(1913 年)，第 268—269 页。

② 伊·布·麦吉尔夫雷及其他，《哲学、心理学与科学方法杂志》，第 10 卷(1913 年)，第 168 页。

这个用词的确切意义产生疑问。是不是把价值视作有机体行为的变量,不如把它视作与有机体行为无关的事物更具有终极意义呢?如果答案是肯定的,那么,这种答案赖以建立的根据何在?

我相信,如果在这个基础上进行讨论就可以达成共识。然而,这种阐述在某些方面似乎没有必要与唯心论和实在论的争论联系在一起。我承认,这种复杂化有利于讨论不断地进行下去;然而,现在从侧面迂回地进行讨论,可能最终是更有效处理问题的方式。无论怎样,我冒险提出下面的问题:

1. 在哲学讨论中,价值的重要性问题能够与品质的重要性问题相分离吗?

2. 价值能够与有机体的行为特征分开来吗?如果有机体行为有它自己独一无二的特点,那么,肯定价值是有机体行为的特征是否意味着它们的"主观性"呢?如果确实如此,这种主观性是在何种意义上的?与有机体行为的联系,意味着它们对意识的依赖吗?

3. 价值是先于还是依赖于评价——评价(valuation)是不是一个反思性估测或者判断的过程?

4. 如果价值先于评价,那么,评价只是把它们复述出来吗?或者是对先前的价值进行修正吗?它创造新价值吗?如果创造了,那么,修正和创造仅仅是偶然的还是由本质决定的呢?

5. 对于日常行为(特别是道德行为)中的理智地位的理解,是不是不需要考虑对先在的自然价值进行重新判定?

6. 鉴定(appreciation)的意思是什么呢?它是对价值的一种特殊理解(认知)方式吗?它是对经验价值的直接称呼吗?它是怎样与评价和批判联系起来的?

7. 一般经验价值的存在(特别是宗教价值的存在)还需要有一个证据来证明它的重要吗?也就是说,比如宗教价值的存在是不是证明了任何超越于价值本身的对象的存在呢?或者就这个词最广泛的意义而言,任何价值的经验存在是为了使我们的心灵可以认识到周围环境中的某个东西吗(这个问题与有关品质的第一个问题联系起来考虑,是有益的)?

8. 如果对这些问题的回答是否定的,那么,这些价值对于经验和哲学的意义就会因此被确定为是无效的或虚假的吗?如果假设所有的经验本身都是对客体的意识,那么,对这个问题的肯定回答还能被我们坚持下去吗?

心理学原理与哲学教学^①

对我而言,很久以来,抽象方法论似乎是所有或荒芜或肥沃的哲学领域中最枯燥的。在最终意义上,哲学意味着某些哲学家应当尝试通过一种普遍的哲学观念,把不同的知识领域分类编目,提出它们各自的界线,设置它们的核心区域,确定它们的权限。这对我而言,似乎是一个更容易暴露哲学家的经验、兴趣和理智局限的约定,而不是更容易对主题有所启发的约定。因此,在讨论哲学和心理学关系的时候,我不会企图提出心理学必须是什么或应该是什么;我赞成心理学应当在其能够成功地进行探究的领域,成为有竞争力的观察者。但是,当一个哲学老师和研究者在他自己的视界内思考哲学的过去的时候,他要确定自己的立场,接受现有心理学的一些观念和方法,并对心理学的后效应提出一些问题——即心理学对当下哲学研究和哲学教学的影响。

从这种观点出发,我简单地就我能够观察到的事物来说,哲学老师绝大部分的时间和精力都耗费在讨论由心理学的影响所带来的问题——至少就他们目前的论述来看是这样。就心理学的主导观念和普遍方法而言,这种心理学是一种哲学观念的延续,它一天天变得更加难以置信,与我们现在的知识的和社会的情形更加没有什么关联。假如说哲学本来就与心理学和其他实证科学没有什么关系,那么,结论就是哲学就其无形的逻辑本质而言,既不可以被传授,也不可以被

47

48

---

① 本文于 1913 年 12 月 30 日在美国哲学和心理学协会(American Philosophical and Psychological Associations)"论心理学的观点和方法"的联合讨论会上宣读,首次发表于《哲学、心理学与科学方法杂志》,第 2 卷(1914 年),第 505—511 页。

学习;既不可以被写作,也不可以被阅读。但就人类的知识兴趣、问题、态度而言,更不用说他们使用的词汇,都是由他们已经知道或者他们认为可以知道的东西所决定的。你可以尽你所愿说服一个人相信心理学和哲学之间缺乏特别紧密的联系;同时让他相信,心理学的对象与物理学的对象是相反的,因此他的问题就是调整这两个相反对象的问题;这个问题就是这样一个领域怎么知道那样一个领域,或者说,这样一个领域怎样被那样一个领域真正地认知;这个问题就是在两个领域之内和之间的实体性与因果性原则的意义。或者你告诉他,这种对立是不真实的,让他的学生相信意识和内部观察,相信作为纯粹意识状态的感觉、意象和感情的存在,相信活动器官在观察和运动中都是独立于"意识"的(因为器官是自然的);但是,他依然会被驱使去讨论认识论和形而上学的问题,这些问题必然会从这些信念中滋生出来。当一个人在整理他的哲学货品的时候,这些信念不会因为他很严肃地给他的商店挂上一块"哲学"的牌子,就不再作为一种理智习惯而发生作用。

更具体地说,当学哲学的学生带着坚定的信念去学习哲学的时候,他会相信有两个独立王国的存在,一个是纯粹物理的,一个是纯粹心理的。这种信念不是作为一种思辨的结果被建立起来的,不是作为他将要学习的哲学的一个组成部分或附随事件建立起来的,而是因为他已经研究了两门科学,因为每一门科学都同时断定和保证它自己对象的真实性。大多数朴素的实在论,甚至最新的认识论研究都不能成功地取而代之。

假如这种"科学"背景是确定的,它不需要太多的反思去承认问题的困难所在。阐述和对付这些困难,便成为哲学教学和写作的主要工作。如果有人问及这些困难的性质和范围,最简单的回答就是指出它属于"认识论"的全部事业。关于认识论的论述,有许多很专业性的技术方法;然而没有一种方法在我有限的认识范围内能够得到普遍的认同,即使是作为一种困难的简单表述也同样如此。但是,我冒险提出以下观点:大家都相信物理世界是某种我们通过外在观察和主动实验而得以认识的东西。然而,作为认知手段的知觉与行为的真正性质,只能通过内省才能认识;因为从大家接受的理论来看,它们是纯粹心理的或精神的。认知外在世界的器官、工具和方法因此属于内在世界;正是心理学,通过关于感觉、意象和构成认知心理器官的各种相连的复杂因素来告诉我们关于世界的一切。但是,这些心理状态,这些意识现象,怎么能够超出它们自身,认识到存在一个"真实的"或"外在的"世界呢？更不用说在任何特殊情形中所认知到的东西是否就是"真实"的对象，或者是被精神力量或精神解释修改过的真实对象，或者这种感觉或意象作为直接"知道"的唯一对象，其自身并不是真实的客体？既然对于事物的感知、观察以及反思探究是在心理反省研究的数据之中的，如果不存在这些事物，那么又怎样去研究它们呢？在这种简单的辩证法中，我们可以发现隐含着无数关于认识论的实在论和唯心论的循环论证的变体。想在哲学内部寻找解决这些问题的线索和答案是徒劳无功的，因为这些哲学公开声称自己是纯粹经验主义的和实用主义的。

为了清晰起见，我将尝试另外一种不是很规范的陈述。学哲学的学生在进行研究的时候已经知道，存在着独立的心理领域；它是由独特的实体构成的；这些实体由其自身独有的原则联结和混合在一起，从而建立起它们特有的体系；心理实体天生就是持续流动的、短暂的和无常的，与持久性的存在于空间的事物正好相反；它们是纯粹私人性的；它们仅对内在的审查开放；它们构成了"直接"给予并且是直接被"认知"的——不是推导出来的——事物的整个范围，并且为所有的信念和认知提供了唯一的确定性和基础；除了它们短暂的和表面的特点之外，这些心理实体以某种方式形成了自身或者自我，也就是我们所说的心灵或认知者。我们对整个问题的总结是：就意识状态而言，仅就它们的存在与显现以及显现与确认而言，它们都是被认识到的东西而已。

我想问的是：任何人能够思考这些观念而不承认它们在萌芽状态（而且是在积极发展的萌芽状态中）就包含着当代哲学激烈讨论的问题的实质吗？如果这样的话，那么，认为哲学和心理学的联系与它同其他科学的联系一样少就不是事实了，而是一个有待完成的革命、一个需要有人来承担的任务。我想，我们要么承认他的哲学研究被心理学所感染且无法治愈，要么去挑战现行心理学的那些职责、范围和方法。

那种以哲学之名否认自己有权去对一种专门的科学进行修改和再解释的人，似乎有充分的理由可以被排除在此类挑战之外。然而，在提出这种自我否定的训令的过程中，我也作出了这样的表述。当哲学家把科学视作过去哲学的延续，并根据后来科学和艺术的发展来思考它们的价值的时候，他是处在自己的哲学视界之内的。从事这样一种批判性修改的权利只能被这样一类人所质疑，他们认为哲学自身的问题许多世纪以来始终没有找到答案。

至少有一些表面上确凿的证据支持这种观点,即正统的心理学理论并不是源于对事实问题主动深入的探究,而是出自洛克和笛卡尔的哲学,这种哲学也许在某些方面被康德哲学修正过。从任何科学探究的发现来看,我不能遗忘中世纪的科学而将这种默认的观点变为一种基本假设。我没有时间也无意于证明直接给予的心理状态是构成一个无可争议的"知识"的唯一基础——即确定性——有着自己的规则和体系,这种观点是由 17 世纪的哲学遗传给心理学的,而不是独立地在心理学领域中生长出来的。这是另外一种说法,而且每个人都非常容易找到这方面的材料。我现在的目的是有条件地指出,如果有根据说心理学的传统预设是在它不成熟、无法捍卫自己的时候被哲学强加给它的,那么,哲学家就有权对这些预设展开批判性的考察。

如果我没有错的话,心理学科学的目前状况是批判性研究不断增加,并有望取得理论上的成功。一方面,有许多新增的心理学理论(比如临床心理学、动物心理学、教育心理学和社会心理学)拒绝传统的分类;另一方面,在实验主义者进行的研究与被认为适合阐述他们的研究成果的语言之间存在的矛盾,正在困扰着愈来愈多的心理学家,并且似乎在不断地给他们强加一些令人恼火和人为制造的限制。如果仔细考察一下最近五年来实验室的丰硕成果,究竟有多少有着自己研究条件的成果要求采用笛卡尔和洛克的术语进行系统的阐述呢?假如心理学的研究已经将历史的传统清除出去,那么,究竟什么是确定心理学研究的对象、方法和结论的自然方式呢?当心理学家在研究活动中不再坚持他们以往继承下来的方法的时候,哲学家并没有承担起保持这个传统的任务。

作为一个具体的例子,有人可能会指出,如果行为主义心理学家的研究及其方法的发展是以牺牲内省心理学为代价的,那么,在哲学讨论的精神和方向上就会出现变化。只要有一代的教师和学生是由行为主义心理学的观点训练出来的,这种变化就可能十分彻底。之所以说变化是彻底的,因为由此出现的变化并不是一种处理旧问题的新方法,而只是把问题束之高阁,在这个阁楼上始终散发着早先知识留下来的腐败气味。

然而,即使是善待行为主义心理学的人(从哲学的方面来看),也要表达出某种担忧和希望。我们不妨用一句话进行总结,用这样一种方式解释"行为"的观念是可能的,即它反应了行为主义心理学所公开抗议的那种心理学背景下的兴趣和观点。比如对于神经系统活动的行为限制,对我而言,似乎就是身心关系这

51
52

一古老问题的一个副产品而已,它反过来又是把精神(或心理)视为独立存在的观念的产物。行为,按照它本来的措辞而不是被翻译成某种理论的先入为主的术语,它似乎就是人类所做的和所经历的一切。在例行公事的行为、反复无常的行为和深思熟虑的——或者有目的的——行为之间的区分,似乎描述出了行为方式的真正区别。把"意识"作为一个直接给予的存在领域,把它看作是私人的且只对私人的审视(或内省)开放,要抛弃这样一种观念,是一回事;在神经系统行为的基础上否定有意识(或深思熟虑)的行为、冲动的行为和惯常的行为之间的真正区别,是另外一回事。在其形容词作用的意义上(作为某种反应的性质),意识的清除因为不能通过考察神经或肌肉的作用来发现,似乎只是那种将物理行为和目的性行为相分离的思考方式的产物。如果我们从行为**开始**进行考察的话,这种分离无疑不会出现;因为分离意味着赋予精神独立的存在,而由此将某些行为看作是纯粹物理的现象。

我们当然有理由认为,神经系统行为是人类行为中一个重要的因素;我们当然还有理由认为,它是人类行为机制中的关键性因素。但是,除非我们把行为看作是超物理的,看作是生命的全部态度和反应,并且接受这些态度和反应的表面价值,否则就永远不能发现作为行为机制的神经系统的存在及其重要性。如果把神经系统视为一种机制,那么,它的真正功能就是作为活动的机制。

也许有一个例子可以把我的意思表达得更加清楚。关于直接给予的意识存在的心理学,不得不把意义仅仅视作基本意识状态的集合;这些意识的存在和集合,是向着直接的内省开放的。出于对这种观点的人为性和不充分性的反应,行为主义者试图找到某些可以等同于思想即具有意义功能的那些外显的活动事实。他很自然地要盯住声音器官里面的物理变化。这些可以被客观检测和记录下来的心理活动就是另一个学派称之为思想-意识的东西,它们可以是意义、观念、判断、推理,或者别的东西。我并不怀疑发声法,包括明显的喉部变化,可以为更多的(也可能是全部)思想-行为提供必要的机制。但是,如果认为我们能够通过考察这一机制而鉴别讲话的内容或有意义的行为,这就好比把马车放置在马的前面;在我们能够认清说话特有的那些结构之前,必须将说话的活动作为一个基本事实而加以肯定。行为主义认为,除非清除掉某些没有明言的先入为主的观念,否则就看不到说话不过是人们在互相交流时的活动而已。了解了这些说话的器官,毫无疑问,我们就会更多地了解说话的活动;通过这样的了解,我们就能够更好地控制说话的行为。但是，当语言的具体经验性质被清除之后，把语言活动看作是物理活动，就会切断经验的事实。同样的思考完全适用于目的性行为——也就是意识行为，把形容词变成了名词，把"意识"变成了事件。目的性行为是存在的，它被看作是一种行为的事实；它不是作为一个需要经过内省达到的心理之物，也不是作为一个需要通过物理手段达到的物理运动。目的性行为作为运动而存在，有着其自身特有的性质。我们可以在运动和性质之间作出区分，并因此在物理和精神之间作出区分。这种区分可以使功能的实施得到更好地控制。但是，如果把活动看作是完全独立的存在，把它说成是一种深思熟虑的行为，是一种有意义或有意识的行为，就像是把完全独立的存在赋予心理状态一样，都会犯完全同样的错误。这种错误会在行为主义的"意识"信念制造出来的氛围中进一步蔓延，正如后一种信念出现的背景是把所有具体的活动和完成的活动看作是低级的和无关紧要的一样。因为它更看重宗教的沉思，这种沉思可以将人与完全超世俗的、超自然的和超物理的精神世界联结起来。

当我说行为主义者往往忽略行为的社会性质的时候，只是想表明这种思路可能的发展方向，他们其实仍然在坚持他们名义上反对的那个传统。他们完全按照一个孤立的有机体内部的变化来理解行为，仍然信奉佩里教授很恰当地称之为"皮下"的心智观。这种观念是一种完全个人化的意识存在或意识流的理论所特有的；它就是这种理论的本质。当一个人摆脱了这种理论，他就有权去裁决自己的行为；如果他发现不能用"皮下"的观念来解释他对外部世界的态度和反应的时候，就应该更充分地考察这些态度和反应。

目前教哲学的老师非常关注心理学的发展。他会觉得目前哲学所纠缠的认识论问题大多是武断的，已经把人们的精力从逻辑和社会领域转移出去了。事实上，只有这两个领域才是目前哲学发展的真正机会。他希望看到心理学家跳出主观直觉主义的每一种迹象，希望看到转向更加客观、更加注重社会现实的每一种迹象。对于下一代人的哲学教学的将来发展，似乎与心理学正在经历的危机紧密地联系在一起。任何一种把心理学变成现实的人性理论和真实的人类生活理论的尝试，都只能是一种推进哲学发展的手段。

法律中的自然和理性^①

在波洛克(Pollock)的《普通法通论》(*Expansion of the Common Law*)一书中,我们可以看到下面引自 16 世纪初圣·杰曼(St. German)所写的一段有趣的话:

> 他们还不习惯在英国法律中学到的方法,即对什么是或者什么不是被自然法所支配和禁止的东西进行论证,但所有的论证都是在这种方法的引导下进行的。当他们认为任何事物都是建立在自然法基础之上的时候,他们说,这是理性要求做到的;凡是被自然法所禁止的,就是违反理性的,或者是理性所不能容忍的。^②

这种把理性和自然等同起来、又把它们与道德权利等同起来的做法,是不同历史时期进行重大法律改革的一个源头,这对学法律史的学生来说是很平常的。庞德(Pound)教授最近指明了法律发展的这样一个阶段,它既贯彻同时又纠正了衡平法或自然法这一严格法律本身所存在的许多弊端。他这样说道:

> 衡平法或自然法这个阶段的主要观念,是把法律与道德等同起来;它的

---

① 首次发表于《国际伦理学杂志》(*International Journal of Ethics*),第 25 卷(1914 年),第 25—32 页;再版于《人物与事件》,约瑟夫·拉特纳(Joseph Ratner)编(纽约:亨利·霍尔特出版公司,1929 年),第 2 卷,第 790—797 页。
② 波洛克,《普通法通论》,第 109 页。

责任观念，它把道德责任变成法律责任的尝试，都依赖于理性而不是武断的规则以避免随意性，并消除审判工作中的个人因素。①

除了引入衡平法，废除那些阻碍而不是促进正义的法律条款，采用更加合理的习惯法法庭(courts of usages)以摈除那些保存在陈旧法律中的东西，主张让政府服从于社会的利益，促进人类世界之间的关系。这些服务性事业的变化，都是由于把自然等同于理性而带来的。回顾过去，考虑到当时的理智倾向和基本素养，我们很难发现还有什么别的理智工具能够完成像17世纪和18世纪的自然理性概念所能够做到的事情。鉴于波洛克将自然法称为"文明人的集体理性的生动体现"②，对于一个训练有素而不愿把自然当作一种规范的哲学家而言，也就不会显得不合适了；即使自然理性在政治哲学中不具有反社会的含义，哲学家还是意识到了它表面上的个人主义倾向。但是，即使在洛克(Locke)那里，经过仔细地分析，可以看到，对政府行为进行限制以保护先在的自然权利更多的是一种声明，即政府行为必须服务于理性或道德的目的。对此含义，需要深入地阅读。从道德角度，也就是从理性的角度来限制政府的行为，这是洛克主要关注的东西。

不幸的是，自然和理性是意思含糊的术语；因此，把它们当作道德目标的同义语来使用，就会带来不同的解释。自然也意味着存在，意味着给予，意味着先在的事物状态；或者，意味着现存的事物状态，只要这种状态是与受到因果规律支配的先在状态相联系的。因此，诉诸自然，也许预示着最终会走向愿望的反面；它也许表示了一种尝试，即参照一种先在的因而是确定不变的规则来处理理想问题。

在某个时候或者对某些人来说，或者对现在的某些人来说，自然正义意味着要服从最有经验者的最佳判断或人类的集体常识，它与继承下来的法律原则中习惯的和法律的正义形成了对立；在有些时候，自然正义意味着对利益分配不公的既定现实的接受。比如在赫伯特·斯宾塞(Herbert Spencer)那里，我们可以发现这样一种典型的自然正义观。可以说，这类哲学被我们后来称之为"个人主

---

① 《27哈佛法律评论》(*27 Harvard Law Review*)，第213页。
② 同上书，第128页。

义"的哲学并与"集体主义的和社会主义的"哲学相对立,是纯属意外的。它的一个基本观点认为,不管个人还是集体,人类都要服从既成的和物理的规定。自由放任主义的基本主张认为,人类的理性应该揭示以前就存在的先在的不公正制度,揭示已经存在着的资源和障碍,使我们的行为严格地遵守这套既定的制度。它是对人类智力的放弃,而仅仅是做一个既成事实的报告者,并将它们作为一种必须服从的权力。它是一种政治学中认识论的现实主义。不管这一原则的信奉者多么仁慈,它将不可避免地走向*维护幸运的占有者*(*Beati Possidentes*)的方向。

这种解释方式既影响了**理性**(Reason)的观念,也影响了**自然**(Nature)的观念。这不仅仅因为在司法哲学里,**理性**和**自然**在历史上被视作是相同的概念,而且还应该有其他特别的原因。在受到牛顿科学影响的世纪里,**自然**更多地是指**理性**而不是人类自身的理性。人类的理性只是作为一种能力去追究体现在**自然**中的智慧、和谐、统一和规律,即物理世界中的理性。洛克和自然神论者把**理性**等同于上帝,把上帝看作是世上万物仁慈的决定者和安排者,这一观念影响了当时最为自由的思想。那些自认为不害怕上帝的人同样赋予了自然乐观主义的仁慈心,这是自然宗教的上帝所具有的仁慈心。为了在行动中真正做到有理性和有道德,也就是说,为了得到更好的结果,人们必须在理智上做到不偏离正道,顺从**自然**和**理性**,履行自然和谐和仁慈的计划。在**理性**和**自然**面前,个人主义的观点是无关紧要和从属性的;真正要紧的事情,是要放弃人类理智具有独特功能的观念。正是**自然**而不是人类的思想,决定了意志的活动。

为了证明这种哲学观念对法官心智的影响,我要描述一下法庭在判决尽职尽责和玩忽职守案件过程中类似的做法,这多少是可以说明问题的。在我看来,它们在逻辑思维上显然是对等的;另外,也许还存在某些对这种思维方式的间接影响。理性被当作行动的一种标准。一个人是否有责任心,就要看他运用理性进行判断达到什么程度。那么,用什么来衡量这种理性行为呢?显然,平常的谨小慎微是一个模糊的和相对的事情——正如法庭指出的,它的相对性是因为要随着环境的变化而变化。正是这种模糊性和变化性的存在,更加需要一些原则来发现理性在一些特定情形下的意义。显而易见,即使是那些很理智、很小心的人在相似情形下的所作所为,也有着我们所说的这种含糊性。它可能意味着其行为是理性的,在相似情形下会得到满意的结果;它可能意味着其行为事实上只是按照惯例行事,而这种惯例的做法最终会带来令人遗憾的结果。

这种含糊性不只是一种理论上的可能性,这一点已经被上半个世纪关于雇员职守的法庭判决所证实了。在某些情形下,法庭的立场是把理性和先见之明等同起来,然而,很久以来通行的做法是把理性的审慎等同于行业的普遍惯例。当我们从它们导致的一些结果来看的时候,就会发现这些惯例是多么不合理。长时间以来,最高法院一直坚持说:

> 一个铁路公司的惯常管理,不仅要考虑在公司与雇员之间的铁路财产管理者应有的尽职程度,而且要顾及一些急需的特殊工作,这是应当得到合理遵守的……例如,公司由细心审慎的人来管理,他们就应该在任何情况下都做到谨慎、小心和深谋远虑。

法庭不能同意这样的裁决原则,例如"仅仅考虑通常认可的,或是由平常的实践和运用所认可的尽职程度"①。相反,以下引自联邦法庭的一段话可以清楚地表明,对企业的良好管理有着不同的解释,它要考虑公司对社会公众以及雇员所应承担的义务:

> 关于乘坐蒸汽火车旅行方面的问题,许多法院坚持认为,火车运输公司必须不断提高安全性能。但是,这条规定是一个例外,它是根据公共政策而建立起来的,是为了保护人的生命安全。它从来没有被应用到雇主和雇员的关系之上。②

当我们从雇员的角度来考虑这一契约的意义,正如法庭考虑到危险的存在而将其发展了一样,我们会发现这件事情的另外一面。在赋予人一种固有的理性能力方面,没有一个康德主义哲学家走得比法庭更远了,法庭赋予劳动者在工作中应该具备的先见之明;在断定这种先天具有的理性能力产生有效的行动方面,也没有一个先验哲学家比法庭走得更远了。就工人而言,法庭忠于这样一条

---

① Wabash Ry. Co. v. McDaniels, 107 U. S. 454,460.
② Ennis v. The Maharajah, 40 Fed. 785。

唯心主义的假设:头脑可以移山。在它的应用中,这句话意味着:工人在履行其平常责任的时候所遇到的风险,事实上是他有意而为之的。从实际效果看,这个关于风险的假设是在用目的的或理性的术语表示一种无情的自然环境。

总之,作为实体而不是形式的理性或"自然"是先天的东西,它是一种可以达到的惯常的状态,而不是用智力去纠正错误和带来更好结果的实施过程。从雇主方面来说,理性意味着*幸运的占有者*,对他而言,这是他将会得到的;从雇员方面来说,理性意味着*不幸的失败者*,对他而言,这是他无法摆脱的命运。

在对无错责任原则的否认中,我们可以发现同样的逻辑。在一定的条件下,这个原则无疑是合理的,因为理性即意味着对于结果的先见之明。在其他的条件下,在工业活动所产生的不同结果面前,在纯粹偶然的意外事故中,这个原则体现的理性就是咎由自取。当它变成了一种教条,它就故意把理性等同于物理存在,并且固执地拒绝使用智力来改善因不利条件而带来的影响。

幸运的是,这篇论文所涉及的许多具体事件现在已经变成了一种历史的回忆。但正是出于这个理由,它们也许可以更好地说明这篇论文的主题。为了使法律条款能够在实践中得到满意的结果,就要接受自然法和正义的原则。但是,我们也发现,在政治和司法的实践中,自然观念一个主要的功能就是把现存的状态神圣化。它不管现实是否分配不公、贫富不均,它将自然的东西理想化、合理化和道德化——因为从哲学的观点看,习惯就是自然状态的一个组成部分。在这篇论文的字里行间,我们发现,各种道德哲学应用到法律上所出现的主要的理解差别在于,它们中有些寻找一种赖以作出决定的先天原则;另外一些则主张考虑由不同处理方式所产生的具体结果,应该把先在的东西和原则作为理智分析的指导,而不是作为决定的规范来使用。

我的观点实际上已经表明,但还需要总结一下。对于近来试图把自然权利的原则与意识的本质联系起来以求恢复自然权利地位的做法,我看不出有什么新东西。① 问题还是同样的,不管我们使用旧词"理性"还是新词"意识"。意识是不是一种拥有的东西呢?是不是在有些人身上是被给定的而在有些人身上又相对缺乏呢?我们仍然坚持一种自然的道德观——在名义上崇拜意识或理智,但在事实上却否定和拒绝它,因为已经存在的东西被视作是行为的准则,而不管

61

62

————————
① 沃纳·菲特(Warner Fite),《个人主义》(*Individualism*),朗曼出版社,1911年。

理智对自然所做的事情。但是,如果我们用"意识"来表示对理想结果的兴趣,如果我们相信一个人身上的知觉对其他人也是同样的(一个人只要看不到这一点,他就是一个愚笨的或无意识的人),那么,我们就会面对这样一种境况,即个人主义的观念是完全不相关的和错误的①。重要的是需要运用理智来促成情况的变化,以便能够更好地发展我们的理智——这是我完全赞同的一种自然法观念。

我认为,雇主(根据风险承担原则)利用智力低下的雇员的道德权利问题,为我们清除这种含糊性提供了一个绝好的机会;这种含糊性仍然影响着自然权利的原则,这在菲特所写的《个人主义》第四章里就有表现。在对其他观点展开批评的过程中,作者似乎把理智作为一个自然事实来依靠,即作为一个给定的东西来依靠。但是,当他急于表明他的理论是"全面性"的时候,就像另外一个学派急于表明其观点是"社会性"的一样,他的观点好像有了变化,即把理智等同于对结果有着公正、全面的先见之明。如果他强调的是后者,那么,他的观点与其他人所说的理智的社会观的差别只是口头上的;如果他说的是前者,那么,这种差别事实上就是完全不可逾越的。我要重申一下:当我们听到太多关于理智的讨论时,任何把理智等同于给予物而非对好坏的先见之明的理论,都是对于理智作用的否定。

---

① 如果现在有一个生理学家把"个体"体内的食物消化和所有的循环说成是一种启发性和解释性的事实时,我们会怎么认为呢? 将意识等同于公正全面的远见,并坚持说"意识是个体性的",这在某种程度上限制或否定了这些先验观念的自然含义,这似乎与这个生理学家所做的一样。他告诉我们循环是一个具体的事实以后,想通过把这一事实绑缚在"个体"身上来增加或改变某些事情。菲特教授所描述的个体,要么是有理智的,要么是某种现成的和未被分析过的非理智的东西。

对罗伊斯教授的工具主义批判的答复[①]

罗伊斯教授在海德堡国际哲学大会上所作的关于"真理问题"[②]的重要演讲的再次发表,将促使许多人重新思考真理问题,也将促使一些人第一次思考这个问题。他对于工具主义立场的批判是如此的透彻,其论述也是清楚明了的——即具有才智的——作为受到评论和批评的那些人之一,如果不努力作出回应的话,我会觉得自己在专业上是迟钝的,就个人而言是不识抬举的。我并不试图涉及全部的问题,主要想把自己限制在罗伊斯教授提到的一个观点上面:作为行之有效的经验理论,工具主义的真理论所必需的东西就是承认观念和信仰的社会意义。对罗伊斯教授而言,这种必需的东西看起来是工具主义观致命的错误;对我而言,这似乎就是工具主义观的本质所在。

作为一个要点,罗伊斯先生提出,如果一个人认为工具主义观"就其本身而言"是正确的,那么,他就会走得更远——一直走到绝对主义那里。或者,按他自己的话说:

> 工具主义最终没有表达出一种想凭借自身来构建任何一种真理理论的动机。然而,正如我已经指出的,我相信,工具主义对于人类作为真理追求者的天赋职责的论述是比较深入的。只是在对于人类生活真实论述的意义

---

① 首次发表于《哲学评论》,第 21 卷(1912 年),第 69—80 页。这篇文章所回应的文章,参见本卷附录 1。

② 《威廉·詹姆斯文集》(*William James, and Other Essays*),第 4 卷,纽约,1911 年。

上,工具主义与它自己的真理定义相背离了。①

存在着一种观念——罗伊斯教授不断地说到——工具主义是(或者更准确地说是"包含")一种正确的"关于我们人类现实生活真理的描述,也包含着关于我们寻求、检验和追求真理的意义所在,只要追求真理是我们现实的有机体活动的一个组成部分"②。

显然(难道不是这样吗),当一种批评从一种固有的观念出发,当这种批评方法试图表明基于逻辑推理的接受与立足于广为传播的接受是完全不相容的,那么,一切都依赖于一个人所接受的观念是什么,依赖于一个人如何理解他所接受的观念。如果"被接受"的工具主义观就是一个人自己的想法,而非那些质疑真理定义的人的想法,那么,一个人最终将证明的就是他自己的工具主义观在逻辑上仅与绝对主义是相容的——出自罗伊斯教授这位成就显赫的逻辑学家的这个结论,并不令人感到吃惊。

我首先要完成的任务是比较难对付的。我必须指出,罗伊斯教授的逻辑结论在于他赋予工具主义者的某些观点,实际上是他自己预设的。无论在事实上,还是在逻辑上,这些观点与工具主义者的观点都是格格不入的。总之,罗伊斯教授毕竟没有充分地"接受"工具主义的理论,即使是作为一种关于追求真理和检验真理的经验理论,因为他在接受工具主义的过程中已经曲解了对他而言是如此明显和如此自明的东西。工具主义者的思想无论好坏,都没有进入他的大脑,因为他已经拒绝和排除了它们。我把这一任务称作是难以对付的,而它的确如此。当我们想到实用主义者和工具主义者经常遭到反驳,反驳者否定实用主义和工具主义有任何意义,更不用说真理的意义。当反驳者恶意歪曲明显的事实时,我们应该高兴地看到,罗伊斯教授对于工具主义——在大多数观点上抱有同情,并给出公正的解释,仅一点除外。然而遗憾的是,正是这一点,即自然的虔诚之心,成为我们现在要来清算的。

I.

让我引用一段比较详细的论述。任何工具主义者都会看到,这是他抱有同

---

① 本卷第 429 页。
② 本卷第 427 页。

情和公正态度的一段评价(如果并不完全的话)。

　　人类的意见、判断和观念是生物努力适应自然环境的组成部分。简而言之,观念和信仰都是有机体的功能而已。……真理不过是附属于这些观念的某种价值。① 但是,这种价值本身也就像任何自然有机体所拥有的价值一样。观念和意见都是工具,它们的用途(如果是正确的)在于保存和稳定生命。它们的存在,同样也可以归结为表现在我们整个有机体进化过程中的自然原因。因此,断言或观念的真实性对应于它们完成这种生物的和心理的作用的程度。这种真理的价值就是一种生物学的和心理学的价值。正确是这样一种观念,它能够帮助我们适应作为人类的生活。②

　　唉,要注意"心理学的"这个可小可大的用词。确实,橡树是从小小的橡子长成的;水坝上的一条小裂缝最后会导致溃坝——就像一个众所周知的哲学样本一样!公正的读者肯定会从上面一段话中得出以下推论,尽管心理学的这个用语是模糊的,但界定它的标准还是存在于"生命"、"有机体功能"、"对自然界(更准确地说,是在自然界中)的适应"这些观念里面。这一推论正确地反映了工具主义者的观点。但是,罗伊斯教授接着说,"心理学的"是被用来指称纯粹私人的和个人的东西,有时甚至用来指称内心的和短暂的"意识状态"。这样,"心理学的"东西就一再地膨胀,直到它吞噬了"生物"、"自然界"和"生物的功能"。如果工具主义者想让它们往回走的话(如果他要继续自己的研究,就必须让它们往回走),他必须到"绝对"那里去拿到一张许可证。

　　工具主义者认为:

　　对人类有机体的和心理的作用的描述也许是真实的——确实是真的——在有限的程度上是真的。但是,如果它完全是真实的话,它也仅仅是

------

① 省略的文字是"就我们人类可以识别的真理而言"。把这句话放进自称是来自工具主义者观点的说明里,是重要的。甚至罗伊斯先生也不能使他自己完全脱离这样一个观念,即工具主义的真理观是真理"对我们而言"是什么的陈述,它与绝对真理或真理本身相区别。当然,从它自己的观点出发,它是关于真理的陈述,是关于"真理"这个词唯一可理解的意义的陈述。

② 本卷第 416 页。

作为对许多人经验的共同特点的描述。如果它完全是真实的话，它也仅仅是作为对某些事实总和的客观构成的描述，我们把这些事实总和称作是人类经验。在这种意义上，它是真实的，即没有人能够通过对他自己的观念的经验所获进行试验，而将它作为检验自己经验的手段。……如果工具主义是真的，那么，它的真理性在于它对一般历史过程、进化和人类经验的事实的描述，这些事实超越了每个个体的经验、证明和成功。①

这段话的逻辑赋予了"个体经验"、"他自己的观念和他自己的经验"一种狭隘的和排他的意义。这种狭隘性和排他性在个人经验和"客观经验"或人类历史经验之间划出了一条鸿沟；这条鸿沟是如此巨大，以至于只有"绝对"这个超级机器能够凌驾其上，把人类客观经验和个人经验联系起来。

在下面这段话里，有一个十分明显的对照：

> 没有一个人能够经验到任何其他人的成功，除了他自己的成功；或者经验到任何工具的成功，除了他自己工具的成功；而牛顿理论的真理存在于这样一个完美的客观事实中，那就是每一代人都真正成功地运用这一理论指导了他们的经验。但是，这个事实不是作为个体的人在人类的环境下曾经历过或将要去经历的。②

68　　　　这里我们发现了他的逻辑。人是个体的，因此他所经历的一切都是个体的经验；或者说，个体只能经历他们自身和他们独自占有的东西，这些占有物其实是他们自己的组成部分。我所耕种的这块地是我自己的地，我用自己的工具、自己的犁来耕地；丰收——成功——都是我自己的。因此，这块地永远不是其他人的。对于我来说，从我的这块地去观察其他人的地是不可能的（除非我有一架先验的望远镜）；用我的犁耕他人的地，也是不可能的；我在这块地上的丰收只能是我的，别人是不能分享的。

我认为，这种"个体的"和"他自己的"的观点中存在着一个有趣的问题——

---

① 本卷第 428—429 页。
② 本卷第 428 页。罗伊斯教授，一个单独的个体，还知道这么一个客观的事实！

历史的问题。是什么把人类的理智引向了这种关于个体及其行为状态的观念呢？是什么在引导人类把个体的等同于私人的，把私人的仅仅看作是私人的，而且完全是排外的和孤立的呢？然而，我们现在关注的并不是事实问题，而是逻辑问题。只有当他断言工具主义者预设了个体和"他自己"的这种独占和吞噬一切的势力，罗伊斯教授才能说是"接受"了工具主义者的解释，也才能证明它必然蕴含着绝对（Absolute）的意义。就我自己而言，我可以说，如果我有任何虚无主义和无政府主义的个人自我主义观念，而且用这种观念去判断个体的行为、状态、手段和结果的话，我可能愿意诉诸某种绝对以逃避我"自己的"可怕的孤立和自私。因为只有当自私也包括了他人的时候，自私才是令人愉快的。但即使如此，这种也许存在于工具主义者身上的退缩逻辑仍然会使我感到怀疑，这种绝对不过是我另一个纯粹个人的所有物。表面上，它是我个人所拥有的最珍贵的东西，事实上，只是一个巨大的玩笑而已。在我很容易得到辨认的个性方面，我作为个体存在的某些特性正在被清除掉。从逻辑的角度考虑一下这个问题，我的经验的私人性使我不可能意识到诸如艾萨克·牛顿（Isaac Newton）爵士的存在这类平淡无奇的有限事实。这是非常奇怪的，因为它绝对保证我所相信的事情的绝对真实性，这些事情包括艾萨克·牛顿爵士以及过去、现在和将来的许多事情。无疑地，关于小事清醒、大事糊涂的那条谚语已经过时了。

69

但是，我们距离他所"接受"或设想的工具主义观点太远了。让我们尝试着以一种不偏不倚的同情态度接受这个观点，即"人类的意见、判断和观念是**生物努力适应自然环境的组成部分**"，信念是有机体的功能，经验是包括这些功能在内的有机体的适应行为，这些适应的成败问题构成了有关信念的价值。我们通过什么方法，可以设想一个接受了这种观点的人（无论他带着何种程度的理解力）仍然坚持自然环境仅仅是他自己的观念，强调生物仅仅是他个人娱乐或幻想的一种东西，有机体的工具作用及其结果都限制在他的内部呢？

我们没有必要在工具主义观的基础上对"心理的"东西进行定义。但是，我们必须根据生物对自然环境的适应这一基本观点来加以考虑。生物最基本的一个特点就是对种族有机体生命的延续，正如自然环境的基本特点就是它的空间多样性和时间持续性。没有这些特点，适应行为和有机体功能就是完全空洞的说法。如果我们把**这种**观念而不是罗伊斯先生所持的观念（还有他给工具主义者添加东西的那些重要和致命的慷慨行为）贯彻到底，那么，人类的客观经验和纯粹主观的个人经验之间的鸿沟就消失了。生命本身是个体化的,各种个体化出现了,然后又消失了。但是,这种个体化是生命的一种特征。它不是某种私人的和孤立的神秘东西,这种东西摧毁了生命所有的自然特征,并且用它自身完全相反的特征取而代之。我们不应该采用某些心理学先入为主的个性观来解释"生命";相反,我们应该按照生命的功能来说明人的个性。

有一段话或许有助于说明这种思想上的差别。在从工具主义观来论述牛顿学说的真理之后,罗伊斯教授继续探问牛顿理论的形成和成功的历史事件在何种意义上是真实的。我想,除非工具主义者太愚笨,否则,他应该会使用他自己的标准。据此看来,它是真实的;因为它能够提供预见,能够进行控制,能够促进交流,能够清除模糊的思路,能够指导(而不是阻碍)进一步的观察和思考。它把人们结合在一起而不是分离开来——以至于它能够左右人们的行动,并且得到人们真诚地维护。但是,这条道路对于罗伊斯教授来说,似乎与工具主义者靠得太近了。

> 牛顿已经死去。作为凡人,他不再存在。他的观念,作为一种心理活动,也随他一同死掉了。当死亡合上他的眼睛的时候,他所有尘世的经验都停止了。那么,今天牛顿曾经存在过的历史真实性又在哪里呢?或者说,那些曾经受他理论指导而生活过、经验过或成功过的不计其数的人的历史真实性又在哪里呢?

在这段话之后紧跟着这样一个预料之中的问题,它会使人产生一种对于达到任何哲学理解可能性的失望。牛顿已经死去,我怎样才能确信他曾经活过这样一个真理?这个简单的答案如此明显也如此容易,以至于用不着罗伊斯先生为此而烦恼。这个答案就是:牛顿除非曾经活过,不然他就不可能死去。如果他是生活在 17 世纪的一个有机生命体,那么,他现在一定死去了。我无法想象任何在生命发展中作为有机体的功能而发生作用并获得成功的信仰,除非这些简单而普通的信仰能够发生作用,能够帮助人们达到成功。假设牛顿是一个已经死去的人,即使他从来也没有活过;或者说,因为他曾经生活在 17 世纪,所以他到现在还应该活着,我知道,这种问题会给实用主义理论带来怎样的困难;我承认,我不知道它们是怎样进行"推理"的。严肃地说,在我看来,这似乎就是工具主义理论能够给予刚才所提到的问题的必然和唯一的答案。

同样的,我相信这个答案与罗伊斯教授所想的东西完全不相干。因此,我想猜测一下这个问题背后埋伏着一些什么假设,并且为它们提供一个答案。前面讨论的一些内容,使我相信罗伊斯教授把真理等同于存在。如果艾萨克·牛顿爵士存在的真理与存在本身是一回事,那么可以肯定,当下的经验不可能产生真理。因为在经验中发挥作用的信仰或观念就是为了控制、指导和澄清,为了促进社会的和谐和解放,它们不会把艾萨克·牛顿爵士从坟墓里重新复活过来,总之,它们无法让他*活过来*(或者是重新*存在*)。工具主义从来没有打算侵犯唯心主义的特权,即通过阐述自然存在的真理来创造自然存在。工具主义满足于更加卑微的任务,即描述人们事实上怎样通过构想**一些其他的**存在来对**一些自然**存在进行重新的创造和改变(通过对另一些存在的构想来成功地改造一些事物,这就是工具主义所说的这些构想的真理所在)。

我知道,没有一种先验的冲动去构想关于艾萨克·牛顿爵士的观念或信仰;可以做一个谨慎的猜测,比如一个东方国家的君主去过牛顿的坟墓,他对于牛顿的理论没有任何观念,就像大多数自然事件未被思考就错过一样。但是,当存在着一种具体的思考的需要,并且有一个具体的假设来对这个需要作出回应的时候,我们就需要采取某种方式来检验这个假设的价值,进一步完善它以判断其真假。在假设的基础之上选择整理资料,进行预测,指导新的观察和思考,消除出现的矛盾,最终揭示其本质。根据这种方式并且通过这种方式使这个假说获得成功,成功就是它的真理。

如果艾萨克·牛顿爵士的死亡及其经验的停止会打断有机体生命及其所有的经验,换句话说,如果他的经验无论问题还是方法都在与你我的经验完全断裂的状态下发生作用,那么可以看到,工具主义者会重构牛顿的观念,根本用不着去检验它。当然,这种困难不仅仅局限于工具主义者。在这种情形下,绝对主义者的绝对对此也是爱莫能助的。如果工具主义者与绝对主义者对牛顿作出的判断大体能够达到一致,那是因为生命和经验有着自己的连续性和社会性。

这一点使我产生了第二个猜测,即罗伊斯教授在解决其问题时所遇到的困难。他再次一方面预设了牛顿经验——他的生命和活动——所具有的完全自我中心的和排外的性质,另一方面则预设了我的经验所具有的完全自我中心的和排外的性质。"他的观念作为一种心理活动,已经随他一同死掉了。"但情况是这样的吗？如果是这样的话，我们能够在绝对观念的帮助下做些什么呢？因为只要观念"随他一同死掉了"，问题就不是对我们关于他的观念的观念作出某些最终的证实，而是我们对他的观念如何进行判断。

总之，我们再次回到了我们的基本主张：一个是关于工具主义者的，另一个是关于罗伊斯教授的立场的。（a）通过把牛顿的观念和理论称作为一种**功能**，工具主义意在强调它是一种活动——强调要从功能的观点来重新解释作为形容词的"心理的"含义——把心理看作是一种正在调整和已经调整过的活动，它是公共的、客观的和社会的，与私人的、主观的和个人的一样是确实存在的。我们也许可以说，当牛顿死了之后，某些内心世界的意象和感情也随之一起死掉了。但是，如果说他那作为一种生命**功能**的万有引力观念也随他一同死掉了，这是违背事实的。牛顿通过它行动，按照它生活，它成为整个文明世界有教养的人和科学探究者活动的有机组成部分。因为这种传递活动仅仅是"实现"生命功能诸多因素中的一种因素而已。如果有人认为生命功能是阻碍这种传递活动的因素，那么，他就没有接受工具主义的观点。牛顿的观念是真实的，正是因为它作为一种活动依然在发挥着作用。

（b）关于罗伊斯教授自己的思想逻辑。罗伊斯教授在谈到某些关于牛顿的论述时说："毫无疑问，我所有这些具有历史和社会重要性的陈述本质上都是真实的。"（本卷第 428 页）显然，罗伊斯教授也坚持这样的观点，关于牛顿生平事迹许多数不清的东西，我们现在不可能作出任何合理的陈述。就"本质上都是真实"的陈述而言，难道罗伊斯教授（以及所有其他人）没有退回到可以简单概括为工具主义的方法吗？就对我们来说是非存在的其他"真理"①而言，难道绝对的观念（或存在）对我们有一点帮助吗？根据绝对论者的理论，用绝对就能够说明这种局部性吗？为什么绝对会使某些事件变得如此晦暗和沉寂，而让另一些事件变得如此透明和开放？有什么样的解释可以不让我们回到工具主义者的理论吗？——这种理论强调在自然和社会需要的条件下，生命的活动就是为了适应环境和达到成功。就我们对绝对存在的信仰而言，为什么要采取一种不同的逻辑方法而使我们相信牛顿的那些观念呢？如果生命和经验的持续性、传播性在牛顿的问题上成立，就有可能使一些构想（反思）繁荣起来而同时注定其他理论

_____

① 不是"真理"而是事件，建立在除了提前规定的唯心主义的任何一个基础上。

的失败,更何况如果绝对存在的话,我们为什么不去等待能够证实绝对存在的那些条件的出现呢?缺乏这些工具性的检验,我们有什么权利断言罗伊斯先生关于纯粹个人观念的真理呢?①

II.

就某些真理而言,一些工具主义者——特别是詹姆斯教授——非常强调替 74 代性的社会证实的重要性。按照罗伊斯先生自己的话说:

> 既然我们是社会的存在,这种存在需要无数的和变化的知识,我们就一直要确定和接受许多有效的观念和见解。我们不希望用个人的方式去证明它们的真理性。……如果我们不能证实一个给定的观念,仍然能够根据它的信用价值来接受它。我们完全可以把它作为现在还不能兑现的票据来接受,这是为了特定的目的,或者在一定程度上,它可以作为现金的等价物。②

罗伊斯教授把这个方法作为一种实际的方法予以接受;同时,他认为对这种方法的信赖与工具主义的真理观是前后矛盾的——工具主义一贯把兑现信用的活动等同于真理本身,也就是说,只要在规定的时间可以方便兑现的东西都是真实的。罗伊斯先生拒绝做一个理性主义类型的理智论者,但是他采用了旧时理性主义者那种死板的二中选一的工具。要么我基于信用作出的断言就是真理(不管怎样,真理都属于断言),要么我所说的真理就是指我所相信的东西,前一种选择投向了工具主义;后一种选择则把真理置于草率的境地。你当然可以相信你的异想天开和奇思怪想。

因为我希望现在就把问题弄清楚,所以对"信用"的含义及其内容很感兴趣。然而,在处理这个问题之前,用一些篇幅来讨论这个两难选择的困境是必需的。我想,经过仔细的检验可以发现,它类似大多数哲学讨论中遇到的两难选择。两个极端被作为穷尽一切的选择提出来,而事实上,许多其他选择穿过大开的网孔

---

① "至此为止,工具主义正确地定义了真理所拥有的本质,就我们曾经真实地验证真理而言",第430页(斜体部分为我所加*)。*英文原版书中的斜体,中文版中均改为楷体。下同。——译者
② 本卷第430页。

都自由地溜走了。是不是说工具主义的理论把一些观点或观念的真实性建立在社会信用之上呢？显然是接受本身在起作用。如果环境和活动的方法是社会性的，除了相信其他人的经验结果之外，我们还能够期待任何其他的方法发生作用吗？关于这个问题，再没有比罗伊斯教授的抽象逻辑更无视规则的了；基于信用的接受要受制于同一种检验——在一定的条件下进行——就像以更直接的个人证实为基础的接受一样。这里所揭示的是，生命的社会环境与我们所看到的生命本身一样是持续性的。无数的事例证实，在一定的条件下，我们能够相信他人的经验和报告；在我们自己的经验和其他人的经验之间划分界限，是相当武断和难以把握的。除了这种普遍的证实之外，还存在一些特别的证实手段，它们是通过相信一些特殊团体的信用和权威而予以**接受**的。另外还存在一些常见的证实方法，通过其他人的经验来证实这些观念——这种方法可能会被抽象主义的逻辑弄得看似有些缺陷，但它是在归纳逻辑中独立发展起来并具有说服力的。总之，作为一个工具主义者，是不会武断地相信什么东西的；他的接受是以验证为前提的，正如一个人接受自己的假设是因为这些东西被他验证到了。这种接受是他通过经验确证的，因而变成了一种确实的认定；它经受了一定条件下的生活的实验性检验。聪明人都会采用这种带有个人感情色彩的方法，实际上，绝对主义者也会采用这种方法。我们承认罗伊斯教授的一个断言，即真理或错误已经内在地包含在问题之中了。如果不能直接证实这件事，我应当持什么态度呢？根据假设（罗伊斯教授自己的假设），我不能确信为真还是为假，尽管我已经确信它是二中选一的。根据罗伊斯教授的观点，唯一可能的方法就是任意地通过一时的怪念头或者在当时看起来很合意的方式加以接受或拒绝。总之，这一困境

仅仅只能应用于持有罗伊斯先生观点的人身上，对他们而言，选择的形式就是在二者之中选择一个：对历史和自然中的大多数事物的真假采取完全怀疑的态度，或者，随心所欲地接受那些自以为是的东西。另一些人会小心翼翼地检验其他人的观点和报告的信用程度，这在工具主义的理论中已经有所描述。

　　正如我已经表明的，我发现自己主要的兴趣附着在社会信用的观念上面，附着在与商业信用的类比上面，这里表明了我个人的经验在起源、内容和立场上都是社会性的。在良好的商业活动中，它表明在信用背后还存在一些价值；按照哲学的说法，这些价值就是真理。相反，在投机性的商业活动中，在信用的背后除了信用，什么也没有：按照哲学的说法，这就是工具主义的真理论。现代商业活

动在很大程度上依赖信用，我认为，这是一个重要的事实，这个事实对于工具主义理论来说特别重要。因为只要现代商业是在信用的基础上进行的，它的基础就不是把信用等同于事先存在的价值；如果现代制造业和商业建立在这一基础之上，那么它将完全破产。它以已经存在的可能性为基础，以将来的工业活动、信心和消费为基础来实现这些可能性。只有在经济恐慌的时候，才会退回到过去，才会依赖以前的贮备。那种强调从现存价值背后寻求基础的做法，其直接的后果就是阻碍商业。确实存在一些背后的东西——如土地、树木、矿井、劳动、交往、互信、欲望等等。但是，信用不是由它们来衡量的——正如不是由它们在背后提供支持的。信用是由一种将来可以利用它们的期待来衡量的。它不是一个存在于已经完成状态中的问题，而是一个期待将来可以改变和利用的问题。信用的作用是为了更有效、更灵活地使用现存的东西，而不是以某种方式重复现存的东西。可以确证或者反驳任何信用的东西只有凭借结果，凭借实际的结果。

我不希望用类推为某些结论或理论提供基础。但是，我希望类推的参考作用是可以依靠的。信用表明了一种可能的结果。作为一种可以发挥作用的现实因素，它可以引导和充实一些情形，而信用正是建立在这些情形的可能性之上。理智同样如此。两者都包含了一种冒险，包含了一种不确定的投机因素，因此都需要接受审查和检验，都有责任实现目标和获得结果。它们都包含有某种"在背后"的东西、某种先前存在的东西；但是，它们都不是对先前存在东西的重复或复原。它们都关注事物的潜在性，并且极力使这种潜在性变为现实。正如信用是一种独特的社会现象，作为思想生命标志的信念也同样如此。从整体上来看，社会证实并不是在缺乏个人证实的情况下的权宜之计。唯有它，才是真正的证实；个人证实只是这种社会证实的一个步骤——一种继续前进的鼓励和认可。经验、生命——商业经验的发展也如此——都是社会性的。经验的这种社会性的表现不在别处，就在意义和信仰的连续性、相互渗透和相互加强之中。它不需要用**绝对存在**（Absolute being）对这种知识活动的社会发展阶段进行证实，事实上，绝对不过是对日常社会经验无聊枯燥的隔离和实体化而已。信任他人的经验出于这样一个事实，即我们亲身的经验要比简单"接受"的狭隘的私人经验更可信，罗伊斯先生的困境正在于他坚持这种私人经验。

如果我把工具主义的重要思想汇集起来，以反驳罗伊斯教授将它视为一种通往绝对主义的捷径的观点，我发现，工具主义作为哲学方法代表了一种严肃的知识良心;它并没有随心所欲地使用真理概念,而是特别小心地运用真理概念来表达那些经过实践检验而取得成功的思想和命题。从根本上说,它在形式或方法上都是别具一格的。我认为,它是对一种认知方式的承认,这种方式把将来可能的结果变成现实有效的东西——它是对现实的时间和现实的潜在性的承认——它看到了当下流行的关于经验和意识生命的私人化观念以及自我中心观念的虚假性。应该看到,我们只是讨论了实用主义以信任他人为基础的证实方法的可能性——为避免陷入罗伊斯教授的困境,我们强调了这种可能性。事实上,"个人的"的生活和经验(包括观念、判断、意见等有机体的活动)中充满并渗透了社会的因素和背景。教育、语言和其他交流手段是更为重要的知识范畴,远远超出绝对主义者所挖掘出来的那些知识类型。一旦工具主义赢得了方法论的战争——它将会取得成功,这不是依赖工具主义者的努力,而是依赖科学方法对哲学家想象力的影响的不断增长——有两种努力可以使工具主义的信用观得以确立:第一,使知识与一个真正的将来联系起来;第二,主张个人的甚至是隐秘的经验,尤其是采取知识形式的任何经验,都包含了社会的因素。

答麦吉尔夫雷教授^①

麦吉尔夫雷(McGilvary)教授最近针对我的论文发表了三篇文章,承蒙编辑允许,我将在本文中对这三篇文章一并答复。^② 这些答复将按照这三篇文章发表的顺序进行。

1. 我在论文里提出,如果自我中心的困境标志着一个无所不在的事实,那么它就使唯心论和实在论的争论变成一个无法解决的困境,事实上也是一个毫无意义的争论。我想说,就我所知,在那篇文章里,我并没有把这个困境的信念归结于佩里教授。我并没有这样的意图;我讨论的是现实情况,而不是佩里教授的观点;而且,我并不真正清楚佩里教授的立场,因为在他的著作里,有些东西可以用两种方式来解释。我确实从未提出过一个实在论者必须相信这个困境是真实存在的,虽然我确信(现在依然如此)任何实在论如果把自己、自我、心智或主体视为两项知识关系中的一项,都不可能摆脱这个困境。就麦吉尔夫雷教授的论证而言,如果这个困境确实是一个困境,那么,他的反思陷入了一个谬误。我认为,他会发现这个谬误很有趣,正如他有时发现我的逻辑很有趣一样。他引用了以下出自佩里教授的话:"同一个实体既具有内在性,又具有超越性,前者表现

---

① 首次发表于《哲学、心理学与科学方法杂志》,第 9 卷(1912 年),第 544—548 页。本文所回应的文章,参见本卷附录 2、附录 3 和附录 4。
② 《实在论与自我中心的困境》(Realism and the Ego-Centric Predicament),《哲学评论》,1912 年 5月;《杜威教授的意识》(Professor Deway's Awareness),《哲学、心理学与科学方法杂志》,第 9 卷,第 301 页;《杜威教授的实在论研究概要》(Professor Deway's Brief Studies in Realism),同上,第 344 页。

在它是一个类别的成员，后者表现在它也可以无限地属于其他许多类别。"麦吉尔夫雷教授在评论时加了一句："这意味着，当 T 处在复合句 $TR^c(E)$ 中的时候，它具有内在性；但是当同一个 T 处在别的复合句 TR^nT' 中的时候，与前一个复合句相比，它就具有了'超越性'。"如果这个困境是真实的，稍作反思，我们就会很清楚，后一个公式并不完整。它应当是 $TR^nT'R^c(E)$。如果知识包含着与自我的关系，任何事物之间的已知关系本身就处在与自我的关系之中。[1] 至于说到知识的对象，实在论优越于唯心论的地方在于它承认了事物维持彼此之间关系的重要性。这一点，我已经在文章里明确地给予了承认。[2]

2. 在第二篇文章里，麦吉尔夫雷教授问了我两个问题。作为对第一个问题的回答，我认为他的意见是对的，即我把"有机体的抑制"（organic inhibitions）放在"有机体的释放"（organic release）这个通用术语里面，这是我行文中的一个疏忽。他的第二个问题就不那么容易对付了。他问道："为什么这些'有机体的释放'被称作是'意识的条件'，而不是意识本身？"麦吉尔夫雷教授的问题基于我自己的一段话："当然根据这种理论，我倾向于认为所谓的'意识'活动不过是采取行动方式进行的有机体释放，这些释放正是意识得以出现的条件，也是对意识内容的修正。"麦吉尔夫雷教授的异议是很自然的：这段话要么应当进一步展开，要么根本就不应该提出来。我其实是在论及一些人的观点，他们坚持"意识"是直

接作用于客体的。因为我自己的观点看上去与这种理论相类似，事实上还可以等同起来，所以我插入了前面所引用的那段话。我试图表明，客体的差异不是由一种独立的实体或者被称为意识的力量所造成的，而是由包括意识在内的不同行为所造成的。我的这段话在表达上，与我所批评的观点令人遗憾地达到了和解。我本应当阐明的是：第一，"意识"是有意识的行为或理智行为的缩略语；第二，这种行为使它自身与它作用的对象区别开来。我所指出的这种遗憾的和解

---

[1] 这篇文章写成以后，麦吉尔夫雷教授对佩里的《近期哲学发展趋向》一文进行了评论（《哲学评论》，1912 年 7 月）。在这篇评论当中，麦吉尔夫雷教授简洁而生动地指出："我们怎么能够低估在这种低估的行为中存在的事实呢？"这使得麦吉尔夫雷教授摆脱了与上述谬误的关系，但是，我的文章为什么会遭到他的批评，就都不清楚了。

[2] "然而，我并不认为现实的陈述和在此困境中的理想陈述是处于同一层次的，或者是具有相同的价值。客体之间彼此关系的变化独立于它们与'认知者'之间的关系，这是为所有学派认同的一个事实。"《哲学、心理学与科学方法杂志》，第 8 卷，第 551 页。该文即是麦吉尔夫雷教授所评论的文章（《杜威中期著作》，第 6 卷，第 111—122 页）。

（正是它引起了麦吉尔夫雷教授的疑问），是我似乎接受了有机体行为和客体意识的二元论。排除这种和解并保留我自己的观点，有机体行为和被认知客体之间的区别就由对客体的无意识行为和目的性行为之间的区别代替了。严格地说，我认为，"有机体的释放"既不是意识的条件，也不是意识本身。它们是一种在理智行为中可以辨别出来的因素，"意识"是另外一种可以辨别出来的因素。我希望，这样能使我真正的意思变得清楚一些。

3. 我不得不承认，我对麦吉尔夫雷教授的最后一篇文章感到吃惊。他是从引用我的一段话开始的。我在这段话里说，认识论的实在论者至今还是认为

> 实用主义实在论者的主要观点正是把认知活动看作是在自然过程中发生的事件，而不是突然地引入一种'独特的'和非自然的关系——于心智或意识之中——他们几乎不会去讨论实用主义第二个衍生出来的观点，即在这种自然的持续过程中，被认知到的那些变化着的事物也经历了一个具体的和可辨认的性质的变化。

麦吉尔夫雷教授对我文章的引用到此为止。紧接着，他令人吃惊地说道："被批评的实在论者的错误在于，他们相信认知活动就是突然引入一种'独特的'和非自然的关系。"我说它令人吃惊，是因为我知道没有任何转换、转向、变换或者其他命题解释方法的原则，麦吉尔夫雷教授能够据此把引用的这段话转换成他所理解的意思。**唯心论者**坚持认为，知识是心智或意识对于事物的一种独特的和非自然的关系，他们还把这一信念变成了一种理论的基础，即由此事物的物理性质被转换成心理的性质。有人把这种唯心主义的原则归结到实用主义者身上；按照麦吉尔夫雷教授的观点，至少要归结到我的头上。实在论者不会去考虑实用主义原则的实际性质，这种原则坚持认知活动可以在事物中作出划分，其所赖以建立的前提与唯心主义原则所赖以建立的前提是不同的。我认为，不需要去转换说实在论者所犯的错误就是坚持一种招人讨厌的原则。

就他文章的这一部分而言，它似乎建立在这个推测的基础上，即我是在攻击某个人或某些人而不是在研究某个观点。在谈到表象实在论的时候，我认为，我已经表达得很清楚。我用表象实在论来表示这样一个原则，即知识是认知者对客体、关系和命题的表象，这种表象是通过知觉和思维而形成的（根据这种实在

论的主张)。我可以肯定地告诉麦吉尔夫雷教授(还有其他如果需要得到这种说明的人),我从未想过要把我的批评转到任何其他人头上。麦吉尔夫雷先生说:"杜威先生以特有的值得称赞的方式,尽可能使他的批评做到客观。"如果认为对问题的客观研究是这篇文章的性质所在,我将为这种称赞感到高兴。现代哲学理论最为典型和最为普遍的特征可能就在于,把心智和灵魂等同于自我意识,等同于自我;把知识看作是对象与自我意识之间的一种关系。然而,除了这两个原则之外,实在论者还没有明确地建立起一种关于自我意识——或者主体——及其在知识中的作用的理论。我认为,这个问题的重要性是值得我们去探讨的。

83

麦吉尔夫雷教授在文章后半部分提出了一个观点,这个观点没有歪曲我的意图。在我较早的一些文章里,我说过:"从作为一种自然事实的知觉的角度来看,事物应该是知觉发生的条件;从作为一种知识事实的知觉的角度来看,事物是应该被认识但还没有被认识的客体的组成部分。"麦吉尔夫雷先生质疑我说的"应该"——其实,质疑是一个温和的说法。他认为,这意味着"一种先验的立法",是"十足的教条主义"、"放肆的理智主义"。在身穿麻袋布进行忏悔之前,我想说,应该有时意味着"应该是一个从前提推导出逻辑结论的事情"。这段话中的"应该",就是在这种意义上使用的。因此,如果我有错,这种错误并不是麦吉尔夫雷先生提到的那种,而是在于不能恰当地把前提和结论联系起来。要详述这个问题,需要对我的整篇文章进行大量的摘要和重述。在此,我只想指出我论述的是这样一个原则,比如看到了日光,其实就是对日光来自天文星体的认识(有正确的或错误的)。我论述的是这一原则对于唯心主义争论的影响,这个争论涉及星体和被知觉"知道"的星体——直接可见的日光——在数值上的欺骗性。我认为,如果被看到的日光本质上就是对真实星体的认识,那么,我们就不能诉诸相关的物理条件(这里"不能"仅指在逻辑意义上)来解释知觉认知活动的不足和错误,因为根据这种理论,它们是知觉所认知到的对象的组成部分。麦吉尔夫雷教授关于婚姻以及走向婚姻过程的例证是很有趣的,但与问题没有什么关联,因为就我所知,还没有人认为婚姻事实上就是对导致婚姻的那些原因的认识。让人多少觉得"有趣"的是,这个例子完全说明了我提到过的自然主义的那

84

种解释的合理性。它可以解释作为一个事实的知觉的发生,但它与另外一种理论并没有明显的联系;这种理论认为,按照其职权,知觉当然是对引起知觉的"真实"对象的一种认识。

密歇根州应当把职业教育置于"单一"的还是"双重"的管辖之下①

我很高兴，因为我可以完全按照我为这次会议所准备的笔记来发言。我由衷地赞同前一位发言者所论述的总体趋势，我的观点与这些论述是完全一致的。

这里的问题是一个程序方法的问题，是手段的问题而不是目的的问题。如果在座的每位都获得如下印象，由于最好的程序方法存在着两个方面，因此对于所期待的结果也有意见的分歧，这确实是非常遗憾的。我们讨论的问题是假定密歇根州有了一种工业教育（industrial education）体制，那是再好不过的了，它将比现存体制更多地关注劳动者的教育，关注那些即将从事制造业和农业的劳动者的教育。意见分歧出在什么是达到这一目标的最好方法上面。

我也十分同意先前的演讲者所坚持的观点，他认为有必要保证现存教育机构与那些新型教育机构的密切合作，这些新型教育机构正在实施工业教育的改革。

我也认为我们之所以陷入这种分歧，都是因为缺乏对"单一的"和"双重的"管辖的清晰定义。我在这里当然不是要批评威斯康星州的制度。批评它不是我的使命，而且很不得体；更重要的是，我不想批评它，因为它并不是我所说的双重管辖的典型。相反，它包含有某种单一管辖的基本特点。我认为，它是一种混合体制，既不是单一的管辖，也不是双重的管辖；也可以说，既是单一的管辖，又是

---

① 本文是在 1913 年 10 月 23 日国家工业教育促进协会第七届年会上所作的报告。首次发表于该协会第 18 期（1913 年）会刊上，第 27—34 页。

双重的管辖。按照迪安·雷伯(Dean Reber)的解释,这种热诚的合作在威斯康星州的意见双方常常都得到认可,这说明它并不是一个彻底的双重管辖。当地的学校管理委员会可以任命当地的工业管理委员会,而学校总监依照职权又是委员会成员。因此毫不奇怪,他谈到了这些学校的总监无论在当地的工业管理委员会还是在一些组织或会议中间,都有权代表这个社区普遍的教育利益。

虽然雷伯先生知道的事实比我要多,但我倾向于认为,对一般的学校管理委员会而言,在任命工业管理委员会的时候,考虑一些它们自己的成员是相当平常的。他提到了这样一个事实,他们常常任命那些曾在正规的学校委员会工作过的人,有时任命那些正在委员会工作的人。我还知道一个情况(威斯康星州最重要的工业中心之一,据报道说,其现存的体制运行得很好),现有的学校管理委员会任命他们自己作为工业职业教育管理委员会的唯一成员。我想,我们没有理由认为,根据相关的法律,威斯康星州的每一个学校管理委员会都不应该这样做。我不知道在那种情形下,他们会实施威斯康星州的双重管辖还是单一管辖;但是,如果你愿意把它称作双重管辖的话,那么可能由双重管辖带来的危害就会有所减少。

单一管辖意味着什么

为了避免更多的误解,我想澄清的是:单一管辖并不是仅仅存在于学校这样的单位之中。在单一管辖的原则里面,没有什么东西可以阻止专门化的工业学校的建立。这些学校的管理,事实上是比较令人满意的。

我认为,单一管辖主要的也是唯一的论据就是迪安·雷伯已经强调过的竭 诚合作的重要性。我认为,作为一个实际问题,对密歇根州而言,这个问题是一个权宜之计的问题、一个政策的问题。每个人都知道,谈论工业教育或任何类型的教育改革,总比实际执行起来要容易得多。美国的教师,我是其中之一,只是喜欢谈论、写文章和争论。据说美国的"吹牛武器"(hot-air engine)比世界上其他国家要发达得多,这也可以应用到我们国家的教育改革和其他方面。

在工业教育的发展过程中,存在着许多实际的困难。我们究竟该做出什么努力来推动它的全新发展呢? ——因为在这个国家里面,它完全是新的东西。在这种环境下,让学校当局和学校机构对这一新运动无动于衷的政策显然是错误的。更加错误的政策则是,使它们对这一新运动持敌对的态度。完全把这一运动从现存的教育体制中分离出来,对它进行单独管辖,这绝对是最后的一着棋,是一种无可奈何的办法。我想,教育者应当仔细考虑他们在这件事情上的态度,他们可以用这样一种态度来对待新运动,即更加支持分离化的改革,态度要比现在支持分离化的那些人更加坚决。如果发现把统一管辖延伸开来会用如此多的学院式研究的洋葱佐料,窒息了工业教育的牛排,以至于其基本营养再也不能被任何人辨认出来,那么,我作为其中一员,会支持把单独管辖作为最后铤而走险的一招。但就目前而言,我们还不需要考虑这种无可奈何的办法。

我不能把我的观点表达得比克鲁茨波特(Kreuzpointer)先生更好,他是美国铸造工人协会工业教育委员会的代表。因此,他是从工业的立场来说的:

> 正如没有一个明智的制造工人会把有用的机器扔掉,他会对它的某些88部件进行重新调整加固,这样就不用重新添置一部新机器。你们的委员会成员认为,最好的办法就是把精力贡献到对公立学校现有的高度组织化的体系的重新调整之中,为了维护它原来的体制,要让小学实施差异化教学,以帮助那些小学毕业后进入工业学校的人做好准备。
>
> 应该看到,还有许多人持有非常保守和荒唐的态度,尤其是中学教师,他们认为工业教育是没有文化价值的。你们这些委员应该相信,这些学校的教师之所以对于工业教育不抱同情态度,是由于把工业教育的科目强加给他们而造成的,是由于教师们责备把太多政治、社会和商业的因素引入学校而造成的,而教师对这种现象是没有什么责任的。

你们这些委员应该考虑这些情况,应该相信,随着对工业教育更加了解,教师会改变这种不赞成的态度,因此最好不要放弃工业教育与现存教育制度的宝贵合作。在学校教师和劳动者之间的这种相互不理解,大部分是因为近些年在劳动技能培养方面的草率和强迫。在流行的乐观主义的符咒之下,人们相信我们的学校能够创造出一种"万能教育",就像最近人们相信每个男孩都适合做"万事通"。我们正在寻找独立的工业学校的需要,但这不应当把我们引到一种劳而无功的方法上,去建立一个具有独特组织形式的工业教育体制。

我认为,这是理智的、符合常识的和明智的声音。它是最有效、最经济、最稳定和持久的办法。它可以充分利用现存机构的作用,对它们进行补充和发展,在现存体制下对于劳动的重要性给予比以前更充分的关注。

我引用了克鲁茨波特先生的一段讲话，我很愿意引用他的另一段讲话并赞同其中的观点：

89

> 大学和学院要联合起来告诉中学，应该怎样给学生提供一些进入大学的准备。大学应该积极地表明，它们需要什么样的中学毕业生。工业教育者和工人没有理由不结合起来，不是去谴责学校当局和学校老师的落伍和无能（这种谴责是错误的，只能造成他们的不信任和愤怒），而是要向学校指明希望即将进入工厂的年轻人做好什么准备，就像大学所坚持的那样。

然而，我不完全赞同他的所有论述，尽管我肯定了它的意义。我认为，来自大学那么多的指令和要求，对于中学的影响并不完全是有益的；我认为，雇主和工人并不可以向学校提出要求，以便为学生进入社会生活做好准备。但是，我认为，我们需要教师、校方、企业主和劳动者之间更多的合作。我们的学校有一些排外的传统。我们需要那些代表社区利益的雇主和雇员的帮助建议；但是，我们需要他们代表社区的福利，而不是他们自己阶级的特殊利益。

民众需要什么样的学校

有时会有人说（我想，凡是有经验或有判断力的人决不会这么说），教师要对现存教育体制的弊病、落后和过分墨守成规负责，这是很荒唐的。当然，我们的教师必须承担我们应该受到的指责；我们也应该受到部分的指责，但是不能承担全部指责。教师并不能左右学校。学校是在社区的管辖之下。如果学校执行的政策过于学究气和繁琐化，这是因为社区居民持有的普遍意见所造成的。

这种联合的好处之一，可以推动社区的公共舆论（任何公立学校体制都要依赖于社区），进一步看到改革和调整学校机构的需要。我们的选择不是让学校原

90

地踏步，或者建立一种受雇主和劳动者控制的完全不同的新的学校体制。这些都不是我们的选择。正如克鲁茨波特先生已经指出的那样，要让企业主和工人对社区教育体制施加更大的影响，这要取决于他们自己。社区的企业主没有理由把他们的注意力限制在学校事务上以降低税收。对他们来说，也要知道社区为现有学校付出的金钱值不值；知道缴更多的税，是为了使社区为他们孩子的将

来提供教育。这对于我们的公共福利来说,是真正需要的。

威斯康星州的改革运动还有一个特点,它说明了整个的情况和单一管辖的需要。迪安·雷伯举出这样一个事实,他们那里的工作涉及补习功课,为 14 和 16 岁间离开学校的孩子建立补习学校(14 岁的年龄就可以工作,这在北方许多州是准许的)。他们的改革要提供这种条件,以便让孩子们在挣工资的同时可以在业余时间进行学习。这是职业教育和工业教育最重要的组成部分。我想,在许多地方推行起来是没有什么阻力的,但这只是问题的一个部分。如果许多州,尤其是那些工业和制造业比威斯康星州更发达的州——诸如伊利诺伊州、俄亥俄州、纽约州、宾夕法尼亚州、马萨诸塞州和康涅狄格州——(我想让听众自己去判断密歇根州和威斯康星州在制造业方面哪一个更发达),对这些州而言,把补习学校改革与工业教育改革的其他方面分割开来,那将是非常遗憾的。

进入职业学校前的教育

补习学校假定,许多孩子在 14 岁的时候就离开了学校,并仅仅是问道:"既然他们已经离开了学校,还能为他们做些什么呢?"如果这是问题的全部,那么,威斯康星州的体制(半双重的)与某种更统一的体制相比,哪一种更可取,尤其是像威斯康星这样的州,这是一个可以公开讨论的问题。但是,这还不是问题的全部。与这个问题紧密相关的,是进入职业学校前的教育问题。在 14 岁以下的孩子中,有许多人在 5 年级和 6 年级就离开了学校,他们需要做什么准备来面对将来的生活呢? 问题在于还有许多专门的工业学校和职业学校是为那些没有离开学校的孩子准备的,它们让这些孩子继续留在学校,让他们具备更多的技能。

现在把这个问题三个方面中的一个孤立起来而不触及另外两个,是非常遗憾的;对于另外两个方面也是遗憾的。所有的继续教育、进入职业学校前的教育和技能性的工业教育,都是彼此联系而结为一个整体的。只有当考虑这些问题的人也是对整个州和社区的教育体制负责的人,这个问题才能得到解决。

我们是不是认为孩子必须在 14 岁离开学校呢? 这种假定的主要谬误是赞成把补习学校的管辖与其他形式的公共教育的管辖分离开来。继续教育最多是一种补救性措施,是对错误情形进行修复和补救的措施。首先,我们要反驳这种假定——孩子不得不在 14 岁离开学校去参加工作。当然,在他们这样做的时候,我们应当为他们做点什么,为他们提供比现在的业余学校更合适更系统的教育。但是，改变教育体制是基本的需要。这样，孩子们就不会在 14 岁的时候如此大量地离开学校；或者，即使他们离开，也会具有劳动的知识和能力，而这些是 14 岁的孩子所不能掌握的。

现在是否需要有一个机构来负责孩子在 14 和 15 岁工作后的情况，而这个机构按其性质应该熟悉或关注现存教育体制改革这个重大问题呢？正如某位学校人士最近指出的，我们应当关注的是停止正在对孩子进行的蹂躏和屠杀，而不仅仅是在屠杀之后更好地利用他们的尸体。

我并不认为在威斯康星州的计划里所发现的单独管辖的程度，足以毁灭一种更庞大和更全面的计划；但是，我认为它确实不利于全面的改革，而且彻底的双重管辖将是致命的。我们面临的是一个大问题。它不能草率地予以解决，而必须一步一步地得到解决；同时，我们将不得不利用德国、英国和苏格兰的经验（我们要比过去更愿意利用这些经验），无论如何，这是我们必须解决的问题，并且要以自己的方式加以解决。我们不要一开始就通过引入分裂和对立来达成妥协。我们需要工厂主和工会的合作；需要老师和学校当局的合作；需要社区、社会工作者、慈善家、立法者和有志于阻止正在进行的人力浪费的政治家的合作。如果我们采取更宏大的人文视野，并把工业教育作为对整个社区有重要意义并需要其所有因素进行合作的问题来推行，而不是代表雇主和 14 岁就离开学校的孩子们建立一个独立的机构，那么，我们也许只要花比后一种方式稍多一点的时间就能取得明显的结果。当然，这种隔离的方法会产生一种反作用，它将导致这些轻微的补救措施声名扫地。最安全的措施建立在整个社区的利益之上，并且用一种能够反映整个学校体制的所有因素的、全面完备的计划来实现它。

一种工业教育的方针[①]

美国人对待公共教育的习惯性态度是自相矛盾的。相信公共支持的教育，
是普通公民具有的最为重要的一个信条。投向教育的钱占预算最大的一项，为
教育目的而纳税，总是公民抱怨最少的事情。一个人可能会嘲笑立法机构，怀疑
司法部门，甚至公开嘲弄政治制度，但对公共教育却抱有热情。但是，公众与学
校的关系导致他们的支持大多不能实现。对于教育的公共管辖，还没有什么明
文规定。当公众以其名义上的责任将其控制活动延伸到对学校的经费支持以外
的时候，很少有人会感到这是一种损害。对教育方针的监督，不属于政治家才能
的范畴。学校与政治——应该是属于公共政治的事情——的分离，被认为代表
着一种理想状态。教育者给予的回报，就是令人吃惊地对他们自己工作的公共
职能漠不关心。正是社会服务处、业余慈善家、自愿者协会而不是专业的教育
者，使大家注意到了童工和青少年犯罪的问题、提供适当的娱乐设备和广泛利用
学校设施的问题，以及为将来谋生做准备的问题。

我们通行的方法运转正常，而且表明我们的社会生活还是健全的，至少我们
还可以有临时性的措施来调节我们的需要。然而，这些方法在将来是否还会奏
效，是可疑的。国会成立的职业教育国家资助委员会由两个参议员、两个代表和
五个外行组成，他们需要对传统的体制和改革进行反思。五个外行没有一个是
专业教育者。就在委员会提出资助方案，起草议案，其中包括年度预算最初是
150万、几年内增加到700万的时候，没有人想到是否要任命一个教育部长。施

---

① 首次发表于《新共和》(*New Republic*)，第1期(1914年)，第11—12页。

政的联邦管理委员会由邮政部长、内政部长、农业部长、商业和劳工部长所组成。教育委员只是一个具体执行的行政人员,尽管他的行政职责比较大。该委员会的提案还是坚守传统。我们离公共教育的指导监督成为一种公共职能的那一天还十分遥远。

同时,一个官方的联邦委员会的建立,证明情况正在发生变化。国会几乎不太可能通过有关教育改革的修正案。在工业教育这个问题没有得到彻底讨论之前,对此问题值不值得立法是存在争议的。更为重要的是,要把教育看作治国政策的一个组成部分,而不是直接采取孤立的步骤来促进 14 岁以上年轻人的农业教育和职业教育。如何推进工业教育,或者说推进这个教育的目标是什么,对于这些问题目前还没有形成什么公共意见。迄今提出的使劳动训练成为公立学校教育的有机组成部分的理由,还是一些不成熟的混合想法。要有一套新体制来替代正在消失的学徒工体制,雇主需要的是更多有技能的工人。如果美国想在世界贸易竞争中站稳脚跟,就需要重视技能训练,这些需要与给学生提供更"必需"的培训教育是一起出现的。

关于工业教育的重要性,德国人的经验常常被提到;这些经验必须与他们的努力目标联系起来加以考虑,而其目标直接就是国家主义的。那些可查数据所显示的工业教育对工资收入的提升作用往往被忽视,熟练工人的收入比非熟练工人只多一点点。工业教育对于工人的工资或者幸福的提升作用,并不足以成为一个鼓舞人心的动机。德国人有理由要求把才智有组织和持续地应用到军事、公共教育、市政管理、商业和贸易之上,这是有共同基础和目的的。作为一个道德实体的国家的福祉,是高于一切的。通过促进商业来对付国际竞争,是发展这个国家的主要手段之一。劳动训练是运用这一手段的一种手段,而德国在自然资源上的贫乏使这一训练显得尤其重要。

对于德国人在执行这一政策中所获得的技能和成功,我们只能表示钦佩;因为他们推行的这种政策,在美国是很难行得通的。我们既没有这种历史背景,也没有特别重视它的实际眼光。德国人通过其教育方法使它的政策变得更加有效,但如果我们把他们的教育方法树立为典范,就会面临一个严重的危险,即它会有意无意地成为促进雇主利益的手段。许多雇主可以要求公共教育补充一些他们所需要的课程,也就是他们的经营活动所需要的一些知识技能的培训,这方面有许多令人关注和获得成功的尝试。雇主自然希望把这种培训的经济负担转嫁到公共税收之上。社区有理由拒绝他们的这种想法。阶级与阶级是对立的，我们没有理由认为社区更应该关注劳动阶级而不是雇主阶级，除了重要的理由是前者占了社区的大部分人口。但是，公共政策反对利用公共教育体制把现存的劳动体制看作是永存的，而这种劳动体制的必然结果就是使这种体制保持下去，使雇主和雇工、生产者和消费者之间的对立保持下去。

在一个有待实现的民主体制中，人们对于劳动训练在公立学校中的地位还缺乏有见地的公众意见。在这样的情形下，即使是一些老生常谈，也许都会有所帮助；遗憾的是，迄今为止，它们还没有成为人们的日常话题。首先，劳动教育的 96 目标是要使年轻人受教育的时间得到延长。即使不解释其中的历史原因，大多数学生在五六年级结束后就离开学校，也是一件不光彩的事情。不管它的起因是怎样的，这种情形的持续存在是一种危害。在促使劳动训练适应教育目标方面，人们投入的努力少之又少；在芝加哥、加里、辛辛那提的情形就是一个证明，而这种适应是把学生挽留在学校并使教育对他们产生重要影响的第一需要。在这些地方，目标不是把学校变成由公共财政支持的预备性工厂，而是借助工厂的资源，使教育变得更加有效，其覆盖面更加广泛。

第二，工业教育的目标应该是提高劳动才智的效率，而不是技术性的职业的效率。迄今提出来的工业教育计划令人吃惊，完全忽略了现实情况中许多主要的问题，即并不是为一些较好的行业提供熟练的工人。单独来看，这是一个相对简单的问题。但是，我们不能单独地看待这个问题，因为这些行业已经是高度组织化了的，它们非常害怕超出市场需求来增加其从业人数；因为自动化的机器正在不断地侵占需要手眼技能的领域，哪里的自动化机器愈发展，哪里的劳动专业化程度就愈高。在一些大城市中，甚至建筑行业领域出现了许多不同的职业分工，大部分要求具有操作机器的技能。汽车是一个复杂的机器，然而在制造廉价汽车的工人中，有95％的人没有受过训练。这些事实非常有代表性。机械工业中的新发明所带来的快速变化，是另一个必须加以考虑的重要因素。劳动人口从一种机械劳动形式转向另一种机械劳动形式的流动性，是必须注意到的。这些事实表明，任何的行业训练不过是工业教育一个普遍计划中间的附带部分。 97 它们说明了工业教育的必要性，其主要目标是推进智力的创造性及其人力资源。让那个打破了学徒工体制的力量将学究式的模仿变得无用。

总之，我们国家的问题主要是一个教育问题，而不是像德国那样，是商业的或技术的问题。它不过是一个重组公立学校以适应工业革命变化的问题。鉴于这种考虑，在职业教育国家资助委员会里没有教育者的参加，这个事实值得我们关注。教育从业者受到指责也是有原因的，因为他们不愿意面对教育重组的问题。但是，不让教育从业者参与教育问题的讨论，则是一个离奇古怪的做法。在任何可能被采纳的计划的实施过程中，他们将不得不承担起更大的责任。如果在计划的制订中，他们不能被委任一部分责任，他们执行计划的成功机会就会比较小。这种情况也突显了这样一个事实，即教育委员在政府各个部门中只是执行议案的行政职员；这些政府部门更加关注的是其他工业部门，对教育却少有关注。是否需要在内阁成员中增加一位教育部长，这不是当下最重要的问题。一个根本的问题在于，要看一个有关工业教育的联邦政策是否真正地重视教育问题。

当前工业教育改革中存在的一些危险[①]

98

在那些因关注博爱和社会利益而要求禁止童工的人与关注教育改革的人之间,需要深入的理解和一致的意见,目前再没有什么比这个更重要了。让孩子们达到一定年龄才进入工厂和车间,这样做是不够的。每一次成功地提高童工的年龄层次,都伴随着建设性的教育政策的举措。这样,年轻人在毕业前可以得到基础的教育,这一教育不但使他们能够找到一份薪水不错的工作,并且能够找到一份适合自己能力并有发展前景的职业。另一方面,职业教育者需要改变他们的懒散状况,因为正是他们的懒散,使非教育联盟在改进儿童生活条件的措施方面处于领导地位。他们应当意识到自己的机会和责任,在与儿童福利相关的所有立法行政措施的形成和执行方面扮演积极的角色。

职业指导和工业教育的问题绝没有得到解决,而且如果没有教育者和改革者深思熟虑的合作,对这些问题刚刚形成的热情就会导致草率和肤浅的行动。因此,把"职业"与 16 岁以下的童工联系起来是荒唐的。但是,对某些人而言,这一说法更容易产生影响。如果用"找工作"这类说法替代"职业指导"这个听起来显得高深的说法,就不会有如此的影响。通过帮助 16 岁以下的儿童找到工作来鼓励他们离开学校,是一个有害的计划。从劳动和经济的角度考虑,即使他们在20 个工作机会中能够拥有 19 个机会,也是一条死胡同。推广职业指导,首先应

99

---

① 首次以"一个不符合民主原则的提案"(An Undemocratic Proposal)为题,发表于《美国教师》(*American Teacher*),第 2 期(1913 年),第 2—4 页;修改后再版于《儿童劳工会刊》(*Child Labor Bulletin*),第 1 期(1913 年),第 69—74 页。

该表现在鼓励孩子留在学校,直到他们接受到适合于他们找到具有真正前景的工作的教育;其次是引导公共舆论,对学校的常规工作进行改革,使学校教育与社会发展具有更实在的联系;最后是建立补充性的机构,如果孩子们离开学校之后继续处于受教育的状态,这有助于抵消目前几乎任何职业所具有的阻碍他们进一步发展的倾向。只有在最迫不得已的时候,职业指导机构才去扮演劳动安置局的角色。

工业教育的危险

诸如此类的工业教育问题与民主社会将来的发展相伴随。它的正确发展道路,将比目前正在考虑的任何机构更能促进公立教育真正的民主化。它的错误发展道路,当然也会加重我们目前形势中的非民主化倾向,比如在校内外助长和加剧阶级的分化。我们更愿意承受因为目前的体制问题所带来的弊端以等待真正民主发展道路的确立,不希望把工业教育明显地从普通教育中分离出来,以便利用它划分出一个独立的劳动者阶级来满足雇主的利益。

这些普遍的考虑对于工业教育计划有着特殊的意义,这个计划已经被伊利诺伊州下次的立法会所接受——它是美国工业发展领先的一个州,而且坐拥美国的第二大城市。这个计划要求在任何想要发展工业教育的社区,成立一个独立的州职业教育委员会。换句话说,在对 14 岁以上的年轻人的教育上,整个州的所有学校体制与意图发展工业教育的社区的学校体制被分裂为两个部分。既然任何类似伊利诺伊的州都可能做出如此举动,这必然会在这个形成时期对其他州产生影响,毫不夸张地说,整个国家的教育者都应当起来共同抵制正在威胁教育民主改革的这一最大的祸害。

这一计划的报告书就足以让人们指责它。我们稍微思考一下,就会看到这个计划有一些根本性的弊端。首先,它分开和重复了行政教育的管理机构。究竟多少社区对教育有如此多的公共兴趣,以至于要把它的管理分成两个部分?究竟多少社区有如此多的经济实力和其他资源,以至于能够支持这种双重的教育体制,其中还有资金浪费和摩擦? 其次,这一计划会阻碍正在进行的普通教育改革运动中一个最为重要的方面。旧式的普通教育正在被手工、劳动和社会实践的引入所激活;它开始认识到学校有责任把所有的年轻人培养成为合格的公民,这其中包含职业训练,以便使每个人都能够服务于社会,同时过诚实和体面的生活。每个地方现有的学校系统都已经认识到,需要建立补充性的机构以帮助它达到这一目的,也正在采取尝试性且积极的和持续的步骤向前推进。在伊利诺伊州的芝加哥市,已经采取的步骤不输于其他任何的城市,这些步骤将很快被其他城市所采纳,就像那些已经采取的步骤很快证明了它们的有效性一样。

一旦这个计划被采纳,在美国现有公立学校体制内的这两场运动将受到阻碍。普通教育将继续保留它所有不实用的弊端,仍然与当代生活的现实变化相脱离,而改革的主要力量将被迫退出。正在提高的对于教育的公共社会责任的意识也将受到破坏。无论这种体制有什么缺陷,很难想象,那些热爱并效力于美国普通教育的人将会袖手旁观,看着它遭受这样的打击。如果还需要提高这种打击力度的话,那请看看这个提案所提供的事实,即所有被当地社区筹集的用于工业教育的资金都被政府再加一倍,虽然政府为普通教育提供的资金几乎不到当地税收的 5%。

第三,这种分离将有损于那些进入所谓职业学校的学生的实际利益。芝加哥的前总监埃德温·G·库利(Cooley, Edwin G.)是这个议案的实际负责人,他写过一份有价值的关于"欧洲职业教育"的报告。他对慕尼黑的总监格奥尔格·凯兴斯泰纳(Kerschensteiner, Georg)的工作和建议评价极高,他的评价是完全正确的。引人注意的是,这个一流的欧洲权威强调,在讲授所有的技术职业内容的时候,需要考虑普遍的科学和社会的关系。尽管在一个国家中工作显然是建立在阶级差别基础之上的(学校自然也是建立在阶级划分基础之上的),总监凯兴斯泰纳所坚持的一件事情是:劳动训练主要不是为了工业的目的,而是为了公民权利的目的,因此它要建立在一个单纯的教育的基础之上,而不是代表企业家的利益。库利先生在自己的报告中,对凯兴斯泰纳先生的观点作了如下总结:

> 如果男孩要成为一个有效率的工人,他必须在他的**工作与科学、社会、艺术的总体关系中**去理解它……这个年轻的工人,一旦把他的**工作与科学、历史、经济与社会联系**起来,就会具有更广阔的视野来看待他的工作,看待他作为一个公民和一个社会成员的权利和责任。

工厂主们急于从政府那里获得帮助,希望政府为他们提供更高层次的工人。

102 不管他们的观点是什么,以上引用的话所表达的观点对那些从教育和社会发展角度来看待工业教育的人来说是不言而喻的。恰好在这时候,党派性的政治出现了明确的进步转向,这种要把职业和商业学校独立出来的保守措施竟然被提了出来。这确实很反常,但没有必要去争论受到驱使而支持这一措施的银行家和工厂主们的个人动机。毫无疑问,他们中的许多人有热心公益的愿望。但是,对于任何一个有教育经验的人来说,如果一种学校体制的管理完全与正规的公立学校分离,其课程完全不同,其老师和学生从属于这个完全独立的学校行政机构,一定会带来严重的后果。不管最初的动机和目标是什么,这种学校不会也不可能给学生提供与"科学、艺术和社会"有关的劳动知识或职业知识。如果要想达到这一点,除了提供适当的劳动训练外,还要重复现存学校的东西。不言而喻,达到这一目标最经济有效的方式是扩大和补充现存的教育体制。如果不能实现这种完全的复制,这些新学校就只会在某些狭隘的范围内去提高其效率。那些坚持认为他们喜欢称之为"低等阶级"或"劳动阶级"的阶级还将继续单独存在的人,自然会欣然地肯定这种学校的存在,因为这些"阶级"将在这种学校被分化开来。一些雇主无疑也高兴设立这种由公共税收支持的学校,因为可以为他们的工厂提供人力资源。所有其他人应当联合起来,反对这种不管以哪种形式提出来的建议,它要把对雇工的训练与对公民的训练分割开来,要把对智力和品质的训练与针对狭隘职业效率的训练分离开来。这股在运转中的有害力量并不是局部的,我们可以看到,费城试图使最近关于工业教育的全国代表大会支持伊利诺伊州的这一计划。

103 真正的危险是:许多富有同情心且明智的人会被误导,基于对工业教育原则(无论出现什么样的增补机构)的热情支持而冒然支持这一计划,但却没有意识到它真正会产生什么样的影响。这些人首先应当了解,在有更多改进的公立学校里,朝着这个方向实际上已经做了些什么,接着应当把他们更多的精力用于支持和推动这些改革,并且提出一些将影响那些比较落后和保守的公立学校体制的公众建议。这是一个比较困难的问题,但有许多未被报道出来的合理的尝试正在努力解决这个问题;我们没有理由让这个难题一直阻碍普通教育和民主社会的实现,我们没有理由突然背弃一直使我们保持民主精神活力的主要体制——美国的公共教育体制,纵然这一体制还有许多缺陷。

工业教育与民主^①

H·E·迈尔斯(H. E. Miles)先生在其最近的一篇有趣的文章里提出了教
育的"管辖"问题,因为它影响到工业教育的改革。按照他的观点,这是一个究竟
由老师还是企业家来管辖的问题。要找到一种更容易模糊真正问题的表述方
式,或者说找到一种更适于清楚表达这些人的意图的方式,是比较困难的。这些
人关心的,是为他们将来的雇工进行训练而建立起来的独立学校。就我所知,我
们国家没有一个城市或城镇,其学校体制的管辖权是在教师手里的。在许多城
市里,学校总监甚至不是学校管理委员会的成员。学校管理委员会既不代表教
师,也不代表企业家,迈尔斯先生关切的是后者。他们代表社区来表达社区的利
益——社区利益比教师或企业家阶级的利益要宽泛和重要得多。真正的问题在
于,伴随着不断变化着的种种需要,这种代表社区利益的社区管辖方式是否要继
续下去;或者,这种代表着企业家利益的社会管辖是否需要取消。

正如迈尔斯先生所暗示的,企业家(至少在某些地方)在积极引导学校政策
的过程中并没有充分地发挥作用,这也许是真实的。迈尔斯先生的论证逻辑是:
如果要求企业家从整个社区利益出发来关注教育,他们就不会有主动性;只有当
一个特定的教育问题影响了他们作为雇主的经营利益的时候,他们才会关注教
育。迈尔斯先生要为他的"企业家"代言;让我感到遗憾的是,他对企业家公共精
神的非难是有问题的。

---

① 首次发表于《调查》(*Survey*),第 29 期(1913 年),第 870 页。本文所回应的文章,参见本卷附录 5。

试验性的学校教育方法[①]

106 　　我在爱迪生实验室度过的这个惬意的晚上给我最初的印象，也是最深的印象，从某些方面说，并不是与他的电影计划的教育价值直接相关的；而是与它颇具优势的重要的商业计划相关，该计划大大地超越了我们现存的大多数教育机构，这就是在把新方案投入普遍实施之前对其进行系统的试验。

　　我们不知道有多少资金正在投入这项计划。但是，除了拍片所需要的开支之外，显然还雇佣了许多工作人员来编写"电影剧本"，提出建议和批评，测试不同的方案。在获得经济回报之前，大量的金钱将花费在这上面——许多试验性的探索上。

　　哪里有这样一种学校体制，可以在一项计划普遍推广之前用可支配的钱对其进行试验性的调查和完善？在社区采取目前每一项庞大的工业计划都要遵循的程序方法以前，我们能够期待在学校改革上有持续合理的进步吗？现在教育改革采用的方法，难道不是一种已被其他大型机构所抛弃的经验主义的试验方法的遗迹吗？不提供资金而让专家们事先设计一项计划，这难道不是一种省小钱而花大钱的行为吗？

　　孩子们会对爱迪生实验室工作人员所提供的大部分东西产生浓厚的兴趣，这已经被成年参观者在这个晚上所表现出来的兴趣充分地证明了——更不用说
107 对他们有着吸引力的"电影"了。爱迪生先生的实验有一个可靠的心理学基础，即人们对移动和动作有明显的本能反应。现在的大多数教育之所以死气沉沉，

---

① 首次发表于《调查》，第 30 期（1913 年），第 691—692 页。

其原因正在于教室里缺乏任何移动的或行动的东西。我认为,爱迪生先生的信念是正确的,即孩子与成人一样,对于他们感兴趣的东西能够做得最好,从中学到的东西最多;就实际训练来看,哪里有兴趣,哪里就会有更多的训练,这在令人厌恶和独断专行的情况下是很少的。

还有一个事实令我印象深刻,毕竟观看别人的行动是一种替代性的行为方式,所以这里面存在着某种危险,观看活动不能代替活动。我的意思是说,在教学中大量引进电影可能导致一种倾向,即阻碍儿童自身行动的教学活动的引入。当然,一个更有希望的观点是:前者会为后者铺平道路,它就是提供一个中间步骤而不是代替后者。

还有一个与此密切相关的危险是:至少在一段时间里,电影的运用会进一步加强一个已经被很多人接受的观念,即教育的目的就是提供信息,学习的目的就是吸收信息。许多科目都可以通过爱迪生先生的方式来提供更多的信息,这种方式会更有效率,更容易让人理解,也更快捷和生动。对此,我并不怀疑。也许两三个表演就很容易给学生留下比花几周时间对某个主题的阅读和讨论更持久更深刻的印象——比如关于酸性转炉炼钢法(Bessemer process)的影片。其实,在吸收信息方面,儿童的能力比我们通常想象的要强得多。如果教师能够足够合理地使用这些影片,并用明智的方式对它们进行讲解,使这些信息被学生自然地吸收,而不是强迫学生参加人为的复制式考试,传达过量的信息也许就不会有太大的危险,尽管我总感觉到给予这种控制性的信息观念以表面上的认可是有问题的。

然而,放映有限的影片也已经证明,有些科目更适合用一种知识的方式来传达信息,因此需要仔细的区别。目前的学校教育似乎在技术方面没有遭到太多的批评。比如,目前有上百所学校采取示范教学的教学原则,没有给学生提供实验和主动参与的机会,但是它的教学效果比放映电影更好。我认为,电影的主题教学(包括在电影放映之前屏幕上出现的文字)说明不能完全依靠电影,这个结果并不是偶然出现的,它表明了选择的基本原则。另一方面,电影用于地理教学几乎是无限制的,因为这些教学内容用其他的方法都不能达到电影的效果。我想,同样的原则也可应用到历史上,虽然没有地理课那么广泛。毫无疑问,在自然课方面,对于许多内容可以有选择地进行观看,它们会使儿童更加注意自己周围发生的事情,并激起他们对新问题的兴趣。比如,儿童看了影片中苍蝇产卵及其孵卵的过程,就会产生更多的兴趣和动力去观察真实的苍蝇。关于滴虫活动的影片,非常自然地引起学生对使用显微镜的兴趣。

我希望,这些建议至少能够表明我的观点,即我们需要站在教育的基础上对各种类型的知识主题进行仔细和专门的区分。还有一个很明显的倾向,即影片放映前所打上的字幕是采取说教而不是提问的形式——这个错误通过教师的指导,很容易得到纠正。

教师的职业精神[①]

我们都知道,我们究竟把多少时间、多少努力和多少精力用在培养教师的职业精神上面。我们都知道,我们确实是一再反复地强调,如果我们能够具有一种彻底的职业精神,如果这种精神渗透在所有教师和教育家们的身上,我们在促进教育的事业上就能够取得比其他任何方式更好的成绩。究竟通过什么方式来促进或阻碍职业精神的形成和发展,这不是我现在主要关心的问题。

怎样准确定义教师的职业精神,也不是我要做的事情;但是,我想,我们会承认那些具有明显职业精神的教师身上所有的两个典型特征。其中一个特征体现在学生每天的作业上,体现在老师与学生每天接触到的教育和训练的问题上。它表现在老师强烈地认识到自己的责任:不断地研究学校的教学工作,不断地研究儿童及其培养方法、教学内容,研究如何通过各种方式来适应学生的需要。这种职业精神意味着,教师在准备好一定的讲授内容并花几个小时在教室里试图把内容传达给学生后,他们并不认为自己的工作就此结束了。具有职业精神的教师会认为,他们仍然面对许多问题。在教师职业的方法和内容上的知识兴趣转为持续的知识增长,这要求我们不仅仅做工匠,而且要做艺术家。

我认为,职业精神的另外一个方面是教师对于社会所担负的责任。年轻人是社会的主要财富,对他们进行适当的保护和培育是社会最应该关心的事情,这都是老生常谈了。职业精神不仅仅意味着教师在教室里全身心地投入对教育问

---

① 本文是 1913 年 2 月 28 日在纽约教师协会的组织会议上所作的报告,首次发表于《美国教师》第 2 期(1913 年),第 114—116 页。

题的持续研究中,而且应当在公众意见的形成中承担起一个引导者或指导者的责任。

我现在要说的是一个有些让人吃惊的事实,而且是对一个教师来说也许多少有些不光彩的事实,那就是在涉及公共事务方面,教师和教育家们的表现并不是很积极的。有许多问题,如保护儿童、废除童工、增加运动场和娱乐中心,以及充分利用学校设施等等,这些问题和成千上万的问题都与最新一代城市人口的膨胀相伴随——在推动这些问题的解决和形成公共意见方面,教师所起的作用之小令人吃惊。在这方面发挥着作用的,是社会团体、慈善家、慈善工作者,以及那些从事非教育职业的人。

这是为什么呢?正如我已经说过的,我并不想去探究所有的原因。但是,我要问为什么教师在这方面做得比较少呢?为什么关于塑造教师职业精神的话题总是被老调重弹,甚至连常规教学、知识内容、课堂方法和训练都总是被老调重弹呢?我们没有发现在其他职业上有必要持续地敦促职业精神的形成,如医疗职业。我们或多或少会听到职业伦理的讨论;但是,在研究病例、熟知诊断、手术和治疗方法的进步的职责意义上,我们没有听说过医生的职业精神问题。这些被视作是理所当然的事情,对于医生来说,积极关注与医学相关的知识进展是他的本分。

如果要求我给出一个主要的原因,当然不是唯一的原因,我认为,这是由于缺乏适当的推动力。由于教师职业精神的形成相对滞后,因此需要督促他们,鼓励他们,激发他们对工作的兴趣,并意识到需要为它的进步作出贡献。

仅仅对人们进行教育、鼓励、督促是不够的。在工作中必然包含某种东西,它使这项工作产生吸引力,使人们给予工作最大的关切。

如果教师像现在这样对学校的教学所负有的责任没有作为;如果他们做了许多教学工作,但对学习课程的形成并不直接了解,间接了解也非常之少;如果他们在会议上只进行一些非正式的讨论和经验交流,或者很少讨论教学训练的方法;如果他们没有办法使自己的经验产生实际价值,那么就不会产生提高其职业精神的动力。世界上所有的人,不管他们从事何种职业,如果他们发现无论自己有多少经验、多少智慧,做多少试验,产生多少结果,而这所有的一切都得不到社会的认可,那么,他们的职业精神的发展就会受到阻碍。

这种情况即使不是严重的,也是很荒唐的:与学生面对面的教师,对教学内容的选择、组合和安排不能直接地提出自己的意见,即使间接地提出意见也很少;他们发现,其他人提供给他们的教科书,其中大部分的教学内容一年即可讲完,有时一个月或一周,甚至在某些情况下,一天就可以讲完。

教学要么是一项开启学生理智的事业,要么是一种枯燥和机械的训练。如果它是一项理智事业,而职业精神意味着理智的觉醒和开启,那么,我再说一次,不会有比现在的方法所做的更容易妨碍和阻止职业精神的发展了,因为它完全使教师与他开启别人理智的责任脱离开来了。

我们听得比较多的是责任的集中。有一种责任只能通过分配才能集中,理智责任就必须分配给每个参与相关工作的人。当一项工作必须由成千上万的人尽心尽力地完成,而其中只有十几个人起关键作用;试图将这项工作的理智责任集中起来,不管他们多么聪明和能干,都不是对责任的集中,而是对责任的分散,即在扩散不负责任。

这里大致描述了我们所追求的民主社会中教育的体制和学校组织。作为证据,几天前,我阅读了一篇文章——我不知道它是不是最近发表的——作者在这篇文章里谈到我们国家引进工业教育的问题。他说,问题的要点在于是否要由教师来管辖新的工业学校,正如教师们管辖着所有的学校一样;或者,是否让机敏、清醒的企业家来管辖这些学校。他提出让企业家来管辖的理由在于这样一个事实,即教师已经把他们所管辖的学校搞得一团糟了。

现在,我要告诉你们一个令人愉快的消息——现在是你们在管辖而且一直是你们在管辖着我们的公立学校。但是很遗憾,只有当学校受到不利批评的时候,广大教师支配自己工作的权力才变得明显起来。

从社会的角度看教育①

I.

"社会"是我们经常听到的一个词。事实上,这个词包括了多种意思。除了一种纯粹抽象的或理想意义上的社会之外,其实存在着**许多**社会而不是一个社会。从社会的角度来思考教育,我们的第一步就是必须准确地定义"社会"这个名词,否则就有误导我们自己的危险,或者更严重地误导别人。就我自己的定义而言,你们都知道,我自然会从我最熟悉的社会——美国社会的角度来谈教育。但是,在今天,所有文明国家的问题在许多方面都是一样的:推动它们的力量是一样的,它们追求的目标也是一样的。在现代国家这样一个大家庭里,从某个国家的角度来谈教育,很可能在某种程度上也适合其他国家。在所有这些国家里,我们发现了同样的民主追求和不断增长的工业发展目标,发现了同样的对于科学优势地位的肯定。事实上,正是这些因素,使我认为它们对美国新教育思想的影响是决定性的。

然而,我无意于通过这个事实来混淆社会和国家在看待教育问题上所采取的不同角度。当然,这两者不可能完全分开:国家的角度必须包含社会角度的某些方面;相比教育中的抽象个人主义观念,国家角度离社会角度更近一些。为了

---

① 由乔·安·博伊兹顿(Jo Ann Boydston)译自法语文章[早期发表于《教育理论》(*Educational Theory*),第 15 期(1965 年),第 73—82、104 页]。首次发表于《论教学法》(*L'Annee pedagogique*),第 3 期(1913 年),第 32—48 页。

避免纯粹的形式主义,社会理想必须在现存社会组织比如国家的基础之上得到塑造。另一方面,国家观念和社会观念在它们的基本因素方面完全不同。一个简短的历史回顾,可以澄清它们各自在美国教育中的作用。它也会向我们表明,国家主义和个人主义是怎样打着后者的旗号并列发展起来的。

在19世纪初,几乎所有的美国政治家都承认,一个共和政府只有通过对公民的智力培育才能维持它的存在。如果那些投票选举立法机构成员的国会议员(以及那些被选出来的立法者)都没有受过充分的教育,那么,这个代议制政府必然会走向失败。所有的集权都是令人深恶痛绝的:"管理得最好的政府,是管理得最少的政府。"那种用常设军队来巩固现存政府权力的观念,是不为美国人所接受的。对大多数公民而言,他们的理想就是自愿服从他们所能接受的法律,这种服从与其说是被政府机构强迫的,不如说是自发的。然而,后来的经验揭示了这种理想的乌托邦本质,并且更清楚地表明,社会必须建立在教育的基础之上。这样一来,人们就期望教育可以做一切事情:人们有一种朴素的信念,认为学校能够提供知识,知识能够绝对控制行动。通过这种方式,社会观和国家观被无意识地等同起来了。教育被视作爱国主义的必需品、共和国的拯救者。人们期待教育能够消除犯罪和不幸,造就出一代忠诚和自律的公民。幸亏这个国家所处的地理位置和政治上的孤立,使这种爱国主义没有堕落成为顽固的国家主义。相反,共和政体的事业和为所有被压迫者提供援助的使命——虽然有一些天真——彼此合二为一了。我们不会在那个时代的记录里发现要用教育来壮大美国,以及对付其他国家的意识。教育的唯一目的,是通过塑造有智慧、有道德的公民来确保共和政体的存在。

在这整个时期,教育有着社会化的特点,这一特点最明确地表现在教育体制的组织方式上。这种组织方式的社会原则就是让每个人都有学习的机会,为了实现这一目标,必须使每个人都能够上学,并从小学到大学建立一个统一的序列。没有人想到,对这种民主目标的追求需要有特定的计划或教育的类型。在19世纪初,人们就已经讨论一种正确的教育理论了,占支配地位的理论是个人能力的和谐发展(裴斯泰洛齐的理想)。因此,教育成了我们所称的个人主义性质的教育。在殖民地时期,人们有很强烈的进取心,希望自己能够闯出一条路来,干出一番事业,能够征服自然。在一个自然资源还没有被开发出来的新国家,它的土地还没有被划分好,因此可以说,无论个人做什么去实现他的成功,都会有益于这个国家。

前任总统罗斯福①在他的自传中说道,在他的青年时代,主导性的教育理念是"向着世界前进"。每个人只要运用理智来完成自己的任务,最后都会成功。那个时候,人们经常谈论的是自立和成功,而很少谈论公共的或社会的责任。随着那个时期结束,土地被划分好了,资源得到了开采,财富分配的不平等出现了。从那时开始,每个人都可以获得财富的观念似乎变得很荒唐了,特权开始出现了,而且得到法律、政府的保护。过去,这个国家似乎对阶级分化和社会斗争具有免疫力,但现在这些问题开始变得严重起来。正是从这个时期开始,确切地说,从上个世纪的最后二十年开始,一种新的教育哲学产生了。我们开始试图寻找一条民主的道路。就"民主"这个词的社会意义来说,这条道路既不应该是国家主义的,也不应该是个人主义的。

这段历史的概述虽然不完全,但可以澄清紧接而来的讨论。简言之,我将把那种以批判传统理论及其方法作为立足点的观点称为"教育的社会观",传统理论不仅代表了过去时代的残余,而且与民主观念相对立。这场反对传统教育的内容和目标的斗争,远不只是反对我前面提到的政治和经济上的个人主义。它既反对教育的内容,也反对教育的方法和手段,尤其反对那种普遍的文化观念。它保留特殊的教育是为了保留特殊的阶级:有教养的阶级和统治阶级。

II.

从 19 世纪到今天,所有的教育改革家们都在批评某些教育传统,特别是那些为了显示博学而过度的咬文嚼字的传统。但是,他们的批评更多地指向那个维系着语言崇拜的观念,即认为知识本身就是善的(似乎就应当如此),而且是最高的善;对心智进行训练是任何高等教育的最终目的,心智可以使知识的获取和享用成为可能。这种观念是由亚里士多德所阐明的,从他那个时代开始,这种观念总是以这种或那种形式处于统治地位。它有两个主要的支持来源:一个是教育理论,另一个是形而上学体系。其中,理性是宇宙中唯一的实在,它是一个能够自我阐明的自足性实在,也就是说,它是人性中崇高的一面。这种带有知识乐

---

① 西奥多·罗斯福(Theodore Roosevelt, 1858—1919),美国第 26 任总统(1901—1909),共和党人。——译者

趣的理性运用,是人类才配得到的唯一的善。显然,这种观念并不总是按照古希腊人那种清楚明白和恢宏崇高的意义来理解的;事实上,也出现了与之对立的理解。有一种一直持续下来的观念认为,文化的构成在于拥有许多种观念,这些观念依赖知识的占有,而知识有时候被理解为大量的信息,有时候被理解为某些认知能力的训练。

与此同时,还有一项新的任务必须承担起来,即大众教育。人们普遍认为,大众教育的目标是实用而不是文化。事实上,过去的主导性观念仍然存在,被毫无变化地输送到新式学校中。为了应对新情况而作出的唯一修正就是减小教学的范围,降低难度;但知识仍然被看作是一种独立存在,它有着自身内在的起源和范围。唯一不同的是:对于大众教育(按照定义,大众教育是指初等教育)而言,具有实用性质的课程是被优先考虑的。很显然,我们不能说对传统知识观念的批判会使我们从社会的角度来看教育,这将会产生一种误解。有人可能会轻视教育和贬低知识,但这种态度不可能与一个真正的民主社会的利益相符合。这种态度与社会观完全不同,社会观所批判的是某种关于教育本质的观念——它的起源、目的和范围——正如表现在各种教育体系中的那样。亚里士多德的纯粹知识观向我们展现的是某种天生就有的理性,它是一种纯粹的理论认知能力。它是某种完全优于简单知识的东西,简单知识只是出于生活必需而创造出来的适用物;简单知识为了目标而存在,理论知识为了自身而存在。一旦摈弃这种观念,我们看到,即使知识仍然受到高度的认可;但要成为合理的知识,必须确立一个新的目标,必须被放置在一个不同的关系之中。这种新的观念将完全改变我们获得知识的方法,完全改变我们对于不同教育分支的价值的判断。

根据有闲阶级的传统,最有价值的教育是离有用性最远的教育,即使这种有用性包括为国家效力。只有"纯粹"的学习,才可以被称作是真正的人文教育;任何其他的学习,即使是成为国家有用人才的学习,都被看作是低下的、粗俗的和"机械"的教育。单独的和自足的"理性"观念是传统的划分人文学科和机械学科的基础,与其相应的是善的培养和目标的培养、纯粹知识和应用知识或专业知识之间的区别。在继续承认教育的重要价值的同时,如果我们从社会的角度来考虑,就必须在那些知识领域中寻找社会福利最为基本的东西,其实用价值和对社会福祉的有用性都是最直接的。

我在上面已经指出,立足于文字符号的传统教育所制造出来的崇拜是如何由对教育价值的深刻信念产生出来的。这种纯粹的理论教育观念和把文学放在教育顶端的流行观念之间的和谐关系，是很容易理解的。如果那种东西本身并不是一种纯粹精神的东西，它还能够满足纯粹的精神吗？因为精神的观念性和非物质性特征，只能对一个非物质的对象发挥它应有的作用。物质没有自己的目的，只能通过服从比它更高的目的才能获得价值。因此，只要精神与物质接触，它就会降低自己，就会走向堕落。精神作为纯粹的理性，从来不去追求物理世界的直接知识。它仅仅通过感觉的中介而对物理世界匆匆一瞥，然而感觉本身也是物质性的。因此，物理世界这个对象永远都不值得最高科学去追求。理念、思想、纯粹的真理——这些才是精神的真实表现，也是精神的真实养料。语言在教育中的优先性源自这种观念，因为语言能够把理念和真理作为独立于物理世界的理念和真理记录和保留下来。

　　毫无疑问，没有人最后会断言说词语构成了一个比物质客体更高尚的研究对象。但是，情况确实如此，一旦由其他因素造成这种观念，人们就会使用纯粹知识观念来证明认可它。

　　凡是把学习语言文学看作比学习科学更高尚、更理想、更与人文教育相和谐的人，都自觉或不自觉地受到了那种带有神性的纯粹精神信念的深刻影响。否则，他的信念只可能以另外一种观念为依据，这种观念认为，文学的价值存在于它所提供的服务之上，存在于它的应用范围程度及其丰富性之上。这种主张易于受到争论，无论如何，它明确地用社会功利的标准来替代纯粹知识的内在价值的标准。

119　　正如我已经说过的，关于知识的社会起源和社会功能的观点包含了一种新的观念，即用最佳的方法去获得教育以及对教育主要因素的重新理解。关于知识和作为纯粹认知能力的理性之间具有内在联结的观念，倾向于使用辩证的方法。普遍真理、基本原理、思想和概念——都被看作是精神所固有的，是内在于逻辑关系之中的，真理是由逻辑关系联结起来的——这些对于辩证方法而言，都是基本的东西。定义成了崇拜对象，逻辑的区分和归类就成了敬拜的神庙。感觉是物理的，它们与人的需要联结起来，它们提供行动所需要的刺激。感觉输送的知识被看作是低一级的知识，它是对效用的让步，当然也是一种必要的让步，因为精神与肉体是联系在一起的，但这种让步必须保持在最小的程度。根据这种理论，实验也是通往低级真理的方法。它包括了外显的肌肉活动、机械装置的使用和对具体材料的巧妙处理。通过内在的方式推演出终极的真理,怎么能与纯粹逻辑相提并论呢? 这是一种很奇怪的情形:在追求科学真理的过程中,观察和实验的方法已经完全替代了辩证的方法,但旧的方法仍然统治着教育! 这些占统治地位的方法,实际上促进了对某些文字表达形式的赞同。文学创作与观察和实验无关,但是与观念以及它们的逻辑关系有关。通过使用文学的解释和展现的方法,伦理学、政治学、哲学甚至历史学都变成了文学的分支。

III.

让我遗憾的是,我不得不从这种知识的哲学定义之初就采取一种视角。它不仅有一些抽象和思辨,而且是有交锋和争议的。然而,它还是确立这一观点的最好方法,亦即教育的社会观要求的不是现存体制一种肤浅的改变,而是在教育的基础和目标上的根本性变化:它是一种革命。

从这种社会视角出发,关于知识的起源、方法、功能以及理智训练的观念就与传统的流行观念分道扬镳了,正如培根的逻辑学与 14 世纪的经院哲学分道扬镳一样。这种社会视角试图在教育中引进那些崭新的研究方法,这些方法在学校之外已经改变了科学的进程,并且还接着引发了政治和工业的革命。这种社会的视角可以表明,知识究竟在我们的生活中扮演了什么角色。知识来源于日常的生活,并且有助于完善和丰富我们的生活。

这些观点看上去似乎有点野心勃勃。但是,在批评它们之前,我们应当对它们的适用范围有所了解;如果没有做到这一点,那么,这种责难就会像通常的那样,认为教育的社会运动会贬低科学,使科学服从于实际的目的,把效用和文化两极化,为了前者牺牲后者。如果我们仔细地考察教育的社会观念,就会发现,在科学和行为、文化和效用之间的冲突仅仅是流行的二元论的产物。教育的社会重组实际上有助于消除这种二元论,不会以牺牲一个方面为代价来肯定另外一个方面。这种冲突的基础本身植根于社会的二元论中,这就是工人阶级和有闲阶级之间的区分。因此,这个社会概念必须提供两个方面的目的:一方面,行为和工作不能再被看作是低等的和机械的,必须通过使它们与科学和历史联系起来而变成自由的和富有启发性的;另一方面,教育不能再成为阶级之间的分界线。教育不再被看作是一种有闲的追求、一种理智的刺激活动,而应当被看作是所有自由进步的社会活动所必需的。

这里对一些典型的教学思想的简单说明,将有助于我澄清和更准确地表达关于教育的社会目的这一过度模糊的和思辨的思想。我对科学已经说了许多,我可能表现得更重视科学而不是文学。然而,我认为,文学和语言确实可能从社会的角度得到研究。目前流行一时的文学研究当然依赖于这样一个事实,即不管一个人对它们的功能有什么样的观点,它们都是与社会利益联系在一起的,并且有助于澄清社会的利益。另一方面,自然科学有时也会被人们用一种抽象的和理性主义的精神来讲授,由此而脱离了它们与人类的关系,脱离了它们的起源和作用。人们讲授科学,仿佛它就是一堆事实和真理,表现了超越时空的纯粹精神与严格的客观世界之间的相互关系,人在这个客观世界里是没有什么作用的,这个客观世界与社会的希望和活动也没有什么关联。

相反,教育的社会观强调作为语言学研究基础的人的因素。它把科学的教学与科学的历史起源,即人的需要和活动联系起来。对于人而言,在所有人类的追求中,科学是这样一种追求,即它的目标在于征服周围的环境,从而通向一种更自由、更稳定、更丰富的生活。只有在科学不再被看作是为了人类的纯粹理论需要而去描述宇宙间的混乱情形的时候,科学才能变得富有活力且有益于所有的人,而不再仅仅有益于几个专家。斯宾塞对科学有一种超乎寻常的见解,他把科学放在教育的最高位置。这种观点立足于古老的理性主义知识观:我们必须认知宇宙,以便利用它来服务于我们的利益。但是,斯宾塞没有问问自己,这个只适合于我们纯粹的理智能力的研究对象,怎样才能吸引大多数学生的注意力,因为学生的兴趣绝大多数是实用性的。他似乎认为,所有正常的婴儿都是潜在的学究。我们的观念,我们关于事实的知识,并不能影响我们的行为,因为它们不能与我们的感情冲动步调一致。毫无疑问,斯宾塞有时看到了这一点,可是他似乎从来没有问过自己:当我们把科学作为一种纯粹理智的理解对象来传授的时候,科学用什么方法能够找到行为的源泉,能够成为我们日常活动的一个有机的组成部分。

教育的社会观建立在这个完全不同的事实之上:科学通过其存在,已经成为社会活动中一个主导性的因素。在最近的 150 年里,如果不是因为工业革命带来的社会进化的奇观,历史还能向我们表明什么呢? 在这个革命的过程中,我们看到人类的活动不断地与物理作用及其转化的知识联结在一起。毫无疑问,在我们这个时代,没有什么比把工业进程视作应用科学带来的结果更简单的事情;

从科学研究的角度看,这是真实存在的。但是,对于社区,尤其是对于学校的孩子和年轻人来说,它不再是真实的。如果我们建议从科学教育开始进一步达到科学的应用的话,对他们而言,科学实际上颠倒了事物的实际秩序。对于学生而言,在所有的研究中,科学都被视为悬浮在社会现象之中的。在他们看来,不是孤立抽象的科学本身在等待着应用于人类的活动;而是人类的活动在孕育着科学的事实和原理,并催生着科学的思考。他们天天都看到蒸汽和电力的作用,天天都在使用电话和电报。所有这些熟悉的对象构成了人类的创造物,而它们只能通过科学的规律和事实才被认识到。因此,教育的问题并不是把由应用派生出来的纯粹孤立的科学知识再输送到日常生活中去;而是从已经产生了明显影响的人类创造中提炼出科学理论。

对于应用到这些观点上的功利主义加以贬低,是毫无根据的。首先,这种指责完全忽略了这个事实,即不用操心生计的学生对于事情的看法与成年人完全不同,成年人把劳动看作是收入的来源。对于一个孩子来说,蒸汽机、机车、电动机、电话、收割机这些可以带来收入的工具的效用性是次要的。他看到的是那些能够刺激他的本能活动、他的好奇心和求知欲的事物。如果对这种知识的兴趣,从婴儿时期就开始在社会生活的实际过程中得到培养和强调,那么,成年人生活中普遍存在的狭隘和功利的兴趣多半会逐渐转化成更加理性的态度。但是,把文化的观点与实践的观点分割开来,完全不把未来的教育建立在教育内在的原理之上,这会令人失望地把全部过时的方法强加到教育之上。

对于功利主义指责的第二个错误在于,它没有看到教育的社会观念是怎样在最广泛的社会意义上与劳动生活联系起来的事实。功利主义根本没有把经济活动从其社会背景中分离出去;相反,它的主要观点是研究机械、工业和商业的进程,从社会、知识和政治这三个方面出发去思考其原因和结果。所有包含科学内容的研究和应用,同时反映出社会形成的机制。关注这些研究,关注这些实际应用,也就是强调所有活动的人的意义,教育将从中受益。

如果我们对教育进行定义的话,最终将把教育理解成一种力量——可以说,是一种获得性的习惯——它可以运用我们的想象力去发现事物的本质,采用纯粹技术的或专业的方法进行分类,揭示事物更广泛的意义,将这些发现应用到生活的所有方面以造福人类。如果把科学与人文学科对立起来,科学当然就不可能达到它们应有的目标。只有当我们确定了科学的人文特征之后,才能把它们

123

变成普遍性的工具。仅仅把科学作为研究的对象,很容易忽略科学的历史起源,忘记科学与现实之间的关系。然而,正是教育的目标产生了一个不同的优先权的排序:首先是社会条件,它给人们带来各种问题,促使人们建立假设,引导人们展开研究;其次是科学事实,它带来了所有领域里的进步;再就是发明的影响,它们改善了人类的健康、舒适,以及财富的生产和分配等等;最后是由这些变化所推动的政治改革——这是真正重要的事情。所有这些把纯粹的科学事实包裹进了人文主义的斗篷里,并同时赋予语言学和文学研究独一无二的价值,使它们配得上教育的目标。

124　　从历史研究的角度来看,这是具有说服力的。一般而论,有两个主要的因素在这里起着支配作用:首先是一种诉诸历史的国家主义倾向,它主张公民教育是为了国家——不是为了一个理想的和理论上的国家,而是为了一个实际存在的具体的国家;其次是一种比较笼统的思想倾向——这种理智主义观念主张知识的积累具有一种内在的文化价值,它能够教育和启发公民。国家主义的目标和社会的目标之间的区别非常明显:前者认为,任何时候,国家都是所有教育价值的标准。事实上,这个国家是被其他一些有着自身利益的国家包围起来的,而这些不同的利益经常处于对立状态,即使没有实际地发生冲突。这个国家的事务管理总是受制于几个家族或是某些阶级。在这种风气之下,赞同发展爱国主义并肯定教育的社会价值的国家主义教育目标,也会强调每个国家与其他国家之间所存在的某些分歧和具体特点。通过强调历史上的战争,通过庆祝胜利和看到失败,培育出一种潜在的敌对情绪,这种情绪随时会被点燃而形成燎原之火。有意无意地,历史教学被用来歌颂现存的体制。国家被等同于执政当局的秩序。抬高前者,其实就是在美化后者。历史主义总是走向保守主义——当然,它并不总是退化成一种保守的无意识行为。

以一种社会观为基础,历史教学的态度就会完全不同。回忆过去,重要的不是那些或许很有趣的事件,不是为了让历史规律为今天所用,甚至不是为了找出那些激发我们像父辈一样行动的事例。在某种意义上,学习历史是为了从中获取教训。但是,这些教训不是现代通行的教训的意思,不是作为行动的模式或行为的方式,归根结底,是方法上的教训。这些教训可以告诉我们,过去怎样用它的行动、意向、不足和成功来解释现在。我们生活于其中的社会离我们太近太复125　杂,以致难以把握。它刺激我们行动而不是反思。为了仔细地研究社会状况,我们必须采取一种旁观者的态度；保持一定的距离，对于看清楚问题是必需的。只有历史研究能够给我们提供这一条件。这种研究向我们描述了一种社会机制，它比围绕着我们的那个复杂的社会机制要简单一些。用简单的事物来解释复杂的事物，通过把它们分离成原有的简单形式，历史研究可以揭示出那些不曾被我们注意到的因素，然后按照与我们当下环境所明显不同的路线把它们展开出来。

对我而言，历史似乎就是一门具体的社会学，它可以唤起学生对社会机制的结构和功能进行实际的研究。通过教给我们相对简单的社会环境，它可以引导我们更好地理解更为复杂的现状。如果过去仅仅是过去，那么，教育能够对历史说的是："既往不咎。"只有少数专家会在那里抱怨。但是，过去有如此多的事实并不仅仅属于过去！许多"过去的"事实并不会让人感兴趣，但它们的重要性在于可以使我们洞察到在完全不同条件下的人类行为的机制及其作用！

正如我们所见，历史教训的实践意义并不是直截了当的。它们既不是出于理想，也不是出于专制（或者神圣化）的风俗习惯。它们是理智的认识。通过一种对我们精神习惯和思考工具的预习，历史教训可以指导我们如何理解现在。即使我们不能希望获得对事物的彻底认识，但沿着历史这条道路无疑是能够有所收获的。明天的行动会由此变得更加理智。尽管它不是直接起作用的，但它是一股新的力量，因为对于社会事实更准确的理解是未来社会发展的一个组成部分。

将这个社会观念引入教育带来的最重要的变化，也许就体现在被称作"手工训练"的活动里面，在不同的层面被称之为"工业教育"。正如它的名称所表明的，手工训练的主要目标是训练学生使用他们的双手，并尽可能发挥他们的肌肉运动的天性。人们也期待这种教育能使学生做好职业准备，这些职业往往需要手的灵巧性。但是，从社会的角度看，手工训练中的工作应当被看作是一种属于 126 萌芽时期的真正的职业，它与成年人的职业相类似，也是社会存在的基础。与成年人的职业一样，手工训练形成了一个中心点，我们所有的观念都围绕着这个中心点；它会提出一些迫使我们去思考和解决的问题。就像成年人的工作一样，一旦得到很好地引导，手工训练也能促进学生作出自己的最大努力，并得到无法估价的社会合作的经验。儿童这种小范围的社会"工作"与成人的社会工作之间的区别在于，这一工作的完成没有考虑到报酬，因此是以完全自由的精神进行的。它在这方面类似于游戏。就"游戏"这个词最宽泛的意义来说，它与儿童的天性密切相关；与由这些天性所激发起来的观念紧密相联，它并不关注一个实际的目标，也不关注被生产出来的产品的交换价值。

除了那些获得的技能，以及那些来自园艺、编织、木工、金属加工或烹调的知识实践所获得的经验，那些通过与有着广阔自由基础的生产劳动相接触所形成的习惯，会给学生的工作打上鲜明的人的烙印。我想，一个人可以从任何行当和任何有社会意义的职业中获得真正的社会教育，只要这种职业要求培养从业者的知识能力，只要这种职业可以给社会带来一些利益。以前提到职业教育，人们总是以为应当把所有的人培养成农场主、工程师、建筑师和木匠等。今天的观念则完全不同：每个人都应当投身于某些工作，这些工作可以直接或间接地增加社区的财富，丰富集体的生活。从社会的角度来看，如果说一个具有特殊天赋的人能够成为天文学家和画家等等是重要的，那么，那些有着自然天赋的人经过训练成为好农场主、好技工、好木匠等等，也是必需的。只要我们认为人应当通过自己的工作而成为对他人有用的人，人就应当在工作才智上得到训练，从而具备必需的技术专长，运用聪明才智去洞察事物之间的联系，特别是洞察个体行为与集体利益之间的联系。只要我们不再把纯粹知识和纯粹活动对立起来，职业教育的问题就能得到解决。它的目标不再是为了既定的工业结构去培养人，而是利用工业和职业工作来改革教育。通过这种方式，我们可以提高实践活动的认识水平，最后使既定的劳动体制得到改革。

在这篇简短的文章里，我希望自己讲清了教育的社会理想。根据我的理解，这个理想不是一些通过零零散散的改进来调整现有的教育类型的举措。应该说，它是一种立足于新观念的呼吁，就是要对教育学原则进行彻底的重构。只要学习还是少数人的所有物，只要学习不能自由地渗透到我们每个人日常的实践生活中，只要学者这个职业的排行高于所有其他职业，那么，学院式和书本式的教育就能满足目前的需要。这种类型的教育之所以受到称赞和重视，因为人们看重它的地方不是它的结果而是它的允诺。它以牺牲多数人为代价而只是有利于少数人，学校几乎无一例外地推行这种教育。与此同时，口传和带学徒承担了训练绝大多数公民将来从事其他职业的责任，而正是这些职业，形成了社会大厦的基础。但是，今天的情况已经改变了。科学已经成为试验性的；劳动过程不再由代代相传的简单手工技能构成——劳动者使用了科学的方法。以往劳动的二重划分，再也站不住脚了。民主社会为了自身的健康发展而必须付出的努力，就是消除寡头政治——它是所有政治体制中最独裁和最危险的——它企图独占知识及其最优方法的好处来为少数特权者的利益服务,而让绝大多数人从事不需要太多知识和主动性的实际劳动。在教育、科学和实践活动被永远联结起来的影响下,这些职业的划分最终将会消失。这是一个支配着教育目标的整个社会化观念的法则,这个法则直接源于教育。

书　　评

对逻辑学的严厉抨击

——评席勒的《形式逻辑：一个科学的和社会的问题》

F·C·S·席勒(F. C. S. Schiller)

纽约：麦克米兰公司，1912 年①

读者在席勒博士的《形式逻辑》(*Formal logic：A Scientific and Social* 131
Problem)一书里，不需费劲就会发现，作者的目的是要对众所周知的形式逻辑进
行一种系统的和摧毁性的批判，而不是在汗牛充栋的形式逻辑教材里面增添一
本教材。"带有技术含量的胡言乱语"，是他对形式逻辑非常随意的一种评说；他
对形式逻辑更加正式的评价，是"前后矛盾、完全无效和毫无意义"。但我们要赶
紧补充的是：这里挑出来的这种辱骂性的定论，并不能代表该书的基本内容。这
本书的建设性目标如果不是直接的，也是间接的："为一种新的逻辑扫清道路，这
种逻辑将对真正的思考进行反思，不把自己局限在虚构和歪曲之中。"较之席勒
以前那些有关人文主义的著作，这本书的读者圈要狭窄得多，因为它需要更多技
术性的知识。虽然这本书保留了席勒一贯的清晰文风，但是他在论述方式上更
加精确和严谨。或许有些学院哲学家曾被他那异乎寻常和不失尖刻的文风所冒
犯，被他无视哲学思考游戏所需要的专业技巧所触怒，但他们会因为席勒在该书
中表现出来的严谨、连贯和博学而改变对他的看法。

在所有的章节里面，该书(一部大约有 400 页的大八开本著作)实质上是对
传统逻辑一种不留情面和坚持不懈的批判。我想，没有哪一本公认的教科书里
的观点和倾向能够逃过席勒摧毁性的批判。对于那些已经忘记了大学逻辑的人
来说——我想，这还包括所有那些不再讲授逻辑课程的人——如果没有一册教
材在手，就很难理解这本书的内容。当然，我这里不会概述这本书的具体内容，

---

① 首次发表于《独立》(*Independent*)，第 73 期(1912 年)，第 203—205 页。

132 因为从三段论式到归纳法,再到各种各样形式上的、半逻辑的和内容上的谬误,都会把读者带进术语的外延和内涵、范畴和谓项的性质、思维法则和对偶命题的神秘莫解之中。出于对专业学生的考虑,席勒在这本书里采取了一种十分仔细的方法来批判所有的形式逻辑概念。他对这些概念的考察,是非常彻底的。正如他本人所指出的,他有一个指导原则可以将这些具体的批判统一起来,因为形式逻辑这些无法补救的缺陷有着一个单一的来源。这个统一性原则里包含一个会影响任何一个聪明读者的观点,不管这个读者对形式逻辑的技术性多么不感兴趣。形式化概念面对的困局、矛盾和空乏,来源于形式逻辑一种不可能实现的企图,即在"自身之内"去思考思考的方式,而没有把思考的方式应用到实际情况之中。正是这种企图的荒谬性,不仅剥夺了形式逻辑的真理性,而且剥夺了它的意义。席勒在逻辑迷宫里始终遵循的就是这条线索,逻辑迷宫给这些极为枯燥的批判带来了一些戏剧性的乐趣——确实是枯燥,因为形式逻辑正是如此无可救药地变成了一具木乃伊。他指出,这种抽象完全脱离了人类使用逻辑的具体情形;而不考虑人类的运用,就会导致完全无效的后果。

附带说一句,这本书最吸引人的内容之一,是它隐约显现出来的一种真正的逻辑;作为一种对照,这种逻辑将揭示出人类现实思考的条件和目标。在这种逻辑中,意义、真理和谬误这些概念都是基础性的,但它们完全被形式逻辑所忽略了。它们之间的具体区别,在于条件、选择、相关性和风险的不同。意义依赖于语境、关系和意向;而形式逻辑一定要把这些从它的理想中排除出去,因为它们与人及其心理有关。虽然传统逻辑对真理说了许多,但它所说的真理仅仅是形式上的一致性,因为它没有将实际的应用作为前提。相关性——作为具体思考的一个基本概念——被排除掉了,因为它带有选择性,而选择性只是形式逻辑声称的一种无所不包的理想中的一个有用的部分。而且,选择是一种有意的行为,因此也是一种任意的行为,它当然要被只承认纯粹理论的学说清除出去。最后,形式逻辑坚持一种具有绝对必然性的信条,它厌恶投机和冒险,厌恶人类现实思考的新鲜血液;这些冒险和思考都是由怀疑和问题,由猜测、假想和试验激活起来的,其抉择总是有些任意武断,因此总是冒着将来要被修正的风险。

这本书强调了对于现实进行思考的重要意义;它为批判形式逻辑的构想提供了应有的背景。这本书不仅会吸引新的读者,增加席勒已经很令人羡慕的知名度,而且还会引导一些思想家重新思考他们把心理因素——即人的因素——

引进逻辑理论的危害。席勒先生接连举出一些具有很强杀伤力的例子来说明，形式逻辑常常通过一种未被人发现的和秘密的方式与关系、需要、目标和效用相联结，以此来挽救其形式区分上的空洞性。那么，为什么不坦白地承认这些意志和情感因素的不可或缺性，从而建立起一种适应人类理智追求及其成就的逻辑，以取代那种完全不考虑这些因素的逻辑呢？很难想象，即使是一个最顽固的追求纯粹理论的理智主义者，在他看完这本书后会不受这类问题的困扰。

在许多人看来，席勒先生似乎夸大了他所攻击的对手的重要性。他所做的，似乎与一些大学生制造出来的临时性麻烦差不多。在某个方面，我认为，这种感觉是对的。席勒先生显然受到了他在牛津所受教育的影响。对此，他这样诙谐地说道：

> 在牛津这样的地方，逻辑和科学在学术上能够繁荣起来，人们普遍接受一些自相矛盾的规则。在这里，那些对**科学实践**一无所知的人在讲授科学的**理论**，而那些精于科学实践的人却不需要学习"科学理论"，因为科学理论只能阻碍他们的进步。

我们可以从席勒的许多陈述和基本论调中得知，传统的形式逻辑在牛津扎根很深，它是一门主课，以至于要攻击之就会冒风险。当然，它在美国的高等教育中没有这样神圣的和受保护的地位，美国的教育管理机构也不重视它。一般人不必花时间看席勒先生的论证，就会接受"带有技术含量的胡言乱语（至少是在卖弄学问）"这种关于形式逻辑的描述。从我们的教育观点来看，毫无疑问，席勒先生把形式逻辑的问题看得过于严重。但是，当抛开技术性的问题，对思想的性质和作用于生活的知识理想及其方法进行考虑的时候，我们就不能这样说了。脱离需要和动机，脱离具体情形的具体应用，形式的一致、形式的证明及"知识"活动的观念所造成的影响无论怎么说都不会过分。正如詹姆斯先生所说，在一种对立的心智观和生活观基础上所发生的逻辑观念的变化，标志着一种革命；这一革命的重要性不亚于知识权威宝座的变化，不亚于新教改革所带来的变化。从这种观点来看，不管它的技术性问题和论述方式怎样，席勒先生的著作对于这个我们最为关注的社会争论问题作出了重要的贡献。该书有一个副标题——"一个科学的和社会的问题"，更加证明了这一点。

评休·艾略特的
《现代科学与柏格森教授的幻觉》[①]

休·艾略特(Hugh S. R. Elliot)著

雷·兰克斯特(Sir Ray Lankester)爵士序

伦敦,纽约:朗曼 & 格林出版公司,1912 年

135　　　读者在这本书中很容易发现,柏格森教授实际上是一个象征——说不上是替罪羊。罪魁祸首是形而上学,柏格森教授充当了这一罪恶的化身。"整本书所坚持的观点就是把形而上学看作一堆绕来绕去的空话。"(第6页)这是该书总的观点。"我坚持认为,柏格森的形而上学是一堆没有实际意义的词语"(第16页)——这是该书观点的具体例证。就我的看法而言,这本书的价值是它坦率地表达了一种关于科学和哲学本质的观点,而不是对柏格森哲学那些科学方面的批评。要对柏格森展开充分的生物学的批评,需要一个具备丰富的生物学知识而又有相同想象力的人,这样的人无疑迟早会出现的。但是,艾略特先生没有填补这个空白。对他而言,只要看到暗喻和类比在柏格森形而上学里所扮演的重要角色就足够了。他很得意地证明了所有的形而上学都是空话,而柏格森就是一个形而上学家——即用所要证明的东西来证明它自己。在他的许多论述里,人们可以看到一出真正需要我们动脑筋的庞奇与朱迪[②]的木偶戏。用"形而上学"击倒柏格森,用柏格森的谬论击倒"形而上学",如果形而上学还是站立着的话。

　　　该书对哲学与科学问题的关系提出了自己的观点,我在其中发现了某种具有启发性的东西——尽管没有明确的说明。我无意间记住了这样一个古老的真

[①] 首次发表于《哲学评论》,第21卷(1912年),第705—707页。

[②] 庞奇与朱迪(Punch and Judy)是英国一部木偶戏中的男女主角。——译者

理,即被攻击的哲学家总是能够找到安慰的庇护:以科学名义攻击形而上学的热心者往往会展示他已然具有的许多未经审视的形而上学立场。在这方面,艾略特先生也不例外。对他而言,联想心理学和身心并行论是既定的科学理论的最后定论。一种业已阐明的不可知论并不是一种形而上学,而是一种"科学"。他向柏格森先生输入了这样的信念,即生命是一种独立的实体,纯粹的抽象是一种实在;之后他用这样的论断来解决柏格森的一个难题:"我想,细胞质具备了向某些方向进化的能力。"他完全不知道这句话里所包含的形而上学,不知道他只是在用不同的"空话"来陈述柏格森的理论。然而,真正具有启发意义的地方在于,艾略特先生所表达的对哲学的贬斥态度,毫无疑问,也是许多科学人士的态度,他们不过没有明确表达出来而已。我想,哲学家们并不是艾略特先生所想象的蒙昧主义者。对于那些比好斗的艾略特先生更具有同情心的科学人士来说,对于那些反蒙昧主义的哲学家们来说,应当可以找到某种方式达到对彼此目标和职责的更好理解。要想达到这种理解,责任在于哲学家。正如艾略特和兰克斯特屡次正确地指出的,科学要由它的实践来证明。于是,哲学受到的挑战就是需要证明它的信用是什么,是揭示了事实,还是有利于人类的福祉。我认为,哲学能够为自己说点什么来回应这种挑战。但是,为了有效地说明自己,哲学必须放弃它所珍爱的那些僵化的证明公式,更加乐意承认它与创造力活动的亲缘关系,承认想象力在生活中的作用。

现代心理学家
——评斯坦利·霍尔的《现代心理学的奠基人》[①]

G·斯坦利·霍尔(G. Stanley Hall)著

纽约:D·阿普尔顿公司,1912 年

137 霍尔校长给我们写了一本有用而且有趣的书。有时候,这种有趣就等于是它的魅力,这种魅力源于这样一个事实,即霍尔博士自己就是他所叙述的历史的一个组成部分。他漫无边际地论述了所有经历的东西——包括那些杂七杂八的事情——他完全是信笔所至。用心理学的语言来说,这本书的"边缘部分"与其坚核部分相比,所占的数量很大;而人们对它的兴趣,在很大程度上取决于这些"边缘部分"。不知为何,该书不仅翻来覆去地使用一些很专业的技术性词汇(这些词汇就像是老生常谈的日常词汇一样,尽管它需要受过教育的读者去查找词典),而且还令人吃惊地出现了大量专有名词的印刷错误,这似乎也成了这部个人化和漫无边际的论著的一个组成部分。在他对心理学奠基人的挑选之中,充分表现了该书的个人态度。该书叙述的六位心理学奠基人:策勒尔(Zeller)、洛采(Lotze)、费希纳(Fechner)、哈特曼(Hartmann)、赫尔姆霍茨(Helmholtz)和冯特(Wundt)都是霍尔博士在德国学习期间的老师。他作为一个哲学专业的学生,向前面的四位老师学习;而出于对心理学的特别兴趣,向后面的两位老师学习。毫无疑问,这个事实说明了霍尔博士为什么将策勒尔作为心理学的奠基人之一,同时也构成了本书最有趣的一个特征:作者不断地引入关于心理学和哲学关系的讨论,并且提出自己关于心理学及其精神文化的原创性观点。

一般认为,该书是对当代科学心理学发展史的一个贡献(该书事实上只是补充性的),其中最为重要的事实就是它看到了哲学兴趣及其偏爱对人们的影响,

---

[①] 本文最初发表于《纽约时报·书评》,1912 年 8 月 25 日,第 457—458 页。

这个事实至少在德国最能够说明目前的心理学观点。我们暂且把策勒尔作为历史学家而不是心理学家放在一边,不予讨论。我们来看看洛采,他写的《医学心理学》(Medical Psychology)可以看作是对现代生理心理学作出的重要贡献。霍尔博士指出了这样一个经常被遗忘的事实,即最近关于身心关系的科学讨论始自德国思想遗传下来的观念和问题,这些东西都是由康德、费希特、谢林、黑格尔的先验唯心论所提供的。这些哲学家凭借精神和物质的"有机统一体"的观念,打破了传统的二元论。他们把肉体的生命视作实现精神的一种工具,而不是作为精神碰巧得以神秘居住的一个地方。这种观念留下了这样一个结果,即力图从大脑和神经在表达精神价值方面的作用来把握它们的具体表现。洛采写道,科学从这个时候开始就在反对唯心主义了,科学家一般都是机械主义者或唯物主义者。洛采非常赞同对以往哲学采取一种批判态度的科学思潮。然而,他还是保留了以往哲学的许多精神,以至于在一句也许是他最出名的句子里声称,尽管机械论的适用范围是普遍的,但它仍然要从属于价值。即使自然被看作是一个机械的系统,为了建立一种自然哲学,我们还必须让自然服从于人的价值王国。但正是在心理学的现象中,价值这一事实才变得特别明显。我们是有感觉、有意愿的存在,也是有理性的存在,通过感觉的活动(特别是审美的活动),通过道德的努力,可以进入价值的最高王国。这种观念对于洛采所有的心理学著作有着明显的影响。

如果把洛采看作是生理心理学的奠基人而没有错误的话,那么,费希纳和生理学家韦伯(Weber)一样,也是心理物理学的奠基人,他试图对心理事实进行测量,将定量原则引进心理事实之中,把测量结果与物理规律联系起来。费希纳从科学出发,但是他的心理物理学研究抱有一种哲学的动机。他就是现在所称的泛心理主义者。他相信,在任何地方,物质和心智都是彼此平行的。意识并不是

人和高等动物的特权,我们在自然界那些无论多么低级和散乱的形式里都能够发现意识的存在。不仅植物和动物具有灵魂,而且行星也一样具有灵魂。意识是事物向自身显现的方式,物质是心理过程向他者显现的形式。因此,在心理和物理事实之间必然存在着精确的对应。这是他的原初观点。他从这种观点出发,对声觉和视觉进行了长期艰苦的实验,以确定物理刺激和心理事件之间的数学关系。在进行这些实验的过程中,他设计出今天大多数心理学家仍然在实验室里使用的方法。因此,即使他关于"心理-物理定律"的公式和解释遭到人们的

拒斥，他依然不失为实验心理学的奠基人。

由于哈特曼的原因，我们再次进入哲学领域；但是，这种哲学与近来许多心理学家和精神治疗师的倾向有关，他们更多地强调了无意识和下意识的心理事实。相反，赫尔姆霍茨让我们见识到了这样一位重要的科学家——他也许与达尔文一样，是19世纪最伟大的科学家。从一开始，他对数学、物理学、解剖学和生理学都有兴趣。在所有这些领域里，他都是一位大师、一位创造者，而不是一个跟随者。他对心理学的方法和结论的贡献，源于他把物理实验室里的精确方法应用于生理学问题。他率先测量了神经脉冲的传播速度，这为实验心理学开辟了一条道路。人们不再一般性地对反应时间的感觉现象进行衡量，无论这种反应是一种自发的运动，还是一种观念的联想或判断，这反过来又导致了最近被荣格应用于犯罪心理学和治疗心理分析的方法。他对于心理学研究的重要贡献，就是他写下的《声调的感觉》（*Sensations of Tone*）和《生理光学》

140　（*Physiological Optics*）。霍尔博士对此说道："今天以至将来很长的时间里，它们都是实验心理学领域里最伟大和最有原创性的论著，所有专攻这个领域的人都有义务去研究这两本书。"赫尔姆霍茨虽然是一位科学家，但他的心理学解释却表现出德国唯心主义哲学的影响，尤其是康德哲学的影响。康德曾经说过，空间和时间并不是现实对象的属性而是知觉的形式，这种形式具有普遍性和必然性，所有的经验现象都必须具备这样的形式。在处理视觉的空间知觉的时候，赫尔姆霍茨把空间视作知觉的心理安排。赫尔姆霍茨对待视觉和听觉的理论原则是：我们的知觉绝不是对现实事物的复制，而是对真实存在的表现。我们习惯性地忽略所有那些对我们适应环境没有实际帮助的知觉及其特性。赫尔姆霍茨将这个观点应用到音乐审美活动中，并取得了巨大的成就。这个观点也反映了康德的理论，即美的对象是一种与我们内在理性原则相一致的知觉对象，虽然我们不会意识到这部分的理性因素。在与基音有着固定数学关系的泛音的作用中，可以发现这一原理在旋律与和声中的心理对应物。我们无法认识它们，通常不能意识到它们；虽然通过训练，我们的耳朵可以鉴别出来。我们可以在整体上感觉到这种音调的美感，但却察觉不到它们的区别。

至于冯特（他还活着，他这个月满80岁了），他是我们这个时代典型的德国大学教授。就专业而言，他是一位实验心理学家，但他也写了大量伦理学、逻辑学和形而上学的著作。他的工作是对生理心理学和实验心理学的事实进行系统整理,以形成一个独立的学科专业。他凭借不朽的巨著《生理心理学》(*Physiological Psychology*)和一个特殊的实验室实现了这一目标,这个实验室是目前世界上大多数实验室的原型,这一领域的大多数领军人物都在这个实验室里接受过训练。引人注目的是,霍尔博士对冯特的叙述与他在书中对其他主角的热情相比,语气有些冷淡。在一个注脚里面,他甚至对铁钦纳(Titchener)教授——冯特最有才气的学生和追随者——给予了非常肯定的评价。鉴于他对冯特的轻描淡写,读者很难理解霍尔博士为什么说"心理学所欠冯特的远远超过其他任何活着的或死去的人"。部分原因也许在于冯特的著述浩瀚,他提到冯特发表了 16000 页的著作,而斯宾塞和黑格尔分别只发表了 12000 页和 11000 页的著作。在这篇书评里,我不得不忽略霍尔博士旁生枝节的一些话题,而且没有关于细节性的描述。一些读者也许还会发现,这本书对他们来说,最有教益的部分是对各种心理学著作的提要式介绍。比如在写到哈特曼的时候,书中就对他所有的重要著作作了简要的说明;有时候是对整本书一个完整的梗概介绍,比如对冯特的《生理心理学》,花了 60 页作摘要的说明。霍尔校长在书中对心理学家及其著作的研究,给读者提供了一个引人入胜的图景。

心理学专家不可能把这本书作为心理学历史的权威著作,其原因是它所覆盖的时间有问题。它的范围也很有限,不能反映心理学的发展历史,当然,它也没有这样的意图。心理学专家将会发现,他们所熟悉的那些心理学内容都被放置在一个较为广阔的文化的和人类旨趣(human interests)的背景之中。心理学的初学者不仅会看到这一点,而且会得到许多有用的心理学知识。这本书针对的是一般读者,旨在使他们了解当代心理研究的一些主要思潮(当然,不是全部的思潮)。所有读者都将看到,作者对生命哲学和教育哲学提出了许多有趣的观点。

评威廉·詹姆斯的《彻底经验主义文集》[①]

威廉·詹姆斯(William James)著

纽约:朗曼 & 格林出版公司,1912 年

142　　在哲学思想史上,很少有比威廉·詹姆斯在他生命最后十年所取得的知识成就更令人惊奇的事情了。细心的读者都知道,他的不朽的《心理学原理》(*Principles of Psychology*)包含一种哲学见解的基本观点,这些观点散见在书的各处。他发表于 1897 年的文集《信仰的意志》(*The Will to Believe*)就阐述了许多这样的观点,并且将这种见解命名为"彻底经验主义"。但是,詹姆斯先生最重要、也是最有影响的著作依然属于心理学领域。确实有一些专业哲学家,他们时兴用一种调侃的语气提及他的哲学尝试。当绝大多数人到了那种简单重复和膨胀自己过去的年龄的时候,难能可贵的是,詹姆斯先生让整个世界注意到一种新的哲学思考方式的横空出世。当然,他的影响力大多应该归之于极其生动活泼的文风。但是,仅就文风本身,还不能完全解释这种现象。它有一个时间的酝酿过程;一旦想象力整个儿运转起来,詹姆斯早期那些预见性的观念就会应运而生。

　　这本书的结尾恰好有一段话表达了詹姆斯教授思想的总体倾向,有助于我们理解他那迅速扩展的影响力:"所有的哲学都是假说,都是通过我们感情方面以及逻辑方面的才能而得到的。哲学所达到的对于事物的最终整合,可以最真实地反映出人类所拥有的最杰出的领悟能力。"当然,我们离这种"对于事物的最终整合"还很遥远。但是,每一代人都必须完成他自己的相对的整合,作为一种方法名称的实用主义和作为一种体系名称的彻底经验主义,其一路前行的非凡

143

[①] 首次发表于《纽约时报·书评》,1912 年 6 月 9 日,第 357 页。

速度充分证明了詹姆斯先生的真正的预见性。哲学是假说而不是数学证明；个人的因素，如感情和审美的因素，都会参与到哲学体系的形成之中；逻辑推理严密性的根本效力，在于能够推导出一个独创的非逻辑性的洞察或预见；詹姆斯先生的预见与当代思潮有着紧密的关系——这些已经得到了现实发展的证明。

这本《彻底经验主义文集》(Essays in Radical Empiricism)是自从詹姆斯先生过早去世以来公开出版的第三本书，也许（很不幸地）是最后的一本书。总体来看，它们只是詹姆斯先生留下来的、未完成的哲学思想，只是一种提要和纲领，不像是柏格森那样精心造就的完整体系。虽然我们感到非常遗憾，詹姆斯先生不能与我们一道来推动和解释这种哲学了，但在他未完成的哲学思想里仍然有某些与其哲学相宜的个人性情的东西。因为在他的思考里，没有比这种信念更具有特色的了，那就是世界本身有一种未完成的因素，而哲学家们一个显著的错误就是赋予"实在"一种事实上并不具有的完成性。

在已经引用过的最后一篇文章里面，詹姆斯先生如此准确地表达了这一信念，以至于我们有充分的理由把它全文照引如下：

> "整个"宇宙以其绝对可靠和无可挑剔的普遍性，令我感到窒息。它没有可能性而只有必然性，它没有主体的位置而只有关系的存在，这些让我感到我似乎签订了一份毫无保留权利的契约，或者说，让我感到我似乎只得住在一个没有私人卧室的巨大的海滨公寓里。这就是我能够逃离社会的避难之所……"整个"哲学似乎就是一个衣冠笔挺、打着白领带且胡须刮得干干净净的家伙，他无法为广阔无垠、缓慢运动和无知无觉的宇宙代言，因为宇宙有着令人惊恐的深渊和难以预料的潮汐。我们想在那里看到的"自由"并不是自由，因为在它的腿上还系着一根绳子以保证哲学的无法逃离。

这本书与他所写的《真理的意义》(Meaning of Truth)一书相同，而与他写的《实用主义》(Pragmatism)或者《多元宇宙》(Pluralistic Universe)很不相同。这本书不是针对普通大众所作的一个口头演讲，而是针对他的那些专业同仁所写的一系列书面文章。当然，这并不意味着詹姆斯先生离开了他那简明生动的表达风格：他绝不可能放弃这种风格，不然就不再是他自己了。但这确实意味着，这本书的内容大部分是专业性的问题，是论辩的东西，纯粹的叙述很少。它

144

关注的不是提出一种鲜明的和具有说服力的见解和方法,而是应用这种方法来思考哲学家们所讨论的一些问题。就影响而言,人们可能会普遍地把实用主义与詹姆斯的名字等同起来;但在专业哲学人士看来,这本作者死后出版的著作里所呈现出来的思想终将是最具影响力的。无论如何,正如编者佩里教授在前言里给出的正确评价:詹姆斯教授"在他生命的尽头,把彻底经验主义看作是比实用主义更为基本和重要的理论"。

那么,这种"彻底经验主义"意味着什么呢?经验主义是一种古老的和完善的学说,要发现詹姆斯类型的经验主义的独特之处,显然需要在形容词"彻底的"里面去寻找。他对经验主义提出了自己更加全面的陈述。为了理解这种经验主义的彻底性,我们必须对下面的这段陈述进行引用;因为正是在这段陈述中,詹姆斯先生的着重点与那些把经验主义与休谟、詹姆斯·密尔(James Mill)和约翰·斯图亚特·密尔(John Stuart Mill)①的感觉论等同起来的人们的期待不一样。他详述了这种经验主义的假设性和灵活性。首先,它"赞同把那些关于事实的明确结论看作在将来的经验中还会有所修改的假说"。其次,它是一种哲学思考方法的先决条件。这一方法也许可以这样表述:

145 　　事实就是我们在某些特定时间通过某些经验所能够经验到的东西;对于这样一个经验到的事实的所有方面,哲学理论必须给予它一个确定的位置。换言之,每一个真实之物必须是在某处能够被经验到的,每一个被经验到的东西必须是真实存在于某处的。

詹姆斯先生在别处说过的一句话,有助于阐明这个定义的部分意义。当时,有批评者质问他,他的观点是否排除了经验(作用于经验并被经验作用)之外的事物的可能性,詹姆斯教授答复道:"当然没有排除它们的可能性,"他补充说,"但是我认为,我们应当明智地不去考虑那种性质上的任何事物或任何行为,把我们哲学讨论的世界限制在业已经验过的事物内,或者至少是能够被经验到的。"

然而迄今为止,我们在一定范围内熟悉的一种经验主义,就是在詹姆斯著作

---

① Mill,亦译穆勒。——译者

出版之前许多思想家所持有的那种经验主义。如果我们体会字里行间的意义,这种经验主义的彻底性至少在引用的那段话里得到了暗示,即"每一个被经验到的事物都必须是真实存在于某处的"。那些被叫做经验主义者的人,实际上都异口同声地否认普遍的现实存在,否定普遍的关系存在。他们花了太多的时间和才智来解释它们的不存在,揭示它们是怎样从外部嫁接到真实存在的特殊具体事例上的。总之,他们从一种注定要发生的经验观念出发,接着把经验的事实转化成与他们先在假设一致的东西。不同的是,詹姆斯坚持认为,如果我们进入经验本身,"我们发现事物之间的关系正如许多直接具体经验到的事物一样,既不多也不少的恰好就是事物本身"。

这个论题的发展和应用就具体地包含在本书的前五篇文章里面,它们都坚持这样一个论点,即如果我们坚持在我们经验到的各种内容中去发现各种不同的经验关系,那么,给哲学家带来种种困难的各种问题就会得到简化和解决。剩下的结果就是:哲学必须把实在视为一种"经验的连续体";更详细地说,这个理论的意思就是:"尽管经验的一部分可能会依靠另一部分而存在,但无论从哪个方面来考虑,经验作为一个整体都是自足的而不用依赖任何别的什么。"

第一篇文章将经验关系的构想应用到物质与精神、事物与意识的本质这个恼人的问题上。它提出了彻底的且几乎是革命性的纯粹经验学说,这种经验先于精神和物质的区分,并且完全无视这种区分。比如作为直接经验到的这间屋子,它本身既不是物质的也不是精神的,它只是所经验到的,它就是经验。然而,这种经验要进入它的整体之中,进入两个不同的背景之中,或者用两种不同的方式发生作用。当它进入一种背景中,我们把这一背景称作这间屋子所从属的房子的历史,那么,它就变成物质的了;把它带进这种类型的经验关系之中,事实上就是我们所说的物质的意义。如果它进入个人传记的背景之中,它就变成精神的或心理的了。把它带进这种关系中的是我们所说的意识,这就是意识在经验中的全部所是或所指。因此,把经验分成物质状态和精神状态并不是原来就有的,而是通过进入不同的关系之中而附加到经验之上的。或者正如詹姆斯先生所总结的:"意识意味着一种外在关系,它并不指称一种具体的材料或存在方式。"

这个学说如此彻底,以至于需要哲学家们花费很长的时间去消化和批判。别说,它还有着同样革命性的附加内容。詹姆斯先生认为,概念,对于世界的思

146

考,对于世界的感知,最初显现的都是纯粹经验的东西,这种经验既非精神也非物质。我们不会记住一个记忆,不会想象一个想象,不会思考一个思考。我们记住、想象和思考种种实在,那些直接经验到的纯粹经验完全是真实的。仅仅因为它们后来的发展,这些实在才被分离开来,有些经验构成了想象中完全客观的理想数学关系的世界,有些则构成了我们纯粹的精神空想的世界。

147
第五篇文章的标题是"感情事实在纯粹经验世界里的地位"(The Place of Affectional Facts in a World of Pure Experience)。詹姆斯先生在这篇文章里面,非常有趣地把纯粹经验的学说应用到价值和欣赏的问题上。情感和感情一般被视作纯粹精神的和主观的。与此同时,我们天真地把价值的性质当作是属于对象的而不是属于我们感觉的。我们会谈论一颗珍贵的钻石、一个好的天气、一幅漂亮的画、一个善良的人。对于那些把这些基本感官属性视为纯粹主观性的人而言,他们将赋予对象这些价值性质的行为看作是一种转移或投射,并且建立一套精巧地将主观东西客观化的方法。詹姆斯先生说道,实际上,把这些价值的性质视作实的东西是多么地简单和直接,正如它们被经验到的那样,只是根据它们作用于同类的经验而将它们看作是主观的或客观的。欣赏性质的含糊性——诸如此类的性质有憎恨、可爱、善良、邪恶、精美、丑陋、珍贵、微不足道——就变成了一种对于纯粹经验学说的确证。这个学说可以使我们免于去做迫不得已的事情,要么把依附于伦理、审美和逻辑的价值变成纯粹主观的和精神的东西,要么呼吁到某些先验的和未经尝试的原则中去寻找它们的有效性。詹姆斯先生认为,重要的是看到经验内容之间的彼此联系,看到经验关系绝对的现实性。不过,要为这种重要性找到一种更好的说明将是困难的。

对于纯粹经验原则的意义的说明,我们不可能再提供更多的东西了。但是,我们不能就此结束,我们还需要提到在第二和第三篇文章里所阐述的关系类型的分类,因为这个分类为詹姆斯先生众所周知的多元主义提供了系统的原则。哲学家们在面对关系问题时通常的做法是:或者(如经验主义者)完全否定它们的现实性,或者(如理性主义者)把所有事物转化成一个紧密相联的关系体系,转化成某种无所不包的绝对。詹姆斯先生提出了一个简单但是革命性的方法,即
148
坚守直接的经验,承认不同的关系类型的存在。从空间的相对外在性和彼此的大同小异,从完全的同时存在,一直到我们个人奋斗的密切关系和相互渗透,这些关系是不能相互决定的。凭借这种方法所达到的世界,确实要比正统的实在

论或唯心论、经验论或唯理论的世界松散得多。除了一种先入为主的偏见将整个宇宙建立在一个单一的和统一的计划之上,还有什么东西能够阻止我们接受这一原则呢? 我们还必须注意到,该文章还将詹姆斯的经验关系思想应用来解释知识的本质——这一理论为他的实用主义真理理论提供了基础。我们并不认为,对这个基础的充分思考会改变詹姆斯先生的批评者;但是,它会把整个争论置于完全不同于通常所坚持的基础之上,这样说并不过分。

这篇评论还需要补充的是,我们应该肯定该书编者哈佛的佩里教授一丝不苟的工作——这个肯定是应该得到的,因为他以最客观的方式编辑了这本书。然而要对詹姆斯的彻底经验主义的将来发展作出估计,确实是不太可能的。如果这篇评论没有表明评论者确信詹姆斯先生在哲学论争中开辟了一条新的道路,那么它就完全没有达到其目的。詹姆斯先生已经迫使哲学家们重新思考他们对许多基本问题的结论,因为他将他们引向了一种新的思考方式。詹姆斯先生的新哲学还远远没有达到完善的状态,因此没有赢得大批的追随者;但是,他提供的一种新视野和新批评,比建立在传统观上的任何完整体系所作出的贡献都要更加珍贵。

评马克斯·伊斯特曼的《诗歌的乐趣》[①]

马克斯·伊斯特曼(Max Eastman)著

纽约:查尔斯·斯克里布纳之子出版公司,1913 年

149 读马克斯·伊斯特曼的著作《诗歌的乐趣》(The Enjoyment of Poetry),既给我带来了莫大的快感,又让我收益颇多。我不知道还有什么书能够具有如此正确的判断力,具有如此明断的哲学。作者应用合适的心理学,解释了一般的审美和具体的文学欣赏。作为一种通常被称作是修辞学的科学基础,它比我熟知的相关论述要出色得多。它的文风不仅仅是简洁流畅的;而且令人感到愉快。它举例说明了作者所接受的艺术原理,并凭借其自身的吸引力把学生引入它所讨论的文学作品之中——而不是像许多文学批评和文学解释的著作所做的那样,使学生感到厌恶。如果这本书能够被用作普遍的教学用书,这对学生来说,将会是难得的好运气。

---

① 《诗歌的乐趣》于 1913 年由纽约:查尔斯·斯克里布纳之子出版公司出版。本段关于马克斯·伊斯特曼的《诗歌的乐趣》的评论,以前可能从未发表过(存疑),后发现于伊斯特曼文稿,礼来图书馆,印第安纳大学。

教育中的兴趣与努力

I. 教学实践活动应该统一还是分开

在兴趣还是努力的教育诉讼中,我们来考虑一下原告与被告各自的观点。代表兴趣的一方声称,兴趣是注意力唯一的保证,如果我们能够在给出事实和观念时做到有趣,可以完全确信学生会集中精力来学习它们;如果我们能够保证在道德训练和行为引导上做到有趣,也可以肯定儿童的活动会变得有序;如果我们不能做到有趣,无论如何都不能保证结果会是什么样的。事实上,纪律的教育从来也没有奏效过。当一个孩子不情愿做某事的时候,设想他能比在全心而为的状态下接受更多智力的和精神的训练,是荒唐可笑的。努力论则简单地认为,不情愿的注意力(因为讨厌而去做讨厌的事情)应当优先于自发的注意力。

实际上,求助于完全的努力是没有什么用的。当一个孩子觉得他的工作是一项任务的时候,就只是在强制状态下去执行它。外界压力稍一放松,他的注意力就会从约束状态下逃出来而飞向吸引他的东西。以努力为基础培养起来的孩子会获得这样的非凡技能,他们似乎也能专注去做那些不吸引他们的事情,虽然他们的内心深处想的是别的东西。事实上,这种理论是自相矛盾的。没有兴趣却能付诸行动,这在心理上是不可能的。努力论只是简单地用一种兴趣替代另一种兴趣而已。它用害怕老师或者期待将来的奖励这种不纯粹的兴趣替代了对于眼前东西的纯粹兴趣。爱默生①在《论补偿》这篇论文的开头对这种性格类型作了说明,他认为,正如流行的补偿理论所表明的,你只有现在作出足够多的牺牲,才能被允许在将来得到更多;或者说,你只有现在表现好(对于不吸引你的事情也能专心致志地去做),你才有望将来收获到更多的乐趣——否则,结果会很糟糕。

努力论总是给我们树立一种强有力和精力充沛的性格类型,以此作为其教育方法的结果。实际上,我们并没有培养出这种性格类型。要么我们培养的是那种狭隘和顽固的人,难以管教,不负责任,他只认定自己的目标和信念;要么我们培养的是呆板机械和死气沉沉的人,因为那种生气勃勃的自发兴趣的汁液早

---

① 爱默生(George Barrell Emerson,1797—1881),美国教育家。——译者

已经被挤干掉了。

我们现在来听听被告方的陈词。这种理论认为，生活中充满了我们必须面对的索然无味的事情。我们不断被要求做的事情，我们要面对的情况，往往都是毫无兴趣可言的。除非某人预先得到训练，能够投身于索然无味的工作，除非他能养成不顾个人喜好而仅仅因为某事必须做而去做的习惯，否则，当他们在生活中遭遇到此类事情的时候，就会垮掉或者逃避。生活不仅仅是一种令人愉悦的事情，也不仅仅是个人兴趣的持续满足。我们必须不断地进行努力的训练，把执行任务变成一种习惯以对付生活的艰辛。如果不这样，就会吞食掉人的毅力而留下一种苍白无味的存在；留下一种不断要求愉悦和乐趣的精神依赖状态。

除了将来的问题之外，如果在孩提时代就不断求助于兴趣原则来无休止地刺激孩子，就会分散他们的注意力。他们的活动的连续性就会遭到破坏。所有的一切都是游戏和娱乐，这就意味着过度的刺激、精力的浪费。意志从未在行为中发挥作用，孩子的行为都依赖外来的吸引和乐趣。对孩子而言，一切都是令人愉快的，他很快学会逃避一切缺少刻意制造出来的有趣形式的东西。一个不可避免的结果就是：这个被宠坏的孩子只会做他喜欢做的事情。

这种理论在智力和道德上都是有害的。注意力从来就没有指向基本的和重要的事实，而仅仅是指向围绕在事实外面的有吸引力的包装。如果事实是令人厌恶和无趣的，孩子迟早要面对的是它的赤裸裸的特征。给假定的兴趣配上一些流苏，并不能使孩子比刚开始的时候更愿意接近它。二加二等于四这样一个事实就是一个原本的事实，孩子必须掌握的就是这个事实。通过把小鸟和蒲公英的有趣的故事附加在上面，并不能使孩子比直接面对这一简单的和明显的事实掌握得更好。假定孩子对数字关系感兴趣，这是一种自我欺骗。孩子的注意力只会被与这种数字关系联系起来的有趣形象所吸引。因此，这种理论不可能达到它的目的。更直接的方法是从一开始就要认识到，孩子不得不去学习一些索然无味的事实，对付这些事实的唯一方法只能是通过努力，这是一种不需要任何外在刺激而推动学习的力量。只有通过这种方式，学习的训练对于需要认真对待的事情的反应习惯才得以形成，它对展现在孩子面前的生活是必需的。

我已经尽力把讨论双方各自的观点作了罗列。稍作反思就可以看到，双方各自的论证更多地依赖于攻击对方的薄弱环节而不是在于自身的理论。双方都过分地去否定对方的观点而不是在论证自己的观点。尽管有些让人惊讶，但还是可以理解的:从所有表面的东西来看,双方的立场完全是对立的,但他们在其理论基础上却下意识地假定了一个共同的原则。在前面所陈述的努力论和兴趣论的一面之词中,我们可以发现这个共同原则。

这个共同原则的假定,即对于自我来说,需要它去掌握的对象、观念或目标都是外在的。因为断定对象或目标都是外在于自我的,所以要设法让它们变得有趣一些;为引起兴趣而必须提供人为的刺激物和虚假的诱导物。或者说,因为对象外在于自我,就必须诉诸"意志"的纯粹力量,由于无趣而需要努力。真正的兴趣原则应该看到,学习或活动与成长着的自我是一致的,也就是说,它与学习者的成长方向是一致的。如果学习者要想成就自己,兴趣是必需的。只要我们承认这种一致性,就不需要诉诸意志的纯粹力量,也不需要去设法让事情变得有趣一些。*156*

努力论意味着对注意力一种事实上的分裂,意味着在智力和道德上性格的分裂。努力论的最大误区在于,它把心智的训练和培养等同于一些外在活动和外在结果。它认定,孩子去完成某种兴趣之外的任务,而且成功地展现他的收获,就是在真实地运用其意志;他的智力的和道德的习惯,在这个过程中得以形成。事实上,意的训练并不表现在对任何状态的外在假设之中;道德习惯的形成,并不能等同于按照别人的要求去行动的能力。意志的训练显然与注意力的发展是一致的,它依赖于活生生的精神、动机和性情。

表面看来,一个孩子完全专注于乘法表的学习,而且能够按照老师的要求复写出这个乘法表。老师可能会暗自庆幸孩子的意志力得到了训练,也已养成了正确的习惯。除非正确的习惯与按照要求进行学习的能力相一致,不然,情形就不是这样。只有当我们知道孩子的内心真正专注什么,他在学习乘法表时的注意力、感觉和倾向的主导方向是什么,我们才算真正地触及了教育培养的问题。*157*如果学习乘法表仅仅是作为一个任务而要求他,那么,从心理上说,孩子仅仅是在获得分裂了的注意力的习惯;他正在获得的能力只是把眼睛、耳朵和嘴唇对准在他面前呈现的东西,以使它们在自己的记忆里留下印象。与此同时,他的思想却自由地被那些真正让他感兴趣的事情所吸引,这一点就像物理学上的作用和反作用定律一样千真万确。

如果不承认我们培养孩子的注意力的分裂,不正视我们需要面对的问题是这种分裂有什么价值,关于这种教育训练的实际结果的论述都是不充分的。把学习当作一种任务的这种外在的机械的注意力,不可避免地伴随着爱玩乐而不时出现的漫不经心。

孩子自发性的力量,他实现自己冲动的要求,都是无法抑制的。如果外界的条件迫使孩子不能将他的活力放入要做的事情中,他就会以一种不可思议的方式把适当的注意力放在去完成老师所要求的外部事情上,同时把剩下的注意力节约起来去关注那个吸引他的东西。我并不否认在形成这些外部注意力的习惯的过程中,确实包含有道德训练的内容;但我认为,在形成这种智力损耗的习惯的过程中,也存在一个道德意义的问题。

当我们为学生正在获得训练有素的习惯(可以通过他按照要求背诵一篇课文的能力来判断)而感到庆幸的时候,我们却忘记了怜悯自己,因为学生的天性是无法确保这种训练的,他追随的往往是一时的心血来潮和目无纪律的诱惑。我不明白,人们怎么能够否认随着某些外在行为习惯的发展,培养想象和情感投入的习惯也是同等重要的。就我而言,我认为,当论及它的道德问题而不仅仅是实际好处的时候,它是更加重要的。我也不明白,那些完全了解整个现有学校教育的人,为什么否认绝大部分学生正在逐渐养成注意力分裂的习惯。如果老师是训练有素和足够清醒的,如果他可以称之为一个优秀的训练者,那么,孩子确实能够学会以某种方式集中注意力,但他仍然会把他本该关注有意义的教材的思想转到别的方面上去。如果我们不得不面对绝大部分离开学校后的学生的真实情形,那是高兴不起来的。我们应该看到,这种注意力的分裂以及由此导致的分裂如此严重,以致会因为愤慨而要求终止这种教育。然而,认识到这种状况的存在,认识到这种状况是不保护注意力的本质而强求假装的注意力所带来的必然结果,对我们来说,毕竟是一件好事。

将对象和观念"变得"有趣的原则,同样意味着对象和自我的分离。必须把事情变得有趣,恰恰是因为缺乏兴趣。而且,这是一种用词不当。事物和对象不会比以前变得更有趣。这样做的结果,只是让孩子去喜欢别的东西。他受到的刺激是有既定方向的,就是希望他在受到刺激的过程中,以各种方法把他厌恶的东西消化掉。存在着两种类型的快乐:一类属于活动的伴随物,这类快乐伴随着成就、优胜和出人头地。它是身体方面的能量的消耗。这类快乐往往聚精会神于行动本身。它的存在是完整而没有分裂的。在真正的兴趣中,可以找到这种快乐。它的源头在于有机体的需要得到了满足。另一类快乐来自接触,它是以接受性为标志的。它的刺激因素是外在的。它是作为一种快乐而独自存在的，不是作为行动的快乐而存在的。因为它只是由一些外在因素刺激起来的，并不具有任何建设性地处理外在对象的行动性质。

当对象被赋予兴趣的时候，后一类快乐就会出现。它利用了这样一个事实，即针对任何感官一定量的刺激总是令人快乐的，可以利用这种快乐来填补自我和无趣事实之间的裂口。

159

结果就是活力的分切。在不愉快的努力之中，分切是同时发生的。然而在这类情况下，分切是相继发生的。此刻，不是机械外在的活动与随意内在的活动同时进行，而是在兴奋和冷漠之间摇摆。孩子在过度刺激和死气沉沉的阶段之间轮流转换，就像我们在一些所谓的幼儿园里看到的一样。而且，这种对任何特定感官的单独刺激，如对于眼睛或耳朵，往往会使孩子对同一类刺激产生进一步的要求。它会激起眼睛、耳朵对于愉快刺激物的欲望，就像在味觉方面一样。有些孩子渴望鲜亮的色彩和惬意的声音反复出现，就像醉鬼渴望再来一杯一样。这一切解释了此类孩子典型的精力转移和分散，因为他们依赖于外在刺激，缺少来自本身的动力。

到此为止，我们的讨论可以总结如下：真正的兴趣是自我通过行动与一些对象或观念融为一体的伴随物，因为对象或观念对于坚持自发行动是必需的。努力在其可能与兴趣相对立的意义上，暗示自我与必须掌握的事实和履行的任务之间的分离，会造成活动的习惯性分裂。对外，我们拥有不具备精神目标或价值的机械习惯。对内，我们可以任意作为、漫不经心，各种想法层出不穷，因为它们没有一个活动的聚焦点。在与努力相对立的意义上，兴趣仅仅意味着是为了快乐而对感觉器官进行刺激，导致的结果一面是紧张，而另一面是倦怠。

如果我们承认，在孩子身上存在着要求发展的活力，这种活力需要付诸行动来确保自身的效率和磨练，我们就有了一个可以构建的坚实基础。在试图充分发挥、促进和完善这些活力的过程中，努力就会自然而然地产生。凭借这些冲动160而展开的活动，会带来对于目标足够的严肃性、专注性和清晰性；它可以形成为值得做的事情而去坚守的习惯。然而，这种努力决不会退化为单调乏味的工作，或者成为需要竭尽全力的重负，因为兴趣始终是存在的——自我从头到尾都是参与其中的。我们的第一个结论是，兴趣意味着一种统一的活动。

II. 直接的兴趣和间接的兴趣

现在让我们来讨论第二个主题，即兴趣心理学。我从一个简要的描述性说明开始。第一，兴趣是主动的、投射的和推进的。我们受到兴趣的感染，对任何事情感兴趣就会主动地去关注它。仅仅与主体有关的感情可能是静态的和迟钝的，兴趣却是动态的。第二，兴趣是客观的。我们说一个人有许多他喜欢和追求的兴趣。我们谈论一个人的兴趣范围，他对生意的兴趣，他对乡土的兴趣等等。我们把兴趣等同于受到关切的事情或事务。兴趣不会像赤裸裸的感情那样可以自己终结，它要关涉到对象。第三，兴趣是个人的。它表示了一种直接的关切。它是一种对某些有利害关系的事情的承认，这些事情的结果对他个人而言，是很重要的。它既有感情的一面，也有积极的和客观的一面。一个人的主要兴趣可能在专利法、惊人的发明或者政治上面；这意味着，不管怎样，他个人的安乐和满足都是与这些事务的发展联系在一起的。

这些意思都是平常使用"兴趣"这个词所包含的。这个词原本的意思似乎就是从事和专注于，或者完全致力于某些有公认价值的活动。从词源学的角度来说，*inter-esse* 意为"在……之间"，其意义指向与前述相同。兴趣标志着个人与其活动的内容及其结果之间的完全一致。兴趣是有机统一的标志。①

161　　　1. 兴趣主动的或推进的一面让我们回过头来考虑冲动，关注活动的自发需要或倾向。绝对不偏不倚地指向各方面的冲动，是根本不存在的。冲动总是沿着某些特定的渠道分化开来。它有自己特定的释放路线。我们太熟悉那个一头驴在两捆稻草之间的古老难题了，但不是每个人都能认识到其基本的谬误。如果自我是纯粹消极和被动的，只是等待来自外界的刺激，那么，这个例子中所展示的自我将永远无望，最后饥饿致死，因为它要在两处食物来源之间保持平衡。错误就在于采取这样一种消极的态度。每个人总是正在做某事，专注于某件要紧的事。此类正在进行的活动总是倾向于某一方向。换句话说，驴子总是朝着

---

① "兴趣"这个用语确实也被人们在贬低的意义上使用。我们谈到的兴趣与这样的原则相对立，这个原则将自我兴趣作为一种只是关系到个人利益的行为动机；但是，这些都不是我们使用兴趣包含的意思。人们可能会质疑，这是不是对该词真实意义的狭隘理解或者贬低，尽管这是可能的。显然，关于使用"兴趣"一词的争论，因为一方的使用是在更广泛和客观意义上将兴趣作为公认的价值或者自我投入的活动，而另一方则是把兴趣当作自私自利动机的同义词使用。

一捆稻草在移动,而不是另外一捆。生理上的斜视决不可能导致这种精神上的斜视,以至于驴子会处在这样一种境况,即来自两边的刺激对它都是等同的。哪里有生命,哪里就有活动,而活动总有自己的某种倾向或目标。

在这种自发冲动的活动的自然条件里,存在着自然兴趣的基础。兴趣与冲动一样,不会消极地等待来自外界的刺激。在冲动的选择性和倾向性的性质里面,我们可以知道这样一个事实,即在任何时候,只要我们是醒着的,就总是对某一个目标而不是别的目标感兴趣。完全缺乏兴趣的情况,或者毫无偏见地分配兴趣的情况,就像经院伦理学里驴子的故事一样,是一种虚构。

2. 兴趣的客观方面。如前所述,每种兴趣都指向一个对象。艺术家对他的画笔、他的色彩、他的技巧有兴趣。商人对供给和需求的交易以及市场的变化有兴趣。选择任何一个我们有兴趣的例子,我们都会发现,如果我们把兴趣聚集其上的对象清除出去,兴趣本身就会消退回复为一种空洞的感觉。

假定对象已经存在,然后再唤起我们的活动,这种看法是错误的。比如艺术家对画布、画笔和颜料有兴趣,因为这些可以帮助他发现和提升他已有的艺术能力。轮子和细绳并不会唤起孩子的活动,除非它们激起了某些已经处于活动状态的直觉或冲动,并为后者提供了实现的手段。如果数字 12 仅仅是一个赤裸裸的和外在的事实,它就不会让人感到有趣;只有当它作为一种工具,把某些起始的欲望变为现实——比如做一个盒子,量一个人的身高,它才会有趣(就像得到了陀螺、独轮车或者玩具机车一样)。就最具有技术性的科学的或历史的知识内容而言,同样的原则在不同的程度上也是成立的——任何可以激发活动和促进精神发展的东西都是有趣的。

3. 接下来,我们谈谈兴趣的情绪方面。价值不仅是客观的,也是主观的;不仅存在着某种有价值或值得一做的事,而且存在着对价值的评价。

兴趣心理学的要点可以陈述如下:一种兴趣首先是自我表达的活动的一种形式——即一种使萌芽状态倾向得以增长的形式。如果我们从已经完成的方面来考察这种自我表达的活动,就会看到它的客观特征,即兴趣所附着和聚集其上的观念和对象等方面。如果我们考虑到活动是**自我的**发展,即自我在活动的内容中发现自己的力量,就会看到它情绪的或者鉴赏的一面。因此,任何对于真正兴趣的解释都必须把它视为一种向外表现的活动,就是要抓住一个对象的直接价值。

在某些情形下,活动是直接的和当下的。活动的开展并没有考虑到其他的因素。它可以是自我满足并自行满足的,其目的就是当前的活动,因此在思想中并没有出现手段和目的之间的鸿沟。所有的活动都具有这种直接性的特征。纯粹的审美鉴赏活动就接近于这种类型的活动。我们被现有的经验所控制,我们并不要求它给我们带来别的什么东西。比如孩子和他玩的球,爱好者和他正在倾听的交响乐,眼下的对象使得他们全神贯注。它的价值就在那里,就在它直接呈现的东西里面。

另一方面,有间接的和转换的兴趣,专业术语叫做介导的(mediated)兴趣。事物本身是枯燥和令人反感的,常常因为呈现出某种我们以前并不知道的关系和联系而变得有趣。许多偏爱实际的学生曾经认为,数学理论是令人厌恶的;但通过学习工程学后发现,数学理论是必需的工具,从而对数学产生了极大的兴趣。当乐谱和指法被当作目标本身而被孤立起来的时候,孩子发现它毫无兴趣;但是,当他意识到它的作用和意义的时候,即意识到可以帮助他更好、更充分地掌握他所喜爱的歌曲的弹奏的时候,它就会变得迷人起来。它是否有趣,是一个关系问题。尽管孩子只能近距离地观察事物,但他的经验丰富起来以后,就会扩展眼界去看待某个行为、某件事情或某个事实而不再就事论事;他会把它视作一个更大的整体的一个组成部分,如果这个整体属于他,就是他自己的活动方式,那么,这件事情或这个行为就会变得有趣起来。

正是在这里,我们明白了"把事情变得有趣"的观点是什么意思。我认为,这实在令人沮丧——就这种论调的字面意义而言——反对兴趣的人声称,老师在确定学习内容之后就应当把它变得有趣起来。这个论调包含两个彻头彻尾的错误:一方面,它把确定学习内容看作与兴趣问题无关的一件事情——即是说,与孩子的天性和需要无关;另一方面,它把教育手段几乎变成外在的和人为的手段,对不相关的内容进行化装以便使它们产生吸引力。事实上,"把事情变得有趣"的原则,是要确定与孩子目前的经验、能力和需要相关的内容;而且(以防孩子理解不了或者鉴别不了这种关联)在提供新教材的时候,要使孩子能够鉴别对他有关联和很重要的那些意义、关系和价值。要使孩子认识到新教材的意义,这就是经常被正反双方都歪曲了的"把事情变得有趣"的本意。

换言之,这是一个将内在联系作为吸引力的问题。老师告诉孩子,如果他不能把地理课文背熟①,课后就要留下来,即在诉诸心理学上的介导的兴趣。拉丁文不过关就会被老师责骂,这种旧式的英国教育法也是为了激起对复杂的拉丁文的兴趣。其他诸如此类的方法有:用某种东西哄孩子,许诺得到老师的喜爱或者升级,许诺获得赚钱的能力或者赢得社会地位。它们都属于转移兴趣的事例,评价它们的标准在于:某一兴趣与另一兴趣的外在联系有多远,或者在多大程度上替代另一兴趣;这种新的引力和动机在多大程度上有助于解释和**联系**新的事物(否则,新事物就索然无味了)。这又是一个 inter-esse(在……之间)的问题,或许我们可以把它说成是手段与目的之间的联系问题。任何讨厌的或乏味的东西能够变得有趣,就是当我们把它们看作是引起注意力的手段的时候;或者把它们看作是能够促进现有手段进一步发展的目的的时候。但是,在其正常的发展中,对手段的兴趣并不是与目的的兴趣外在地联系起来的;手段的兴趣会弥漫浸透在目的的兴趣中,并且会发生改变。它对自身进行解释和重新评价——赋予自身以新的意义。有妻子和家庭的男人,会赋予自己的日常工作一种新的动机——他会从中发现一种新的意义,赋予它一种以前所没有的稳重和热情。但是,如果他将自己的日常工作视为不如意的和单调辛苦的,最终只是为了工资报酬去做的话,情形就截然不同了。手段和目的分开很远,它们之间没有彼此渗透。他与以前一样,对自己的工作并不感兴趣;工作本身就是他想要逃避的负担。既然他不能把全部注意力放到工作上,就不能把自己无保留地交给工作。但是,对另一个男人来说,他努力工作就是为了他的妻子和孩子。从外在的和物质的角度来看,这两个方面离得很远;但是从精神上看,它们是统一的,都与他的生活计划相关,有着同样的价值。相反,把工作视作劳作,手段和目的在意识里就与它们在时空中一样分得很远。在这种情况下,通过诉诸外在动机而"创造兴趣"的教育企图就是千真万确的了。

与此相反,我们以艺术创作为例。雕塑家心中有他自己的目标和理想,为了实现这个目标,他必须经历一系列中间的步骤,而这些步骤并不是目标本身。他必须一次次地塑造和雕琢,进行一系列的具体创作。虽然没有一次能够达到他

165

---

① 我听到过一个很严肃的观点,即孩子在放学后留下来学习会让他对代数或语法产生兴趣,这种兴趣在此前是没有的,这似乎证明了"训练"比之兴趣更具有成效。当然,有更多的课余活动时间,以及提供个别指导的机会,可以让孩子的大脑很好地接受学习的内容——他可以"掌握"这些内容。

心目中的完美形象,可每一次创作都体现了他投入的个人精力。因为这是达到其活动目标的必要手段,作品的意义最终被转化到这些具体的工作之中。每一次的泥土雕塑,每一次的雕刻,对他而言,就是一个最终目标的实现过程。与这个目标相关联的任何兴趣和价值,与这些步骤是联系在一起的。他在每一个步骤中投入的精力都是一样的。在这个过程中,只要有一个步骤失败,就意味着是一个不成功的艺术作品,意味着他并不是对他的理想真正有兴趣。从另一方面来看,他的兴趣最终是对完成每一个具体过程的**目的**的兴趣。对具体目标有兴趣,是因为它们在达到最终目标的过程中发挥了作用。当那一天到来时,他也许会感到遗憾,因为这个有趣的工作结束了。无论如何,吸引他的东西不只是看得见的作品。

166　　我们在前面对手段和目的论述了很多,因为这两个词要经常用到。然而,我们必须对之稍作分析,以确保它们不致被误解。**"手段"和"目的"这两个术语首先是指活动的设定,这个活动包含各个发展阶段,其次才是指事物或对象。**事实上,目的意味着活动的最终阶段,是活动最后的终结阶段;手段则是活动达到其终结所经历的早先阶段。这种手段和目的之间的区别是清楚的,比如你在悠闲自在地用餐,而不是快速地吃一顿饭;或者打一场球,听一曲音乐。它们都有一个确定的结果:用完餐以后,一定数量的食物就进入了体内;打完了一场九局的棒球,就会有一方胜出。因此——过后——我们有可能把最终的结果与过程分离开来,与通达结果的连续性活动分离开来。过后,我们倾向于把结果与过程分离开来;把过程的结果看作目的,把整个过程看作只是达到最终结果的手段。但是,在文明社会中,吃饭并不仅仅是一种把食物送进体内的手段;它还是一个社交过程,是家人和朋友的聚会时间;此外,就餐的过程有它自身的乐趣,因为吃饭是一个积极和持续的过程。在这里,手段和目的的划分几乎没有什么意义。整个就餐过程的每一个阶段,都有其足够的意义和兴趣;前面的阶段和后面的阶段一样都有意义。即使在这种场合,人们倾向于把最好的东西留到最后——甜点总是最后才上。这就是说,人们往往把最后的一个阶段弄成圆满和完美的阶段。

　　在听音乐主旋律的时候,先前的阶段远不只是通往后来的手段;它们赋予了心智一种场境,使它期待着后来的发展。所以说,目的或结局在时间上并不是最后的东西;它是对先前东西的**完成**;可以说,它最后决定了整个主旋律的风格。在打球时,兴趣会随着球赛每一回合的推进而得到增强,最后的一个回合决定双方的输赢;在此之前,输赢一直都是悬念和疑问。球赛的最后一个回合不仅仅在时间上是最后的,而且决定整场球赛的性质,因此赋予了前面所有的回合以意义。不过,球赛的前面部分是整个球赛的实际组成部分,而并不仅仅是通向最后一个回合的手段。

我们通过以上描述已经看到,最后阶段怎样成为过去所有阶段的实现、完成和圆满,并因此决定了整个活动的性质。然而,无论如何,目的绝不仅仅等于看得见的结果。看得见的结果或目标,如一方胜出的事实,只是标志着整场球赛的结束;如果没有整场的球赛,这个结果就没有什么意义。同样的道理,我们可能说,在某个代数方程里,x 的值为 5,但是泛泛地说 x 等于 5 是没有意义的。这个结果有意义,在于它是求解一个具体方程式的具体结果。然而,如果这个数学问题被运用来处理其他相关的方程式时,就有可能把作为结果的 5 与前面的运算过程分开,撇开它要解决的方程式而单独使用 5 来展开进一步的计算。这个事实意味着一种更为复杂的情况。

我们的活动有许多或者说绝大多数是互相关联的。我们不仅有用餐的过程,还要继续利用吃下去的食物——将它消化,让它转化成能量以完成新的活动。我们听的音乐主旋律可能只是更持久的音乐教育的一个环节,球赛的结果可能只是在一系列比赛中决定两个队相关地位的一个因素。一种新电话设备的发明需要经过不同的步骤和过程,但发明一旦完成,它就变成了其他活动的一个因素。当艺术家完成了他的作品,他的问题可能变成了怎样售出这幅画以维持家庭生计。把某个活动的结果作为既成因素,运用到另外的活动中去,这样一个事实告诉我们:手段和目的是外在于活动的固定因素,而且整个活动只是达到外部结果的手段。因此,球赛就会被设想成仅仅是获胜的手段,反过来,获胜又仅仅是赢得一系列比赛的手段;而赢得一系列比赛,又仅仅是得到一笔奖金或某种荣誉的手段,如此类推,以至无穷。为了防止讨论出现混淆,我们有必要仔细区分"目的"一词的两种意义。当活动在进行中的时候,"目的"仅仅指整个过程达到顶点的目标;它表明向前看的需要,要求对目前正在做的事情进行考虑,以使它尽可能简单和有效地通往后面应该做的环节。当活动完成以后,"目的"就指已经取得的作为固定结果的最终成果。同样的分析,也适用于"手段"一词的用法。在活动进行中的时候,手段仅仅指在活动完成前各持续阶段的材料和方式。在活动完成以后,其活动的最后结果就被分离出来,并可能被用作获得别的结果的手段。

这种区分不仅仅是理论上的,而且会影响到教学中兴趣的范围和意义。我们刚才讨论过完全附加的兴趣——通过在表面上变得有吸引力的方法而把一件事情变得有趣——想当然地认为有一种现成的内容——这个内容完全独立于学生自己的活动。于是,问题在于:怎样把这个异己的内容引入学生的大脑之中?怎样把学生的注意力从天性喜欢的事物上引导到这种乏味、陈旧的外来材料上面?我们必须去发现某些兴趣,去发现某些联结点。教师普遍采取的实践、训练和策略,可以决定是诉诸"刻苦"的教育法还是"轻松"的教育法,是采取"施粥所"式的教育方式还是"教养所"式的教育方式。能否将乏味的事情(乏味是因为与个人的活动计划无关)变得有趣一些——就是通过提供一些令人愉快的附加特征,或者采取威胁的手段——以引起注意力,强制注意比漫不经心更为可取,这是两害相权取其轻的办法。

169 　　这些方法都表明是问错了问题,找错了解决问题的办法。在学生经验中已经存在并起作用的活动过程(不管是天赋的还是后天的),究竟是一种手段还是一种目的呢?*学生的经验与他所学的东西和掌握的学习方式有关。*是不是说通过注意和运用所学的内容,就能将活动方式带向它合适的终点呢?是不是说对活动方式进行指导,就能使学生自然而然地去完成其学习内容呢?这个错误再一次忽略孩子已经投入的活动,以为这些活动微不足道、无关紧要,以至于对教育没有什么意义。一旦它们得到恰当地考虑,新的内容就会变得有趣,因为这些内容与学生的活动发生了联系。这个错误在于,把这些已经存在的活动视为学生已经达到的发展顶点;似乎它们目前的状态是很令人满意的,仅仅是需要某种刺激的东西,或者它们的状态不令人满意而需要某种压制的东西。

附加给活动过程中的手段和目的,与内在于活动过程中的手段和目的之间是有区别的,这种区别有助于我们去理解快乐与幸福之间的区别。任何人在外面碰巧遇上什么事情,可能会产生愉快的反应,会得到一种快乐。快乐问题是一种当下的和瞬间的反应问题。与一种快乐和一系列的快乐相比较,幸福则有着本质上的不同。当孩子们接连从事任何不受强制的活动的时候,当他们全身心投入的时候,他们往往是幸福的和欢愉的——成人也会如此。与一种活动过程、一种不断地扩展和成就的持续发展相伴随的情感就是幸福——当精神的满足和平静变得很明显的时候,那就是欢愉和快乐。所有的人,无论孩子还是成人,都对他们能够取得成功的事情抱有兴趣,都对他们能够自信地从事并获得成就感的事情抱有兴趣。此种幸福或兴趣并不是一种不自然的或自私的,而是发展能力和沉浸于工作中的标志。只有当某种活动是单调的时候,才不会产生幸福感。单调意味着增长和发展的停止,没有新东西加入进来带动活动向前发展。另一方面,缺乏正常的工作往往会导致不安、易怒,会渴求任何形式的刺激来激发活动——这样一种状态很容易变成兴奋进而期待兴奋。一个生活在健康的家庭和社会环境里的孩子不会问:"我现在能得到什么快乐?"而是问:"我现在能做什么?"他们所要求的是一种增长着的活动,是有所事事,是一种兴趣。如果那样,幸福自然就会到来。

170

在直接兴趣和间接兴趣之间并没有一条不可逾越的严格的界线。随着活动变得复杂,它会卷入更多的因素。一个搭积木的孩子,其活动的持续时间很短,他的目的很简单,那就是把积木堆得高一些而不要倒下来。只要积木能够站稳,对他而言,做什么都没有区别。当搭的积木倒下来,他会高兴地重新开始。但是,如果他的目标比较复杂,要搭建某种类型的结构;目标复杂性的提高,使他的活动周期随之变长,活动的完成也会延迟。他要达到目的就必须做更多的事情,相应地,他必须不断地把目标记在心上,以对行动进行控制。这样一种状态逐渐发展,那种没有更远大目标的直接行动就会对他失去吸引力。为了这个有价值的目标,中介性的手段就变得十分重要,这种重要性并不在于手段自身。对于受过训练的成年人而言,未来遥远的一个目标,许多年后才能达到的某个结果,能够刺激和调节一系列困难的中间步骤;这些中间步骤一旦与意想中的目标相隔离,就会变得无关紧要和令人厌恶。因此就这一点而言,间接兴趣的培养只是把简单活动发展成复杂活动的一个标志。这些复杂活动需要更长的时间,相应地导致其完成的推迟,只有最后的完成才能赋予那些中间步骤决定性的意义和完全的价值。

然而,随着活动过程的延长,不仅对目标的直接兴趣自然而然地逐渐转化成间接兴趣,而且其过程会发生颠倒,间接价值变成了直接价值。每个人都听说过守财奴的故事,他一开始对赚钱感兴趣是因为他能用钱做事情,但他最后变得仅仅专注于金子的纯粹占有,并从中获得最大的满足。这明显是一个手段变成目的的例子,虽然它不太令人满意。但是,正常的和合意的类似转变经常发生。比如学生一开始对数目间的关系有兴趣,因为他们能利用这种关系做别的事情(就

171

教育中的兴趣与努力　　129

是说,他们一开始对算术的一个分支感兴趣,仅是因为它可以作为手段或工具),但后来他们会变得对数本身感兴趣。①

男孩子们一开始对提高球技感兴趣,仅仅因为它是比赛的一个因素;而吸引他们的是比赛本身,他们后来就变得对投球、传球、接球感兴趣,以至于全身心地投入到完善技术方面,技术训练本身变成了某种比赛。女孩子们一开始热心于给洋娃娃做衣服,仅仅是出于与洋娃娃玩耍的兴趣,到后来就发展成对做衣服本身发生兴趣,以至于洋娃娃仅仅变成做衣服的一种借口或刺激。

如果读者愿意反思他一段时间内的生命历程,就会发现上面所讲的稍显平凡的例子经常发生。他就会发现,随着他的活动在程度和范围方面的意义加深(而不是变得僵化或陈腐),就会有两件事情或其中之一跟着发生。一方面,更狭隘或更简单的兴趣(只需要较短的时间就能实现)已延伸扩展,占据了更长的时间。随着这个变化,这些兴趣会变得更丰富和充实,它们逐渐变得能包容许多以前乏味或反感的事情,因为在通往目的的过程中,任何参与进去的事情都汇流进了目的的价值里。另一方面,许多事情之所以有意义,因为它们是整个活动的一部分,但后来却因其自身而有价值。有时候,人们甚至会发现,它们完全取代了原先与之联系并促进其滋生的活动,这正是孩子们常有的事,他们超越了原先感兴趣的事物,就像男孩子们不再对玩弹球感兴趣,女孩子们不再对洋娃娃感兴趣一样。从表面上看,原先的兴趣似乎被挤出并抛到了脑后,仔细考察就会发现,那些开始因为在原来活动中的地位而得到尊重的活动和目标逐渐发展出更多的意义,超出了它们原先被接受的理由。在很多情况下,如果那些更为简单、似乎微不足道的兴趣在适当的时候不转变方向,后来更重要、更专门的活动就不会发生。同样的过程也会出现在成人的发展过程中,只要发展在继续进行。当发展停止了,成长也就停止了。

行文至此,我们应该以一种更加意味深长的方式对兴趣在教育中的作用予以重述,表明哪种认识是正确的,哪种认识是错误的,并阐明一个正确的标准以判定兴趣原则是被正确地使用还是误用。如果活动包含着生长和发展,那么,兴趣就是正常的,教育上对它的依赖也是合理的。如果兴趣是活动不能发展的征兆或原因,对兴趣的运用就是不合理的。

---

① 用通常的术语来说,就是对"具体"数字的兴趣转移到了对"抽象"数字的兴趣。

这条原则当然很抽象,远远不能自我说明。但是根据前文的讨论,它的意义应该是明朗的。当兴趣仅仅被视作是娱乐、消遣或者某种临时性的刺激(或者,它在教育实践中仅仅意味着这些)而遭到反对时,我们可以发现,这种被提及的兴趣仅与瞬间的活动相连;诚然,这种瞬间的活动在能够持续发展一段时间的活动里有着位置。当这种情况发生时,激起所谓兴趣的目标之所以受到尊敬,其原因在于它所唤起的瞬间反应和激发的即时快感。以这种方式炮制出来的"兴趣"是不正常的,因为它是精力分散的标志。它表明生命被切割成了一系列分散的反应,每一个反应因其自身受到重视,而不是因为它促进(或者发展)了一个**持续的运动**。就像我们已经知道的,通过把数字与其他碰巧能引起快乐反应的事物联系在一起而使数字变得有趣,是一回事;通过使数字在促进综合活动中发挥其真正的手段功能而使它变得有趣,则是完全不同的另一回事。在后一种情形下,兴趣并不意味着与数字不相关的事物相联系而引起的兴奋,而是意味着数字因为促进一个持续的活动过程而变得有趣。

因此,我们的结论并不只是说一些兴趣是好的,另一些兴趣是坏的;而是说,真正的兴趣标志着某些材料、对象和技能(或者是无论什么)之所以受到欣赏,原因在于它们有助于实现某种由人们投身其中的活动所起的实际作用。简言之,真正的兴趣仅仅意味着人们已经投身其中的,或者发现自己已身在其中的某一活动过程。相应地,他与那个成功进行的过程中所包括的任何对象和技能是融为一体的。这样一个过程持续时间的长短,将根据其环境而定,特别是根据当事人的经验和成熟度而定。期待一个年幼的孩子去从事年龄大的孩子所从事的复杂活动,或者期待年龄大的孩子去从事成人的复杂活动,都是荒唐的。但是,经过一段时间后,活动的扩充是必要的。哪怕是一个对用匙子敲击碟子感兴趣的孩子,也不是仅仅关注瞬间的反应和兴奋。他的兴趣还在于敲击后所发出的声音,而且不是单独对这个声音发生兴趣,而是对作为敲击结果的声音感兴趣。这样一个短时间内发生的活动形成了直接的兴趣,一般而言,自发的玩耍活动都属于此类。不妨把我们已经说过的再说一遍:在此类场合,没有必要把后阶段活动的完成记在心上,以保持和指引前面活动的完成方式和完成顺序。但是,活动越复杂,活动所需要的时间就越长;时间越长,最后实现和完成的阶段就会越往后推迟;推迟得越久,对目的的兴趣就越有可能与对中间步骤的兴趣发生冲突。

下一步将讨论努力的问题。我们将会看到,活动完成的推迟和遥远程度与努力的程度相一致。要求努力的情境的重要意义,在于它与思想的联系。

III. 努力、思考与动机

我们以努力的名义真正嘉奖的是什么呢?当我们重视能力的增长而提出将努力作为教育的目标的时候,我们真正想获得的东西是什么呢?从实际上说,要回答这些问题并不困难。**我们所追求的是活动的持久性和连续性,这是一种战胜阻力和冲破障碍的耐力。**如果仅仅把努力视作消耗精力的负担的增加,这不值得我们重视,而且是应当避免的一件事情。一个孩子在举重,对他而言,这太重了。伴随着愈来愈痛苦的重负的增加,他需要作出进一步的努力,才能把它一步步地举高。明智的父母会让孩子避免过重的负担,避免过度疲劳的危险,这样会对肌体组织造成伤害。因此,努力仅作为一种重负的活动,并不值得我们嘉奖。另一方面,明智的父母也不愿意看到孩子一遇到困难就退缩。如果孩子身体健康,却在遇到困难后放弃某一个活动过程,或者把精力转移到某种容易的活动上面,这是不利于孩子发展的。要求作出努力,就是要求遇到困难时**持之以恒**。

这种解释如此明白,几乎是一目了然。然而,如果我们作进一步的考察,就会发现,它仅仅是在重复我们前面论及的与兴趣的联系,把兴趣视作扩大活动的伴随物。与兴趣一样,努力只有在与某个活动**过程**联结的时候才有意义,这一过程的发展需要经历许多阶段,因此需要一定的时间才能完成。离开了所要达到的目标,努力就不过是一种短暂的或一连串的紧张。它将是一种需要避免的东西,这不仅仅因为它不合人意,更因为它只能带来疲劳和意外的危险。但是,如果活动是发展的或增长的,在所有活动阶段的努力和尽力都是在衡量一个人对于整个活动的持久力。它可以表明,这个人对活动的关注究竟有多少。我们从不(如果我们明白事理的话)相信在我们自己身上或别人身上存在着"行动的意志",除非有证据表明存在着一种意志或者意图;这个唯一的证据就是达到目标的某种奋斗,就是尽力而为。如果环境使所有的努力都化为泡影,这就不是一个"意志"的问题,而只是可以同情的愿望问题。

当然,这并不是说在这样的环境条件下努力总是可取的。相反,它可能得不偿失;所要达到的目的可能没有重要到值得花费如此多的精力,或者冒如此大的风险。决定此类事情需要有判断力,一般而言,从事某种活动时不计**一切代价**或者遇到困难就退缩,表明判断力是有缺陷的。这个原则表明,努力的意义不在于它是无用的努力或者负担,而在于它能够促进一种活动最终完成:正如我们常说的,一切取决于结果。

接下来有两点需要说明。(1)一方面,当活动不顾障碍的暂时阻挠而要坚持下去,就会出现一种精神紧张的情况:这种特殊的感情状态混合着期望和厌恶。目的继续有吸引力,推动人们不顾困难的干扰而进行活动。这种持续向前的吸引力带给人们希望,而障碍则阻挠前进,阻止活动,试图把活动引向某种其他的方向——换言之,使活动偏离原来的目的。这会使人感到厌恶。作为一种精神体验,努力正是这种彼此冲突的倾向的特殊结合——一边是远离活动的倾向,一边是朝向活动的倾向:厌恶与期待的结合。

(2)另一方面甚至更加重要,因为它决定着活动的展开。努力的或紧张的情绪是在提醒人们去思考、琢磨、反省、探究和调查问题的所在。在一定的环境条件下,这个目标是否还值得追求? 既然这样,还有没有其他更好的办法? 只要进行了反复的思考,情况就大不相同了,一个人不会一遇到困难就决定放弃。即使最后决定放弃,这个放弃也与由于意志不坚定而放弃截然不同。现在的放弃是经过理性思考后的决定,它并没有失去意志的坚韧或"意志的力量"。然而,反思也可能会转向完全不同的另一个方向进行:它可能不是重新思考目的,而是去寻找新的方法;简言之,也就是去发现或者创造。孩子不能搬动他想要的石头,他可能既不会继续尝试做无用功,也不会放弃其目标;而是考虑其他的方式,他可能会用一根木棍去撬动它。"需要是发明之母。"

在后一种情形下,障碍确实使活力发生了转移;但重要的是活力**被转移到思考的方面**,转移到对情况和可利用的方式及手段的了解。真正重要的,是要把努力与思考结合起来。问题不在于负担的强度,而在于**对目的的思考方式可以克服困难而持续下去**。可以让一个人反思阻碍的性质,反思可利用的有效资源。

无论孩子还是成人,总会在活动的过程中与障碍和困难相对抗。这种对抗的经历有着双重的结果——虽然在某些特定的情况下,其中一种结果可能会占优势地位从而模糊了另外一种结果。一种结果是削弱了前进的动力;因为有克服困难的压力,现有的活动方式变得有些令人不快。结果,活动者就会倾向于放弃这种活动方式而把精力转移到其他方向。另一方面,遇到困难会使人对目的更加明确,使他比以前更明确地认识到他所做的一切对他的意义有多大,因此激发他投入更多的精力去实现目标。在一定程度上，对抗只会激起斗志；它会起到一种刺激的作用。只有被宠坏的孩子和意志薄弱的成人不会被拦路虎激起斗志，而是泄气沮丧，转身而去。如果拦路虎过于凶险，危及人命，那是另外一回事。每一个正常的人都需要去克服一定程度的困难，以使他更充分、更深切地体会到他所从事的活动，因而对他所做的一切具有浓厚的兴趣，这么说并不过分。

遇到困难能够使人更明确地构想活动后来的和完成的阶段，使他完全意识到活动最终的结果。他现在是思考他所做的事情，而不是出于本能或习惯去盲目地做。结果成了一个有意识的目标、一个指导性和激励性的意图；作为一种期待的对象，也就成为努力的对象。

这种激励性和指导性的作用，是通过两种方式表现出来的。当努力的结果被视作需要达到的目标时，努力就变得更稳固和更持久，思想也会被激活起来，去发现解决问题的最佳手段。一个盲目地与困难作斗争的人，试图通过使用蛮力来打通一条出路，他的做法是缺乏理智的，他并不清楚有待实现的目标的性质。他还处在蛮干的动物层次，只想靠纯粹增加蛮力去克服阻力和接近目标。引起人去努力的状况所起的真正作用在于，它首先使个人更加明确他活动的目的和意图，其次使个人的精力从盲目莽撞的蛮干变成经过思考的判断。这样两个思考的阶段是相互依赖的。对作为一种指导性意图的结果和目的的思考，可以引导人们去寻找达到目的的手段，可以促使人们去尝试相应的行动方针。经过深思熟虑以后的手段，为目的性思考提供了更为充分的内容。一个做风筝的孩子，一开始有点儿盲目，在制作的过程中遇到了预料之外的困难：他的风筝总是散架，或者总是失去平衡。如果这个活动对他的支配作用不是很微小，那么，他就会更清醒地认识他想制作的东西，就会更清楚和全面地考虑活动的目标和结果。现在，他的目标就不仅仅是风筝了，而是某种特殊类型的风筝。这样，他要探究他制作风筝时遇到的问题和困难是什么，然后寻找补救的措施。当他这样做的时候，他对整个风筝的思考就更加完善，就更清楚地知道应该怎么去做，等等。

我们现在有了一个标准去评估困难和努力在教育发展中的作用。如果把任务看作是一件需要克服困难的事情，那么，孩子、年轻人和成年人同样需要任务以得到持续的发展。但是，如果把任务看作是提不起兴趣、毫无吸引力的事情，是格格不入和令人不快的事情，那么，情况就完全不一样了。前一种意义上的任务是有教育意义的,因为它刺激了思考和反省探究。后一种意义上的任务仅仅表明了纯粹的负担和约束,需要一些外在的动力来实现它。它们不是在推进教育,因为它们不能让人们清楚地意识到目标并寻求合适的手段来实现其目标。它们是在误导教育,因为它们是死板麻木的;它们导致了混乱和迟钝的精神状态,在这种状态下从事活动总是糊里糊涂的。它们误导教育,还由于它们导致了对看得见的结果的依赖;孩子的活动仅仅是因为有教师或家长的压力,一旦压力放松,他的精力就会转移到别的地方;或者,他的活动只是因为有外在的刺激——获得一些与他正在做的事情毫无内在联系的奖赏。

因此,应当记住,出现的问题有两个方面:这个人所做的事情对他来说,是不是太容易了——因此,没有足够的阻力来刺激他的精神,尤其是他思考的活力?或者,分配给这个人的工作过于困难,以至于他没有什么办法来应付它——这件事情与他养成的习惯和经验大相径庭,以至于不知道从哪里下手和如何下手?教师的任务就在这两个问题之间——因为教师和学生一样,也有一个问题:怎样引入困难,才能使学生的活动既有复杂性又有进取性?而且这些困难的本质在于激励,而不是使人变得迟钝和丧失信心?教育者要以最大限度的判断力、机智和理智的同情,根据不同的学习科目具体地回答这些问题。

当一个活动过于容易和简单时,一个人要么因为活动所激起的即时快感而去投入,要么仅仅运用他的力量——机械的和自然的方面——马马虎虎地去完成,而听任其思想漫游到其他至少足够新奇和刺激想象力的活动上去。听起来似乎很奇怪,有一种意见既反对给学生安排机械训练的活动,也反对给学生安排太难的学习内容;这种意见认为,刺激学生的活动与学生感到乏味的活动具有异曲同工之效。发挥作用的只有业已形成的能力和已经固定的习惯,头脑——思考的力量——则没有发挥作用。其结果是:天性迟缓的学生缺乏兴趣,而富于想象力的学生则容易走神。如果被坚持要求去做困难的事情或超过能力限度的事情,将会发生什么情况呢?如果教师是训练有素的,学生就不太可能完全推卸和逃避要求做的事情。他必须保持全神贯注学习的样子,证明自己已经全力以赴了。他自然地会去寻找捷径;他做他所能做到的事情,而不会想入非非。他会利用一些外在的和例行的技巧来"获得答案"——可能是来自他人的暗中帮助,或者是完全作弊。无论如何,他所做的,对他而言是最容易的;他所遵循的,是一条阻力最小的路线。另外一条可供选择的路线是积极地思考问题的先决条件和找出解决问题的办法。但是,只有当要做的事情对他具有吸引力或可以发挥他的能力的时候,只有当他所遇到的困难能够激励他而不是打击他的时候,他才可能选择这条路线。

换句话说,出色的教学要诉诸既定的力量,它包括借助新的材料来促使努力方向的调整以确定新的目标,这个调整需要思考——理智的努力。在任何情况下,努力的教育意义对于教育发展的价值,在于能够激发更多的**深思熟虑**,而不在于它所强加的更大的压力。有教育意义的努力,标志着相对盲目的活动(不管出于冲动,还是出于习惯)转化成了一种更为自觉的反思活动。

为了陈述完整,我们要说(现在几乎用不着陈述它的理由),这种努力决不是兴趣的敌人。它是从直接兴趣到间接兴趣的活动过程中的一个组成部分。我们在前面已经指出,这种发展意味着活动的复杂程度的提高(即涉及一些因素),其结果的重要性在于它作为一个动力可以刺激人们去寻找干预的手段,尽管也会出现相反的诉求。在这个部分,我们还要强调这个事实,即随着目标的实现越来越遥远(活动的完成需要经历更长的时间),会有更多的困难需要克服,相应地,就需要更多的努力。我们的结论是,活动所需要的努力是能够得到保证的,只要涉及的活动能够激起人们积极持久的兴趣,使他们更加清楚地认识到目标,并对实现目标的手段进行更多的思考。只要教育者把困难和努力与**提高思考的深度和广度**联系起来,就决不会出现什么错误。凡是把困难和努力与纯粹的负担和纯粹的费力联系起来的人,绝不会懂得如何保证活动所需要的努力,也不会懂得如何最好地利用被焕发起来的活力。

下面要做的,就是运用我们前面所说的来解答动机问题。"动机"指的是可以保持和推动**活动**的目的或目标。对于可能的结果想入非非,以一种纯粹理论的形式来思考结果,这是一回事;去追求经过深思和构想的结果并且用思想来激发努力,这是另外一回事。"动机"指的是为达到目的所具备的积极的和主动的能力。这种推动力表明预想的目标与自我投入的活动之间的联系程度,这么说只是对前面分析的简单重复。目标的推动力及其所具有的兴趣同样体现了既定的活动过程所具有的生命力和深度,只要记住这一点就够了。

这里提醒一句也许是合适的,即不要把动机的观念理解得太个人化,也就是说,不要把它理解得太脱离预想中的目标和结果。在与其实践有所区别的教学理论中,长期以来忽略甚至否定动机的需要。它认为需要的,仅仅是纯粹的意志力量和个人武断的努力。在实践中,这意味着(正如我们所见到的)要诉诸外在的动力来源:对老师或教材的权威的尊重;对惩罚的恐惧,或者对其他事物的厌恶;对成年生活的成功的关注;赢得一个奖励;拥有比别人更高的社会地位;对不能得到升级的担忧,等等。当看到诉诸这类动机对于许多学生没有什么效果——它们实际上缺乏足够的推动力的时候,一些教育者就会采取下一个步骤。他们去寻找能够对一般学生更加有效的动机。但是,他们往往仍然认为,动机是外在于活动内容、纯粹存在于感觉里的东西,是为了给学习乏味的东西找一个理由。他们是为学习和功课寻找动机,而不是依靠存在于学习和功课之中的动机。182除了算术、地理或手工活动之外,有些理由必须在人的身上去寻找;这些理由可能与功课内容紧密相连,因此能够起到一种杠杆或推动力的作用。

　·一种结果就是用对学习内容的具体考虑来代替对"动机"的抽象讨论。他们列出一个动机表或"兴趣"表,指望一般的孩子或特定年龄的孩子都会被这些兴趣或动机所激发,然后考虑怎样把表上的各项应用于不同的功课以发挥其效力。然而,重要的问题是,哪种学习内容与孩子现有具体能力的增长联系得如此紧密,以至于可以起到推动作用。这里需要的,不是我们所认为的孩子所具有的个人动机的清单,而是要考虑他们的能力和活动倾向,考虑用一种特定的学习内容去促进这些能力和活动倾向的方式。

　　比如,如果一个孩子在音乐或绘画方面有艺术才能,就没有必要为发挥这种才能去寻找动机。问题不是去寻找动机,而是去寻找发挥其艺术才能的材料和条件。任何可以激发这种才能的材料,其事实本身就是推动力。与人的活动有极其重要联系的目的或目标,就是一种动机。

　　对动机的太个人化的理解导致的另一种结果是,对效用和作用的一种外在和狭隘的理解。对任何教育内容的效用提出要求,是无可非议的。但是,我们可以从不同的立场出发对效用进行估计。我们可能对效用和作用已经有了一种现成的观念,并试图用这一标准来衡量所学内容的价值。在这种情况下,我们不会把任何追求都看作是受到正确推动的,除非看到它所追求的一些特定作用是有用的和实际的。但是,如果我们从有关孩子的活动能力出发,就会从提高增强这些能力的方面来衡量新的学习内容和学习方式的效用。我们不会坚决要求有实际的物质成果,也不会坚决要求所学的东西立即以明显的方式得到进一步利用,183甚至不会坚决要求证明孩子在某些方面得到了有益的提高:只要这种能力的增长本身就是一种确实的收获。

IV. 教育兴趣的类型

我们在讨论兴趣时所遵循的线索,是将兴趣与一个人全心投入的一种活动联系起来。兴趣不是某一种东西,它指的是这样一个事实,即一种活动方向、一种事业、一种完全吸收了一个人的力量的追求。一种活动当然不能凭空进行,它需要有起作用的材料、内容和条件;另一方面,它需要自我身上的某种倾向、习惯和力量。哪里有真正的兴趣,哪里就有这两类内容的结合。活动中的人发现他自己的安乐与一个目标发展的问题紧密相连。如果活动是以某种方式进行的,其活动内容就会带来某种结果,这个人就会获得某种满足。

把活动作为一个重要的教育原则,这种观念没有什么新颖或惊人之处。长期以来,它就以"自发活动"的观念代表着一种根本的教育理念。但是,对活动常常作出过于形式化和内在化的解释,因此依旧是一种空洞的理念而对实践没有什么影响。有时候,它变成了一种纯粹的说法,只是挂在人们的嘴边。为了使活动的观念发生效果,我们必须让它更广泛地覆盖所有促使能力发展的行为——特别是那种能够实现做事意义的能力。这种观念排除了那种受命于外界的强制和指令的行为,因为这对行为者的心智没有任何意义。这种观念也排除了那种由于刚刚过去的活动刺激所产生的随机反应行为——换言之,它不会使人产生进一步的活动。这种观念还排除了那种完全出于习惯的行为,那种行为已经变成例行的和机械的。不幸的是,出于外界的强制,仅仅因为喜欢刺激和由于习惯的机械力量而去进行的活动非常普遍,以至这些要被排除的东西占据了大部分的活动。在这些活动中,教育过程是无法进行的。

可以引起真正教育兴趣的各种活动,是随着年龄、个人的天赋、以前的经验和社会的机遇而不断变化的,把它们编成目录是不可能的。但是,我们也许能够识别它们一些比较普遍的特点,从而能够把兴趣与教育实践的联系表述得更为清楚。人们之所以赋予"自发活动"正规教育的意义,其主要的原因就是忽略了身体和肌体本能的重要性。因此,谈及活动中的兴趣,我们最好从它最直接的和字面上的意义着手。

1. 根据古老的传说,婴儿必须**学习**的绝大多数事情,动物幼仔靠本能或一点努力就可以做到。反思这个事实可以看到,人类的后代在学习这些事情的过程中产生了学习其他事情的需要，并且获得了一种学习习惯———一种对于学习的热爱。虽然我们对于这类认识相当熟悉，但却经常忽略它们对于身体活动的影响。我们由此直接得到的一个结论就是：就身体活动是需要学习的而言，不仅仅是身体的，而且是心理上的、智力上的。婴儿面对的第一个问题是学习使用感觉器官——眼睛、耳朵、触觉等——和运动器官——肌肉——以及它们之间的相互协调。当然，获得这些能力并不需要太多精神上的试验，而只是依赖生理上各种联结部位的成熟。但是，当婴儿知道一种眼的活动会引起手臂的移动和握紧拳头等，而且反过来又引起手指的某种活动，并获得一种顺利的经验的时候，就会有真正的智力因素参与其中。在这种情形下，获得的不仅是一种新的身体上的能力，而且有精神意义上的学习；他认识到了一些事情。婴儿在一岁半以内，智力发展迅速。成长中的婴儿会全身心地专注其活动，他控制自己运动的能力的增强会给他带来快乐——显而易见，所有这些都是说明原则的实例，说明兴趣的本质和活动的智力含义（从外在来判断）都是身体上的。

当然，这个成长时期发生在孩子入学之前，至少发生在他们进入任何学校之前。在这种学校的教育活动中，学习的效果和方式对于揭示学校各种类型活动的重要性具有决定意义，这里包括对孩子的知觉和运动的训练。在把"自发活动"的理论（肯定精神的创造和理智的自信，反对灌输和被动的吸收）付诸实践方面之所以进展缓慢，原因之一（正如我们已经指出的），就在于断定自发性活动完全可以在内心进行，而不需要通过游戏、摆弄实物、使用材料和操作工具这类身体活动的合作。只有当孩子具备了所需的理智能力的时候，才有可能在从事精神活动时不需要感官和肌肉的参与。然而，许多小学教育都是企图用强加的各种纪律来压制身体的所有活动。在这样一种体制下，我们发现，孩子们天然地反感学习，用脑的活动与他们的天性如此格格不入，以至于不得不强制或者哄骗他们去学习，这是不足为奇的。教育者只是一味地责备孩子，或者责备人性的任性所为，而不是去抨击使学习和运用自然感官进行活动脱离开来的状况；正是这种状况，使学习变得困难和繁重。

裴斯泰洛齐的学说强调感官训练和实物教育的教育学理论，对于挑战一种因为内在和抽象而变得完全形式化的"自发活动"观念的霸主地位产生了重大的影响。然而，不幸的是，在身心关系问题上，当时的心理学仍然与一种错误的生理学和哲学结合在一起。感觉被看作是知识的入口、门径和通道，或者至少是知

185

识的原材料。当时,我们不知道感觉器官就是从刺激到运动反应的通道,而且正是通过这些运动反应,特别是通过关注感官刺激与运动反应之间的相互适应,才有了知识的增长。色彩、声音、触摸等感觉属性之所以重要,不在于它们只有接受和存贮的作用,而在于它们与不同行为方式的联系,从而确保了理智的控制。如果不是因为通过各种感觉属性而产生彼此相互影响的积极反应,并因此连接成一个整体的话,婴儿甚至不能获得对单个事物的认识——比如帽子、椅子、橙子、石头和树。即使在通常比较严格的学校里面,在把压制所有运动-活动作为一种主要责任的学校里,有些身体活动仍然是得到允许的,诸如在阅读的时候,可以移动眼睛和嘴唇等等;大声朗读、演算、写作、背诵的身体活动,在吸引注意力方面,比通常所认为的重要得多。然而,活动的机会如此稀少和偶然,以至于大量的精力没有被利用起来,因此等待着用一种破坏性的方式爆发出来。与此同时,心智却不受控制地四处游荡,做白日梦,离题万里。

在活动观念朝着更实际、更具体方向发展中出现的第二个重大进展,是随着福禄培尔(Froebel)和幼儿园改革运动而来的。游戏、比赛、学习要求有一种连贯性的摆弄和操作,其基本的教育意义实际上自柏拉图以来第一次被人们所承认。在心智成长的过程中,训练身体功能的作用在实践上得到了认可。但是,这个原理的应用仍然受到一种错误的生理学和心理学的束缚和歪曲。在实现目的的过程中,对身体器官自由和充分的控制,对物质材料和工具的掌握,从而为心智成长**直接**作出的贡献还不为人所理解。因此,游戏、比赛作业以及天赋的运用等等,借助**间接**的方式——即象征的作用而得到解释。人们假定,教育的发展并不是因为

直接做了什么事情,而是因为这些活动以象征方式所代表的某种根本的哲学的和精神的原则。除了引入一种不切实际的和多愁善感的危险因素之外,这种对幼儿园活动的价值来源的误解还没有严重到对材料和活动的选择和组织没有回应。福禄培尔的信徒不能根据游戏和各种作业的价值自由地选用它们,他们不得不按照某种所谓的象征原则选择和组织游戏和作业,这好像与一个封闭的绝对统一体的展现原则有关。学校之外的经验已经表明,活动的原始材料和行进方式有着巨大的价值,但它们却因为遭到象征性解释原则的忽视而被排除在外。这一类原则对于几何学的抽象形式具有过分的偏好,而对于活动高度复杂的技巧则完全是死板的刻守。只有在最近的科学和哲学的发展中,人们才认识到,活动的直接价值可以更加自由地发挥游戏和作业活动的效用。从这种更自由和更科学的角度来

看,福禄培尔的原则无疑代表了教育发展的巨大进步,因为他看到了身体活动的潜在价值。随着附加的技术知识的发展,蒙台梭利的教育方法也以这样的认识为基础;如果能够抵制和克服把身体活动归结为孤立的机械训练的倾向(不幸的是,这种倾向总是伴随着每一种理论体系的扩展而出现),它们无疑可以提供更多的办法用于孩子,或者用于年龄较大而感觉运动发展较慢的孩子。

2. 在对身体活动的讨论中,我论及的大部分是身体器官的活动,特别是手的活动。手被直接用来处理简单的材料,或者最简单的,就是使用铅笔和画笔这类器具。更高级的活动形式,则包括身体的感觉运动器官。当我们使用某些类型的工具去控制外部物体的时候,或者当我们把一种材料应用于另一种材料的时候,我们就可以发现这种活动。使用锯子、钻子、刨子,使用制造模型的黏料等,都表明了工具的介入。缝纫时线的使用,做饭时温度和水分的调节,或者做其他简单的实验,都是在使用一种东西(或者使用能量)让另外一种东西发生变化。当然,无论在实践上还是在原则上,这类活动形式和刚才讨论的更为直接的活动形式之间并没有明显的区别。身体器官——特别是手——也许可被视为一种工具,其使用需要经过尝试和思考来掌握。工具可以看作是身体器官的某种延伸。对于身体器官的广泛应用,开创了一条新的发展道路,其产生的重要性值得我们给予特别的肯定。无论在人类发展史还是在个人发展史上,正是那些身体器官以外的工具的发现和使用,使持续时间很长的复杂活动成为可能——也就是说,结果被长时间地延迟了。正如我们已经看到的,正是这种延长和推迟,要求更多地使用才智。工具和器具(在其宽泛的意义上)的使用,要求比熟练地使用自然器官更高层次的技术能力——或者说,它涉及的问题是对自然器官愈加复杂的使用,因此也就激发出全新的发展方式。

大体说来,这类中介器具的使用,一方面把比赛和工作划分开来,另一方面把游戏划分开来。一段时间内,孩子会接受这些变化,这是他们利用自己的手进行移动和运送所带来的变化。对于他们不能左右的一些其他变化,他们会满足于想象而不用做出实际上的身体改变。让我们"做游戏"——让我们"假扮游戏",做这样一些事情就足够了。一个东西可以用来代替另一个东西,而不管它实际上是否真的合适。这样一来,当孩子们在玩过家家游戏的时候,树叶就变成了碟子,鲜亮的石头就变成了食物,木头尖片就变成了刀叉。在自由的游戏中,事物会在情绪和需要的指令下变换它们的性质,椅子时而充当货车,时而变成了

188

汽车或轮船。然而,在比赛中,规则必须得到遵守,因此事物必须以确定的方式被运用,因为它们是取得特定目的的手段,正如棍棒变成了击球的球棒。以同样的方式,随着孩子们的能力成熟起来,他们想要真正的菜肴和食物。如果他们能够真正地生火做饭,就会更加满意;他们想要使用适合其目的的东西,能够真正获得某种结果的事物,而不是在想象中才能得到。我们会发现,这种变化是随着长时间记住其目的的能力而来的。我们都知道,孩子们急于得到当下的回报。他们不能等到获得适当的工具,然后以适当的方式使用它们以达到目的。这并不是因为他在生理上比成年人更没有耐心,而是因为目的尚未达到就几乎被忘记了。为了实现其目的,他使他的"工具"如想象中的魔杖,一举就实现自己的想法。但是,如果这些观念能够持续较长时间,他们就会运用其观念去创造真正的实现条件。这一过程总是需要工具或用具的介入。

　　对于运用中介性的手段或工具来达到其目的的活动,似乎没有比"工作"更好的名称了。从运用工具的这种方式上说,工作必须与劳动(labor)、劳作(toil)和苦工(drudgery)区别开来。劳动是这样一种工作形式,其收获的直接结果仅仅具有一种与他物进行交换的价值。在这种场合,劳动是一个经济学名词,指称这样一种形式:其产品被卖出,卖得的钱被用来购买更具有直接价值的物品。劳作意味着某项任务极端的艰辛,伴随着疲惫。苦工则是完全令人不愉快的活动,是出于某种完全外在需要的束缚而被迫从事的。因此,我们不能根据对所做事情是否具有直接兴趣来区分游戏和作业。孩子用工具制造一件东西,比如一艘船,他可能对他正在做的事情有着直接的兴趣,仿佛他正在驾驶这艘船一样。他所做的这一切,并不仅仅是为了一个看得见的结果——这艘船——也不仅仅是为了驾驶这艘船。他可能会想到最后完成的东西以及对这件东西的利用,这些都促使他立即着手进行。在这种情形下,他的兴趣是自由的。他具有一种游戏-

动机;他的活动本质上是艺术性的活动。把这种活动与更为自发的游戏相区别的,是其中的理智因素;一个在时间上遥远的目标,指引和调节着一系列活动。在这种意义上,如果孩子为学习做好了准备并按照这个观念进行活动,然而不引导他去做,那就是对孩子发展的粗暴束缚,就是强制性地把孩子的活动限制在感官刺激的水平上。一种活动形式在其自身发展阶段是完全正常的,但是当孩子成熟到可以从事那些包含更多思考活动的时候,如果还坚持这样一种活动形式,就会阻碍孩子的发展。我们还必须记住:从目标比较近的活动转化成目标比较远的活动,并不是一蹴而就的,也不是所有方面都可以同时转化的。一个孩子可能需要完成使用剪刀、颜料、画笔等工具的作业,参与布置餐桌和做饭等活动,但对于其他一些活动则仍然不能提前计划和安排。因此,我们没有理由假设幼儿园的孩子只能做一些假扮的游戏,而小学里的孩子则应当坚持工作而不做游戏。正是那种关于象征作用的错误观念,导致了前一个结论;正是把兴趣、游戏和平常的娱乐混为一谈,导致了后一个结论。有人说,只有游戏的时候,人才是真正的人。这样说,与刚才使用的"游戏"的意义有所不同。从更宽泛的意义上说,这就是全身心地投入所做的事情——也就是完全出于兴趣。这应当是一个自明之理。

就前面已经明确的意思而言,学习包括了所有需要使用中介的材料和工具的活动,包括了所有为达到目的而有意识使用的技能形式。它包括了所有使用工具和材料的表现形式和构造形式、所有艺术的和手工的活动形式,只要它们是为达到目的而作出的自觉的或审慎的努力;也就是说,它包括了绘画、制图、陶塑和唱歌,只要这些活动形式包含对手段——操作技术——自觉的把握。它们还包括手工训练的各种形式,诸如对木料、金属、纺织品、烹调、缝纫等的学习,只要这些活动形式包含一个要达到结果的观念(它们不是奉命工作,或者按照一个毫不需要思想的外部模型做事)。它们也包括要动手的科学探究,诸如收集研究材料、操作仪器、做试验以及进行记录所需的一系列活动程序。

3. 只要思考的兴趣受到重视——热衷于发现或找出在既定环境下发生了什么的兴趣——就会发展出第三种类型的兴趣——纯粹属于理智的兴趣。在此,我们在措辞上应当小心谨慎。理智的兴趣并不是初次亮相的新东西。我们讨论过一个婴儿身体活动的发展,讨论过孩子、年轻人和成年人的建造性工作,这些讨论一直试图表明:理智应当是这类活动的组成部分,它表现为对活动结果、对寻找和采用适当的方法有清醒的认识。但是,这种理智的兴趣从属于过程的完成是可能的,变成一种支配性的兴趣也是可能的。当它变成了支配性的兴趣,我们就不会仅仅为了活动结果的实现而进行思考和发现,而会专门为了发现某些事物进行活动。这样一来,纯粹属于理智的或理论的兴趣就显露出来了。

因为这在理论上没有明确的分界线,所以在实践中也不会有分界线。预先作出计划,注意发生的事情,把这些事情与计划联系起来,这一切是所有知识性和目的性活动的组成部分。教育者的工作就是看到这些实践兴趣的表现条件,以促进活动知识方面的发展,从而将学生的兴趣逐渐地转移到理论上来。众所周知,科学的基本原理就是讲因果关系。在这种关系中的兴趣,是从实践方面开始形成的。只要去设定、预想和追求某些结果,注意力就会被放到创造这一结果的条件上面。一开始,致力于达到结果的兴趣占据着统治地位;但是,随着兴趣与思考的努力紧密结合,对结果或目标的兴趣就会转化成为对于手段——带来结果的原因——的兴趣。使用工具来工作,比如园艺或烹调等,都需要有知识的参与,这是相对简单的事例。它可以促成实践方面的兴趣转化成为了发现而去实验的兴趣。任何人只要对问题之为问题发生兴趣,并为了解决问题而去探究和学习,这种兴趣就是典型的知识兴趣。

4. 社会兴趣,即对人的兴趣,是一种强烈而特殊的兴趣,也是与我们提到过的那些兴趣交织在一起的一种兴趣。孩子对于人的关注非常强烈。他们要依赖他人来寻求支持和指导,如果没有其他原因的话,这就为孩子关注他人和希望与他人建立亲密的联系提供了一个自然的基础。于是,那些特殊的社会本能也有了根据,比如同情、模仿、喜欢、赞许等。孩子与他人的接触是不断延伸的,实际上,孩子的所有行动都不是孤立发生的。他的活动与其他人紧密相连,其他人所做的一切以多种方式对他造成深刻的影响,以至于仅在极其少有的时刻,也许是由于意志的冲突,孩子才会在完全自我的行为与他人的活动之间划出明确的界线。他的父母亲,他的兄弟姐妹,他的家庭,他的朋友,都是**他的**;他们都归入他的"归他所有"想法中。如果把他们与他"归他所有"的想法割裂开来,与他的希望、欲望、计划和经验中割裂开来,那么,他自己就什么也不是了。由于经验和智力的限制,孩子不能把其他人的许多活动变成他自己的;但是,在这些限制以内,孩子把自己的关注与他人的关注等同起来的想法,天然地要比成年人强烈。与他人竞争的意识还没有进入他的大脑;在他所遇到的人里面,对他所关心的事大多很同情;正是通过直接地或想象地参与他人的活动,他发现了自己所有经验中最为重要和最为有益的东西。就这些方面而论,孩子似乎比一般成年人具有更多的社会兴趣。

这种社会兴趣不仅弥漫和渗透在孩子对自己的活动和感受所具有的兴趣之中,而且充满在他对**事物**的兴趣之中。成年人习惯于在他们与事物和与他人的关系之间作出一种明确的区分;他们一生中的职业主要局限于不得不去应付的、仅仅是事情的事情。孩子不是这样,他们对事物的关注只是因为它们进入并且影响到对人的关注,他们的社会兴趣辐射到对象身上并赋予对象意义和价值。这些对成年人来说是困难的,实际上也是不可能的。我们对孩子的游戏稍作思考便可以发现,那些游戏在很大程度上是对社会活动感应式和戏剧化的再现;由此可以找到一条线索,即孩子对于事物的兴趣来自他们关于人们对事物做些什么和怎样处理的看法。孩子所具有的万物有灵论的倾向,以及对自然事物和事件进行拟人化的倾向,从根本上说,不过是他们的社会兴趣的表现而已。不过,他们并没有完全把事物设想为是活着的,他们对事物有兴趣,只是因为事物被他们在人身上看到的那些兴趣包围起来;否则,从一开始,他们几乎就不会对事物感兴趣。

毫无疑问,许多孩子对于纯粹抽象的知识学习的反感就是这样一个事实的反映,即呈现给他们的事物——事实和真理——已经从人的背景中间孤立出去了。当然,这并不是说应当赋予无生命的事物一种神话的或想象的人类特性,而是说应该尽可能呈现出非人的物质在人类实际生活中扮演的角色。比如,孩子一般在开始学习地理课程的时候,都会带有一种强烈的社会兴趣,以至于会凭空想象。只要想起他们所学的那些陌生、遥远的民族是如何生存下来的,他们的想象力就被点燃了。接着,老师灌输给他们的是抽象的定义和分类;或者几乎死气沉沉地给他们灌输关于水土形态和大陆结构等物理事实。然后,老师会抱怨说,孩子们几乎没有学习的兴趣——这是因为,他们学习的东西是他们所不熟悉的。在诸如物理和化学这类科目里面,有许多事实和原理与人类关心的事情相联系,它们所提供的充足材料可以为这些科学方法奠定坚实的基础。

社会兴趣和道德兴趣之间的紧密联系只需要提及一下就够了。[①] 在直接兴趣和履行义务完全分开的情况下,履行义务的要求不管有多么强烈,都不会超过那种满足与他人相关联的兴趣所提出的要求。就像其他抽象的观念一样,义务这种抽象的观念自然几乎没有推动力。社会兴趣对孩子有着强烈的吸引力,通过一种关联可以将其转化为道德所要求的东西。因此,强烈的间接兴趣就会抵御直接倾向相反的拉力。这里需要提及另外一种道德观,它把兴趣看作是一种天生的自私自利的原则,因此与道德的情形完全不能调和。所有的兴趣天然地要通过活动去追求目标,或者在目标中记下自己的成功;因此,兴趣的特性要

194

———————————

① 参见《教育的道德原则》(《杜威·中期著作》第 4 卷,第 265—291 页)。

取决于目标的性质。如果目标是低于一般标准的，或者是没有价值和自私自利的，那么，兴趣也会如此，反之则不然。对于他人及其活动和目标的兴趣强度，可以成为一种扩大活动范围和提高活动境界的自然资源；而自然的兴趣、用手操作的兴趣和科学认识的兴趣在与它们的目标的关联之中，可以扩大自我的认识。

V. 兴趣在教育理论中的地位

作为结束，我们就兴趣观念在教育理论中的重要性作一个简短的重述。正如我们已经注意到的，兴趣是多样化的；任何一种产生目标的冲动和习惯，如果有足够的力量去推动一个人为实现这一目标而努力，那么，它就变成了兴趣。尽管有差异性，但是兴趣的本质是一样的。它们都标志着自我在活动中，因而在欲望、努力和思想中与对象完全一致；也就是说，自我与作为活动结果的对象（目的）完全一致，与作为推动活动完成的对象（手段）完全一致。就这个词的情感意义来说，兴趣表明自我为了这个目标内容而投入、忙碌、专心、关注、忘我和激动的方式。从根本上说，所有对于兴趣的错误理解，不论在理论上还是实践上，都是因为忽视或排除了它的*活动的和发展的*本质；这些错误的观念把活动带向了静止，把活动的不断发展切断成为一系列静止的横截面。当这一切发生的时候，兴趣就会被视作仅仅是一个目标所激起的暂时的兴奋。这种目标和自我的关系不仅不具有教育意义，反而会起到更坏的作用。它消耗人的精力，并且形成一种依赖毫无意义的刺激的习惯，这种习惯极其不利于持续性的思考和努力。一旦以兴趣的名义诉诸这样一种实践，那只会让兴趣声名狼藉。仅仅*吸引*注意力是不够的；重要的是，还要紧紧*抓住*注意力。仅仅激起活力是不够的，重要的是活力发展的*方向*及其产生的结果。

既然活动多少具有连续性或持续性，甚至那些最初的冲动都是如此，那么，静态的和短暂的刺激并不代表兴趣，而是一种反常的状态。兴趣观念对教育学理论的积极贡献是两方面的：首先，它让我们摆脱了纯粹*内在*的心智观；其次，它使我们摆脱了纯粹*外在*的学习观。

（1）任何人只要把兴趣视作一种朝向目标的活动，而这种活动在其发展中会对目标进行思考并寻求实现目标的手段，那么，他就决不会陷入把心智（或者自我）视为一种孤立的内心世界的谬误之中。显然，心智是一种有理智的或有目的的活动——这种活动有所打算,而这一打算正是活动发展的一个因素。有一种观念认为,心智是由抽象能力的增长来衡量的,这正是其重要意义所在。另外196一种观念则认为,抽象性恰是遍布于教育中最坏的东西。对抽象的错误理解是与有关精神活动的思考联系在一起的,这种思考把精神活动看成是某种完全独立的活动,它不仅脱离了对象,而且脱离了人类和事物的世界。真实的内容被排除出去,取而代之成为心智思考内容的则是别的一些东西。这些东西必然只是一些符号;可以说,是一些没有实际内容的东西,因为赋予其意义的第一手的内容已经被排除掉了,或者至少被忽略掉了。或者说,当对象——具体的事实等——被引进来的时候,它只是被作为心智训练其各种能力所需要的东西——就好像哑铃、滑轮和铁饼是肌肉训练所需要的东西一样。学习的世界由此变成了一个奇异和特别的世界,因为它与学生作为人在其中生活、活动和受苦的真实世界是隔离的——是被抽象出来的。与这样一种不切实际的学习内容相伴随的必然后果,是使学生缺乏"兴趣",缺乏抓住注意力和刺激思想的力量。最终,孩子或人们的"心智"往往都反感学习,漠视知识的东西。这种漠视和反感始终表明——或者是直接地或者是作为以前不利条件的结果——适合心智训练的条件还不具备,其原因在于没有提供一个理智地处理事情的环境。通常,人们贬义地使用学术、抽象、形式、理论等术语,其根源就在这里。①

(2) 假定的教材的外在性不过是所谓心智内在分离的对立面。如果心智意味着某些存在于自身的力量或能力,它们需要通过提供的教材来加以训练,而所提供的教材必然包括某些现成的和固定的东西。地理学、历史学和科学的对象、197事实和原理,没有被看作是经验的理智发展的手段和目的,而只是被看作必须掌握的材料。阅读、写作、计算仅仅是需要被掌握的外在的技能形式。甚至艺术——绘画和唱歌——其价值也被当作是许多现成的物品、图画和歌曲而已,它们可以在外面被生产和再生产出来。这样,我们就面对本文前面所描述过的情形:必须寻找某些手段来克服心智和学习内容的分离;教学方法的问题被归结为用各种方式来克服这种分离,这种分离的存在只是因为一种完全错误的方法已

---

① 当然,这里所陈述的一切并不是有意反对用事物进行想象性实验的可能性,这些可能性出现在和这些事物进行更加直接交流的条件被满足之后。

经深入其中。兴趣教育并不是走向这类"方法"的捷径。相反,它在提醒我们:只要先天的冲动和后天的习惯是可取的,就要为它们提供条件,使其能够**获得内容和各种技能**,以促进其自然目标的实现和效率的提高。使得心智与促进活动的内容和方法达成一致的兴趣,就是这些情形出现之后必然产生的结果。

因此,将"兴趣"单独地作为一种目的或方法提出来,必将一事无成。兴趣不是通过对它进行思考或有意识地引导而获得的,而是通过思考和引导那些支撑并推动它的条件获得的。如果我们能够发现孩子急迫的需要和能力,如果我们能够提供一个具备材料、器具和资料的环境——一个自然的、社会的和知识的环境——以指导他们进行合理的操作,就用不着再去思考兴趣了。它自己就会迎刃而解的。因为心智之所以成为心智,就在于它碰到了它所需要的东西。教育者、老师、家长和国家的问题是提供这样一个环境,在这个环境里,能够促进有教育意义和有益发展的种种活动;在这个环境里,我们会发现,教育所需要的唯一条件已经具备。

杂 记

《亨利·柏格森书目》序言①

公众现在能够幸运地找到亨利·柏格森著作的英译本了。因为有了英译 *201*
本,因为让柏格森教授自己介绍他的基本学说会更加妥贴,我们下面不会对他的
这些著作进行概述。但是,关于他的哲学的一般特征,我们要预先说上几句——
尽可能引用柏格森自己所说的话。首先要说的是直觉,众所周知,这个观点在他
的哲学方法论中占据着重要的位置。在英语的思维里面,"直觉"这个词所引起
的联想主要源自柏拉图的先验论和苏格兰学派的理论,以及独立于经验和超越
于科学的关于认识工具的超科学论。此类具有先验性的联想与柏格森哲学对该
词的使用大相径庭,没有人比柏格森更尖锐地反对前一种用法了。他说:

> 我倡导的方法不是从实在中抽象出一个简单的概念并对之进行辩证的
> 阐述。相反,我的方法要求与实在的不间断的联系。它的错综复杂就在于
> 紧跟实在。它要求我们的观察能力不时地往外延伸,直至超越自身。它由
> 各种修改、重试和不断地复杂化组成。它渴望把形而上学构建得像其他科
> 学一样确实无误,并且得到广泛承认。

他又说道:

---

① 本文最初作为伊萨多·吉尔伯特·马奇(Isadore Gilbert Mudge)所著《亨利·柏格森书目》(*A
Contribution to a Bibliography of Henri Bergson*)(纽约:哥伦比亚大学出版社,1913 年)一书的
序言发表,第 ix—xiii 页。

让我们接受科学所有具体的复杂性，让我们把这门新科学作为它的内容，重新开始这项任务，就像是古代形而上学者用他们那个时代较为简单的科学所做的那样。我们必须打破数学的框框，注意到生物学、心理学和社会学，在这个更大的基础上建立起一种形而上学。只要所有尊重经验的哲学家们联合起来，通过持续的、发展的和有组织的努力，就能够使形而上学更加完善。

他还说道：

> 我从来没有声称过理智应当被别的东西所替代，或者说本能应当比它优越。我只是试图表明，当我们离开数学的和物理的对象王国而进入生活的和意识的王国之后，我们需要诉诸一种生命的意识，它超越了纯粹的理智，它源自作为本能的生命冲动——严格地说，尽管本能是一种完全不同的东西。

最后，他说道：

> 这种能力没有什么神秘之处，我们每一个人都有机会在一定程度上运用它。比如，我们当中凡尝试过文学写作的人都知道，在长时间地对主题进行研究，并且收集了材料、记录了笔记以后，仍然需要某种东西来启动写作的工作；也就是说，需要艰苦的努力才能让我们触及主题的中心，需要艰苦的努力去尽可能深入地寻找到一种动力。有了这种动力，就可以放开手干了……形而上学的直觉似乎是同种类型的东西。在形而上学里面，物理学收集起来的观察和试验对应于文学写作中的文献和笔记。我们不可能获得关于实在的直觉——即一种对于实在最为隐秘部分的理智交感作用——除非我们一直紧跟实在的外部表象并由此而赢得了实在的信任。

下面一段话从方法转向了主题。它对于我们理解柏格森对两个问题的论述似乎十分重要，这两个问题构成了《物质与记忆》和《创造进化论》(*Creative Evolution*)的主题。应当补充的是：这一段话写于1901年，即在《物质与记忆》出版之后,同时早在《创造进化论》面世之前。

当我想到整个有机世界里生命的一般演化和发展,在一个单一的生命体内生命器官之间的合作和服从,生理学和心理学似乎已经在大脑活动和人类思想之间建立的联系,我就会得到这样一个结论:生命是一种通过思想而产生出来的巨大努力,即努力从物质那里得到某种物质不愿给予的东西。物质是惰性的;它是必然性的场所;它的发展是机械的。思想似乎想从这种物质的机械性姿态中获益,利用它来进行**活动**;由此把所有思想自身所携带的创造性力量转化成空间中的偶然运动和时间中无法预料的事件——至少是那些能够被发动起来和被外在化的力量。灵巧辛勤的思想会变得越来越复杂,为了从必然性中创造自由,为了把一种如此精妙多变的物质变得有条有理,通过一种真正的自然的悖论和恩典再到一种不可持久的努力,自由可以在这种运动中保持自身的平衡。但是,思想也陷入了罗网之中。它身处其中的旋涡,紧紧地抓住了它。它变成了一个它所攀登的机械过程的囚徒。机械的行为捕获了它,它通过一种不可避免的对于目标的遗忘来安顿自己。生命本该是一种走向更高级目标的手段,但它只是为了简单的自我保全而消耗自身。从最低级的有机物到更高级的在人类出现之前的脊椎动物,我们看到的是一种永不成功的努力、一种不断用提高技艺重新进行的努力。人类获得了成功——但是备尝艰辛,而且只是部分成功,他只能有片刻的休息,或者稍微放松一下警惕,之后又重新被机械的行为所捕获。然而,他毕竟成功了,这要归功于人脑这个绝妙的结构。在我看来,人脑的这种优越性似乎完全在于它的无限自由;这种自由可以超越机械的作用,而对于其他动物来说是不可能做到的。它不是一劳永逸而是持续不断地形成运动的习惯,这种习惯将运动分派给较低级的中枢系统……一般而言,我们大脑的优越性在于它的解放力量。在我们身体的机械行为方面,它让我们不断地形成新的习惯,这些新的习惯吸收了旧的习惯或者限制了旧的习惯作用。从这种意义上说,在大脑里面还找不到与严格意义上的思想活动有关的内容。然而,正是大脑使人类的思想成为可能。没有大脑,思想的巨大能量就不能在转向物质世界时,避免被机械行为捕获而淹没在潜意识里。

众所周知,在他的思考和写作方法中,柏格森教授举例证明了他所详细描述过的理智的交感作用——他在搜集和掌握了所有可资利用的科学材料之后,发现了一个综观全局的视角,并由此得以正视所有复杂的细节。任何一个紧跟当代哲学发展的人都能够看到,柏格森教授在他后续的著作里如此描述的时候,已经为那些古老陈旧的问题提供了一种新的见解,这就是有关人类理智的性质,有关理智与大脑、物质以及进化的关系问题。也许只有更为专业的哲学学生才能充分地意识到,这个领域中所有的学者都受惠于柏格森,因为他以一种富于启发性和颇为有益的方式让人们注意到时间的本质,注意到时间问题的基本特征,而这些都与实在的、精神生活的、自由和进化的理论有关。在柏格森教授要求我们把时间问题与作为一个实在的基本事实的绵延联系起来以前,哲学问题从未呈现出与这种哲学所呈现出来的一样的面貌。

这个书目的内容就是为了帮助更多的读者接受柏格森教授的思想所散发出的重要影响。这些内容应当有助于更正确地理解柏格森的演讲,有助于那些对柏格森思想感兴趣的人;可以通过更加从容的阅读,从柏格森那里获得更多的认识。请允许我在这篇序言里指出,从总体上看,哥伦比亚大学,特别是哥伦比亚大学哲学系,给予了我们的同行亨利·柏格森教授如此的关注,并且从知识界和个人的角度肯定了这个书目的作用。

《大纽约地区日校和夜校职业教育指南》序言①

纽约市所面临的教育问题,如其他大工业中心区面临的问题一样,即整个社区应当关注孩子们的教育,还是把绝大多数人的教育留给不受控制的工厂生活环境。大体而言,《童工保护法》(Child Labor Laws)是从消极的方面来解决这个问题的。它规定儿童只有到一定的年龄才能进入工厂工作,从而保证了儿童大概可以接受一定数量的学校教育。只有社区可以为大量将要成为工人的男孩和女孩提供应有的教育设施,以使他们从知识和道德方面具备从业的资格;只有社区至少可以为所有 14—16 岁已经在工厂工作的孩子提供某种形式的继续教育,这个问题从积极的和建设性的方面得到了适当的解决。纽约州的新《童工保护法》作为一种预防性措施,比旧《童工保护法》更加地严格(因为它要求男孩和女孩的学习成绩达到六科都是 B 以上,或者年龄达到 16 岁以上,才可以参加工作),这实际上对学校教育和课程学习提出了更多的要求,以便更好地满足那些将要参加工作的孩子们的需要。较为迟钝的孩子如果达不到六科都是 B 的成绩,当然就只能继续待在学校,直到他们年满 16 岁。在很大程度上,这些书本学习成绩不好的孩子们需要的是实际动手的教育,需要的是诉诸肌肉运动能量的教育。可是,他们不能进入工厂工作,同时又没有为生活中的实用活动做好充分的准备。

---

① 本文最初作为亨利街社区中心(Henry Street Settlement)的《大纽约地区日校和夜校职业教育指南》(*Directory of the Trades and Occupations Taught at the Day and Evening Schools in Greater New York*)(纽约,1913 年)一书的序言发表,第 2—3 页。

公众要感谢亨利街社区中心所付出的艰苦努力,它着手准备了这样一个指南,以提供给那些关注大纽约地区现有劳动职业教育机构的人。该中心坚持一项奖学金制度,如果没有这项制度的保障,有些孩子很可能在 14 岁就离开学校而去参加工作。这项奖学金旨在被称为"浪费的两年"的时间里,给予尽可能多的孩子接受进一步教育和职业训练的两年。有了这项奖学金,大多幸运的孩子就有了足够的保障;他们的教育得到了指导,而且使社区的委员会与全市的教育机构保持密切的联系。在应该为这项制度的良好运作和这些学校如此出色的工作感到高兴的同时,我们必须承认,这些措施和办法还不够充分。当我们考虑到成千上万的孩子注定要从事劳动者的职业的时候,能够从这个指南里得到的一个明确结论是:它还没有得到公共活动和非官方机构的支持,纽约市所做的仅仅是一个初步的开始而已。因此,这个指南具有双重的目的,一方面要提供现有机构的相关信息——否则很难获得,另一方面要表明有大量的工作需要去做。

《教育百科全书》第三、四、五卷词条[1]

---

[1] 首次发表于《教育百科全书》(*A Cyclopedia of Education*)，保罗·门罗 (Paul Monroe) 编辑，纽约：麦克米兰出版公司，1912—1913 年，第三、四、五卷。

普遍化（generalization）——这是得出一个原则或规则的过程，也是用来指称得到的结果的术语。这个术语体现了归纳法的运用或用途，即从一些分散的局部出发而达到一个普遍的陈述。普遍化体现了任何教育主题所固有的目标，与观察、记忆和思考一样，它是作为一种经济和有效的衡量尺度起作用的。我们能够获得的特殊具体事例的数量是有限的。然而，当不同的事例被聚集在一起的时候——这种聚集是由一种普遍原则来体现的——大量不同的事例实际上被归纳成一种事例，进一步的观察又能集中精力于那些还没有被分类的新事例及其特质。这个对于记忆是同样有效的。有少数的天才能够记住无限多毫无关联的细节；但是，大多数人则需要普遍化的帮助，以便能记住特殊的事实，而且在需要的时候可以回忆起来。从逻辑上说，一个原则不仅是对大量时空分殊的不同经验的纯粹认知结果的总结和记录，而且是一种富于启发性的、可以消除混乱的解释新事例的手段。不然，新的事例就不能得到理解。

因为比较陈旧的演绎归类的教育方案都是从一种规则或原则的陈述开始的，教育改革家们受到了倾向于归纳法的科学运动的影响，不得不去强调归纳法，并使归纳法在理智生活中占据普遍化曾经有过的地位。醉心于新方法的人有时跳到极端，反对普遍化；他们把对特殊具体事例的观察和想象视作自身的一个目标，忽视普遍化作为一种常规学习目标的重要性。另一个教育的谬误把普遍化看作自身带来的单独的和分离的行为，它是在心智完全被特殊的事实和事件占据后产生的。与此相反，普遍化是一个连续不断的活动，它会远离完全孤立的特殊具体事例而趋向一个联系性的原则。因此，教育工作一个必要的组成部分就是创造出这样的条件，使理智在开始处理和收集特殊具体事例时就趋向富有成果的普遍化。当然，普遍化带来的结果可能是粗糙的、模糊的和不充分的，但如果它是在合适的条件下形成的，它就会同时指引和激发进一步的观察和记忆，并在应用于新的特殊具体事例时得到扩充和检验。这里表明了最终的教育原则：普遍化或法则的实质不在其结构和内容，而在其应用和用途。我们并不是首先有了一个原则，然后再去运用它；正是在对特殊具体的经验事实富有成果的解释、理解和预测中，一种观点才会成为普遍的东西（或者成为一个原则）。

参见**抽象和具体、概念、经验主义的**。

和谐，和谐的发展（Harmony，Harmonious development）——18世纪后期，社会哲学的一般趋向是世界主义的，而不是国家主义的。它认为把人类分成不同的政治国家是武断的和人为的，它把博爱（Humanity）视作它努力的理想目标。人不仅仅是一个国家的公民。结果，那些带有国家或任何具体政治宗教目的的教育制度就受到了攻击。与之相对，那种把个人作为人类之一员来发展的教育主张，则受到了热烈的吹捧。这种教育的口号就是个人所有能力的和谐发展，与之相对立的，则是那些归属于国家和教派的偏向狭隘的教育倾向。和谐发展观还通过"希腊主义"（Hellenism）的倾向得到了加强——即把希腊式的个性视作人类力量的标准表现方式（参见**文化**）。它也与当时流行的客观的和绝对的唯心主义相联系，即把个人视作普遍精神的缩微模型，把发展视作实现潜在普遍性的过程。在这种思潮的影响下，和谐的观念在某些情况下（比如在福禄培尔那里）发生了一种浪漫主义甚至是神秘主义的转向，从而取代了希腊主义理想所特有的古典形式。

参见**发展、福禄培尔、歌德、赫尔巴特、莱辛、新人文主义、裴斯泰洛齐、浪漫主义、伏尔泰**。

享乐主义（$\dot\eta\delta o\nu\dot\eta$ pleasure）——这个术语用来表示这样一些理论，它们要么把快乐当作一种目的，要么把快乐当作有意的或自觉活动的标准，其中包括道德的行为。然而，同样是这个术语，古代理论和现代理论相去甚远，这一差别远远超出了这一共同术语表示的意思。古代的享乐主义和伊壁鸠鲁主义是联系在一起的。它的主要动机，一方面在于反抗这样一些道德理论，这些理论认为，美德就在于通过履行与个人身份相符合的义务而使自身与现存社会秩序相一致；另一方面在于反抗另一些道德理论，这些理论赋予道德一种纯粹的理性主义的特性、基础和目的。与第一种道德理论相对立，伊壁鸠鲁的享乐主义认为，明智的做法是尽可能地远离市民生活，要培养以性情相投和友谊为基础的自愿结合。与第二种理论相对立，强调感觉的重要性，强调培养个人自然具备的各种享乐方式的重要性。与通常的看法相反,它不是主张对欲望的服从,而是主张对欲望的节制,其根据在于纵欲对幸福是致命的。就像现代的享乐主义一样,古代的享乐主义在调子上是自然主义的;但其动机是不一样的,古代的享乐主义相信,超自然主义是对死亡和诸神干预的恐惧,因此有害于平静自足的生活。

现代的享乐主义就其流行的各种形式而言,是与经验哲学和功利主义联系在一起的。它的主要目标是为衡量活动的价值建立一个具体的标准:活动所产生的快乐和痛苦的结果方面。它的兴趣不在于勾勒出一种远离斗争和干扰而令人满意的生活方式,而是在于发现一种估量活动方式正确与否的科学方式。它并不执著于有意识地寻求快乐,一般来说,事实上,快乐是在无意识的追求中得到的——这就是所谓的享乐主义的悖论。在它的非常重要的代表人物那里——比如边沁、詹姆斯·密尔和约翰·斯图亚特·密尔——它更多的兴趣是提出一些方法,通过追踪立法和行政、民事和刑事给大众带来的快乐和痛苦的结果以判断它们的效用,而不是为私人生活演绎出一套正确的行动准则。

作为一套道德体系,享乐主义对教育的理论和实践没有什么直接影响。然而,快乐和痛苦与行为动机联系得如此紧密,以至于不难追踪到隐含在教育理论中的享乐主义,例如用承诺的奖励或威胁的惩罚来促进勤奋好学的行为。禁欲主义其实是一种转化了的享乐主义,它包含这样的观念,即人们自然而然地倾向于寻求快乐,以至于那些悦人心意的事情必须作为恶的诱惑加以避开。许多教育的观念和方法就是以禁欲主义理论为基础的,特别是那样一些教育观念,它们是根据任务和训练的不愉快程度来衡量其纪律性和道德性的(参见形式训练)。

参见功利主义。

参考书

Alexander, S. *Moral Order and Progress.* (London, 1889.)

Bain, A. *Emotion and Will.* (London, 1875.)

Dewey, J., and Tufts, J. H. *Ethics.* (New York, 1908.)

Green, T. *Prolegomena to Ethics.* (Oxford, 1889.)

James, W. *Principles of Psychology.* (New York, 1899.)

Mackenzie, J.S. *Manual of Ethics.* (London, 1900.)

Muirhead, J.H. *Elements of Ethics.* (New York, 1892.)

Pater, W. *Marius the Epicurean.*

Plato. *Gorgias.*

Rickaby, J. *Moral Philosophy.* (London, 1888.)

Sidgwick, H. *History of Ethics.* (London, 1892.) *Methods of Ethics.* (London, 1901.)

Watson, J. *Hedonistic Theories from Aristippus to Spencer.* (Glasgow, 1895.)
See also Baldwin, J. M. *Dictionary of Philosophy and Psychology,* Vol. III, pt. II, pp.
899 - 901, for articles in current magazines.

人文主义和自然主义（**Humanism and Naturalism**）——在教育文献里，人文主义通常具有一个特定的意义，它表明一种突出的理智倾向，这种倾向标志着在15 和 16 世纪中出现的知识复兴。人文主义的这一方面参见文艺复兴和教育。

在现在的标题下面，我们只考虑从属于教育哲学问题这个术语的那些较为少见和不够明确的意义。从教育实践方面看，这个哲学问题源于刚才提到的人文主义的历史意义。作为知识复兴的一个结果（伴随着自然科学发展迟缓的状态），语言的和文学的文化战胜了神学，成为高等教育中起支配作用的因素。然而，到了 19 世纪，自然科学取得了如此非凡的成就，以至于它的代表人物当然地可以不受约束，甚至是公然蔑视其他的东西。他们起来挑战语言和文学在实践方面的优越性，对于可以证明这种优越性的理论的理智基础进行攻击。实践方面的情形是站在自然科学的主张一面——当然，这不是说人文科学研究被排除了，而是说科学研究的主张得到了基本的认同，或者是通过在旧的经典课程中增加一些自然科学的课程，或者是通过赋予学生在人文科学和自然科学之间的选择自由。如此达成的调整，与其说代表着人与自然关系得到广泛承认的哲学解决方案，不如说是一种操作性的折衷方案。它承认自然科学的力量，只因为自然科学的力量足以迫使其得到承认。现在看来，作为一种理想，人文主义和自然主义的对立也许比以往任何时候都更加尖锐。

人文主义可以被定义为这样一种信念，即在实在的构成中，精神的和理想的价值处于优越地位；而且，这类价值在人类伟大的或经典的文学艺术作品里——尤其是文学作品里——得到了最充分的体现。自然主义则依赖于这样一种信念，即人文主义是中世纪以地球为中心的哲学的延续，这表现在它的关于人类和地球在宇宙框架中的地位的虚假观念，以及它对万物的夸张的目的论解释。以上是就其否定的方面而言的；就其肯定的方面而言，它认为人类及其事务是自然的从属部分，只有把自然视作主要和首要的研究对象的时候，才是从其真正的地位看待人类及其事务。需要顺便提及的是，自然主义几乎总是有一个隐含意义，即语言和文学都是人为的、不自然的和装饰性的，因此不足以成为教育的一个可靠基础。它鼓吹,科学是把与实在和存在相关的真理呈现给人类,语言和文学呈现的则是人类对实在偶然的和想象的反映。

从哲学的观点看,人文主义和自然主义的争论其实就是关于精神和物质、心灵和自然、主体和客体关系这个天长日久的争论的反映;而自然主义和人文主义之间的这种对立源于与这些概念有关的二元论。大体而言,古希腊哲学提供了一种事物观,人文主义和自然主义可以在其中达到一种平衡。从价值观点看,人文主义的唯心主义占据着统治地位;在实现人类特有的目的的过程中展现出来的理性生命就是最高的道德,因此也是对教育价值的最终评判。这个观念体现在亚里士多德关于人文(liberal)教育的思想里,也体现在把人文与机械技艺和工艺美术区别开来的观念里。但是,理性并不是一种人所特有和独有的属性,更不是人的一种创造。相反,自然本身就是理性的,这是因为它的秩序井然,特别是因为它自身表现出来的秩序就在于实现某些特定的目的,而人类获得的理性不过是自然的内在关系在意识思维中的实现而已。从条件或有效手段方面来看,自然也是至高无上的,人则不是。生命的价值或者善的实现完全依赖于自然条件的有效运转;甚至人类的思考和努力的贡献,作为一种原因的构成因素,也是属于自然范畴的。或者就如亚里士多德所言,理智是身体的实现和强化,这样就不可能把理智视作独立的构成原因。简而言之,古希腊的唯心主义对自然抱着一个目的论的观点,它在这个意义上是唯心主义的。自然和理智并不是两种力量,要么一起工作,要么彼此对立;而是作为手段和目的、因果条件和最终价值、潜在和现实。

中世纪哲学虽然自称是追随亚里士多德的,却对这种观点进行了两个重要的修改。一方面,作为现实存在的自然已经堕落或腐化,它被牵扯到一场"原始的灾难"里面去,它遭到了最早把上帝意志作为律法的人的否定,它被人类的倾向所替代。这种对于实在的彻底歪曲,影响到了一切本身就是善的自然性以及人性。这导致一个必然的结果(当然与社会的野蛮状态相联系),即对所有自然知识的蔑视态度,与之形成对照的是关于人类救赎的知识——在哲学理论里面也在教育实践里面,让自然知识服从于超自然的天启科学或者神学。中世纪哲学还颠倒了理智和自然的关系,因为它把理智视作自然存在唯一的基本的动力因,而没有把它看作自然事物的目的因或者自然事物的善。因此,在道德的二元论——将人类的原初状态和最终命运与自然的现存状态进行对照之上,又添加

215

了精神和物质的形而上学二元论。

文艺复兴时期的哲学,无论就狭义还是广义而言都是人文主义的。它在古希腊哲学思想的复兴里发现了一种手段,可以用来为日益增长的对于自然性和人性的兴趣进行辩护。就像希腊思想一样,它依赖于把人文主义和自然主义联结起来的一个观念。自然主义反对超自然主义,因此可以作为实现人类特有的而不是神学的潜能和目标的手段。一种流行的观念就是把人与自然的关系设想成微观世界与宏观世界的关系,人是小宇宙,自然是大宇宙。确如文德尔班(Windelband)所言,17世纪的自然科学是16世纪人文主义的女儿。

这种联结依赖于利用希腊思想和仿效凭借自然条件为人类能力自由和充分的满足辩护的自由希腊精神,然而很快就受到来自双方的破坏。人文主义变得更多的技术化、文学化和语言学化,变得更少的哲学化。再加上新教徒和天主教徒的争论,将语言和文学研究偏离社会的和审美的领域,并使之变成宗教争论的武器。随着自然科学逐渐摆脱了早期神秘和想象的特点,它变得越来越机械化、越来越远离目的性思考。从机械的角度看,自然对理智是中立的,甚至是对立的,因为理智的主要标志就在于目的性。通过对自身或者自我日益增长的道德的和政治的兴趣,还通过认为某些知识的最终源泉(与权威强加的教义信条相反)只能在自我内部和个人意识领域中寻求得到的观念的发展,自然科学的这种二元论倾向得到了强化。这后面的两个因素又共同促成了作为文学开发的一个领域的"内心世界"的发现,它把作为一个独立王国的理智和理性与自然清晰地区分开来。自然的和机械的科学关注"客体",与这种客体相对立的则是"主体",对主体的定义和描述与适应自然或者客体的那些定义和描述是完全对立的。这样得出的二元论直接推动了17世纪所有的哲学问题,并为自然主义和人文主义在教育里的争论提供了一个背景。

由僵硬的哲学二元论所导致的诸多困难和问题与教育中的争论是一致的。根据假定,存在着两个不同的争论,但它们对于构成我们真实经验的完整解释是必须的。无论在纯粹的理论里还是在教育里,最后的结果必然就是一种机械的折衷,给精神和人文学科指定一个单独的领域,给物质和自然学科指定另一个单独的领域。然而,那种打破精神和物质之间僵化二元对立的力量仍然在继续独立地发挥作用,它使人文学科和自然学科的分界成为问题。历史学、人类学、经济学和其他社会科学的快速发展引进了大量重要的内容,这些内容并不能轻易地归于旧分法中的哪一类。这些学科无论在内容还是意义上,都显然是人文主义的;但它们在研究的主题和说明方法上,强调把人类生活与自然条件相联系的过程。当把进化论应用于人文主题的时候,它也倾向于引出它与自然环境的连续性问题。工业环境对人类生活有着最直接的影响,它们同时也与自然科学有着紧密的联系。只要经济事务被那些忙于人类更高利益的人看作不用去认真关注的问题,那么,无论在理智上还是教育上,都容易轻视这些影响。既然人们都承认经济条件与成就社会的最高的政治道德地位紧密相联,那种把工业、商业和应用科学排除在外的人文主义就显得狭隘和肤浅了,这一点已经越来越明显了。作为一个结果,可以说,当代哲学和当代教育理论碰到了一个共同的问题,那就是去发现将人文主义和自然主义的兴趣结合起来的共同背景或者共同母体;从这个共有的源泉出发,去追踪它们各自的差别——只是这个差别不应当变成一种分离,而是确保可能在需要的时候促使它们之间进行富有成果的互动。

参见**教育中的唯心主义和实在论、自然**。

人文学科(Humanities, the)——该术语在 15 和 16 世纪开始使用,是与拉丁 ²¹⁸
语 *literae humaniores* 对应的英语词汇,实际意思指书本文化,即"学问"
(letters)。这个词的意义大概受到过奥卢斯·格利乌斯(Aulus Gellius)和西塞罗(Cicero)对 *Humanitas* 一词用法的影响,他们用这个词来指称与人相称的人文文化。它受到一种有别于"神学"的影响,以指称有别于神学研究的关乎人类趣味的研究。神学曾经支配着中世纪的教育——人类趣味研究特别指称世俗的而非"神圣的"修辞学、诗歌艺术和语法学。这个较为宽泛的术语的意义,自然逐渐变成了较为狭隘的意义。作为一个事实,人文世俗文化的资料起初都是拉丁语文献,接着是希腊语文献,"人文学科"这个术语几乎只是指对拉丁语和希腊语的研究。在苏格兰的大学里,"人文学科"作为一个专门术语指的就是拉丁语的学习;在牛津大学,古典学研究就被称之为人文学科(literae humaniores)。一般而言,在 17 世纪,人文学者(humanist)意指一个语法学者和语文学者。在 19 世纪,这个术语的使用受到了高等教育中古典学研究和自然科学之间冲突的影响。在争论的过程中,这个术语有扩大其意义的倾向,回复到了指称任何有别于自然界而关于人的研究。

参见**人文主义和自然主义、人文教育、新人文主义、文艺复兴和教育**。

参考书

Farrar, F. W. *Essays on a Liberal Education.* (London, 1867.)
Findlay, J. J. *Principles of Class Teaching.* (London, 1902.)
Goodsell, W. *Conflict of Naturalism and Humanism.* (New York, 1910.)

假设（Hypothesis）——试验性地用于进一步探究的一种猜测、一种理论或一种解释的模式，其价值在于组织知识和指导探究。在现代科学发展中，提出和运用假设是归纳科学和实验科学演进中一个必要的组成部分，其重要性越来越明显。它标志着达到了一种真正的批判反思态度，为解决以另外的方式无法化解的教条主义和怀疑主义的对立提供了可行的方法。陈旧的和传统的科学态度（通常称之为演绎的态度，但称之为归类的或权威的态度更为恰当）断定，科学之所以可能，只是因为存在着一套绝对可靠和明确的不变原则或"真理"，由此经验的或可观察到的材料才得以产生。只有当经验材料被包含在绝对的第一原则之下，它才可能获得逻辑的条理化和理性的证明，也就是说，才有可能获得作为一种科学的典型特征。因此，这些第一原则从性质上看，与经验事实是截然不同的。前者是普遍的和必然的，是理性的或理性直觉的自明性真理，是先于所有经验的内在固有的观念。后者是后天的，是感觉和想象的结果，是暂时的、易变的和特殊的。当对终极理性原则的接受被作为所有科学的基础时，对它们存在的疑惑和否定就导致了对知识可能性的怀疑主义。教条主义和怀疑主义就这样耗尽了各种知识哲学。

当人们放弃了这样一个观念，即科学就是对存在本身的定义和归类，转而去追寻创造出物体或者使物体存在的那些过程和能量的时候，现代科学的运动就开始了。后一种观点必然会涉及对可能原因的想象观念的运用。通过强调想象的观念或假设来制止新方法中潜在的思辨危险，必然有助于数学的陈述、推论和通过试验观察到的证实。笛卡尔的知识论标志着从旧理论向新理论的转变，或者说向科学和逻辑的转变。他保留着这样一个观念，即科学是从真理或纯粹理性的观念开始的，人们所需要的只是从这些普遍概念出发进行同中心的演绎推导，直到接近感官观察所看到的现象。与此同时，他认为需要对这些基本观念进行清楚和准确（数学一样）的表述，他还认为从普遍到特殊的方法程序有一系列的中间步骤。当笛卡尔主义者称这些基本原则为"假设"的时候，他们并没有暗示这些原则是可疑的,而是说要把它们"置于"存在和科学的所有特殊具体的事实之下。当牛顿说到他没有提出假设的时候,他并没有暗示(正如他有时候的声明一样)他没有无故地提出假设,而是说他不会以笛卡尔主义的方式来应用假设。就现代意义而言,没有人比牛顿更自由地提出和运用假设了;正是与笛卡尔的世界理论相对立,他坚持普遍的解释原则必定不是从纯粹理性中推导出来的,而是从经验中得到启发,然后类推到其他现象转换而成的。它们得到的证实就是,它们可以促使人们去考虑全新的或实验的观察,从而与演绎结果保持完全的一致。在康德那里,我们发现了旧逻辑和新逻辑之间矛盾的折衷。他承认,科学不仅仅是对事实进行搜集和归类,因为它要求理智从其主动性出发,使用观念去盘问现有的观察,使用这些作为方法的观念去进行新的实验性建构。用他自己的话说:"当伽利略将仔细称过的球从一个斜面滚下来的时候,或者当托里切利①让空气支撑一个他事先知道等于一个标准水柱重量的重物的时候,科学的发现者都会茅塞顿开。他们明白,理性只能洞悉它按照自己设计创造出来的东西,它必须按照判断原则为自己开拓道路,迫使大自然回答它的问题。"但是,在对这个洞悉的一般哲学论述中,康德忽略了这样一个事实,即思想借以把握对象的"判断原则"在性质上完全是假设性的,这些原则会因为对客体的实验性建构的结果而得到承认或被拒斥。尽管他称其哲学为批判哲学,但在其本质上则是一种武断的理性主义的复活;因为他坚持认为,知识需要一些固定备有的先验概念,这些概念被一劳永逸地强加于对象之上。伴随着实验证实的重要性的不断提高,加剧了这个立场固有的难题。陈旧的经验主义和理性主义都同样名声扫地,并且导致了这样一个理论观点,即所有普遍的观念或概念都源于完全的假设。只有当它们可以成功地解释和组织观察资料并进而引导更有成效的实验的时候,才能够得到确认。当我们把价值标准设定为概念的运用性而不是条理性的时候,得到的实用的经验主义才是真正批判性的。它赋予概念独特的重要作用,这个作用是不能由事实和观察本身来扮演的,它坚持用实验来进行检验。

参见**概念、理念、判断、知识、方法、实用主义**。

理念与思维过程(Idea and Ideation)——思维过程或者是指思考的活动,或

221

---

① 托里切利(Torricelli),17 世纪的意大利物理学家和数学家。——译者

者是指一系列的理念、理念流。这是因为，观念被看作一种灵魂实体或精神实体的表现形式，或者被看作通过它们的联系性和连续性而构成的心灵的精神内容。于是就有了第三种观点，即思维过程表现了观念所行使的职能，表现了观念在随后的经验中所造成的结果。至此，我们发现，这个词不是思考过程（the process of thinking）的同义词（参见该条目），它的意义取决于"理念"这个词的意义。

从历史上看，"理念"一词来源于柏拉图哲学。在柏拉图那里，理念意味着一种绝对的、永恒的、精神的原型、标准或模式，那些纷繁变化的感性的特殊具体事例分有和表现了理念。理念是具体存在物的形式、性质和本质规定。理念是具体存在物的共相、通称、目的、实现，或者完美的实在。通过它的存在，也只能通过它的存在，变化才能够得到控制，或者才能不至于变成没有目标的、混乱不堪的变迁；这种混乱的变迁是无法认识的，因为它过于短暂而不能具备任何归属性。在自然的流变或生成的世界里，这些决定性的精神本质往往表现为数学的形式。在这种流变的情境之中，数学的关系为自然提供了它所有的规律和循环，提供了任何持久的或类似持久的东西。它们也提供了这样一些条件，由此自然可以在真正意义上成为科学认知的东西。通常，对于柏拉图理念论的指责是说，它把精神概念和事物完全混淆了。如果这个指责是说，柏拉图从自然存在或逻辑抽象开始而以它们的实体化告终，那么就完全没有领会柏拉图的方法和对象。他从变化的对象、行动和信念开始，然后得出了结论：一贯的信念、不变的行为方式（个人的和社会的）、永久真实的对象（不是永久真实的对象就根本不可能是真的）全都意味着统一和永恒的本质，而作为统一和永恒的本质必然是精神的。该术语（或者根据亚里士多德的eidos拉丁文的直译，就是"种"）的这种意义一直持续到整个经院哲学时期，只有唯名论否定行为和信念的原型标准的客观存在。而且，通过中世纪自然科学对于终极因的使用，这些标准模式以促使事件发生的目的形式而被看作理解自然界的钥匙。在今天，任何人只要还相信正义、真理、规律（无论道德律还是自然律）等绝对永恒客观的标准，或者类型为特殊的趋向和事件所遵守（或者说应该遵守），就会接受柏拉图的理念学说的基本观点。

然而，在现代思想的早期阶段，"理念"一词的意义发生了改变，它被赋予了更多特别的精神色彩。客观模式的观念（notion）逐渐演变为主观设计的观念，一个活动是按照一个精神摹本来展开的；客观目的的观念同样逐渐地演变为自觉的意图和目的，它是有待达到的某些结果的精神摹本。按照这种方式，"理念"

一词开始用来指称凡是为心灵所拥有的任何对象,无论是活动的目的还是思想。根据经院主义的知识论,种和类永远是知识的真正对象,甚至在处理特殊事物的时候也是如此;也就是说,对桌子而言,桌子特性是被理智所把握的对象;凡是不具有这种普遍性形式的事物,就是无法认识的。约翰·洛克(John Locke)同样 223把知识中心灵的直接对象称为一种观念,但是在他看来,普遍性的特征绝不是直接把握到的对象或简单观念。相反,感觉的性质,诸如红色、坚硬、噪声、甜味等等,都是心灵可以直接抓住或"认识"的形式或观念。但是,洛克也接受了这样一种观点,即许多的这种性质只存在于心灵之中,因此他倾向于(虽然有些含糊)认为,知识中心灵的对象只是精神的对象。这样,洛克的影响实际上决定了"观念"(idea)一词后来的意义——即把观念看作精神事件的发生和存在,特别是当任何的认知力量与精神存在相联系的时候。然而,甚至这种限制并不总是能被观察到,观念常被用来指称任何所谓精神存在的形式,比如感觉、欲望等["思想"(thought)一词也被用在这种宽泛的意义上]。另一方面,这个词某些早期的知识意义还继续存留,因此在休谟之后,许多心理学家专门用这个词指称间接的或是复活的精神事件,而用感觉、知觉、印象来指称直接的精神事件。

这个词的意义因为这样一个事实变得愈加含混起来,那就是在柏拉图起初的客观意义和近代的精神意义之间,又发展出了一种中间的意义,即采取一种逻辑的用法来指称意义(意指什么)、概念(表达什么),这是与指称活动不同的理智指称的对象。数学具有根本重要的意义,这些意义相互作用而成功地创造出新的意义以揭示未经审核的原有的意义,加上最终体系的客观一致性,所有这一切导致了一个新实在主义学派的形成。该学派认为,数学科学证明了理智本质的独立存在,理智的本质不受时间流变的影响因而具有精神的特征。许多批评家已经指出,这个精神学派把作为意义的观念与作为隐蔽精神存在的观念混淆起来,从而使知识变得不可能,因为知识需要感觉、印象、观念有一个超出其自身存在的固定所指。作为探究工具使用的假设的意义,同时暗示着"观念"一词的另 224外一种意义——即试验性的假设、联想和理论。这种解释介于纯粹客观的本质和纯粹心灵的存在两个意义观念之间。作为不确定和试验的东西,假设或联想是精神的;在其应用和可能得到认可的结果中,它是主观的。

参见**概念**、**假设**、**方法**、**思考**、**观念的联合**。

唯心主义(Idealism)——在思想史上,唯心主义包括两类互不相同的含义,每一类又包括许多不同的意思,而且与我们在生活中使用这个术语所指的意思大不一样。就生活中所使用的意思而言,唯心主义意指值得称颂的道德态度,就是投身于高尚的目标和理想,甚至不惜以牺牲个人的物质舒适和经济收入为代价。就其专业的哲学意思而言,两种类型的唯心主义分别为古代和现代思想所特有,前者主要是宇宙目的论和自然目的论,后者主要是把自然同化成意识。古典唯心主义是一套系统的方法,它从终极因的观点来解释自然(参见原因)。它认为,自然的存在是为了实现某种目的,最终的目的就是善。存在的暂时的和表象的形式,要根据包含或实现目的和至善的程度来衡量其实在的程度。理性和理智或者被设想成最高的和最终的存在的至善,或者至少被设想成最后达到的目的中不可缺少的要素。然而,它既没有被设想为自然的动力因,也没有被认为是制造出自然物的材料。这种唯心主义也没有在心理学或认识论基础上得到证明。相反,当时的知识论若放在现在,会被称为实在主义的知识论。这种知识论认为,人类认知者,或者说个人的心灵是在认识独立存在的对象的过程中变得聪明和理性的,这是通过使自己抓住体现在对象中的终极实在的数量和种类来实现的。在亚里士多德的用语中,感觉是一种对对象的实体性的认知;想象出来的对象的形式,仍然深陷在特殊具体的事例中;理性得到的对象的普遍形式,则摆脱了特殊性的限制。尽管柏拉图和亚里士多德这两位古典唯心主义的伟大人物有许多不同的观点,但他们却一致认为,应当从客观实在的立场来察看和解释人的精神活动,而不是从人的认知活动的立场来察看和解释客观实在。因此,尽管在解释秩序、和谐与自然的均衡方面,理性被赋予了很多的作用;但是,现代唯心主义所使用的意识这个主要概念却没有被赋予什么作用。因此,这个术语几乎就不是一个重要的概念。

可以说,现代唯心主义在两个信念里找到了它的出发点:(a)最确实和最为人所知的东西就是个体的内在生命,就是个体表现出来的感情、希望、恐惧、快乐、痛苦、观念和记忆等,也即后来被称作意识或精神的东西。(b)所有已知的对象都与认知它们时参与其中的感觉和判断有关。(i)从感觉出发,最可靠和最容易到达的领域事实上是唯一可以直接到达和绝对可靠的东西,就是个体自己的内在生命。再走一步就可以得出这个结论了:在关于世界的科学认识的可能性问题上,可以摆脱怀疑主义的唯一方式,同时是解释自然界怎样与精神世界相互作用的唯一方式,就是把外部世界变成精神的东西。将客体的东西同化为主观的东西,这一直以来就是所有现代唯心主义的典型特征。(ii)古代的一些智者相信感觉的性质与个体的知觉有关。然而,在当时的科学条件下,这样一种理论只能导致理智的虚无主义,即否定存在什么确定的知识。随着现代科学的兴起,情形则完全不同了。经院哲学曾经用终极因来解释一切,所有那些倾向于把这种解释从科学身上卸掉并代之以机械解释模式的人,更倾向于把自然界归结为一个由类似成分所组成的生活环境,归结为物质、运动、空间和时间,它们彼此之间能够交替地进行表现。对于实现这种设想最明显的障碍,在于自然物体所呈现出来的多种多样的静态特性。只要通过简单的手段,把颜色、声音、气味、味道归属给有感知能力的心灵,这个困难就迎刃而解了;剩余下来的"现实的"的物体就只是一些性质,它们可以留给数学的推理和机械的解释。因此,正是那些对自然科学的进步极感兴趣的人,最为肯定地宣称"第二"性质的纯粹精神性质。伽利略、笛卡尔、霍布斯(Hobbes)都认为,这些性质是由现实的物体给感觉敏锐的心灵所造成的"印象";这些性质可以作为物体力量的标志,但它们仍然属于精神的东西。

226

正是贝克莱(Berkeley,参见该条目)在其著作中顺着这条论证路线走下去,发展出了彻底的唯心主义。他敏锐而有力地指出,对常识而言,对普通人而言,现实的对象和可感的对象是同样的东西;事实上,所谓的第一性质(一般的广延性、抗耐性和空间-数学属性)是与可见可触的性质不可分割地联系在一起的。因此,所谓物质的现实对象仅仅是一种"抽象的"观念。已知的和可知的对象所构成的整个世界都是精神性的:存在就是被感知。作为一个神学家,贝克莱毫不费劲地把已知对象世界中所显示出来的永恒有序的关系——即世界的"法则"——归结成神灵的作品,是它引导我们以一种规则的和可信的方式期待一种知觉紧随着另一种知觉发生。带有反神学倾向的休谟(参见该条目)指出,根据贝克莱的理论,不可知的上帝是没有合法地位的,因此心灵本身必须被归结成仅仅是变化的知觉的流出或流动。

从休谟的时代开始,唯心主义分流为两个不同的方向。经验的、心理的和主观的唯心主义,支持贝克莱关于把存在解析为知觉和知觉的同时及相继结合的观点——当然,没有接受他关于神和人的精神性的灵魂本质的假设。但是,一种总体上比较正统的哲学理论学派总是轻视甚至否定知觉的重要性,相比更强调

227

概念在确定知识构造和提供必然事实方面的作用,因此就产生了另外一种类型的唯心主义。这种唯心主义把"实在"与观念的或者理性的内容等同起来,其座右铭是:存在就是被理解。这个理性唯心主义学派也被称为客观唯心主义,因为它认为,由思维关系所建构的对象独立于任何个体的知觉,而这些知觉仅仅是个体的,所以仅仅是一种感觉,不能形成普遍的(科学的)知识,除非它由构建客观世界的先验的或者客观的理性赋予某种本质。这个学派主要的中心思想是:肯定永恒的和普遍的关系是科学的和系统的知识的对象得以存在的必要条件,并且将这些关系与理性思维的各种功能等同起来。这种类型的唯心主义由康德最先提出,黑格尔则把它带到了巅峰状态。不过,黑格尔又提出了一个很有见地的概念:精神的客观表现形式更加充分地呈现在社会生活和国家之中,呈现在政治、艺术和宗教的历史现象之中,而不是呈现在自然里面。轮到叔本华的时候,他赋予了唯心主义一个更进一步的独特的转向,即在意志而不是理性思维中去发现存在的本质所在。

几乎可以这样说,除了唯物主义的和不可知论的哲学家之外,这两种类型的唯心主义在康德之后对峙了一个世纪之久。目前有许多迹象表明,唯心主义运动至少暂时耗尽了它的力量。无论如何,还有一股强劲的实在主义倾向正处在积极的发展之中。这一运动由于时间和距离太近,我们还不能对其兴起的原因进行正确的分析。然而,有一些主要的原因则是显而易见的。一个原因是,人们对给予唯心主义最初推动力的那些问题已经没有兴趣。另一个原因是,没有一种唯心主义能够完全克服它固有的那些矛盾,与这个原因相关的是在两种唯心主义之间表面上的僵持。此外还有一种愈加明显的感觉,那就是把所有的东西都完全归结为精神的存在,不管是感觉的还是理性的,抑或是感觉和理性的联合 228 (就像在布拉德雷和罗伊斯那里一样)。在取消精神和任何其他事物之间的所有区别的时候,它也消解了自己的目的——在存在的组合里面,赋予理智一些独一无二和重要的作用和效力。具体说来,最有影响的力量也许就是生物进化论的发展及其证明,精神不再是唯一的垄断性存在,而且它本身就是生命的一种表达,就是生命在促进自身积极发展的进程中有效控制环境的手段。目前,实在主义运动有实用主义和理智主义两种形式,二者都反对传统唯心主义体系,但其理论的积极方面不一样。

参考书

Berkeley, G. *Works.* (Oxford, 1901.)

Bradley, F. H. *Appearance and Reality.* (London, 1897.)

Caird, E. *Critical Philosophy of Immanuel Kant.* (Glasgow, 1889.)

Fichte, J. G. *Grundlage der gesammten Wissenschaftslehre.* (Tübingen, 1802.)

Fouillée, A. *Le Mouvement idéaliste et la Réaction contre la Science.* (Paris, 1896.)

Herbert, T. M. *The Realistic Assumption of Modern Science.* (London, 1879.)

Höffding, H. *History of Modern Philosophy.* (London, 1908.)

Hume, D. *Philosophical Works.* (London, 1875.)

Kant, I. *Kritik der reinen Vernunft.* (Riga, 1787.)

Ladd, G. T. *A Theory of Reality.* (New York, 1899.)

Ormond, A. T. *Foundations of Knowledge.* (London, 1900.)

Royce, J. *Spirit of Modern Philosophy.* (Boston, 1892.)

The World and the Individual. (New York, 1900 – 1901.)

Schopenhauer, A. *Works.* (Leipzig, 1891.)

Taine, H. *L'Idéalisme Anglais.* (Paris, 1864.)

Watson, J. *Christianity and Idealism.* (London, 1897.)

See also Baldwin, J. M. *Dictionary of Philosophy and Psychology.* Vol. II, pt. II pp. 615 – 620, for articles in current magazines, etc.

教育中的理念论和实在论（Idealism and Realism in Education）——两种唯心主义的哲学体系与教育理论有着特别紧密的联系,这就是古代苏格拉底-柏拉图的倾向和近代德国的先验论倾向。它们都对教育实践产生了重要的影响。但是,它们对于实践的作用更多地是间接的而不是直接的,主要是为开创独立于哲学的方法提供一种可能的理智上的证明。就其对教育的影响而言,柏拉图的理念论是对苏格拉底所奉行的方法的发展,后者试图用这种方法获得基本原则和行动标准。苏格拉底主张,既然没有人会自愿地加害自己的存在,或者有意地寻求损害,那么,一个人忽视自己的真实本质和正当目的,或者忽视至善,就是所有恶劣行径的根源。而且,无知是社会生活中的分裂、斗争和内讧的原因。哪里存在知识或者真正的理解,哪里就不会有争执;同意和知识是等值的。因此,对知识的追求、学习的过程,必然是对所有人共同的东西的寻求,这样他们就有了共同的兴趣。引起争吵的辩论,在辩论中压倒对方的想法,事实本身就表明缺乏对智慧或知识的热爱。相反,在观点之间进行比较以找到它们共同的基础和意图,则被苏格拉底称为辩证法。既然意见和信念是在意指同一个东西时出现差异,它们中间一定隐含着共同的实在。

在辩证法里,有三个相应的要素:(a)预设一个客观的普遍性作为合适的知识主题;(b)在所有特殊的意见和信念里,暗含着这种普遍性;(c)通过对特殊事例的系统比较,可能发现这种普遍性。最后的发现,可以对正在讨论的对象形成概念或定义——正义或者任何伦理实在都可能是寻求的对象。除非存在这样的客观普遍性,否则,主观主义的道德混乱就是不可避免的;任何事物的好或对都依不同个体在特定时刻的感受而定。其导致的进一步后果就是社会的无序和斗争,因为只有客观普遍性能够给任何事物提供一个统一的基础。

230　　　　柏拉图把苏格拉底的方法从道德实在和道德知识扩充到所有的实在和认识这些实在的方法。知识不同于个人摇摆不定的意见,知识之所以可能就在于恒定不变的实在的普遍性,所有的殊相都分有这种普遍性,而且通过普遍性得到定义和理解。这种客观普遍性,就是柏拉图所说的观念(参见该条目)或形式。而且既然所有的殊相都是变动不居的,故而只有它们的变化倾向于普遍性的时候,才可能拥有秩序和一致。趋近于普遍性就是它们的目的、至善或完满。因此,真正的知识或辩证的知识,就在于认识自然事物存在的目的;没有目的的事物,完全是一个畸形之物。

　　　　柏拉图的唯心主义有很多方面反映了他的教育理论。事实上,教育在他的哲学里占据着核心地位,因为只有通过合适的教育方法,人们才可能熟练地应用辩证法,才可能把灵魂的眼睛从与变动不居的殊相相对应的感觉和意见转向永恒的普遍性。但是,就我们眼下的目的而言,更重要的是需要考虑柏拉图体系的具体内容;这些具体内容在实践上虽然没有什么影响,但是其方法的两个主要方面却在高等教育里深深地扎下了根。这就是认定辩证法的探究高于自然的探究,终极因的讨论高于动力因的寻求。自然科学仅仅处理殊相和变动不居的事物,根据柏拉图的这种哲学,殊相和变动不居的事物相对来说是不真实的;它们仅仅对应于感觉的知识和纯粹的概率或意见。更重要的是对观念和信念的阐述和比较,是分类和定义,而不是观察和试验。而且关于前提条件和构成因素(自然的)的知识受到轻视,这与关于事物存在的目的或意图的知识形成比较,后一种知识涉及的是意义发展的问题而不是对事实的外部观察。

231　　　　众所周知,教育沿着这些路线发展了一千五百多年,这是不需要再说的。我们也没有必要说,柏拉图的唯心主义要为忽视自然科学和机械的分析方法独自承担起责任。但是,柏拉图的辩证法通过亚里士多德的逻辑学得到了进一步阐述,为整个教父的和经院的教育理论和哲学观念提供了理智工具,由此柏拉图哲学中最重要的思想得到了捍卫和系统化。即使是在人文教育的理想里面,沉浸于观念和信念的本身价值要高于对自然存在的探索,这种看法在相当程度上是对古典唯心主义辩证法方面的一个延续。

就实在论的一般意义而言,它在教育中的出现是对文艺复兴时期一种观念的反应,这种观念肯定了那些能够用纯逻辑进行处理的论题形式的优越性。实在论声称,如果往好的方面说,这种论题包含的仅仅是抽象的东西;而如果往坏的方面说,这种论题包含的仅仅是语词。而且,既然只有已经包含在心灵中或者已经通行的观念和信念能够用纯粹的辩证方法进行分析、定义和系统化,那么,这种方法就只能把人们局限在传统和权威之中。出于对实在和精神解放的兴趣,16 和 17 世纪的实在论呼唤人们从思想走向事物。从哲学上说,弗朗西斯·培根是这场运动最重要的代表人物;至于哲学的实在论对于教育的影响,主要是通过他的作品来实现的。然而,陈旧的方法已经扎根太深,最多只能在其外部动一些小手术而已。培根的实在论仅仅是预言性的;他还没有一套行之有效地探究事实的方法,也没有适应于教育目的的系统化的论题。

18 世纪末和 19 世纪初的先验唯心主义有两种类型,一种是主张象征的,一种是强调公共组织机构的,前者表现在福禄培尔的教育思想中,后者则表现在黑格尔的哲学中。两者都有一个主导性的观点,即认为精神的自我意识(也是作为总体性的原则)是在自然和人类经验的特殊事例中,并通过它们得到发展和展开的。

根据浪漫主义的(或者象征主义的)唯心主义,特殊事例(特别是那些接近数学形式的特殊事例)是绝对真理的启示、例证和象征。因此,它们可以用来唤醒婴儿心灵中的绝对真理或绝对实在,这一真理和实在已经存于其中。对于游戏、比赛和消遣形式中教育力量的认识,福禄培尔有着突出的天赋。他运用这一天赋服务于一种宗教的、准神秘性的和准数学性的形式主义,通过假定预感和感觉领域与绝对领域中精神的本质和法则的一致,这种形式主义得到了解释和认可。

黑格尔的唯心主义实质上派生于他对主观唯心主义的反对,他把主观唯心主义归因于康德和费希特(Fichte)。据他所言,绝对精神在自然界中被外在化,但是只有在社会制度和历史里面才能被真正地客观化。国家是客观的理性和意志。只有参与到这个已经实现的精神中,藏于个体中的潜在的精神才能获得理性的本质或理性的身份,否则,意识就只是一种空洞的能力。因此,社会制度的

232

绝对必要性就是黑格尔唯心主义最后的告诫。他认为,只有通过社会制度,个体潜在的理性才能得到唤醒和发展,或者完全变为现实。教育就是为了实现这个目标。

值得注意的是,重要的形而上学实在论者赫尔巴特(Herbart)从一条相反的道路出发而得到了一个基本上相同的结论。赫尔巴特认为,没有一个最终的、无所不包的绝对实在;存在有多种多样的实在。个体的精神里面并不存在什么内在的倾向会根据其内在法则进行演化,最后变成最高的理性或精神。仅仅存在着这样一种能力,那就是以一种典型的方式去回应与实在发生的每一次接触。因此,教育并不是精神根据其内在天性的成长或发展;它是通过作用于精神的外部实在的表象来促成或塑造精神的。早期的反应持续下来成为观念并形成精神的内容,由此所有后来的表象反应就被接受和组织起来。通过对先前表象的控制,后来的表象可以"被理解"并产生作用,我们因此能够控制精神和个性的形成,这种后来形成的本质事实上不过是由过去的内容形成的复杂模式,因为过去的内容决定着新内容的吸收和构建。然而,在对表象材料的次序和关联进行判断的时候,赫尔巴特几乎完全受到过去文化重演说的影响。因为个人历史的早期内容决定了后期内容的吸收,这些早期内容类似于人类文明早期阶段的文化产品。如此一来,虽然黑格尔体系和赫尔巴特体系在基础方面完全不同,却都一样承认社会内容在应用于教育方面的首要性;只不过,黑格尔强调的是制度的价值,而赫尔巴特强调的是文化产品的价值。

我们不可能在这样一个主题里涉及太多的理念论和实在论的争议问题,而只能指出能够对之加以判断的一些主要观点。从早期历史来看,二者的主要分歧涉及在经验组织中意义和自然存在的各自地位问题。从后期的讨论来看,问题似乎关涉内在发展和外在控制的各自作用问题。如果我们开始就从关注教育的立场出发对这个问题进行研究,最可能得到的结论就是:存在和意义、内在发展和外在指导是互为补充的,而不是相互排斥的。事实上,大多数人一直都是二元论者,而不是彻底的理念论者或实在论者。但是,从教育的观点来看,也即从个性和智力成长的方向来看,我们所需要的不是把这个领域分割成不同的区域,或者分割成两种互不相联的力量,而是将这两种力量结合起来,因为它们都与生命和经验的进化相关。总之,从教育的观点来看,我们所需要的是这样一种哲学:它把精神和世界、内在和外在这种传统的、静止的、典型的二元对立转化为成长的动力作用因素,从而超越传统的理念论和实在论。

参见二元论、人文主义和自然主义。

模仿(Imitation)……教育中的模仿(Imitation in Education)——教育大多依赖于模仿,为这个观点进行辩护的有两个根据,一个是心理学的根据,另一个是社会学的根据。从心理学上说,人们声称,校外经验表明,儿童通过模仿在不同的方面获得大量技能,因此从经济和效率的角度出发,模仿应当是学校学习的主要途径。从社会学的角度说,人们认为,社会生活一个鲜明的特色是精神内容的同一性,特别是思想和信念的同一性,但是组成社会的个体千差万别,因此这种同一性是通过模仿获得的。在塔尔德(Tarde)的影响下,以往社会的生物学理论大多被社会的"心理学的"理论所替代,而模仿成为社会心理学如果不是唯一的也是主要的范畴。如果这个学说被接受的话,诉诸模仿就不仅是一种有价值的心理学手段,而且是一种伦理学的需要。

这两种观念都是可疑的,二者赖以建立的基础似乎都有一个共同的谬误。只要有一个社群存在,人们就会去做同一类事情;而且更重要的是,人们都会相信同样的事情,并且运用同样的评价标准。因为这种相似性显然是获得的,因为可以肯定地说,社会中的年轻成员都要向老年成员学习,那么就很容易得出这个结论,即这种相似性是出于模仿。但是,这种解释充其量只是接受了结果之后再把它看作一种原因或力量。从外表来看,人们确实是在彼此模仿,他们做同样的事情和思考同样的问题,这种社会基本的类似性就被转换成了这种信念,即模仿是一种自然的内在力量,其作用是带来相似性。然而,我们再进一步考察就会发现,实际起着主要作用的是其他原因,即使存在着一种模仿的明显的心理倾向,也是在附属于其他因素的条件下才能有效地发挥作用。

就个人而言,最初的因素就是先天冲动和后天习惯的倾向,这些倾向是通过某些外在形式来达成和实现的。比如说,小孩子自发地、天生地或本能地试图完成某件事情,这是由他自己带有冲动倾向的力量所推动的。他伸出自己的手并且发出牙牙学语的声音,他试图扔出一个球,他想走路等等。他一心一意地关注自己的目标,无意识地选择或者接受他注意到能够帮助他的任何东西。他做出他看到别人在同样情况下会做的事情,但不是为了去模仿别人——对此,他全然没有意识——而只是作为一种去完成他尚未实现的愿望的方式。除了选择性的使用之外,我们在痴呆者和智力发育不全的孩子身上,在智力正常的孩子处于无意识和无聊的时候,都能够发现对他人的纯粹模仿。如果在教学中强调对于模仿的依赖,那么,自然情况下的基本东西、有一定方向的个人原创力就会被遗忘,取而代之的则是对他人目的过于奴性的依赖。儿童为了达成自己的目的,选择和接受在他人身上观察到的行动,这个过程伴随着智力而径直把他人的行动拿过来作为自己目的的过程则取消了判断,所以有人对后一种单纯模仿的过程提出反对意见就不足为奇了。

进一步调查表明,即使处在从属地位的模仿也是来自外部的,而不是发自内心的。从心理学上说,这种模仿只是更为广泛存在的感觉运动的适应性调节原则的一个例子。婴儿不会像低等动物的幼仔那样,被限制在事先规定好的感觉刺激和运动反应之间的联结上面,生活的需要会要求他偏向某些行为模式,这些模式与某些刺激方式相关联。比如,光线的刺激会立即引导眼睛的运动,注视它和跟随它,这个活动反过来又刺激身体保持一定的姿势,刺激手臂和手不时伸出去追随光的运动。人们在观看一个跑步者、一个棒球运动员和一个体操表演者的时候,身体总是会无意识地产生感应式的摇摆。从外表来看,是在接受他人作为模仿的对象;从心理学上说,这只是包括在每次感知活动中的感知运动协调的完成而已。因此,从个体发展的角度说,"模仿"只是一个大种类中的一种。人们大部分的行为和思考都是相似的,因为他们受到同样的刺激并受同样需要的推动。

从社会角度来说,模仿的情形也比较类似。完全的模仿决不可能创造出一个社会,因为它只可能让很多人在同一时间做同样的事情。社会必然要求不同的人去做不同的事情(从广义上说,就是劳动分工),并且要求不同的活动进行合作以实现共同的目标。但是,除了不同的活动为着共同目标而相互协作(这一点,我们在机械设备上能够看到)之外,还必须存在对共同目标以及不同个体与该目标的关系在理智和感情上的评价。这个事实在鲍德温(Baldwin)对塔尔德的理论的修改中部分地得到了承认,因为他批评塔尔德,认为塔尔德的理论同样适用于产生振动回应的一组音叉。相应地,他对塔尔德的理论作出了修改。他认为,模仿不是对事实的模仿,而是对**思想或精神内容**的模仿。这实质上是放弃了模仿的观念,仅仅把这个名词保留了下来,因为思想或精神内容是看不到和无法观察到的,因此不可能被模仿。鲍德温论述的内容表明,他真正处理的是个人

236

达到与他人一致的信念和观念的各种过程。这证实了我们的观点,所谓"模仿",仅仅代表这样一个事实,即在同一个群体内,不同的人确实有着相似的思考;这种思想的相似性是社会生活所必需的,但它并不是产生同样的观念和情感的诱发因素。

从教育角度说,强调模仿是社会的一个基本事实,不仅没有把社会趋势产生的诱发因素揭示出来,而且为一个进步的社会设置了错误的伦理目标。它自动地把信念的同一性变成了一种至善,而且是最高的社会至善。这样的标准只能在静态的社群里流行,这些社群完全遵从风俗习惯,这是它们带有停滞性质的征兆和原因。人类在理智和道德上的进步首先来自宽容,鼓励各种变化和思想的差异性——这是个性的本质所在——其次来自这样的观念,即思想的完全一致本身并不是目的,它只是在实现其他目的的过程中的一个插曲而已。更具体地说,要求一个人,即使他只是一个不成熟的孩子,都应当重复另一个人的行动,由此达到与他人在思想上一种消极赞同的状态。设立这样一个自觉的目标,是与民主进步社会的精神相悖的。不管是作为一种心理学的手段,还是作为一种社会的标准,模仿占据的都是一个从属的位置。

参考书

Baldwin, J. M. *Mental Development in the Child and Race*. (New York, 1897.)
Social and Ethical Interpretations. (New York, 1897.)
McDougall, W. *Social Psychology*. (London, 1908.)
Royce, J. *Century Magazine*, May, 1894; *Psych. Review*, Vol. II, 1895.
Tarde, G. Les *lois de L'imitation*. (Paris, 1890); tr. by E. C. Parsons (New York, 1903).

个性(**Individuality**)——个性的观念和事实是经验中最为熟悉和最为常见的东西,也是最难描述和定义的。个性是这样一个基本事实,如果不预先假定或者给出一些它的对应词,比如独一无二,独具特色,直至无法替代,我们就几乎无法对它进行定义。在它符合逻辑的用法中可以显示出它的意义,在它的用法里总是蕴含着与种类、类别和门类的截然区别。这种区别表明了个性的观念在教育哲学里占据着重要的位置。学校的管理和教学都要求规则和方法的统一;这些反过来,又预设了教育对象的同一性。这样,个体就被视作某个类别中的成员和样本,彼此之间的区别仅仅是外在的和物理的。既然事实上个体之间有着内在的精神上和道德上的差异,纯粹统一的观点就忽略了那本不该忽略的差异。

个性的观念有助于提醒人们注意这些显著的特性。它使人们注意到那些独特的、不可重复的、有差别的和要求特殊对待的特性,注意到要调整那些普遍的或类别的标准和方法。

即使不太有规律,历史还是显示出一种向着个性化方向的持续运动。个体独一无二的特性越来越受到重视。在原始社会,个体消失在群体之中——消失在氏族或部落里面。只有当历史发展到相对较近的阶段,我们才发现个体拥有了一些权利,这些权利不同于他作为家庭、行会、阶级、种姓成员的权利。他们从一种群体的淹没状态浮出水面,就是民主作为一种社会原则成长起来的部分。从科学的方面说,进化论强调了个体的差别和变异的重要性;旧的学说则认为,物种是固定的,个体置于其中,物种穷尽了个体的重要和基本的性质。

所有哲学最基本的分歧集中在这样一个问题上,即用什么方法来评价个性的客观存在。詹姆斯教授把哲学分成两类:一类认为,整体更有优越性,个体只是整体的一个组成部分,或者是一个典型实例;另一类则认为,部分和个体具有优越性,整体则是第二位的,其存在需要依赖个体的组合。前一类哲学在本质上接近于一元论,在方法上接近于唯理论;后一类哲学则是多元主义的和经验主义的。在19世纪的唯心主义里面,有机体的观念占有突出的地位,其根源在于它似乎可以提供这样一个观念,从而能够调和那些将个体和普遍、整体和部分对立起来的思想。然而,有人可能会问,有机体的观念是否提供了一种答案,或者只是对这个问题一个特别清晰的表达。一方面在共有、类属、同类与稳定、秩序、保
定间存在着联系,另一方面在个体与可变、自由、进步之间存在着联系,处理这个问题的合适方法也许就在于从这种联系中获得启示。在一个静止和完成的世界里,个性将不会有任何意义;而在一个没有普遍性的世界里,将不会有任何法则、永恒和持久,因为只有普遍性才能够使事物被归入某一类。关于这个术语更多教育方面的意义,请参见**教育、教育哲学**。

归纳和演绎(Induction and Deduction)——这是两种互为补充的思维活动,它们能够使探究活动得到一个有根有据的结论。当某种困惑或疑问出现时,第一步就是对不清楚的情况进行澄清,也就是对情况进行分析。这种情况的分析,就是要指明一种原理、规则或关系。归纳总是止于一个普遍性的观念或命题,因为它是对一种关系或普遍性的陈述。演绎是将普遍性的因素用来解释、说明和

组织特定的材料。这样两种方式是互补的,因为归纳止于普遍性,而演绎正是从普遍性开始。普遍的有效性和范围是根据它在检验条件下对于新事实的应用情况得到确定的——这种应用即是演绎。

在亚里士多德的逻辑学里,三段论和证明对应于现在所说的演绎。这个术语被翻译成拉丁语的 deductio,仅仅指称 reductio ad absurdum(反证法)这样的方法,即通过揭示某个命题的矛盾命题包括逻辑谬误和自我矛盾来对该命题进行间接的证明。归纳法是收集实例和具体情况的方法,当所有例子都一致相符的时候,它就是完全的归纳,由此而形成一类东西。当许多(而不是全部)例子都一致的时候,它就是不完全的归纳,我们最多能够说有些 S 是 P,或者说 S 通常为 P。完全归纳法又被称为简单枚举法。自现代归纳法兴起之后,很多逻辑学家否定枚举法是一种真正的推理方法,因为由枚举法得出的结论是已经知道的事实,它并没有去发现任何新的真理。

在 16 和 17 世纪,三段论逻辑因其空洞无用而受到攻击。人们的兴趣集中 240 在一种可以用来从自然身上谋求自然秘密的逻辑,正如培根所言,三段论仅仅适合于论证。即使他们都一致反对旧的推理方法,新逻辑学家们还是立即分化出不同的阵营。一些人在新的演绎形式里寻找新的方法,正如笛卡尔及其追随者所做的那样;另一些人则在新的归纳类型里寻找新的方法,正如英国经验论者所做的那样。根据笛卡尔学派的观点,我们应该从怀疑一切传统的信念开始,寻找先天自明和确实无疑的观念,它们的含义是不会引起争论的,它们的真实性是不容怀疑的。从这些最普遍的真理出发,通过组合就能逐步地建立更多的真理;在这个过程里,任何无法清晰定义和不确定的另外因素都被排除出去了。以这种方式进行推理,可以直达时空中的特殊现象和具体事件。这些由演绎而得到的现象与实际感觉的现象是接近的,并且为后者提供了合理性及其解释。笛卡尔甚至走得更远,提供了一个自明的(对他而言)第一原理体系,由此出发,如果原初混乱的自然状态确实存在的话,整个世界的存在秩序就可以理性地演绎出来。从以上陈述来看,这种方法看上去似乎像三段论一样空洞无物,只具有形式意义。事实上,笛卡尔的整个体系是用数学术语进行构思的,它实际上是把数学应用于自然的一个要求。在朝着数学的自然科学发展的道路上,笛卡尔通过解析几何的发明迈出了第一步。对后继的科学者而言,演绎就意味着数学过程,它变成了科学探索和推理的主要工具。

按照流行的说法,弗朗西斯·培根是现代归纳法之父——这种说法也许主要是从麦考利(Macaulay)开始的。事实上,他虽然重视归纳,但提出的方法却是旧的编目法和新的分析法的混合。伊萨克·牛顿爵士才是严格意义上的归纳法的践行者和创造者,这种归纳法与洛克在哲学方面的影响是混合在一起的。按照牛顿的观点,起点永远都在于观察;这些观察通过类推,可以使人联想到某些力量或原则;根据其他的证据,这些力量或原则就存在于自然界之中,只是以前在所观察到的现象中不为人所知。因此,这个原则应该被看作演绎的或数学的。如果该理论为真,那么还没被观察到但却被预测到的现象必然要被发现。接下来必须诉诸进一步的观察,确证预示到的现象是否真实存在。如果真实的现象与演绎的现象完全相符,那么,该理论就应该被接受,直到相反的例证被发现为止。牛顿对精确确证的要求始终如一,以至于当观察到的天文数据与他根据理论演算出来的结果不完全相符的时候,他就把万有引力理论悬置起来,直到使他的计算得以修改的新数据出现。有一段时期,牛顿和笛卡尔关于太阳系构造的理论是相互竞争的,但是随着牛顿解释的巨大优越性变得越来越明显,归纳-观察法就在自然科学事实方面牢固地确立起来,就像演绎法在数学方面扎根一样。

归纳理论在牛顿之后没有出现重大的进步,直到 19 世纪中期,约翰·斯图亚特·密尔采纳了赫舍尔(Herschel)和惠威尔(Whewell)的建议,他写的《逻辑体系》(*A System of Logic*)一书成为经验归纳逻辑的经典之作,正如亚里士多德的著作是三段论逻辑的经典一样。密尔认为,我们总是从特殊到特殊,从一个事例到另一个事例进行推理或推论。这是因为有一种固有的普遍化倾向,或者是因为我们断定某一情形下发生的事件也会在其他情形下发生。对这一信念的唯一的科学保证就是自然的统一性,这种统一性也是从不计其数的具体观察中归纳出来的,其中没有发现一个反例或否证。这个最宽泛的归纳法成了所有其他归纳法的逻辑基础。

密尔在发展其体系的时候,在归纳法的两种不同定义和描述方法之间来回摇摆,一种是传统式样的和毫无结果的,另一种则建立在实验科学的实际方法之上。就前一种而言,归纳就是这样一个推理的过程,即在观察到的一定数量的情形下,被观察到的事实总会在相似情形下再次发生。这样一个陈述显然是模糊不清的,它导致这样的问题:被观察到的情形的数量必须有多大才行? 因为自然事件的复杂性,要确定在原来的情形下真正发生的是什么并非一件容易的事。

另外，必须存在哪一种程度的相似性，才能保证同一事实在其他情形下发生？我们怎样才能保证所需相似性的存在？在处理诸如此类问题时，密尔一笔带过。他最后认为，在分析观察到的事例的各种方法里可以发现归纳法的关键所在，这些方法显示了被观察事例中不变因素的共存或顺序。归纳法因此成为在现象中发现某种联系的方法，这些联系是不能被直接观察到的。

然而，密尔从来没有清楚地领会到由他所导致的归纳观念的转换。按照他最早的和正式的观点，归纳只是把在某些事例里发现的事实扩大到所有事例。虽然他没有公开承认，但根据他后来所采纳的观点，归纳就在于发现在"某些事例"里真正发生和存在的是什么。他强调的重点已经从对事例的纯粹数量的收集和机械比较，转移到对某个典型事例或精选事例进行实验的分析。对大量事例的经验收集具有十分的重要性，但这样做只是为了挑选和分析某个典型事例，为了测试由此产生的假设而提供一种支持和确证，而不是为一种归纳推理提供原初的假定。

教育的方法反映和遭遇了反省探究的演绎和归纳相分离的问题，这是逻辑史上特有的现象。归纳活动方面的主要错误在于，它断言心灵活动是从大量分散独立的对象开始的，比如这条河、那条河和另外一条河，然后进行机械比较，挑选出它们共同具有的东西，排除不能在它们身上同时发现的特性。事实上，归纳就在于把握什么是**重要的**，在任何一条河中什么对于知识是重要的。与其他河流进行比较的价值，并不在于指出其外部的相似性和差别，而是有助于鉴别某些特性的相对重要性，然后抓住和突出某种性质，以顺藤摸瓜来理解其他的特征。归纳法所具有的概括性，主要不是为了找出一些事例中的共同特征，而是为了找**出所有事例中重要的法则和联系**。

就教育而言，这意味着把**一条河流**作为典型事例进行考察是重要的；只有这样，我们才知道在它身上什么是重要的，而不是粗略地同时去考察大量的河流。某种特征的**重要性**意味着，该特征具有解释其他特征的能力。因此，在归纳法里，应当得到强调的是**构成原因的因素**，这是一些创造性和推动性的因素。通过把某条河系作为一个类型进行详细考察，我们就能最好地知道这种因素；相反，如果只对大量的事例进行比较，而不仔细对某个典型事例进行分析，得到的就只能是静态的特点和结果而不是原因。

我们需要注意的是，当归纳教学方法把发现原因和解释性的特征作为其目

243

的的时候,它就必然与演绎法有机地联系在一起;因为发现这些基本特征的动机就是为了得到一个原则,可以将此原则应用来解释和组织带有河流特征的其他客观事实,而这种应用就是演绎。另一方面,仅仅挑出大量事例共有的特性并不能解释这种共同性的原因,也不能解释因为不同而被排除出去的特性。因此,把归纳与演绎分割开来是武断的。

244   在教学方法上,把归纳与演绎机械地分割开来还存在如下错误:(1)在讲授任何科目的时候,收集孤立的事实,而不以正确的方式加以运用,以至于得到的都是互不关联的不同线索,从而难以区分其重要性;(2)当意识到这种方法的弱点以后,老师就仅仅是教给学生一个笼统模糊的观念。只有当头脑真正意识到细节是怎样集中在一起构成整体之后,这种模糊性才可能被排除,特殊的事实才可能变得真正重要起来。

不言而喻,当归纳与演绎分开的时候,演绎也相应地处于一种分离状态,从而不能恰如其分地发挥它的作用。这种分割所导致的方法上的教育错误有以下一些:(1)从定义、规则、原理和法则出发。一开始就给出定义或法则,有时候在教育上可能是有益的,尤其是对年龄稍大的学生来说;但是整体而言,我们应该意识到,这是一种把注意力引向问题的心理策略,而不是一个对真正的逻辑原理的陈述。从逻辑上来说,只有在处理某些单独的复杂情形的过程中,需要把各种细节联合成一个前后一致的体系以对之进行解释的时候,一般的原理或法则才有意义。(2)即使获得一个合适的解释性原则,也不能恰如其分地运用演绎,不能把该原则运用到新的事例中去。正是在这个环节上,而不是从一开始,参考大量的事例就变得尤其重要。通过对一类事件的研究,当学生掌握了它的原理或一般性质之后,这个原理就必须通过应用于以前没有研究过的其他大量事例来进行扩充和验证。这一应用不仅应当尽可能地包括新的观察,还应当包括试验(参见该条目)性的因素。数学作为一种主要的演绎研究,其在教育上遇到的重要问题就是没有把一般原则应用到具体的经验环境中去。仅仅把一个数学观念应用到其他数学例子之中,无论其抽象理论如何好用,就教育学而言,仅仅是对

245   原则的阐述,而不是对其意义的一种演绎的检验。

要对前面的讨论作一总结,可以说,教育方法滞后于科学方法的发展。它还停留在早期科学实践的阶段,其归纳法只是处理特殊事例,而演绎则是为了处理一般的东西,它们彼此分离。教育方法应当调整自身以适应科学方法的发展,相

应地,反省的探究应该关注复杂的对象和情况,其中归纳通过分析某种关系或原则而有所发现;演绎则应用原理进行综合,把特殊事例重新连接在一起,组成一个更加完整的情况或对象。

参见抽象、分析和综合、概念、普通化、假设、认识、方法。

参考书

Colvin, S. S. *The Learning Process.* (New York, 1911.)
Dewey, John. *How We Think.* (Boston, 1911.)
Studies in Logical Theory. (Chicago, 1903.)
Lotze, H. *Logik.* (Leipzig, 1880.)
Mill, J. S. *A System of Logic.* (New York, 1900.)
Miller, I. E. *Psychology of Thinking.* (New York, 1909.)
Sigwart, C. von. *Logic.* Tr. by H. Dandy. (London, 1895.)
Venn, J. *Principles of Empirical or Inductive Logic.* (London, 1889.)

教育中的幼年理论(Infancy, Theory of, in Education)——从生物学上说,幼年指的是有机体的功能或器官发育不成熟的阶段。这个术语表达的意义或多或少是相对的,因为在某个功能可能没有成熟的时候,其他功能则能够正常地发挥作用了。在当代教育理论中,幼年的概念被进一步加上了法律的,或者更准确地说,加上了社会的意义。幼年意指未成年时期,这一时期的个体在法律上被成人所代表,并处于特别的保护和监管阶段。通过对这一意义的自然引申,教育上的幼年指的是个体完全免于承担成人所有责任的阶段,尤其是经济上的自立责任。这样考虑的话,幼年就包括儿童免于经济条件影响的那些年月,以使他们能够把时间和精力投入充分的成长过程之中,换言之,幼年指的就是主要兴趣在于教育的那些年月。很明显,幼年的生理和经济阶段是相辅相成的,能力的不成熟就是造成经济上依赖的原因,而经济依赖的时期又保持有利于持续教育成长的官能的可塑性。因此,有利于教育的时期就被确认为是"幼年的延长"。

246

约翰·菲斯克(John Fiske)提出了延长幼年期的重要学说。他抓住这样一个事实,即功能过早的完善化和专门化不利于以后的发展,而且在实际上使新能力的获得变得不可能。在某种意义上,动物的本能和能力过早的完善成为它们学习和进步的障碍。另一方面,幼儿不完善的专门行为则意味着一种可塑性(plasticity,参见该条目),它使学习成为可能并且提出了要求——这些都表现为对新环境的适应能力。因此,只要通过真正的成长和变化,幼儿(及其某些器官)

就可以发展成为一个人。与此相反,如果幼儿的行动能力非常完善,它就会抑制幼儿的成长,就没有了发展的潜力,就不可能出现思想和活动的新发展。

　　因此,应该用肯定而不是否定的眼光来看待幼年;它标志着十分重要的资源的存在而不是能力的缺乏。我们总是倾向于用缺乏、匮乏、无能这些措辞来形容幼年,其原因在于把成人专业化能力的形成视作我们的标准;缺乏和无能纯粹是相对的和比较而言的。如果我们强调成长的限度,它是成人专业化能力的特点(它们说明形成的习惯会抵制新的东西),成人的能力明显地有一种与幼儿相比较的缺陷,因为后者具有对于新环境的灵活的适应能力。动态地来看,幼年是一种能力而不是一种无能。它是一种成长的能力。静态地来看,不成熟就是发展的不足。自从生物科学和进化论兴起以后,人们几乎普遍地用这种消极的方式来看待童年。儿童仅仅是部分的和未完成的成人,教育的目标就是尽快把他们从这个匮乏的阶段赶进有能力的成人阶段。换言之,教育是对未来的准备,而只有未来才是完全真实和有意义的。但是,教育理论用一种纵向的观点替代了上面所说的观点,即把不成熟视作生命本身的本质,视作连续发展的、不断更新的和对变化再适应的能力。可以这么说,它代表着进化的推动力,这与成熟了的官能所表现出来的固定的适应能力是相对立的。

　　对于教育的目标来说,幼年的观念是十分重要的,它需要我们注意到延长幼年对于成人生活的社会环境的反作用。我们这样说并不过分,就像菲斯克先生(参见该条目)曾经率先指出的一样,幼年的无助也许就是人类走出动物环境、进行社会化的主要动力。相互保护和经济效率就是使人类结合在一起的强大力量,性关系带来了更为密切和强烈的结合,但是与对幼儿连续照顾的需要带来的结合相比,以上力量带来的结合是相对短暂的和本能的。虽然原始人的幼儿比文明人的幼儿更为早熟,但他们依赖所要求的连续密切结合时间相对较长,至少比出于经济或性的需要人们结合在一起按照周、天、小时计算的时间更长。比如说人们一般都承认,婚姻关系从暂时到持久的转变主要是由于孩子的出现,与之相伴随的就是孩子要求长期照顾的需要。这后一种动机完全促进了劳动,使它从对身体需要的立即满足转化成系统的、合作的和持续的活动形式。这就是说,不管对家庭还是劳动而言,幼儿依赖性的存在是把本能转化成有意识的感情和思考的强大因素。对孩子的持续照顾,倾向于把热烈的吸引力转化成温柔的感情、同情和挚爱的兴趣。它也包括预见,提前计划,考虑到比满足有机体的直接欲望和需要更广泛和更长久的东西。由于孩子存在而带来的必要性,教育的需要在科学组织中所扮演的角色,使我们能够从一个有趣的角度来理解成人教育。把知识变成训练孩子有效的可用形式,一直是把知识和信念系统化的更为强大的动机,这一动机比所有纯粹的逻辑动机更为强大。教育的必要性是全面审视经验的一个主要原因,这种经验比个人应对欲望和环境之需而直接产生的狭隘经验更为宽广。这一事实表明了幼年——也就是相对无助的阶段——在理智和道德上的基本的影响。就这个术语较为狭隘的心理学意义而言,即是从出生到3岁,这一阶段的主题已经在前述"幼儿教育"里讨论过了。

参见教育、成长、儿童劳动、儿童心理学、儿童研究、童年保护法。

参考书

Butler, N. M. *The Meaning of Education*. (New York, 1905.)
Chamberlain, A. F. *The Child*, ch. i. (London, 1900.)
Fiske, J. *The Meaning of Infancy*. (Boston, 1909.)
Hall, G. S. *Adolescence*. (New York, 1907.) *Youth*. (New Yok, 1906.)
Henderson, E. N. *Text-Book in the Principles of Education*, ch. 2. (New York, 1911.)
Kirkpatrick, E. A. *Fundementals of Child Study*, ch. i. (New York, 1903.)

推理(Inference)——就是思考或推论的过程,由此可以得到新的事实、新的概念或新的真理。其在实践上的同义语是从已知到未知,从不确定到确定。就其最广泛的用法而言,它包括了整个思考的过程,直到有所发现为止。然而,有时候太过于强调发现,以至于推理和证明被视作思考的两种对立的用途——推理是去发现新的、迄今尚不知道的东西,而证明则是去验证和确认推理的东西。正如人们经常把结论性的证明与演绎证明等同起来一样,推理的狭隘意义也被等同为归纳证明(参见该条目)。

参见证明。

知识(Information)——就是认识(knowledge,参见该条目)的方面或分支,它包括那些通过他人进行交流和传递而得到的事实和观念;至少部分是因为他人的信誉和权威而被我们接受。知识是学问(Learning,参见该条目)的一个分支,是从他人身上或者从书本上学到的内容。从定义可知,知识有两个标志:首先,它是一堆现存的认知材料,它不用考虑最初的获取和利用——它有一种现成的特征；其次，它依赖于社会的传播。显然，这两个特征是相辅相成的。知识的现成特征在于它通过社会媒介得到传播；然而借助于社会的传播过程，任何个体所发现的事实或观念都会被吸纳到普遍的知识体系里面，而独立于原来发现的那些情形。

知识超出了个体经验积累的范围，它能够与经验的来源分开。这样，其他人要获得知识就不需要重复一遍原初的经验；否则，每一代人都被迫要通过自己的观察和思考把知识重新发现一遍，这就意味着人类永远要挣扎在无望的原始状态之中。因为语言是保存和传播的媒介，作为知识的仓库和交流工具，语言自然就是教育的主要内容，而教学在很大程度上可以等同为提供知识的过程。另一方面，教育改革者总是发现，必须对语言主导教育提出反对意见；他们有理由认为，在个人知识依赖于社会知识的中间潜伏着某种危险。并非来自个人的创造性或推动力的知识内容很容易变成一种外在的沉重负担，它仅仅是被记住，却不能进入个人的观察、思考和行为之中。这样一种外在的间接知识不仅无用而且有害，它压倒了天生的主动倾向，并且制服了这种倾向，使一个人无法运用他自己天生的判断力。

因此，再也没有什么教育问题比正确地接受知识更加迫切了。作为社会交流而得到的认识，这些认识的获得方式必然要包含积极的个人反应。如果没有知识材料，个体经验就是粗疏、拙劣、狭隘和浅陋的。但是，如果没有对这些材料的有机吸收，知识就是没有用的装饰，学问也仅仅是一种炫耀。如果知识与事实和观念分开，而不是自由地进入每个人的直接经验里面，它整个就失去了启示和引导的作用。我们要把拥有大量知识的个人和见多识广的个人区别开来，注意到这种区分是有意义的。后者并不是一个拥有大量间接知识的人，而是一个明智灵活、具有处理事务才干的人。为了使知识真正变得具有启发性，让它与直接和积极的经验相联是有必要的，而不是仅仅与其他知识相联系。另外，把它应用于直接的活动也是有必要的。比如，在具体地指导实验探究、澄清当前问题的过程中传播的科学信息，会更容易地被消化吸收为有用的知识（或者"智慧"），这比直接按其所是地传播知识要好得多。比如，把地理材料与远足考察结合起来，就是一样的道理；有许多关于这个世界的重要知识，学生不可能通过自己获得，但是只要这些知识在传播的过程中能够与学生的观察和思考活动联系起来，那它就是富有成效的。在后一种情况中，两种知识形式彼此混合，相互强调。在前一种情况中,它们只是机械地并列,它们的分割妨碍了双方的有效性应用。

参见认识。

主动性(**Initiative**)——这个术语的意思是要把坚持和保护原创性和独立能力作为教育的要素。从词源上来说,主动性与"最初的"(initial)是有联系的,亦即它与指称开始和开端的事物是联系在一起的。因此,它意指引起或者独立承担某种意欲的行为方式的能力。它与服从、消极和模仿相对立,也与那些在行为过程中有着依赖意义的观念相对立。教育的目标应当把主动性作为一个不可或缺的部分,这种要求在实践上与民主(参见该条目)的增长是一致的。在封建社会里,个人的主动性是不受欢迎的东西,人们只需要随时服从他人的要求和命令就可以了。如何正确地调整民主社会和民主政治所要求的个人主动性,使它与资本主义社会中的劳动就业和工资制度相适应,应该是一个仍然有待解决和需要认真思考的问题,更是实业教育的一个核心问题。

参见活动、个性、自由。

天赋观念(**Innate Idea**)——理性主义学派总是赋予思想或理智一种先天的内容,这一内容与经验过程无关。该学派坚持认为,如果没有先天的禀赋,经验本身就会成为瞬息万变的、特殊事例的混乱堆积,不可能产生任何普遍的科学知识。这种设想出来的先天禀赋,其特定的形式总是随着时代条件的变化而不断变化。在 17 世纪,人们普遍认为,这种理性资本是个体灵魂在与肉体结合时先天带来的思想或观念。洛克站在经验主义的立场上批判了这种理论,他认为,这种理论没有什么根据,所有观念的来源都可以追溯到经验自身。对天赋观念的信仰不仅无助于科学的进步,而且会阻碍探究活动,因为它会把任何长期存在的偏见神圣化为不可置疑的原则,尤其是涉及它所坚持的阶级利益的时候。就对这种观念的批评而言,洛克是非常成功的。但是,因为洛克认为心灵具有某种先天能力(比如比较、结合、辨别和抽象的能力),那么,理性主义者想要重振旗鼓就不是什么难事了。在康德那里,我们可以看到对经过改良的天赋观念的经典陈述。他否认存在着先于感官经验的观念、精神内容、概念或者信念,但却认为心灵有着吸收和组织感觉材料的先天形式和范畴;正是这种先天普遍形式的作用,才使经验能够提供前后一致和富有意义的判断。

252

参见直觉。

兴趣（Interest）——教育中的"兴趣原理"是对许多不同动机的简略表达，其焦点在于坚持去发现在教学的内容和学生的生命经验之间所存在的真实的和紧密的联系点，学生的这种经验的存在和作用是不受学习内容安排的约束的。从词源上来说，兴趣这个单词是由 inter 和 esse 组成的，意即"在……中间"。如果 *253* 这没有完全传达出这个词的意思，至少也暗示了它的意义。兴趣表明在需要学习的课堂内容和学生的真实意愿之间并没有鸿沟存在——学生的意愿和倾向在学习的内容中如鱼得水，学习内容唤起了自我一种情投意合的反应。这样看来，对一个问题感兴趣，对一个题目和一个学科感兴趣，恰好表明学生和学习之间有着一种紧密的联系。其反面就是一种排斥和压抑的感觉，学生在学习与他的经验无关的内容时就会伴随这种感觉。

从心理学上说，兴趣和专心（attention）是有紧密联系的活动。它们经常被视作同一个活动的主观和客观的方面。也就是说，如果从精神倾向、感情和个人态度的角度来看，把新内容有效地吸收进经验的过程就是兴趣。专心则被看作在了解和掌握学习内容的过程中积极向外的精神行为。另外有一些观点把兴趣看作先于专心并且是专心的源泉；还有与此相反的观点，把兴趣看作在先的专心活动的感情结果。然而，所有的观点都承认这两者之间的紧密联系，这种紧密联系正是教育的一个重要内容。同专心（参见该条目）一样，作为一种精神状态，兴趣依赖于旧经验和新经验的适当平衡。如果学习内容几乎是全新的，那么，刺激作用就会过度，大脑的反应能力就会承受过重而变得糊涂，其结果就是气馁和厌恶（aversion）。正如"厌恶"这个词所暗示的，大脑有一种强烈的倾向，从它厌恶的内容上转移开，投身于更加适意和更有回报的题目。即使这种倾向部分地被控制住了，它也意味着精力的分散，相应地就是精力的浪费；与它相对立的，是由兴趣指引的全身心投入的活动。另一方面，完全熟悉的内容则意味着掌握和习惯，它将导致一种自动和机械的学习倾向。如果存在着新的因素，那么，习惯性的倾向就会为完全集中的兴趣提供背景；但是，如果除了调动习惯的因素之外并没有新的刺激，其结果就将是厌倦、单调和程式化，如同踩着脚踏车走了一遭，什 *254* 么新东西也没有发现。换言之，存在一定程度的难度，需要克服一定程度的障碍，有助于重新调整习惯和保持必要的兴趣。如果个人全心全意地投入正在进行的工作，其大脑的力量必然全部被唤醒，而如果没有挑战性的难度则是不可能的。

刚才陈述的事实有助于我们理解意愿（代表着兴趣）与努力之间的关系，并且有助于正确看待兴趣论和努力论之间的关系。只要儿童"生活在当下"，他们就会被眼前感兴趣的事情所吸引，他们所有的精力都会被引导和释放到直接呈现的刺激物上面。也就是说，不存在要经过一段调停时间和把调整适应性条件作为手段而达到的**目的**和预想的结果——或者说目标如此之近，以至于没有必要去思考如何控制中介性的条件。

这种直接兴趣的状态，就是"游戏活动"的特点。如果要把较为遥远的结果作为需要达到的目标，这中间要经过一系列持续的过程和环节，而且这些环节自身缺乏直接的兴趣（但是，它们对于遥远的目标又具有重要性），这时候，我们就需要一些**中介性兴趣**。中介性兴趣依赖于某种观念，有着直接性的情感兴趣所不具备的理智上的兴趣。对或多或少延长了的行动系列的兴趣，需要建立在对某种观念的坚持上面，那就是对最后的结果的设想，以及设想直接要做的行动系列对达到这个结果有着何等的影响。对于活动的控制和兴趣的源泉，就在于设想的是什么、物质上缺乏的是什么，以及物质上已经具备的是什么。

目标在时间上的遥远，当然意味着需要对付的困难增多了；一系列的困难需要一个一个地解决。于是，自我对于目标兴趣的认真和强烈程度就不断地受到检验和再检验。如果兴趣轻微而短暂，那么只要有意料之外的困难出现，或者某个困难表现得比较难以克服，活动者的精力就很可能被分散，转移到其他具有眼前兴趣却没有知识价值的事情上去。另一方面，如果自我聚精会神和全心全意地致力于目标，那么每一个相继而来的阻碍都会加深对目标的重要性的感觉，并且更**努力**地去实现它。在很多情况下，也许是在大多数情况下，自我会在两种倾向之间摇摆，一种倾向是放弃遥远的目标，转移到更具有直接性兴趣的目标上；另一种倾向是抓住目标不放，强调它的重要性，投入更多的努力。在这类情形下，一方面，在体力上要投入到达成目标的手段上去；另一方面，要投入精神和智力上的努力，坚持目标的理念，给予目标推动力。

我们在这里看到，兴趣和努力的所有要素之间似乎存在冲突，兴趣方面是直接的吸引力和直接的惬意愉快，而努力方面则承担着全部认真和重要的价值。教育理论常常对这种情况作出完全错误的解释，无论在知识的意义方面，还是在

255

道德的意义方面。兴趣被视作没有内在价值和令人讨厌的东西，会把人从具有客观重要性的事物上引诱开去；它是直接性的趣味，与理智和思考指示的真正具有价值的东西是相对立的。这意味着具有客观价值的目标整个儿是缺乏内在兴趣的，因此必须依赖意志的纯粹努力。它是使自我保持在正确道路上的唯一动力，只有它能够使自我与"兴趣"的诱惑进行抗争。

前面的分析应当已经暴露了这种解释的错误之处。使努力持续下去的并不是纯粹意志的吸引力，而是对目标的兴趣，这是一种间接的和理智上的兴趣，区别于直接的、纯粹个人的、感情的和感官的兴趣。因此，真正的教育不需要排除兴趣，而是要培养间接兴趣、对未来目标的兴趣，使它比直接兴趣更为强大。如果直接兴趣成为推动力的话，它就可能使自我脱离目标，并且把行动从思考的层面转移到感官的层面。在思考之前和之后以及已经立下一个遥远的目标之后，直接兴趣的意义迥然有别。当思考并没有发生重要作用，或者当形势不需要思考扮演一个重要角色的时候，直接兴趣就仅仅是自我的一种强烈的外倾的活动，标志着自我与外界的合一。它在外界中发现自我，并在环境中表现自我，它保留着所有审美和艺术表象的基本特点。当对目标的兴趣得到认真的坚持，直接兴趣就倾向于把自己转化成对实现目标的手段的兴趣，这样一来就发展出一种新的直接兴趣。这种兴趣与个人开始所具有的感官兴趣一样，是直接、强烈和自发的，但是它同时建立在思考的基础上。当一个人对某个经过思考的目标持有真挚和强烈的兴趣时，手段和目的之间的区分就消失了。手段本身也浸透了达成目标的价值的意义，而目的与达成它的手段变成一体，它似乎也就不那么遥远了，每一种现成的手段都代表并体现了目的。这种手段和目的的相互渗透，不断地表现在科学的追求中，也表现在获取财富和政治地位的努力中。但是，当目标的思考与眼前的现存条件不能达成一致的时候，在从一开始就缺乏建立在理性之上的目标与兴趣在理性目标和现存手段中达到最终的统一之间，常常会出现一个中间阶段。在这样一个中间状态下，在思想和诱因之间会有暂时的冲突，前者代表的是持续的意图；后者作为眼前兴趣，代表的是令人愉快的东西、让人满意的东西，代表的是欲望的直接诉求。但是，正如我们已经指出的，处理这种关键问题的有效方式并不是用纯粹的努力榨干所有的兴趣，这注定是一项无望的任务；而是要用一切可能的方式增强对最后目标的兴趣，这样对目标的兴趣才能与达成目标的手段的兴趣合二为一。

现在,让我们认识一下在训练(discipline)与兴趣的关系上,什么观念是正确的,什么观念是错误的。一个受过训练的大脑能够控制思考,抵制无关的吸引和诱惑;它意味着能够去注意被认识的东西,能够把所感(以及想象力伴随着表现出来的东西)与所思的东西联系起来。教育中的训练过程就是为了达到精神控制的状态。简而言之,真正的训练特别关注的是理智的态度和方法:在需要思想的审视和判断的情况下,能够用思想来掌握情况。由于这种训练明显地要求去克服阻碍,把精神集中在多少有些不愉快的事情上面,所以产生了一种错误的训练观念;这种观念没有看到理智的作用才能保证集中、有序和恒常,只是把训练看作致力于乏味事情的纯粹努力。当一个人被迫去从事某种无趣的和令人反感的工作时,训练的方法就被视作有效的。这种时候,教育者会仅仅为了困难而增加困难,为了训练意志和注意力而安排任务。其错误在于把意志和注意力与思想分开了,而只有思想才能发挥坚持遥远目标的作用,并且把目标与现存手段紧密地结合起来。

将努力与排斥思考行为联系起来,这种错误的训练观念由于一个与之相反的错误而得到加强。有一派教育学家留意到力图抵制兴趣所造成的浪费,因此主张诉诸短暂的感情意愿,而不是诉诸意志和对遥远目标的兴趣。就像那种持训练观念的学派一样,这一派也忽视了思想,即关于目的或意图的思想才是解决问题的关键所在。它其实是在用各种策略来迁就兴趣,这样就会把真正的目的掩盖起来,会减少认真思考的需要,把行动置于现存条件的直接刺激之中。因此,兴趣意味着在掩饰种种困难。既然这种方法必然会放松应有的训练——这种训练能够把思考作为一种有效方法来指导行动——这样,它就不可能促成持续和认真的勤奋,从而导致了一种反弹,那就是通过安排令人不悦的任务来确保"训练"的方法。但是,训练方法在确保教学内容有真正吸引力方面又是失败的,它反过来会重新诉诸感情刺激的方法。打破这种恶性循环的唯一方法就是承认理智因素的重要性,看到一种多少有些遥远的目标思想的重要性,把这个目标作为调节因素来增强兴趣。

258

我们在前面已经提到,间接兴趣包含着一种理智的兴趣。从一开始,这种真实的和不可或缺的理智兴趣就从属于实现一种目标或意图的兴趣——即从属于一种实践的兴趣,这个"实践"是广义的意思。然而,从目标向手段的兴趣转移是一种最平常的经验现象,就其消极方面来说,有传统的事例,即守财奴将金钱可用于消费的兴趣转向了金钱本身。但是，这种转化也有积极的价值。它显示出在没有一个遥远目标的情况下，也会形成一种纯粹思考的兴趣、一种展开调查和不断探究的兴趣。不同的大脑对于这种转化的感受性大不一样，但只要这种转化发生了，我们就有了真正意义上的理智兴趣。即使在实际事务方面，有一些为知识而知识的兴趣，对于保持一定程度视野的开阔、大度、公正和超脱，都是必要的。因此，它是一个在教育过程中应该建立起来的目标。有些大脑极易倾向于知识方面，而另一些大脑则倾向于较为狭隘的实际和非知识的方面。前一类大脑容易变成理论型和学术型的，或者用不那么好听的说法叫做抽象型的，他们的知识与行动分开了，理论与实践分开了。这样一来，观念就不能被实践所检验和丰富了，实践则因为没有被知识所启发和激励而变得僵化和狭隘。由于不同的历史环境，绝大多数的学校教育往往倾向于培养苍白的理论型的人，忽略了那些在活动和实践方面更具有天生持久兴趣的人（参见**活动和文化**）。

我们已经从心理学的方面探讨了兴趣这一主题。然而，这暗示着它还有客观的方面。"兴趣"这个术语经常被用于指称我们感兴趣的事物，它被当作同义语来表示思想和行动的一种关注、一种价值、一个决定性的方向，表示一种执著追求的工作。因此，我们把生意、科学、艺术、宗教和政治都称之为兴趣。"兴趣"的这种客观性应用证实了我们开始所说的，它意味着心灵与目标或者主题的重合。这种重合可以从心灵的方面得到讨论和理解，同样可以从主题的方面进行讨论，自我可以由此获得和实现它的能力。兴趣的这两个方面，对于教育来说是基本的东西。作为教育活动中一个指导性的原则或者规范，它能够使教育者避免两种有害的幻想：一方面是认为心灵能够在精神主观领域独自运用和展示其天性。与之相对立的兴趣论的观点（与许多教育实践联系起来的）则强调在艺术、科学、文学、历史和技术创造活动中应该有必要的主题和内容，只有这样，心灵才能够充分地活动起来。另一方面是认为内容与心灵是不相干的东西，重要的是**意志**（而且就是选择的意志）。意志可以应付任何主题，任何对于心灵的固有选择和自发倾向的关切都会导致一种软弱无力的原则。与这种观念相对，兴趣论重在坚持这样一个事实，即学习内容能够被吸收并且产生教育作用。只有当它被自我固有的主动倾向所关注的时候，它才能成为自我的一种兴趣、一种生命的关切、一种重要的事业。

参见**努力**、**正规训练**、**赫尔巴特**。

直觉（Intuition）——直接认识的名称，它与中介的或逻辑的知识相区别。思想史上有两类直觉：感性知觉（sense perception）和理性知觉（rational perception）。感性知觉的主要问题是：它本身究竟是一种知识形式还是一种判断形式，即一种推论性的解释形式。如果是一种知识形式，那么就存在一种不用思考的知识；如果是一种判断形式，感性直觉的即时特性体现了这个事实，即再现先前的推理，最终形成一种自行活动的习惯。这样严格说来，知觉就是一种再认识，是一种立足先前的认识判断的认知活动。在这两种观点的论争中，有一派认为知觉是后天习得的而不是原始的直觉认识，其主张获得了认可。然而，就争论所关注的哲学观点而言，由于将感觉作为直接知识的一种替代形式，这个结论就被抵消了。理性直觉理论首先从柏拉图那里得到了系统的发展。柏拉图认为，我们需要某些认识方式，由此可以把推论和证明的认识理性与直接生命的直观性认识结合起来。因此，他引入了与最高绝对本质的纯粹理性面对面的知觉概念（参见"理念"）。这种直觉包含认知者和被认知者之间相互渗透以及前者对于后者的吸收。这一主旨在新柏拉图主义者和基督教神秘主义学派神学家那里得到了发展，前者表现在一种超越所有逻辑范畴的迷狂的观照之中，后者则表现在对于上帝的真福直观（the beatific vision of God）之中。

在柏拉图的传统里，理性直觉是对绝对实在的一种正视，蕴含着一种半神秘主义的因素。天赋观念理论（参见该条目）瓦解之后，理性主义的反神秘主义学派提出了抽象真理的理性直觉的观念，就像那些道德和数学的理性直觉一样。这种理论强调对于最初的和必然的真理的直接确信，从而成了苏格兰学派对抗休谟的经验主义怀疑论的堡垒。康德把直觉的判断力作为一种知识的理想，认为它是不可企及的，但它能提供一种有限性的观念，由此可以对感性知觉和反思判断进行批判，揭示出它们能比有限知识产生更多东西的观点。在当代思想里面，柏格森提出了一种有趣的不同的理性直觉观。他认为，逻辑或推论的理智为了行动而得到进化，因此不能担当把握实在本身这种沉思的任务。理智和直觉代表着从同一个实在分化出来的两种不同的演化路径；然而，一种模糊的似觉非觉的直觉仍然包围着清晰明了的理智知识。当撤回到实在演化的直觉路线的时候，人类可以通过一种意志的最大努力让理智的成果与留存下来的直觉融合在一起，由此至少可以保证我们看到实在本身内在的创造性冲动的闪现。

参见经验主义、理念、天赋观念、神秘主义、新柏拉图主义等。

261

孤立（isolation）　——这个术语表达的意思是联系（correlation，参见该条目）的对立面，意指在教学或讲授方法中把各科目当作彼此分开的内容。有人声称，只有把算术、地理、历史等科目视作独立自足的学科时，每门学科才能获得正当的权利并达到其合适的目的。这种观点的背后包含着这样一种逻辑观念，不同的学科代表着不同的实在，它们与出于方便而把整体分割成的部分不同；它认为存在着许多具有客观重要性的实在部分，每一门学科（或者一组学科）就代表着这样一个部分。通过把各门学科分割成单独的学科，并使它们相互协调，教授的内容就能变得既明确又连贯。

262　　也许从哲学上可以这么说，孤立和联系代表着从直接生动的经验形式到其逻辑构成的发展的阶段；也就是为了更好地进行知识引导而对经验进行组织。经验不是始于大量明确划分的领域或主题，这些领域或主题要么需要在孤立中变得更加明确清晰，要么需要在各种联系中结合起来；经验始于有些模糊和比较混乱的流动的整体，它的各个部分随时准备流进另外的部分，这些部分通过不同的利益和目的得到划分，而不是通过客观的或逻辑的差别得到划分。成长一方面采取一种朝向分化的运动，另一方面朝向彼此之间的相互联系。因此，孤立代表的是教学和学习的一个发展目标，而不是原有的划分。数学作为一门学科有着鲜明的特点，它有自己独特的内容和专门的方法。追求数学知识，标志着一种逻辑的理解。即使这样，让差别化达到完全孤立的程度，也是不可取的。我们应当记住，除了专家之外，所有的教育目标都需要做到每门学科与其他学科之间的相互依赖——它们可以彼此应用并应用于生活。只有做到联系和差别不是相互竞争而是彼此互补的时候，我们才能满足这种需要。

参见**联系**。

判断（Judgment）——这个术语可以在广义的和极其重要的意义上使用，也可以在狭义的和形式化的意义上使用。其本意是指为了得出一个结论或决定而去权衡事实或证据的活动（或者能力）；或者（就像通常用这个词标明的活动一样），是指通过反省探究和审视而得到的结果或决定。从这种意义上说，判断恰好就体现了思考的实质。所有的思考都是判断活动直接或间接的一部分，是在263　　调查和检验之后形成的一种评估或评价。为了应对不同的情况，在对证据认真地收集和评估的时候，思考的用心和彻底程度都是不同的。"判断"这个词起源于司法程序,这表明了判断的评价性以及它与一个合理明智的结论的关系。我们之所以需要判断,主要是存在着一些争论的事情、一些很成问题的事情、一些悬而未决而又需要决定的事情。如果没有这种不确定的危机,如果没有这种很成问题或难以决定的情形,也就不会有判断的活动。因此,判断需要传呼和聆听证人提供所有与决定事态相关的事实——也就是说,需要观察和回忆那些作出正确决定所需要的材料或证据。判断还包括进行筛选、比较、分类和联结,通过这些环节决定各类事实的相对权重。这样一个衡量和评估的过程,必然包含与事实相关的普遍规则和原理的应用,这类规则和原理已在先前的经验中得到确定。最后经由判断作出这样一个决定或声明,即在一定的误差的限度里,情况是如此这般的。从以上论述可知,无论在形式上还是在内容上,判断显然都以个体化的具体形式包括了所有的思考或探究:从内容上说,它包括搜集的事实;从形式上说,它是对事实的权衡和对事实意义的裁定。从逻辑分析的角度看,存在和意义就是每一个判断的明确特征。

显然,判断的训练在教育系统中占据了核心的地位。这一点可以通过忽略这种训练会带来怎样的错误而得到清楚地说明。简而言之,这类错误一方面在于通过观察和记忆材料而对事实进行单纯的搜集,另一方面在于不考虑内容而进行纯粹形式化的推理。与这类错误相对立,判断既包括收集事实,也包括运用推理对内容进行比较、对比、评估和解释。只有当这两个过程结合在一起的时候(与存在和意义的相互联系对应起来),无论对生活的实际思考还是对科学的理论追求,都具有训练的价值。因此,以下情况都不利于判断的训练:增加一些孤立的感性观察,就像在某些实物教学和感知训练里所做的一样;增加一些逻辑分析而不理会它们对结论发生的影响;只是重视正确再现以前学到的东西,却不运用该结果开展进一步的探究;重视正确的结果或答案,却忽略达到该结果的精神活动;按照外在的指定的内容和方法进行训练,却忽略运用判断去收集、组合、检验;把机械的技巧、自行的速度(automatic rapidity)以及准确性放在反思探究之上——就像许多所谓反复练习的训练一样;犯错的可能性被机械地排除,如果出了错,它们也只是外在地得到纠正,而不是让学生承担起理智上的责任。

就"判断"一词较狭隘和较专业的用法而言,它表达了两种对象、两种思想内容、两种意义之间的一种关系。这是"判断"一词在形式逻辑中逐渐获得的意义。从这种角度出发,刚才所解释的"判断"的重要的实践意义有时会被视作仅仅具

264

有心理学的特征而遭到轻视。从适合生活中进行的实际思考活动的判断而言，对于一种抽象关系的形式化陈述，是有效判断发展的一个重要阶段。它标志着对先前思考的最终结果的总结和汇集。这种陈述对于进行充分和关键的判断，是不可或缺的因素。因为公式化的作用如此重要，所以判断往往可以与关系陈述或命题(参见该条目)等同。

265　　　**认识**(**knowledge**)——该术语的范围极其广泛，就它现在的意思来看，它可以指称多种多样的活动和内容，或者至少包括两个共同的因素：它与理智(或者反思)有一些直接或间接的联系，与确定、安全、把握和固定有一些直接或间接的联系。就像概念、判断、思考等术语一样，该术语也有着积极的和消极的含义。它既指称认知的行动，也指称认知的结果。然而，就像"科学"这一术语，"认识"本身主要是一种消极的意义，指称成功地进行认知后的内容或主题。作为动词的"去认识"(to know)和作为分词的"知道"(knowing)包含着两重意义，既指探究、探索和发现的活动，也指对一种内容的拥有。认识的对立面是无知(ignorance)。

　　"认识"这个术语包含四种独特而又彼此联系的意义。首先需要提及的前两种意义是最个人化、最直接和最具实践意义的，它们是学到的知识技能和熟悉了解意义上的认识。我们知道如何走路、说话和溜冰等；专家知道如何编织、染色和制造金属等。做事的能力也许是认识的最基本的意义。这种能力之所以区别于本能，就在于它是通过理智获得的。但是，甚至这种差别也不能得到始终如一的坚持，因为我们还有流行的直觉认识(instinctive knowledge)的提法。生物的第一个需要就是要知道在某种情形下应该如何行动；为了生存，它必须使自己的行为适应与其福利有关的事物。这种必要性不仅包括自然的需要，也包括社会交往的基本内容和一部分社交艺术的成分。我们可以从以下事实看到这种认识首要的和深刻的特点：一直到古希腊哲学的兴起，希腊语也是用同一个词指称艺术(技艺)和认识，即τέχνη。苏格拉底在其逻辑讨论中有一个诉诸艺术的著名类

266　比，他使用鞋匠、吹笛者、木匠的手法来证明这样一个事实，即艺人为了达到其完美制作的目的而表现出他处理材料的熟练技巧，与此同时表现出最有把握和最为智慧的方法。

　　熟悉和了解也就是知道如何去做事，在相当程度上，熟悉是因为知道了该如

何做事,而且熟悉的程度要由做事来衡量。只要我们能够轻易和成功地适应任何环境,就会熟悉和了解环境。那些陌生和遥远的困难,以及认知上的障碍,都完全消失了,取而代之的是一种内心顺应的亲切感。当我们知道如何对付一件东西的时候,就知道该物是怎么样的;我们与之进行交流,并且形成相互的反应。作为一种熟知的认识,不仅知道怎样做,或者掌握了知识技能的结果和报偿;它还建立起一种感情的联结——它能够出于一种目的来欣赏或理解一件东西的价值和用途。在正常情况下,了解和熟悉要以一定程度的合适和合意,以及一种力量感和轻松感作为先决条件。但是,过度的熟悉,过于长久地专注一个主题,可能会变得"不屑一顾"(breeds contempt);它会导致一种反感、无聊和厌倦。

认识的第三种意思指的是从他人那里获得的东西,通过向他人学习而间接获得的东西。语言传递使我们大大超出了知人接物的个人限度,使我们间接地知道了他人直接熟知的事情。通过口口相传,尤其是通过书写语言,间接的认识包括了其他任何生物没有也不可能直接熟知的知识。这类认识包括知识(information,参见该条目)和学问(learning)——它包括已经学到的和将要学到的东西。

上面提到的三种认识类型都使用了理智的或反思的思想,但它们仅仅处于从属地位。思想仅仅被作为一种操控事物的手段;它可以增加我们对于事物的了解;它可以帮助我们领会和理解其他人所传达的信息。然而,思想并没有在任何意义上被作为认识的来源而得到运用。然而逐渐地,人们去积累和整理熟悉的材料和知识的时候,并不是为了增加了解和占有学问,而是为了理性的证明或者用推理的方式去发现新的认识。人们不满足于建立在个人的了解或对他人信任之上的那种保证;他们要寻求来自理性的基础,来自逻辑顺序及其体系的东西。这样就产生了第四种认识:理性认识、科学、绝对认识。与知识一样,这类认识是间接得到的;但是,在其依赖逻辑材料及其前提而不是依赖观察和他人传达的意义上,它又是直接得到的。从这个观点来看,认识与科学是等同的,我们没有正当的逻辑把知识技能、了解的东西和知识的内容命名为认识,除非它们被归结成一般原理,并且以一种系统的方式彼此相联。否则,它们代表的就仅仅是信念和意见,绝对不是认识。这种完全从逻辑出发来定义科学的倾向,导致了实用主义哲学(参见该条目)的反弹,它把这种认识观视作理智主义(或者理性主义)的典型谬误。如果纯粹从逻辑基础上来定义认识,那么,认识的纯粹理论特点将

267

会与实际考虑脱节，与喜好和厌恶脱节（这是了解活动的一个重要因素），与知识特有的学习和传播的社会过程脱节，当这些都被孤立起来之后，科学认识就会被看作一种抽象的东西。这样在发生学和心理学上（一般人都会同意），其他类型的认识不仅被视作是更加原始的，而且被看作更基本和重要。事实上，作为一种逻辑命题体系，认识最终被看作是具有价值的，因为它可以为更多直接的、积极的和社会的认识提供更充分的指导和更丰富的内容。

268　　　从教育方面说，毫无疑问，本文提出的四种认识类型的次序代表着它们发展的次序。反对所有现代教育改革的人，都是从所谓的"演绎"方法，从定义和归类的体系以及解释的法则开始的。他们实质上断定，认识的逻辑类型代表着基本认知体系一个成熟的、新近的和专门化的发展。如果把这个发展孤立起来或者作为一个起点，在教育上是没有意义和有害的。另一方面，许多改革者在反对教育中的抽象的时候，却没有注意到甚至在更为原始的认知方式中反思和解释的从属因素的作用，因此错误地把"具体"等同于纯粹自然物体，而不是将它看作一种积极的经验或兴趣的中心。

　　　许多教学问题还涉及知识或者说共有认识与个人认识的关系。知识有一种间接的、衍生的和因袭的特征。它的内容不能像日常熟悉之物那样，有着活生生的经历和深刻的理解。对于现行教学方式的所有考察都向我们表明，纯粹书本和课堂的知识内容，往往会窒息本该在理智行为和认知活动中发挥作用的自然的和主动的兴趣。这类知识内容很难被消化和接受，从而不会被真正的理解。它是僵化的东西，排斥思考所特有的选择安排（selective arrangements）；它仅仅是记忆而不是判断；它只是一些需要机械掌握的文字符号，而不是作为理智所理解的真正的实在。然而，如果没有这种共有的知识内容，个人了解的东西就会是狭隘的和肤浅的，个人的活动几乎不可能超出例行公事的范围。可以肯定地说，社会交往是个人活动和认知的一种非常重要的因素。教育的目的不是为了增加
269　知识而增加知识，也不是要尽可能地排斥和压缩知识。我们应当尽可能把交流的内容与直接行为和感情反应的内容作为密切联系的东西融为一体；只有这样，前者才可能从后者那里获得力量、活力和直接性，而后者又不断地扩大和加深前者。总之，常见的错误并不在过于重视事实和思想的交流，而是把它们以一种孤立的方式呈现出来，以至于不能自发地与狭隘但直接的知识连接起来。

法则（Law）——大体说来，法则是对一种物体或事态诸要素之间的次序或关系的陈述，这种次序或关系是用来理解、组织和控制相关物体或事态不同特性的手段，也是把其他看起来不怎么相似的物体或事态归结为一种相同形式的手段，在这种形式中，可以应用同样的或者密切关联的认识方法。因此从逻辑上说，法则即是对一种关系或次序的陈述，它可以被用来作进一步把握现象的有效方法。

当然，各种重要的次序和展示出来的规则都取决于所处理的材料的特征。其内容上的基本区别，只是活动（或作用）和状态（或结构）之间的区别，因为人类首先关怀的就是维持人事，特别是维持团体或社会的人事。人类自觉意识到的第一种法则就是适用于人类活动彼此关系的次序规则——即**法律意义上的法则**，或者是政治和道德意义上的法则。于是，我们有了一个对于行为的次序的规定。当我们将它作为一种限制的规矩而用到更多行为上的时候，它显然就成了**一种行为规则**。它呈现出一种对于所有事情的权威性，在某种意义上，是要求以某种方式行动的命令或者指令。当人们的注意力转向自然存在的时候，他们要努力去发现和表述自然存在的统一次序，这会导致一种必然倾向，那就是按照法律规则来设想自然的法则：以此作为支配具体事例的最高权威，而这些事例则被设想为是"服从"于法律的臣民。按照一种哲学派别的信条，支配万物的权威就是上帝（God）、自然（Nature）、力量（Forces），或者理性（Reason）。

在 18 和 19 世纪，科学的进步促进了实证主义运动。在实证主义看来，一种法则表示的仅仅是共在的次序和现象的序列（作为一种现象的构成要素）。权威的观念，统治和服从的观念，都被作为从现象中抽象出来的统一性的理论表达而被排除出去了。这一观念在法律的和科学的法则之间划出了清晰的界线。

这一区分标志着科学和文化的重大发展，然而，这种绝对的形式划分也带来自身的一些特殊困难。这样，法律和道德的规则仅仅被设想为一种命令或诫令。因此，它们似乎就是武断的。从最终的分析来看，它们或者是建立在力量的优越性之上的，或者是建立在"应是"的理想考虑之上的，缺少实证的和存在的力量和效率。在第一种情形下，法律意味着专制。在第二种情形下，法律意味着与"实际是什么"相对的"应当是什么"的空洞抽象。另一方面，由于科学和自然法则被设想为是存在着的事物的统一性，它们就完全与行动相分离了，行动被降低为特定的自然存在类型——因此，法则作为行动的重要特性就被否定了。

270

各种倾向汇聚起来,产生了关于法则的第三种观念。这种观念把法则的实践意义和科学意义联结到一起,同时排除了最高权威和强制命令的意义。在任何一种具体的情形下,把一种次序(不管是自然的还是社会的次序)的规定变成一种法则,就是把它作为一种常规方法去应对其他的问题和可能发生的情况。因此,科学法则不仅仅是共在的陈述,还是进一步探究、解释和组织的常规方法。在某种意义上,它就是一种行动规则,亦即在调查过程中指导和规范行动的方式。关于一种统一次序的规定,要么是局限在它已经观察过的特殊事例上面,要么是扩大到对新情况的猜测上面——这是一种期待、预测和可能行动的规则。此外,通过应用科学和技术,这种由观察和抽象得到的统一性体现为种种方法,可以用来控制事物,让事物适应人类的需要,从而进入公开的社会活动领域之中。

从社会的和道德的关怀方面来看,发生了一场相反的运动。随着民主和更为自由的社会交往的发展,道德和政治的法则都失去了冰冷的律令形式和空洞的理想形式,而往往被看作保证达到客观价值目标的活动次序。从两方面看,自然存在的法则和实践活动的法则之间的尖锐对立得到了缓解;因此,法则的概念里同时包含着理智和实践的因素。

参见普遍化、假设、行动、实用主义。

人文教育(Liberal Education)——人文教育的概念可以追溯到亚里士多德。他在人文教育和机械的或专业的训练之间作出了明确的区分,前者是一种目的,后者则是一种达到某些实践目的的手段。人文教育的主要特性是它与闲暇联系在一起,与认知的能力联系在一起,这两个特性又必然地彼此联系。奴隶、农奴、工匠和商人太专注于实际事务,因此不可能具有为认知而认知所需要的闲暇,只有有闲阶层才可能为了心智而去培养心智。即使是在理论领域,过度的勤勉也会导致一种不自由的精神。人文教育的主要内容是音乐(在希腊语的意义上)。这种教育需要多大程度的训练,则要由上面提到的标准来决定。如果做事的技能变成主要目的,学习就成为不自由的事情。为做事情而进行的实践活动应该属于奴隶,属于不自由的工匠阶层。在人文教育中,实践是为了促进对于艺术的理解和享受,这种理解和享受也是其他人所具有的。

由亚里士多德提出的人文教育与奴隶教育(servile education)之间的区别,

其基础在于古希腊社会所赖以建立的阶级分化。实践和为实践而进行的教育根本上是不自由的,因为它或者是由本身不自由的人群所从事的;或者是由法律上是自由人但专注于赚钱之类的狭隘目的,以至于没有兴趣实践其认知能力的人群所从事的。只有对那些社会地位令其摆脱了所有奴役劳动的人来说,这种认知能力的实践才是适宜的。

亚里士多德对人文教育的定义还建立在认知的自由性和做事的奴役性之间的区别之上,这一区别是与他的形而上学和伦理学体系的几个主要观点联系在一起的。他认为,纯粹认知关注的仅仅是精神形式的理性关系,因此是宇宙中最重要的事情。它是自然存在的终极因,是最高的目的和至善。它把上帝的性质定义为纯粹的活动。它涉及的是理性,是对万物的解释,是自身圆满——就像三段论一样自己包括自己,不需要来自外界的帮助。相比之下,做事或实践则源自欲望,它是物质的而不是观念的:它代表的是种种需要、匮乏、未完成和不完善,而且一般而言,可以归因于人的动物性而不是神性。在所有的追求中,最重要、最自由或最富于人文性的追求,就是理论的沉思和探究;它是超越于世俗之上的。

亚里士多德的定义后来成为所有关于教育的定义和分类的基础。它在七门人文科学(liberal arts,参见该条目)的观念中产生了特定的影响。他关于纯粹理论生活具有超越性和神圣性的观点,在中世纪被用来证明神学是最高级的学问。中世纪还把修道士的生活视作不仅高于世俗生活,而且高于牧师生活——因为牧师仅仅是投身于必需的实践,却没有全身心地投入神圣知识的修养之中。

然而,到了知识复兴的时代,占据统治地位的神学及其相关的内容仅被视作一种为牧师做准备的职业教育。人文教育被等同于人文科学的教育,等同于古代经典的认知、希腊语和拉丁语的文学认知。尽管旧的七门人文科学的分类继续保留了下来,这些科学——诸如语法、修辞和逻辑——却被等同于古典文学研究的知识,而不是等同于“神圣的”语法和修辞,也不是等同于被称之为神学侍女的逻辑学。然而,对于古典文学研究内容的兴趣,在复兴人文教育理念的同时却模糊了这种传统分界的背景。

到18世纪,自然科学的兴起打破了把人文教育等同于古代语言教育的正统分类。纯数学毫不含糊地被列入其中;其他的科学则被作为可疑的原告而暂弃一边。到了19世纪,欧洲语言中的文学和哲学进一步发展,使得用语言作为人

273

文教育的一部分而得到承认。历史和社会科学的发展，进一步搅扰着这个观念的内容。人文教育曾经声称，它是人之成为人和人的兴趣之成为兴趣的特定的典型代表；然而，历史学、人类学、政治经济学和社会学似乎比古典文学研究更直接地关注人类问题。

这些原因导致了这样的结果，即所有企图按照某些内容原则来规定人文教育的做法都被放弃了，虽然人们还是认为古希腊语、拉丁语和从演算到代数的数学在性质上仍然属于人文教育的内容。现在，有人试图从目标的角度，或者从它施加于那些献身于它的人身上的影响来定义它。这种结果和影响更容易从消极方面而非积极方面得到表达。一些人会把它称之为学问，并且会认为高等教育有助于增加学问，因为高等教育十分鲜明地代表着教育中人文的兴趣。然而，在代表这种观念的人中，明显地存在着态度上的差别。一些人会把研究和发现包括进学问之中，而另一些人则把它们作为专门的技能排除在外。还有许多人拒绝承认学问代表的是人文教育的事业，想用一种可以提升心灵的文化取而代之。然而，人们对各门学科是否具有涵养文化的能力却争论不休，至今没有定论。消极地说，人文教育的传统观念更容易被辨认出来。它排除了那些进行特定职业训练的教育，尤其是与赚钱紧密相关的职业训练，或者需要进行很多手工操作和熟练程度的教育——比如技术教育的实验性要求。后来，那些公开声称支持人文教育的人士认为，教育与社会服务是对立的。然而，这种观念主要是一种美国式的创新。从历史上说，有闲阶层的追求主要是治国才能和外交之术。人文教育的标志之一，就是要培养一些人去管理国家，包括管理下层阶级。在美国，随着民主的发展，适合特殊统治阶层的特殊教育观念已经消失。相应地，为社会服务进行的教育再也不是指导他人事务的教育，而是为他人幸福和福利而进行的教育。这样一种观念，把医生和工程师也包括进人文教育之中。因此，对于人文教育的传统观念而言，这就显得很宽泛了。

事实上，在一个公开建立于阶级差别之上的社会，赋予人文教育明确的内容和目的相对容易一些。随着社会科学和民主理念的不断发展，以及不断把最有效的科学知识应用于实际事务，赋予人文教育明确的内容和目的变得越来越困难了。人文教育变成了共同体的每个成员都应当接受的教育的名称；这是一种增进人的能力的教育，既能促进人的幸福，又能提高人的社会价值。作为一种批判各种教育体系的限制性概念，它是有价值的。因此，如果其使用的教育方法限制了想象力和同情心,并且把思想认识限制在一个狭隘的范围中,那么拉丁文和希腊语的教育可能就是非常狭隘的。同样的道理显然也适用法律、医学、工程,或者神职人员的教育。总之,人文教育是一种开明教育。从理论上说,任何形式的教育都可以做到这一点。事实上,所有类型的教育在这方面或那方面都远远不能达到这一点。因此,就与教育相称的任何意义来说,它们都还不能称之为教育。

参见活动、文化、人文主义、人文科学

多种兴趣(**Many-sided Interest**)——我在"教育中的兴趣与努力"一文里提到,"兴趣"的客观意义是指生命中典型和重要的关怀——科学、政治、宗教和艺术等等。赫尔巴特把教育的目的定义为发展多种兴趣,亦即发展对人类的所有重要价值的尊重。"兴趣"这一术语显然表明,自我与这些关怀积极的和敏捷的合一,"多种"指的是非单一的感受性。从现实的角度说,这一观念与当前教育的理想目标是一致的,即所有个人能力全面与和谐的发展。

唯物主义(**Materialism**)——该理论认为,物质是唯一的终极实在,所有精神现象事实上都来源于物质。因此,如果我们关于物质的知识是完善的,就能从它的规律和条件中推导出所谓的精神现象,并且具有诸如热和电这些现象一样的确实性。由德谟克利特和留基伯(Leucippus)所代表的古代原子论学派被普遍看作哲学唯物主义的奠基人。他们的原则被伊壁鸠鲁学派所继承,并且在卢克莱修(Lucretius)的《物性论》(*De Rerum Natura*)一书中得到了经典的表达。这一学派的无神论性质给唯物主义带来了不好的名声,在中世纪的异端学说里,几乎没有一种学说公开具有唯物主义特征。然而,伊壁鸠鲁主义者捍卫意志自由,因为他们发现,这对于引进物质运动的或然性和自发变化是必需的。有一些现代的唯物主义者是坚定的有神论者,比如约瑟夫·普里斯特利(Joseph Priestley,参见该条目)。

即使在事实上还没有彻底清除它的话,现代人对认识和意识问题(参见"唯心主义")的兴趣也往往降低了唯物主义的重要性。客观唯心主义者声称,"物质"本身最终不过是一种思想或精神的"范畴",因为是思想或精神决定了客观的可知世界。主观唯心主义者声称,意识事实是我们唯一直接知道的东西,"物质"

276

最多是由精神现象推断而来的。还有人声称，能量守恒定律与唯物主义是对立的，因为能量转化仅仅发生在物理方面。心身平行论(Parallelism,参见该条目)则认为精神现象看似依赖大脑的变化，事实上只是两种独立系列的相伴共存而已。这一理论促进了莱布尼茨(Leibnitz)的前定和谐论的转向，这一学说一直相当流行。其他人像斯宾塞(Spencer)和赫胥黎(Huxley)则认为，从一方面看，精神现象可以分解成物理现象；从另一方面看，物理现象则可归结为精神现象。因此，他们得出结论：这两种序列都是某些根本还不知道的和完全不可知的实在的象征的表现形式。甚至像海克尔(Haeckel)这类作家，他们公开地坚持一种唯物主义一元论，而且普遍赋予物质一种原始状态的精神冲动和感觉，因此接近于泛心论(panpsychism)，或者认为世界或心灵都是一个更基本的"心灵材料"的安排这种学说。

参考书

Baldwin, J. M. *Dictionary of Philosophy and Psychology*, Vol. III, Pt. ii, pp. 620 - 626.

形而上学(Metaphysics)——"形而上学"这一名称指哲学或者是它的一些分支，它来源于对亚里士多德著作一种偶然描述方式的误解，亦即对物理学之后的诸篇章的一种误解。形而上学被简要地看作指称物理之外和超越于自然的事物——在中世纪的思想里，等同于一种超自然的东西。这带来了深远的影响，以至于莎士比亚把幽灵称之为形而上学的东西。

在亚里士多德的著作中，我们有根据把他的讨论与神学等同起来。他的正规表述是第一哲学，对此，他提供了一个描述性的定义，第一哲学的对象就是作为存在的存在，或者作为实体的实体。科学的每一个分支都会考虑到某种存在或某类存在的特性，但是科学不会考虑到所有存在所具有的特性。因此，它们留下了空间，或者事实上，它们需要一门更一般的和形式化的科学来从事它们不能研究的领域。到此为止，我们还没有根据认为，第一哲学或形而上学就是某种超越科学内容的东西；但是在其讨论过程中，亚里士多德区分了存在的等级，并且总结说，只有纯粹实在或神是完全真实的，或者被说成没有限制的存在。因此，形而上学就表现为存在的最高级的和最真实的科学。

在整个18世纪和19世纪早期，"形而上学"被随便地用来指称与心灵有关的考察，现在一般被称作心理学，也用来指称对任何终极类型的考察。在后一种意义上,它一般被区分为存在论(ontology,对存在的考察)和认识论(epistemology,对认知的本质和限度的考察)。目前有一种倾向,即回归到亚里士多德更具限制性的意义上去,但这一名称仍然被广泛地用来指称所有不属于实证和数学学科的考察。

参考书

Baldwin, J. M. *Dictionary of Philosophy and Psychology*, Vol. III, Pt. ii, pp.565 - 574.

方法(**Method**)——在教育实践的三个典型方面,方法的问题代表着其中的一个方面,另外两个方面是学习的内容和教育的体制机构。在学习的内容方面(参见"学习过程理论"),在实践问题上存在着重要的争论,也存在普遍的哲学思考。前者属于方法领域(诸多方法),即根据成功经验所证实的原理来教授具体课程的方式——常常被称作"特殊方法"。后者关注的是思想态度及其活动与内容之间的关系问题。由于它会表现在结果上面,所以这个问题被转化成了个人与世界对象和社会生活的关系问题。在具体的实践领域和一种普遍理论中间,存在着这样一个逻辑问题,即将大脑运用于不同的课程,无论是纯数学和自然科学,还是历史、文学和语言,有一个方法的统一性问题。这个中间的问题也就是通常所说的"一般方法"问题。本文特别限制在方法的哲学方面,同时把考察扩大到与之紧密相关的那些普遍方法方面。

一般而言,方法是内容的对应面和相关面。然而,对两者之间的联系和区别的解释却不甚明确,特别是因为它受二元论哲学的深入影响而变得复杂了,并在一定程度上被滥用了(参见"二元论")。大脑与世界之间的联系被割裂了,个人与社会及其发展的联系也被割裂了。两者不仅相互分离,而且这种分离被强化到完全对立的程度(参见"人文主义和自然主义"、"唯心主义")。所有有效的认知和活动既要涉及我们的大脑,也要涉及身处社会条件中追求社会目标的个人的作用。因此,越是强化这种分离,相互作用和相互影响的可能性问题就越会变得紧急。因为内容和方法之间的区别从来没有被强化到如刚才所示的如此对立的地步,心灵和世界的二元对立影响着人们关于教育课程的观念。方法问题被理解为一种个体心灵适应外在内容的问题,被理解成一种把两个性质上完全不相干的东西结合在一起的事情。这一背景影响着训练、文化和兴趣的观念(参见相关条目)。即使心灵与世界、自我与社会体制之间的那种极端的二元论在表面

278

279

上被放弃了,我们仍然能够经常看到,教授、学习和道德训练的方法问题被当作根本上是使一件事情适应另一件完全不同的事情的问题来讨论。怎样才能使学习吸引大脑?怎样才能激活大脑以使它适应与其天然相异的内容?实际上,这种思考内容和方法间的联系方式揭示了讨论精神活动及其应用所浸染的知识氛围。

然而,对经验的分析表明,经验不是内容和方法的结合,也不是两个独立因素——一个提供内容,另一个提供形式——的相互作用。这两个因素之间的区别是在经验自身内部发展起来的,并且是为了更好地控制经验过程而产生的。正如在"经验"条目(参见该条目)里表明的,经验有动态的和静态的两个方面,一个方面是转换,另一个方面是积累和保持。经验总是在变化,然而这种变化不仅仅是流动。总是有某种东西在改变,它的改变不仅仅是流逝而是转化。在此,我们抓住了内容和形式、内容和方法、客体和主体之间差别的根本,它集中在经验是"什么"和经验是"怎样"的差别之上。我们经验到的内容会在性质、价值和意义上发生变化,因此从一种状态转换到另一种状态是由它产生的内容来衡量的,同时这个或那个客体的存在和理解又依赖于转换的因素。为了保存积极的和有重大价值的东西,并避免消极的和价值较低的东西,我们必须调节变化的过程;通过这一过程,一种经验的内容会让位于另一种经验的内容。因此,经验中任何有助于调节其发展以达到预料结果并避免不良后果的东西就是方法和方式,亦即经验的形式。受到这种调节影响的对象和内容,就构成了经验的材料和结构。

280　　在婴儿无休无止的活动过程中,他会感受并享受着光亮。然而,随着头部、手臂和手以及某些器官的移动,光亮或多或少会淹没在其中。因此,光亮是一个模糊含混的对象,缺少鲜明的特征。在以后的经验中,婴儿偶然地(即不是有意为之或有意识地)发现光亮带来的愉快——光亮有如此的作用——符合头部、眼睛和身体位置的移动,这些特征并不具备光亮所具有的附着于其上的性质。一旦这个联系变得明显,光亮就获得了对象、物体或内容的地位,而身体器官的移动在失去其原先价值的同时,也被下降成为获得对象的手段或中介。这样就慢慢产生了主体和客体、内容和方法的分化。然而,内容并不总是把自身表现为需要达到的目的,想要的移动可能会被某些内容阻碍。这些阻碍因素突显出来成为障碍,也就变成了对象,变成了经验内容的组成部分,因为所意想的目的能否达到依赖于它们活动的方式。应当注意的是,内容和方法、物体和处理方式的区别并不是僵硬的,此时的内容可能在彼时变成了方法的部分。反之同样,这要根据其运动的具体环境而定。在具体的经验里,声音也许是最让人感觉愉快的东西,光亮和色彩仅仅是作为对出现声音这一目的的提示或刺激而具有意义。接着,视觉把自身转化成手段、中介或方法。它是由主体方面来承担的,而不再由对象来承担。

有两个东西可以用来描述方法的概念。就方法的来源而言,方法标志着某些经验内容的逐渐分化;就方法的作用而言,它代表着对于诱人的经验过程或结果采取的某些态度和活动。归根到底,方法就是在任何既定情形下所遵循的做事方式而已。它的心理对应物就是决定经验过程的习惯和天生态度。因此,方法首先是由尝试、出错和成功的半本能过程所形成的,这些过程的实施大多是无意识进行的。也就是说,人们的注意力主要地集中在目的及其障碍上,而习惯则多少会自发地对这些对象的观念和知觉产生反应。

在教育方法的概念上,时常会发生一个严重的错误。正因为这些体现了方法的原始的和深层次的主要行为方式,是以一种相对偶然的方式形成的,而且也是先于自觉的学校教育阶段;而且因为它们常常标志着实现目标的相对无效和错误的方式,某些人就有忽略它们或根本否定它们是方法的倾向。由此,方法就被设想成一个纯粹逻辑的问题,从某种意义上将逻辑等同于一种自觉形成并遵守的行为。这些方法体现在各种信条之中,而根本不需要体现在工作态度和习惯之中。它们是种种自觉行为方式的公式,而不是对实际行为方式的描述。于是,在我们称之为心理学方法(但称之为重要的、具体的和实际的方法更好一些)和所谓的逻辑方法——也许我们称之为形式的和符号的方法会更好一些——之间就有着一个完全的断裂。结果是:大部分新习惯会被转嫁到旧有的行为习惯上——一般都会以损害后者的效用为代价;或者,作为对无效的逻辑抽象公式的反作用,自发的和习惯性的态度受到依赖,由此无法做到为了更高、更复杂的目标而进行调整和重新组织——以达到一种更好的调节方法。

因此,教育方法的根本问题是要关注无意识和反思因素在引导经验过程中的正确配合。针对事物的方法一方面依赖本能和欲望之间的关系,另一方面依赖本能和目的之间的关系。目的或多或少是有意识的,并且为意识的指导提供了基础。因此,对教育而言,重要的是一方面要唤起那种固有的欲望,另一方面要把握那种正确的目标。这些观点中要紧的不是有意识的推论,而是提供一个

281

282

环境条件以引发并确定合理的反应态度。只有当这些态度完全变成一种能够起作用的习惯之后，才能提供意识反思的基础，这样才可以将更自觉运用的方法公式化。在教授算术和语法这些科目的时候，常常会出现这样的情形，教师强调学生要自觉地遵守某些陈述和"分析"的形式，这样才能完全自如地在实践中应对数字和语法标准所发生的情况，结果就是让公式夹在学生和他们对真实情况的理解之间。他们不再对自己所经验到的情况的结果作出反应，而只是对文字上的公式作出反应。这些手段原本是让学生的学习活动变得更加理智和更有逻辑，结果却使他们变得很是机械。

总之，作为一种意识步骤的逻辑方法，总是包含着对于方法的反思，这些方法已经被本能地因而是无意识地运用以达到追求自身利益的目的。因此，公式化的逻辑运算往往是某一学科专家的所有物，他已经充分研究过这个学科，可以驾驭那些有待公式化的材料。逻辑运算代表了一种成熟的和扩展的经验观点。最经常发生的学校教育的错误在于，将那些经过长期实践经验而获得的检验某一内容的方法直接传达给初学者，使初学者更合理和更理智地应对一个主题。许多方法被看作是"用演绎法推理的"而遭到谴责，其实，这些方法并不是真正的演绎方法，它们只是表示了一种企图，即把知识技巧直接传达给那些没有经验和尚未成熟的初学者，而这种知识技巧仅仅适合于那些已经学习过一门课程并能对有效的方法进行检查和系统化的人。

283　　错误的逻辑方法概念的流行，导致了几乎完全同样有害的结果。关于次序、序列、界限的思考，关于达成目标的应对手段的思考，以及对于详细讨论的问题的深思熟虑的重要性，连同对有用的实践的公式化需要一起都被忽略了。人们的行为停留在无所用心的本能的和"自发的"水平上面，以为在此情况下所激起的态度对于他们的直接目标是最合适的，对于后来激起的反思也同样如此。真正的区别并不是心理的——非逻辑的——和逻辑的之间的区别，而是有效地适应目标的无意识逻辑和把已经成功运用的方法公式化，以使后来的方法更为容易和更有效果的意识逻辑之间的区别。通过反思已经达成的目标，从盲目的和本能的方法转向理智地进行检验的方法，应当是一切成长中一个持久不变的因素；如果成长是真正具有教育意义的，那么，这种因素就是不可或缺的（参见**教育**）。

从这种方法观出发，就需要对普遍方法的问题进行一些思考。严格说，方法完全是个人的，每个人都有自己处事的本能方式；着手处理事情的态度和方式也都是个人化的。忽略这种处理方法的个人性，试图在"普遍方法"的名义下用一套统一的方法来替代它，只能削弱唯一有效的活动力量；并且用一种机械的公式来窒息它，只能产生一种精神性的成规陋见。然而，在从无意识的努力到有意识指导的过程的转换中，我们还是可能发现某些特征，这些特征可以被抽象和概括出来。虽然这个结果不能让学生掌握一把开启理智的钥匙，但能够向教师指出所需要采取的主要步骤，并且可以显示出需要我们去细心维护和促进的成长条件的关键所在。

可以这样说，普遍方法中的第一点是存在这样一个情景，它能够吸引一个人的关注或兴趣，即是说，这种兴趣因为唤起个人的欲望和努力而成为追求的目标。第二点是具备一些能够刺激观察和记忆的条件，这样可以找出在处理情况时所必须考虑到的方法、阻碍和资源。第三点是形成一个步骤计划，就最佳的方式提出一种理论或假说。第四点是把计划付诸实施。第五点也即最后一点，就是把达到的结果和预想的结果进行比较，对所遵循的方法的价值进行最终的评估，对其弱点和强项作出更加审慎的判断。这五个步骤还可以归结为更为普遍的三个步骤。就正确方法而言，首要的和基本的条件就是形成某些具体的情形，包含让学生个人感兴趣的目标，为了达到这个目标需要作出积极的和深思熟虑的努力。第二点是弄清问题的性质，权衡达到目标的困难和复杂性，由此提出建议或假设以找到解决问题的最佳方式。第三点是努力把计划付诸实施，并进行检测。我们会发现科学方法包括完全一样的步骤，还包含大量先前的经验和实验性的方法，这些最后都要进行过滤，以便得出一种由意识概括出来的、解决特定问题的技术。

参见科学。

参考书

Dewey, John. *Child and Curriculum*. (Chicago, 1902.)
How We Think. (Boston, 1911.)
Studies in Logical Theory. (Chicago, 1903.)
Science as Subject-Matter and as Method. Science, N.S., Vol. XXXI, pp. 121 - 126.
Miller, I. E. *Psychology of Thinking*. (New York, 1909.)

一元论（Monism）——指一种哲学理论，该理论认为只有一种终极实体或实在。这个术语具有比较形式化的特征,因为它对这个终极存在的本质什么也没说。彻底唯物主义、绝对唯心主义、泛心论和泛神论都属于一元论。有些一元论体系的主旨是反对二元论,另外一些一元论体系则反对多元论,这样一个事实增加了该术语的模糊性。有些当代理论在反对二元论(参见该条目)的过程中坚持了一元论,尤其是关系到心灵和物质的最终分裂的时候;但是,它们又认为终极实在表现为多种形式,这些形式并不能形成一个彼此依赖的必然整体而是彼此相对独立的,也不能形成真正的个体;在坚持这种观点的时候,它们又是多元论的。

道德和道德感(Morality and Moral Sense)——客观意义上的道德指一整套实践、习惯和信念,它们是在一个时期内流行的、被视之为正确的开明判断。道德力图运用所有的教育和教学形式,把其理念灌输给实践、习惯和信念。在一定的限度内,它力求对公然违背道德的个人采取强制手段。各种道德和伦理理论,一部分是对当前客观意义上的道德进行批判、净化和体系化,一部分则是要发现其终极的基础和根据。

道德感在其较为宽泛的用法上,指的是流行于一个共同体中有关道德行为的判断。称之为道德"感",是为了表达其相对无理性的特征;更为基本的道德评价和道德观念已经通过教育和习惯植根于我们的心中,并因此等同于我们直接情感的和实际的反应,而不是由意识推导出来的结论。在其更专门的意义上,"道德感"指一种道德理论的变种。该理论认为,道德判断是天赋的和本能的,而不是经验的结果。"道德感"的"感"字还表明对错的直接感觉附着个别情形而非一般原则。在其突出的代表人物沙夫茨伯里(Shaftesbury)和哈奇森(Hutcheson)那里,它还意味着道德感与审美感的同化,就如一个有着高雅品位的人即刻会对客体的美丑作出反应一样,一个有道德感的人即刻会察觉到品格和行为的和善或可鄙。

参见伦理学、天赋观念、直觉、道德教育。

先天论(Nativism)——这个术语指这样一些理论,它们将所有认识的基础或某些经验分支的基本条件都植根于人的心灵中。因此,这种理论与先验内容、天赋观念和直觉(参见该条目)等术语有着密切的联系。在心理学上,该术语特别用来指称这样一种理论,即至少在某些感觉性质中,空间知觉的广延感是与生俱来的和天赋的;与之相反的理论则认为,感觉性质本身没有空间感,这种感觉只是各种感觉之间联结的结果。该术语最近的用法,很大程度上受到了现代生物遗传理论的影响。传统的感觉经验论者的"白板说"犯了时代的错误,因其企图说明本能而非习得的倾向的数目和样式。然而,只能通过一种修辞,我们才能说这些倾向是心灵中天生的东西——心灵和有机体几乎是同时产生的。这一结论几乎导致了传统类型的先天论的完全重构,就像对传统类型的经验主义的完全重构一样。这一争论的教育意义集中在这样一个问题的周围,即先天和后天谁更重要,具体地说,就是有机体遗传倾向的作用大还是社会和文化环境的影响大。然而,当这个问题所涉及的两种因素被认为完全对立的时候,这个问题就被彻底地误解了。个体教育成长的条件最终内在于有机体内,他天生拥有行动和接受影响的倾向。这一事实与许多 18 世纪理论家的信念相比更加重要,后者认为,实践以及经济和政治条件的影响是无所不能的。这一事实还表明了要承认个体能力和资质的差别,这一点同样非常重要。但是,另外一方面,给天赋能力以引导,确立其发挥效力的目标,应用它们的方式,这一切都依赖于后天教育——亦即依赖于社会生活环境发挥有意或无意的影响。

287

参见后天特性、高尔顿、遗传。

自然(Nature)——也许没有任何一个哲学观念比"自然"这个观念有更为普遍和广泛的影响了,加诸这个术语多样和含糊的意义只是促进而不是阻碍它的认识进程,尤其相对于它所反对的事物而言。在提高这个观念的影响时,承认其不确定的地位,在性质上并不是反讽或怀疑的。该术语所具有的更为典型的诸种意义都非常接近,以至于它们可以不为人知地彼此互换,而所有在人类历史上发生作用的、更为基本的意义又都有着某种模糊性,因其象征着深层的实践渴望和强烈的情感态度,也象征着可能被精确定义的理性观念。这个术语不同意义所具有的共同作用在于,要求有对人类信念进行调节评价的标准和规范。它指称任何被视作内在于存在和思想的必然之物,与外在的、人工的和人造的东西相对立;它在时代的文化里决定着应当到哪里去寻找自然的、正常的和常规性的东西,与此相对照,它还决定着哪些东西应当是派生的和偶然的。

正如亚里士多德所规定的,自然的经典概念是诡辩论者提出的问题的一种衍生物(某种程度上说是副产品),这些问题即是宗教、道德和国家的存在是出于自然还是相互的约定,或者出于更高权威的命令,这导致了对自然的真正本质的考察。从词源学上说,φύσις,古希腊对应于"自然"的词来源于动词"生长"(to grow),就像拉丁语 natura 来自动词"生于"(to be born)。亚里士多德把一个事物的本性等同于在其充分或完全成长后的性质,同时也是在其完全运动或实现状态下的性质。橡子的本质是橡树;人体的本质是有机过程完全实现后的理智活动;个人的本质是国家,因为只有在国家里面,人类的(不同于动物或神灵)属性才能得到实现。自然的显著特性是它的实现过程,这其中包括了四种终极原则或终极原因(参见该条目)。与人工的(人类创造发明的一切东西)从外部发起的活动不同,这一过程是从内部开始发生的。这种形而上学的和目的论的自然观被教父哲学和经院哲学所吸收。斯多葛派保留了亚里士多德的自然观的大部分内容,但又将这种观念与流行的自然观念结合起来,即把自然看作规律、过程和事件的总和,这些构成了作为一个有序整体或宇宙的世界——因此,符合自然的生命规律就是最高的道德法则。由于斯多葛派对法学所产生的影响,"自然状态"(state of nature)、"自然法"(natural law)和"自然权利"(natural right)等观念被作为永恒正义的法则引进来,并与实在法(positive institutions)和民法区别开来,它们只是把永恒的自然法应用到暂时的和局部的情形的表现而已。

在现代社会,自然的观念首先受到了兴起的物理科学的影响。它意味着统治自然现象的规律总和。伊萨克·牛顿爵士认为,这些规律为受造物王国提供了神圣的立法,受造物是一种理性意志的表达,因此自然几乎可以被视作是神圣的副摄政者。这一观念被自然神论信仰者所吸收,并把它视作批判宗教的奇迹观和超自然观的基础。随着这种思考方式的影响扩大到法国,这种自然观被普遍化并被作为批判教会和国家的一切方面的工具;因为对于法国哲学家来说,教会和国家的所作所为都是非理性的。既然社会体制是历史的产物,那么把自然作为与历史对立的褒义词就很难说是过分的,而且它与任何建立于历史传统而不是开明理性之上的存在相对立。

把现存社会体制作为人为的和非自然的东西进行反对,在这一点上,卢梭与理性主义者是一致的;但是,他也攻击启蒙时代的哲学家,认为艺术和科学本身也是人为的、虚假的和令人误解的。在他看来,不能在意识理性中去寻找自然,而是要在原始的、本能的和非理性的冲动和情感中去寻找自然。自然代表着原初的意义,它既指时间上的开始,也指创造性的和有独创能力的开始。"回归自然"的口号,如果不在学校的实践中,至少在教育哲学中有着深远的影响。这一口号要求回归到原始的、不可传授的、并且是所有传授的基础的源泉上去。虽然在卢梭那里有太多的东西能够引导其后继者把自然解释为理想化的、田园诗歌般的原始生活,但他同样还有别的东西唤醒人们注意儿童成长的原始本能。通过卢梭对裴斯泰洛齐、福禄培尔和其他人的影响,顺应自然的教育就意味着儿童发展有其内在的生理、精神和道德的规律,而这些内在的成长原理应该为所有的教育方法提供准则。

同时,卢梭以自然名义对文明的攻击,不仅激起了浪漫主义者的兴趣,还激起了那个时期的德国哲学的兴趣,前者醉心于在民间传说、原始艺术和诗歌以及农民生活里发现未被人力所染的自然之美(作为更加原始的、脱俗的和无意识的创造活动);后者则处心积虑地证明文化比原始的自然、原初的冲动和本能更加自然。这种倾向在歌德后期的所有作品里得到了表达;也在康德、费希特、黑格尔的作品里得到了表达;还在席勒的艺术观里得到了表达,他认为艺术是人类身上最为文明和最具道德的力量。这个运动导致了这样一种观念,即要在人类而不是个体中去发现人性,要在理想化的历史中而不是个体成长的观念中揭示人性。这一运动在黑格尔的理论中登峰造极,黑格尔认为,表现在历史中的政治和社会体制比物理世界的现象和个体的道德努力都更加真实。事实上,个体的整个教育就是要促使其吸收人类在其演进史上创造的精神产品,以作为精神的累进实现。对卢梭回归自然的批判,以这种完全相反的方式达至巅峰。

290

参见文化、人文主义和自然主义、卢梭。

新人文主义(Neo-humanism)——这个词有时用来指称18世纪后半叶德国思想中希腊精神的复兴,它与15世纪的人文主义有所区别,因为它与希腊文化而不是拉丁文化的联系更为紧密。它对希腊古迹和艺术比仅仅对文献的兴趣更加浓厚,而且它对希腊文化的兴趣在于,它认为后者提供了一种生活的理想观念。宁静,平衡,承认生活必然的限度,力图在这一限度内寻求均衡发展;在确保所有人类力量的均衡发展方面,自由的理智力量占据着中心地位,所有这一切都是受到强调的希腊的人生观。在这一切之上,还必须加上德国人所声称的与希腊在精神和理智上的血族关系。温克尔曼(Winckelmann)和歌德是新人文主义的代表人物,前者主要从事考古学研究,后者主要在其《意大利书信》(*Italian Letters*)中反对浪漫主义。在 19 世纪的英国思想里面,马修·阿诺德(Matthew Arnold)是新人文主义精神的代表人物,这表现在他呼吁既要承认希伯来文化又要承认希腊文化的文化观之中。

在德国的高级中学和大学里面,新人文主义发挥着重要的影响。新的活力被注入古典研究中,尤其是注入希腊研究中。其内容不仅仅是语言学,而是要通过对希腊生活及其所有阶段的文学的学习,吸收希腊精神。德国最卓越的古典学者就出现在这一时期。

参见文化、人文主义和自然主义、德国的教育、歌德、赫尔德、沃尔夫等。

参考书

291   Francke, K. *History of German Literature.* (New York, 1905.)

Paulsen, F. *German Education Past and Present.* Tr. by T. Lorenz. (London, 1908.)

Geschichte des gelehrten Unterrichts. (Leipzig, 1896.)

Sandys, J. E. *History of Classical Scholarship*, Vol. III. (Cambridge, 1908.)

Spranger, E. *Wilhelm von Humboldt und die Reform des Bildungswesens.* Contains Bibliography. (Berlin, 1910.)

客体和主体(Object and Subject)——对于客体和主体这两个词较早的古典用法与现今的用法相反。根据亚里士多德的逻辑学,只有实体,即作为个体存在而不是作为物体的性质或属性存在的事物,才能作为命题的主词和正确认识的内容。因此,主体和实体实际上是可以等同起来的;这一意义的某些痕迹,还保留在我们现今对"内容"(subject matter)一词的用法里面。在阿拉伯思想的影响下,经院哲学引进"客体"一词指称事物的"第二种意义",亦即不是单独的事物,而是精神或思想的对象。因此,希腊神话中的吐火女怪喀迈拉(狮头、羊身、蛇尾组成的怪兽)才能够客观地存在,但不是作为一个主体存在;按照那些反对柏拉图实在论的观点,共相(作为与单个人相区别的人)也仅有客观的存在。现代哲学完全颠倒了这种用法。这一倾向是从引进洛克及其后继者的心理学思考方式开始的,实际上是由康德完成的。随着作为思考、感觉、认知中心的自我作用得到强调,"主体"这个词被越来越多地用作自我和心灵的同义词,以及作为形容词性的主格指称精神存在。主客体关系的问题演变成了心灵和世界的关系问题,特别是当它们涉及认识的构成时。根据先验唯心主义学派的观点,思考的自我同时就是主体-客体,因为思考的自我能够把自身作为对象呈现给自身。在自我意识里,可以发现解决心灵或感觉主体与世界的关系问题的钥匙,这一观念在后康德唯心主义那里风靡一时。

参见认识论、方法、自我。

意见(Opinion)——该术语特别指称具有私人性或个人性的信念,也指称那 292
种虽然流行但缺乏科学依据,其基础在于习俗而不是证据的信念["公共意见"
(public opinion)这个词用来指称一种共同体的信念,只要这种信念影响到了集体或公共行为]。教育的目标之一就是培养心灵习惯,能够把意见和有根据的确信区别开来,能够防止独断专横的意见。古代教育者之一的柏拉图和近代教育者之一的洛克特别强调混淆意见和认识的有害性,以及设计教育方法来确保心灵能够对抗这种危险的重要性。

参见认识。

乐观主义(Optimism)——从"乐观主义"的概念起源,我们可以了解其本质。柏拉图的形而上学和辩证法的核心原则就是善的理念(the Idea of the Good),然而,他承认世界的构成中还有一种消极原则,他有时称之为物质(Matter),有时称之为非存在(Non-being),有时称之为他者(The Other),它能够阻挠善的实现。亚里士多德(参见该条目)把物质设想成一种变化过程的潜在性,这个过程的目标就是达到完全的现实性。他以这种方式清除了柏拉图的二元论。但是,在教导自然总是向着善或向着终极因前进方面,他承认事物中的或然性原则;在一些特殊的情形下,它能够阻挠真正的目的或善的实现。总体而言,亚里士多德的哲学可以称之为乐观主义,但是他充分看到了不可避免的偶然事件而有所缓和。新柏拉图主义者用"流溢说"(emanation)解释物质、抗拒和多样性,在流溢的过程中,物质是最低级的,它与至善(The One Good)的远离是出现邪恶的原因;但这种邪恶仅是从一个部分的观点进行的判断。从总体的观点出发,我们就可以理解物质有助于完美。

圣·奥古斯丁(St. Augustine,参见该条目)对这些概念进行了修改,以适应 293
基督教教义的需要。上帝作为创造者的概念,迫使他拒绝承认物质或宇宙有任何邪恶。对我们有限的判断而言,恶的事物能够促进整体的善,如果我们能够从整体的立场来看待的话。然而,真正的恶的确存在,但这种存在不是宇宙论的或形而上学的,它的产生是因为人类意志违背了神的命令,用自己的意志替代了神的意志。然而,就是在这些方面,奥古斯丁更多强调的还是神的意志和权力的权威性,它必然是绝对的至善;从形而上学的角度说,恶仅仅是善的缺乏,而不是肯定的实存。作为基督教教父,奥古斯丁的影响使乐观主义变成了基督教哲学法定的组成部分。

17世纪,莱布尼茨在其《神正论》(*Théodicée*)中用单子论和单子的前定和谐论尝试进行纯粹理性的证明,即这是所有可能世界中最好的。从表面上看,在神学领域之外的现代乐观主义理论实际上来源于莱布尼茨的理论。在里斯本地震灾难性后果的刺激下,伏尔泰写作《老实人》(*Candide*)一诗,讥讽流行一时的莱布尼茨的乐观主义。然而,乐观主义在18世纪十分流行,它与理性主义的自然神论意气相投,也与社会改革家们对于人类无限完美性的信念相吻合。甚至有反理性主义倾向的卢梭也大讲自然和人类的性本善,把恶归结为制度的影响,因为它摧毁了平等的自由。

莱布尼茨的同代人、荷兰的犹太人斯宾诺莎(Spinoza),对乐观主义的形而上学的基础给予了可能是它遭受到的最沉重的打击。他认为,自然是通过绝对的逻辑必然性而必须如此的,善恶的考虑与其本质是不相容的,这种考虑只是与人类的欲望相对而言的。在一个多世纪内,斯宾诺莎的理论都没有发生影响。最后,机械论的兴起及其对以任何形式与自然相联系的终极因的厌恶,为普遍接受斯宾诺莎的基本观点铺平了道路。这一转向也转换了问题本身,即从形而上学角度考虑,世界或存在是否善的问题,转换成了从经验角度考虑,生命是否善的问题,或者用更流行的话说,"生命是否值得一过"的问题。最近讨论的一个最鲜明的趋向就是"世界改良论"(Meliorism)的发展,这一观念认为,至少在生命及其条件中有着充足的善的基础,因此通过思考和认真努力,我们可以持续地改良事物。这一观念抨击乐观主义,认为它鼓励对事物是其所是抱着一种宿命的知足感,需要的是坦率地承认恶的存在;但不是为了把它作为最终状态来接受,而是为了唤起纠正它的力量。进步的概念实际上取代了传统形而上学的善的观念。

泛神论(Pantheism) ——作为哲学或神学理论,它认为神(God)和宇宙

(the Universe)是同一的。它既有神秘主义也有理性主义的形式。一般认为,斯宾诺莎是最为典型的泛神论哲学家的代表人物。在现代绝对唯心主义(参见该条目)的发展中,思想、意志或感觉常被视作唯一终极的实在,这既表现在物理世界里面,又表现在有限的、认知和感知世界的意识中心里面。这种绝对唯心主义的形式一般被其论敌批评为泛神论的主张。但是,这遭到了绝对主义者的否定,他们认为,他们不但没有把单独的自我视作不真实之物而消融进绝对里面,反而坚称对于终极思想和意志的实在来说,一个自我的王国是必要的。然而,费希特(参见该条目)并不反对伦理泛神论的绰号,只要它被理解为代表着统一的意志,所有个体道德努力的多样性都由此出发,并在其中发现它的目标。

参考书

Bradley, F. H. *Appearance and Reality.* (London, 1893.)
Fichte, J. G. *Destination of Man.*
Royce, J. *The World and Individual.* (New York, 1901.)
Spinoza, B. *Ethic.*

　　卖弄学问(Pedantry)——这个术语意指为了炫耀的目的而对认识进行炫耀,尤其是炫耀那些与当前的需要和兴趣不相关因此缺乏适用性的奇异的认识问题和主题。也许,卖弄学问一个必要的因素就是,它所炫耀的认识是陈腐的东西,或者表现出对某些陈旧权威的依赖,并且还多少伴随着引用权威的话。在某个时代重要的认识,可能在另一个时代变成无意义的矫情。在文艺复兴时期,诸如蒙田(参见该条目)一类的改革家和拉伯雷(参见该条目)一类的幽默作家发现,大多数经院哲学家的学识都是在卖弄学问;而古典学者的后继者们则认为,古典学者所展示的典故和西塞罗的拉丁语文风也是在卖弄学问。这种历史例子表明,在卖弄学问的问题背后,是要把过去的知识加以重新改造以适应当前的情况。

　　参见认识、蒙田、文艺复兴和教育。

　　人格(Personality)——这个术语与"个性"(individuality)(参见该条目)和"自我"(selfhood)(参见该条目)的概念紧密相联。其字面意思是一个人的状态或品质。人这个概念的出现,与罗马法有关系。成为一个人,就是成为一个有法律权利和相关责任的主体;也就是说,有能力和义务来实施他的公民权利。从这种观点看，一个公司或一个小的公民团体，比如像一个自治市那样，就是法人；奴隶则不是法人；未成年人是法人，只是他们的权利和责任需要别人代理，或者通过他们的被指定的代理人来执行。随着这种法律观外在特征的消失，它开始发展出一种伦理意义，人就是道德权利和责任的主体。因此，康德说道德律可以总结为以下诫令：做一个人，并且把他人作为一个人来尊重。就人而言，人就是目的本身，人绝对不是达到其他目的的手段。

因为这种伦理意义，人格常被视作比个性"更高"的理念。从另外的观点来看，与个性相比，人格是一个抽象。所有人都有着同样意义的人格，它没有区别，也没有具体内容。个性却总是相互区别的，它是每个自我独一无二的特点。个性表达一个人独一无二地是什么，人格表达一个人有什么——一个人可能获得的属性。在这种意义上，个性比人格更深邃。在早期阶段，儿童被划分为奴隶，作为物和人之间的中介联结，除了作为潜在的人与奴隶区别开来。这种儿童的观念体现在约束、惩罚和教育的方法中，人们理所当然地认为儿童自身是没有权利的。随着民主观念的发展，人的权利扩大到了儿童，相应地，教育方法也经历了巨大的重构。然而，关于这一点，实际上还没有设计出连贯一致的理论。

悲观主义（Pessimism）——在其流行用法中，悲观主义指的是看到事物阴暗面的倾向性；作为一种系统化的哲学，这种理论将存在和生命从根本上都看作邪恶的，邪恶到唯一的补救方法就是否定"生存意志"。它正好是作为哲学的乐观主义（参见该条目）的对立面。在很大程度上，悲观主义的动机在于乐观主义把恶视作有助于整体完善的插曲这一肤浅和自满的观点。莱布尼茨声称，这个世界是所有可能世界中最好的世界，这显然容易导致极端悲观主义的解释。有一种关注当下世界存在的悲观主义论调，它是最严肃和最有影响的宗教的一种鲜明特征，比如佛教（参见该条目）和基督教。一般而言，19世纪思想在这方面就像在其他方面一样反对典型的18世纪思想，而后者是乐观主义的。后者坚持自然和谐的观念，自然会必然地向完美和幸福提升，前者则集中于存在的不和谐、斗争和竞争。达尔文理论宣讲的为了生存而无所不在的斗争，强化了这种倾向。悲观主义精神在文学里得到了最充分的表达，特别是在诗歌中；在系统化的形而上学里，它也同样得到了充分的表现，最引人注目的就是叔本华（Schopenhauer）和冯·哈特曼（von Hartmann）的哲学。虽然悲观主义体系与人类需要太不一致,从而不能为它赢得太多始终如一的支持者,但是它也暴露了传统乐观主义的不现实方面,并因此成为促使乐观主义转向改良主义的主要因素。后者认为恶的存在是真实的,但是强调通过在善良意志和理智指导下的努力,存在着累进改良的可能性。它本质上是一种进步观念。

参见乐观主义、叔本华。

现象主义(Phenomenalism)——这个术语指称两种不同的哲学类型。根据其中一种理论,我们所知道的仅仅是真实事物的表象,这种表象由它们在我们心灵之中留下的印象构成。这个观点包括了很多哲学,这些哲学在其他方面又彼此相异。比如,康德现象主义的突出之处就是它对心灵的先验统合力量的作用的强调,这一作用把消极印象转化成了客体,对之形成统一的判断是可能的。斯宾塞的现象主义则强调这样一个事实,在长期的进化过程中,不可知的物自体通过遗传逐渐塑造了心灵,以至加诸心灵的印象能够以某种与物自体之间的联系相同的方式来组织自身。另外一种现象主义是激进的,它认为现象背后没有产生现象的物自体,事物就是它们被知道的那个样子。英国的沙德沃斯·霍奇森(Shadworth Hodgson)和法国的勒努维耶(Renouvier)是这类现象主义最著名的近代代表人物,他们极大地影响了詹姆斯,使后者提出了彻底的经验主义。

教育哲学(Philosophy of Education)——*教育与哲学的关系*(*Relation of Philosophy and Education*)——对哲学本质及其与生命的关系没有一些先行观念,要提出一个与教育科学和教育原则相区别的、关于教育哲学本质的清晰概念是不可能的。哲学能够与教育毫不相关地产生和发展吗?如果一种教育哲学仅仅是把一种外在的和现成的判断标准应用到教育观念上面,它所带来的危险就是迫使教育活动去符合和维护已有的哲学。在这种情况下,我们将会有许多教育哲学以供阐明不同的哲学体系之需。如果在哲学的需要和教育的必要性之间有着某种紧密和重要的联系,情形就会完全不一样。在这种情况下,教育哲学只是需要把包含在哲学中那些可以引导生活需要和目标的内容讲清楚就可以了。这不会成为一种哲学的外在应用,而是将其发展到能够对其内在目的和动机进行充分表达的程度。尽管不同的教育哲学仍将存在,但它们不会有如此之多不同哲学的推断结果,而是要去阐明不同的人所固守的不同的现实生活价值观和

297

298

目的观。我们将会看到，之所以存在不同的哲学，原因在于人们心中有着不同的生活理想，在于造成这些理想流行的不同的教育方法。本文的要点是逐渐展开教育与哲学之间重要的和内在的联系。

可以说，每一个认真思考的人都会有一种哲学，因为他有某种影响他的生活的理论。不管是不是以一种半知半觉的方式，他都拥有自己的观点，其影响和重要性都与生活中不断发生的具体事件和行为联结在一起。他的哲学就是他对价值的普遍设想和评价，就是他估量各种经验事件的意义的方式。如果要迫使他讲述和证明他的生活原则，他可能会回答说，这些原则不能满足其他人的需要，但可以服务于自己的需要。然而，没有一个人会如此地自我中心，以至于不把自己的原则建立在社会传达给他的一般模式上面。生活的急切需要和困惑混乱总是在循环发生。同类问题总是一再地困扰人们；通过长期持续的合作努力，人们已经得出一些普遍的观念来审视生活的意义，包括审视人们彼此之间及其与他们所居住于其中的世界的联系。这些观念不仅表现在人们公开承认的道德准则的词典里和他们寻求支持和安慰的宗教里，而且表现在因其普遍性而众所周知的基本理念里，比如事物聚集在一起组成世界，事件有其原因，事物可以被分类，生物和非生物、人和自然的区别，诸如此类的认知穿越了我们理智的经纬。哲学试图提出关于世界、实在和生活的观念，它将给这些令人感兴趣的事物一个合适的和恰如其分的地位。它试图赋予它们不同的角色，以使它们之间的需要和目标能够达成一致。

一种教育哲学的需要（*Need of a Philosophy of Education*）——通常在使人们感到需要一些系统和理性的观点并决定其需要哪一种观点的过程中，起作用的是三种彼此无意识地融合在一起的动机。这些动机是保守的倾向和进步的倾向之间的冲突，是科学的世界观与被传统神圣化并得到道德和宗教认可的信念之间的冲突；是体制要求与个性要求更多自由和更多表达之间的冲突。

（1）某些哲学具有一种鲜明的改革精神，甚至是一种革命的精神。它们批判现存的世界和生活，使之与理想世界对立起来，要求改造事物的现存体制以符合理想世界。另外一些哲学则要为现存事物进行辩护，强调如果我们洞察了事物的真正本质和根本意义，我们就会发现每一类事物都服务于一个必然的目的，体现了一个必然的理念。比如，柏拉图和亚里士多德，费希特和黑格尔，他们都被归为唯心主义者；但是，柏拉图和费希特的倾向是建立一个理想世界与现实世界对抗,而亚里士多德和黑格尔的倾向则是表明合理性或理想性已经包含在现实性之中——这个差别鲜明地对应于一般把人们分成改革派和保守派的划分。

(2) 不同的哲学家对其哲学内容的解释大不一样,他们是根据他们的直觉赋予科学的世界观一方与伦理倾向和理想一方的相对份量来解释哲学的。如果某人从前者出发,他就会根据当代科学提供的原则来解释人们的道德和宗教信念,并且否定所有与这些原则不一致的观念的合法性,哪怕它们对生活有着很深刻的影响。对另外一些人而言,人们的道德目标和努力是生活中最重要的事情,并被视作通往实在本性的钥匙。科学的结果被重新解释以使它们达成一致。自17世纪以来,在自然科学迅猛发展期间,许多哲学完成的主要任务就是提供一种实在观念,以使自然科学和道德看似分歧的主张和立场能在其中得到调和。

300

(3) 第三种动机关系到自由个性原则的价值——个性赋予每个人独一无二的价值,这种价值不是由他人提供的,也不能被归结为或者穷尽为任何普遍的公式或原理。一些思想家对规律、普遍秩序或者一种普遍深入的统一性力量有着自然的偏好,他们的哲学就是从这种立场出发的。严格的个人特点被还原成(或者至少是接近)统一性,如果不能否定个性是一种终极实在,他们就会从综合性的统一原理出发,对个性进行解释和证明。这些哲学在性质上倾向于演绎,并赋予理性而不是知觉更高的价值,前者处理的是普遍观念,后者揭示的是特殊性。对个性有着强烈兴趣的人,则把这种价值标准和思考方法颠倒过来。具体的个人被看作首要的事实,普遍的原则、规律和分类都源自个体之间的比较或者从属于个体。在方法上,这种哲学倾向于经验的和归纳的,把感觉观察和具体的行为条件当作最可靠的材料,而把理性概念视作连接具体和填充其缺陷的次要手段。

哲学所致力于的总体性或完整性并不是数量上的;它并不是尽可能多的正确认识的总和。就这种总体性或完整性而言,哲学不能与整体的具体科学进行竞争。因为哲学的所有具体事实都必须依赖这些科学,而且就把这些事实组织成一个较大的知识体系而言,它也必须谦逊地走在科学所开辟的道路上。但是还存在着另一类总体性或整体性,科学对此并不关注:这就是统一的态度和整体的观点。但是,总体性也意味着生命的各种价值和兴趣之间的平衡、相互作用、相互强制,包括宗教、诗歌、劳动或谋生的职业、政治或生活在一起的艺术、道德和科学本身。"作为整体的经验"是这样一种经验观,它表明每一种特殊兴趣所作出的具体贡献,以及这种兴趣合情合理提出的要求得到承认的主张。唯一与

301

人有关的"作为整体的经验"是这样的经验，它的部分不断变化，但是在某些时候，这种从容和灵活的变化是在彼此之间进行的，从而彼此丰富对方。它的对立面并不是我们波动起伏和日新月异的日常经验，而是对这种日常经验某些阶段的片面夸张，或者把其兴趣孤立开来，使其彼此限制，并因此使生命变得枯竭。

教育哲学、教育科学和教育原理（*Philosophy of Education，Science of Education，and Principles of Education*）——教育是如此重要的一种生命关怀，以至于在任何情形下，我们都应当期待发现一种教育哲学，正如存在着艺术哲学和宗教哲学一样。也就是说，我们应当这样来对待这个问题，就是要揭示出存在的本质，使教育成为生命的一种必需的不可或缺的活动。我们应当把这种必需的活动作为价值的标准，用来解释和批判当前教育中所采用的内容和方法。这样一种处理方式，常常被冠之以"教育原理"的名称。虽然没有明确的界线把这种讨论与被称之为"教育科学"的讨论分开，但因其对教育哲学本质的解释不一样，所以仍然存在着值得注意的目标和精神上的区别。我们可以从教育是一种既成的事实开始，从教育当前实践的东西开始，描述和分析其中的各种因素，包括学校组织和管理的因素、监督和训练的因素、教学和各种学习科目的因素。只要这种分析揭示了个体成长和社会组织的一般原则，而且这些原则在教学和训练方面都是有效的，它的结果就超出了对相关现象进行叙述和分类的水平。这样，它就配得上一种科学的名称。这种科学为判断和比较当前使用的各种方法提供了基础。当教师有意识地对其运用，他们的工作就会变得不那么盲目和机械，就像在其他情形下一样，科学发展出了一种相应的艺术，并把其实践者从工匠提升为艺术家。

暂且不谈其知识的和实践的价值，这种教育的解释并不能覆盖整个基础。可以这样说，它是在作为既成事实的教育内部发挥作用的。另外的和较为宽泛的观点是可以接受和值得期待的，这是一种较少专业化和更多人性化的观点。教育关心的不仅仅是学校的管理者和教师、学生和他们的家长，还有社会。我们或许可以清楚和全面地知道当前最有效的教育实践的基本原则，也能够运用所知道的东西去纠正实际过程中的一些错误，但是要对整个教育体系的价值作出判断的时候，可能会回到仅仅是意见或习惯上面。一种已有教育的普遍精神和倾向可能是错误的，但是它仍然能够使对其自身的科学解释成为可能，而且这种解释能够在细节上对其作出纠正。但是，这种提高仍然是在体制内部进行的，而这种体制的主要方向和目的并不是它应当所是的。

我们必须从"经验整体"出发去判断每一种教育体制及其实践,因为是经验整体促进了教育,并且检验着教育的目的和内容。存在的不仅仅有使现存教育体制发挥作用的原理,还有鼓舞着整个共同体生活兴趣的原理,正是这些原理使现存体制得以存在。这种包括一切的社会背景来对教育体制进行解释和评价,就是我们所说的更为宽泛和更人性化的观点。它利用所有科学分支作出的贡献来洞察社会,了解社会在培养其成员方面正在承担什么,它还使社会更清楚地理解教育职责的意义,这一职责在很大程度上是由本能和习惯承担的。 *303*

哲学是教育的普遍理论(*Philosophy is the General Theory of Education*)——教育与哲学的联系,甚至比与上面概述的教育原理和教育科学所显示的联系更加紧密和重要。**哲学可以被定义为教育的普遍理论;**这种教育理论与教育的艺术或实践是相适应的。这样说有三个彼此相联的根据:(i)人们的兴趣表明了他们的倾向;(ii)这些倾向是由教育所形成的;(iii)如果要对在背后促成兴趣产生的这种倾向的形成过程进行指导,那就必须具有一种对这些兴趣的价值和关系的普遍观点。

(1)无论什么时候,如果经验的各种价值彼此失调,导致这种困境的最终原因是人们对生命的习惯性态度,即体现在他们的行为习惯中的判断习惯和情感认知习惯。兴趣、态度、倾向、心灵的基本习惯都是一些可以相互转换的词语。

(2)如果我们同意把教育的含义延伸开来而不仅仅局限于学校教育,就会发现,我们不得不把延伸的范围扩大到包括所有导致倾向形成的公共服务机构和影响因素。这不仅仅是书籍和图片,而且必须包括使它们得以传播的出版和流通部门——这里意味着铁路和电报的使用,也意味着印刷厂、图书馆、画廊的使用。日常生活中的交流,谈话中思想和经验的交换,以及商业竞争和合作的接触,在决定明确的注意对象和注意方式上有着巨大的影响力。人们习惯性会面 *304* 的每一个地方,如商店、俱乐部、工厂、沙龙、教堂、政党的地方组织,都应该是一所学校,虽然它们没有被称为学校。这些交流反过来又依赖社会的政治组织、人们彼此之间的阶级联系、财富的分配原则,以及引导家庭生活的精神等。这样看来,讨论、公共集会和媒体的宣传、政治竞选、立法审议都是教育性的公共机构。简而言之,每种条件、组织和机制都具有教育的性质,因为它们形成了个人的情感和创造力,并赋予教育的公开活动以意义。

（3）我们只有两种选择，或者让这些机构作为伴随的和任意的副产品发挥其教育作用，盲目地塑造人们的心灵，仅把注意力集中在其他看得见的产品上；或者让人们知道他们想要达到的结果，能够根据现存机构是否达到这些结果对其作出判断，能够按照所追求的方向用他们的思想和评价来引导这些机构的工作。这再次把我们带向哲学，正如我们已经知道的，哲学试图做的就是发展这种观念。这就是在最深层次上把哲学说成教育的普遍理论的意义所在，或者说，有**意识地进行指导的教育**正是这一观念实践上的补充。

当然，在这种生命的和人性的意义上来设想哲学，我们可能夸大了它的重要性。反思只是推动我们行动的力量之一，而且在事态最紧张的时刻，它要让位于更为急切的需要。但是，在另一方面，只有反思能够帮助我们消除公开行动的直接压力和喧嚣。它是一种从直接的活动场景中暂时性的分心，是为了注意到事件的进程，为了预知可能的结果，为了评估困难和资源，为了清楚地看到可能纠正的错误，为了计划一个将来的活动方式。哲学并不能通过思考、定义、安排和组织它们来创造价值。但是，通过思考它们，哲学可以提高对于什么才是真正想要的东西的鉴别力，并给以后的行动提供一个更加清楚和深思熟虑的方法以达到所意想的结果。

总是存在着这样的危险，即学习哲学的学生变成了一个仅仅是学习哲学传统的学生、一个学习某种被习惯称为哲学但已脱离了哲学生命的东西的学生，因为产生这种哲学理论的生命中的真正问题已经远离了意识。如果从哲学通过教育过程的媒介物对生命发生影响的角度来探讨哲学的特性，产生这个问题的生命的困惑和处境就永远不会离认识太远。

哲学史与教育的关系（*Relations of the History of Philosophy to Education*）——从哲学思想史中，我们可以证实哲学和教育基本理论之间的密切联系。就欧洲历史而言，哲学起源于雅典是因为有教育问题的直接压力。古希腊各个城市所产生的早期哲学实际上是科学史的一个章节，它探讨的是万物是怎样产生的、它们的性质是什么，以及它们是怎样被制造出来的这一类的问题。接着，我们知道诡辩派（Sophists），这些流浪的教师开始把这种哲学的结论应用于生活中，并用同样的方法讨论道德和社会问题。在他们所处的时代，人们按照共同体的习俗，通过学徒生涯在各种生活职业和公民事务中获得熟练的技艺。诡辩家们声称能够教授的"美德"，就是履行生活的不同职责的一些能力。一些人把这种能力限制在教授诗歌和演讲的技艺;另一些人教授各种实业的技艺或军事技巧。还有的人夸下海口,可以教授处理人类事务的力量和能力,不管这些事务是个人的、家庭的还是公共的。这些声明所具有的历史意义无论怎么说都不会过分。它们暗示着,总是由实践(这些实践总是由当地共同体的理念和习俗控制)决定的事务能够从它们习惯性褊狭的局限中解放出来,在理论和理智的基础上进行传授。自然地,诡辩派的主张遭到了保守派的激烈反对,因为后者感觉到共同体的生活陷入了危机。这场投身于社会习俗和依赖抽象认识之间的冲突,激发了第一次严肃的思考。社会组织和道德责任的真正基础是什么?它们建立在习俗和统治者的立法上还是自然的统一原则上?

306

这些问题的讨论,开始自然是以一种散漫和肤浅的方式进行的。但是,苏格拉底、柏拉图和其他人穷根究底地提出了最基本的问题。国家和法律的本质究竟是什么?生命的真正目的究竟是什么?人们怎样才能知道这个目的?美德或卓越能够被传授吗?它是一个实践和习惯的问题还是某种理智的东西——或者是一种认识?如果它是认识,那么是哪种认识?什么是认识?它的标准是什么?如果美德是可以学习的,那么,学习是怎样与认识相关联的?

这些问题几乎可以无限制地增加,但是注意到把它们归结为三个主要问题会更有益处:(1)认识、理性与实践、习俗以及随习俗而产生的意见之间的关系是什么?(2)人类生活,尤其是社会组织及其美德和责任,与宇宙和实在自身的本质的关系是什么?(3)变化以及变化的具体事物与普遍和永恒的关系是什么?经历了一两代人的时间,这些问题与教育之间的原初联系在很大程度上被切断了。对它们的讨论发展成了不同的学科,而且常常是从实际事务和社会事务中孤立出来的学科:作为一种认识理论的逻辑学;作为对万物本质的定义的形而上学;宇宙论,或者说一种对自然构成的普遍描述。然而,欧洲哲学思想倾向源自对教育目的和手段的讨论的事实,仍然是哲学思考的隐蔽动机和目的的一个有说服力的见证。如果哲学不想成为一种懒散的和无法证明的思辨,它就必须用这样的信念加以激励,即它的经验理论是一个假定,只有当经验的形成实际上符合这种假定的时候,它才是可以成立的。如果要使这种假定得以成立,就要求人的倾向中形成追求这种经验的欲望和努力。教育哲学不是把一种已有的独立于教育的实在观念外在地应用到教育事务上;它只是一种均衡和连贯的经验的哲学观,其阐明的观念有助于形成理智的和情感的倾向,这样它所描述的存在才能

307

变成一种活生生的事实，而不是一个哲学家大脑里的梦想。

哲学和教育的同一类问题（*Problems of Philosophy and Education the Same*）——自从为了确保在实践中实现和平衡各种生命的兴趣而让重担落到教育身上，教育家们至少是以一种半意识和非系统的方式面对哲学抽象讨论的同一类问题。例如，在对待诸如卫生学、体育课、手工课、身体处罚等问题的态度上面，将会表现出一些有关心灵和身体之间是否存在联系的观点，这种观点只有对应于诸如体力活动和脑力活动之间的关系这类典型的哲学理论，才能说清楚，才能与其他的信念相配合。有些实践表明，人是身体和灵魂的外在组合，它们本身是两种独立的力量。另外一些实践继续这样一个假设，身体只是灵魂的一个临时住所，或者身体是精神发展的一个障碍。还有一些实践暗示，只有充分发挥身体器官的作用，才能实现和谐健康的精神生活。关于认识和实践的关系，哲学家们持有不同的理论，这在教育实践中同样如此。一些人认为，沉思的认识就是目的本身；另外一些人认为，认识只是达到成功行动的外在先决条件，成功是由物质的占有和权力来衡量的；还有一些人认为，认识是自由和富有意义的实践的内在条件。在教育讨论中，在关于是文化教育优先还是专业或职业教育优先的每一次争论中，这些观念中的某个观点就会以一种隐蔽的形式出现，它们也会出现在大多数关于认识获得和品格形成关系的讨论中。个体与既成的客观秩序之间的关系是什么，这个古老的（几乎是首要的）哲学问题在教育中变成了这样一个问题，即个体的主动性和选择与构成现有教学内容的组织化知识体系之间的关系问题。关于认识方法的哲学争论，连带着感觉论者和理性主义者这两个阵营的划分，在教育中促成的一个对应物就是不同的学习方法问题。心灵本质和自然本质之间的哲学分化，对应于教育中人文研究和科学研究的对抗，这种对抗也与唯心论和实在论的哲学问题有着真正的关联，即使这种关联只是间接的。

最后，让我们总结一下：生命中不同的兴趣和倾向都会反映在带有强烈感情色彩的、天生的和朴实的理智系统之中；这些都被传统化了；可以说，它们就飘浮在社会体制上面，对社会体制作出它们的认定和解释。当独立理智根据理性批判及其补充来检讨这些传统体系的时候，形式的和专门的理智意义上的哲学就这样产生了。正如更通行的体系表达了一个共同体的教育方法的标准和内容，因为它们自然想要在对传统的信念和理想的持续接受中来塑造倾向——因此，只有当更加自觉的哲学成为教育方法的真正基础的时候，这些哲学才能够得到检验和客观地体现出来。正是教育的方法形成了一种与它们相一致的经验。当人类的生活在总体上仍然需要另外的原则来安排的时候,要使人们相信少数哲学理论的正确性,就导致了对哲学理论的一种反驳,因为哲学理论把"整体的经验"置于一个荒唐可笑的境地之中。

新教育哲学的特征(*Character of the New Philosophy of Education*)——每一代人和每一个时期都有其特殊的问题,它决定了那个时期的重心所在。当社会条件和科学的观念及其方法都处于一个急速改变的状态时,哲学重建的倾向就特别明显,特别急迫的需要是提出更有新意的观点,使其能够揭示教育的精神和目标。至少有三个伟大的运动可以用来描述当代的特征,教育如果要与当代生活的需要和机遇发生任何关联的话,就必须以最彻底的方式考虑这些运动——否则,就会产生理智的和道德的混乱。这些运动是:(1)民主理想和体制的迅速成长;(2)工业生活的改变——从 18 世纪后期把蒸汽动力应用到制造业和商业而开始的经济革命;(3)实验科学的发展,在进化观念中,在生命发展及其器官的陈旧信念发生彻底改变时,达到了顶峰。

309

(1)民主运动彻底地影响了教育,这是因为,它不可避免地产生了大众化教育的需要。适应贵族社会和封建社会少数阶级的教育类型,仅仅为少数人提供获得知识文化的机会,因而不可能适应民主社会的需要——民主社会要求的是一切人的发展。只是针对一个阶级的教育要成为所有人的教育是绝对不可能的,因为针对一个阶级的教育得以成立的前提,就是把绝大多数人排除在它所提供的机会之外。然而,一种民主制度意味着一个社会组织从总体上是由大多数人的自发愿望来维持的,它要对大多数人的目标的改变作出反应。这意味着,与权威和惯例是社会组织的支柱的共同体相比,民主社会对全体社会成员的善良意志和智慧有着更多的依赖。为了满足个人自由和主动性的需要,这种需要是与尊重他人和社会统一的本能结合在一起的,就要求有一种截然不同的教育类型。

(2)工业革命,伴随着由其引发的联合方式和心灵习惯的改变,以及商品数量的增加,这既是民主发展的原因,也是民主发展的结果。从这些发展来看,都要求教育观念和实践的改变。它所称颂的劳动的重要性,是世界历史上一个全新的音符。消除隔阂并将所有人带入相同圈子的新发明的效应,使得相互依存从一个曾经作为理想来宣讲的东西变成了一个实实在在的事实。因为新的工业

310

体制建立在用科学控制自然力量的基础上,人们关于自然最深刻的和最真实的认识就得到了有效的传播。人们的活动是一味的屈从还是开动脑筋,这要看他们是否理解支配着他们行为的那些观念。劳动的极端专业化和分化容易使人变成他们所操作的机器的一个组成部分,只有教育的远虑和关照能够避免这种威胁。物质产品的增加使更高的审美品位成为必需,这样可以避免普遍的庸俗化。它也为大众通过受教育来分享这些东西提供了新的机会。相反,当社会机制使生产和消费的责任变得越来越重要的时候,为过去的体制所容忍甚至欣赏的奢侈和闲暇就变成了一种令社会讨厌的东西。

(3) 哲学家们一直在争论认识的性质和方法。其所持观点的武断性正好与实际活动中缺乏可靠的认知方法相对应,这样说并非在挖苦嘲笑。在教育中关于获取知识的观念和见识恰好反映了这样一种方法的缺乏,以至于学习在总体上意味着是堆砌、崇拜和紧紧抓住过去传下来的东西,并且对此冠之以知识的头衔。但是,认知的真正实践最后让人们看到了这一点:学习意味着发现而不是将传统记忆下来;认识是积极建构的而不是消极吸收的;我们必须坦率地承认,人的看法在性质上都是实验性的,其中包含着假设,要通过活动进行检验。从内容方面来看,能量、过程、增长和发展变化的观念占据了主导地位,永恒实体、不变的固定性和统一性等旧观念日渐式微。那些形成了人们进行解释和评价的标准的基本观念,经历了彻底的变化。

这个粗略的叙述应当表明了在教育中发生作用的那些新兴力量,表明了需要一种适应我们时代的新态度和新趋向的理论,如果想要以一种清醒的理智精神来面对当前形势的话。我们需要知道民主理想给我们的道德目标和方法带来的差异;我们需要认识到关于存在本质的观念已经发生了巨大的改变。我们必须理智地应对已经产生的崭新的和庞大的工业力量,通过教育来获得一种倾向,以促使这些力量从属于普遍的福利和平等的机会,这样才不会使我们陷入阶级的仇恨、理智的平庸和审美的庸俗。如果不想让我们的科学变成一种专业化和孤立的东西,就像我们常常嘲笑的所有毫无作为的学校体制一样,我们必须使实验性的态度变成从事所有理智工作的普遍态度,学会习惯性地用动态发展和普遍进化的观点来思考问题。我们所处的这个阶段,将争论、问题和目标置于最突出的位置。在现代教育的改革任务中,需要自由的和深思熟虑的参与,我们必须清醒地认识到这一点。最终达到这种清醒的认识,并且顺应其要求而对旧的观念进行变革,这就是当代教育哲学面对的具体问题。

有关现代课程的教育哲学的实际学习计划,参见教育的学术研究。

也可参见教育的艺术、学习过程理论、文化、民主与教育、教育、经验、个性、认识等,以及下面所列出的参考书。

参考书

Bagley, W.C. *Educative Process.* (New York, 1908.)

Bryant, S. *Educational Ends.* (London, 1887.)

Butler, N.M. *Meaning of Education.* (New York, 1905.)

Dewey, J. *School and Society.* (Chicago, 1900.)

　School and the Child. (London, 1900.)

　Child and the Curriculum. (Chicago, 1902.)

　Educational Essays. (London, 1910.)

　My Pedagogic Creed. (New York, 1897.)

　Influence of Darwin on Philosophy. (New York, 1910.)

Harris, W.T. *Psychologic Foundations of Education.* (New York, 1908.)

Henderson, E.N. *Text-Book in the Principles of Education.* (Chicago, 1911.)

Horne, H.H. *The Philosophy of Education.* (New York, 1905.)

　Idealism in Education. (New York, 1910.)

MacVannel, J.A. *Outline of a Course in the Philosophy of Education.* (New York, 1912.)

O'Shea, M.V. *Education as Adjustment.* (New York, 1903.)

Partridge, G.E. *Genetic Philosophy of Education.* (New York, 1912.)

Rosenkranz, J.K.F. *Philosophy of Education.* (New York, 1903.)

Ruediger, W.C. *Principles of Education.* (New York, 1910.)

Sinclair, S.B. *The Possibility of a Science of Education.* (Chicago, 1903.)

Vincent, G. *Social Mind and Education.* (New York, 1897.)

312

　　柏拉图(Plato)——柏拉图的教育影响是如此广泛,以至于我们不可能给予它一个充分的说明,而不得不在各种不同的标题下讨论这个主题。在关于"希腊教育"的一般性条目里,在讨论"希腊教育理论"的时候,涉及的大多是柏拉图的思想和影响。而且,在"教育中的理念论和实在论"的条目里讨论的主要也是柏拉图的影响。在"伦理学"、"逻辑学"和"哲学"的条目里,尤其在"教育哲学"的条目里,作为基本内容而加以强调的,依然是柏拉图的影响。在"神秘主义和新柏拉图主义"的条目里,他对古典时期晚期和中世纪时期的影响也得到了探讨。在与教育哲学相关的所有标题的清单里(参见最后一卷的"分析索引"),柏拉图的影响都是必须考虑到的,尤其在诸如"认识、"观念"和"法则"等条目里。因此,以下内容是对柏拉图的教育影响的要点进行一个简短的说明。作为一种理想的制度,柏拉图学派的教育思想在《理想国》里得到了最为系统的论述。如上所述,这些思想大体上与希腊人最先进的教育理论是一致的。同样的道理,柏拉图关于教育实践的具体陈述,如在《法律篇》里,大体上也是同时代希腊教育实践的翻版。因此,这两项内容都在关于"希腊教育"的条目里得到了具体说明。

在柏拉图的计划里,高等教育几乎等同于数学教育,虽然我们知道他鼓励成年人,比如他的侄儿斯彪西波(Speusippus)和亚里士多德去学习其他的科学分支,比如地质学、植物学和动物学。尽管这属于科学研究史而不是教育史的内容,不过有一点是很清楚的,即柏拉图坚持要对他的所有学生进行数学的初步训练。他的整个教育计划,实际上是从一个独特的思想发展而来的。柏拉图在很大程度上,把这一思想归之于毕达哥拉斯哲学(Pythagoreans)。早期教育通过节奏和旋律的反复灌输来培养一种对于和谐和秩序的本能。一个有序和谐的灵魂是做一个好公民的首要条件;此外,希腊人还认为,八度音阶的音程是完全对应于天体秩序的,故而伟大的宇宙本身就像七弦琴的曲调一样。因此,教育的目的就是使灵魂顺应宇宙和上帝。这就是为什么要自始至终进行数学训练的原因所在。

柏拉图的《法律篇》对于紧随其后的时代有着巨大的影响,这一点变得越来越清楚。当他还活着的时候,柏拉图学派就被看作一种政治学学派,特别是一种宪法学派。许多城市的立法者都运用了他的学说,通过这种方式,《法律篇》中的理论在现实城邦的法典中变为现实。对于这部著作中的教育原理,情形似乎同样如此。一般认为,柏拉图通过创建学园而成为大学制度的真正创始人;但还有一点总是没有被注意到,他也是我们所理解的学校的发明人。如果我们所指的学校是一个开设正规课程的公共机构的话,那么,在古希腊时期的雅典根本不存在这样的学校。家长送他们的孩子到一个教师那里去学习阅读和写作,再到另外一个老师那里去学习音乐等;这些教师都是私人教师,彼此是完全独立的。

近来,柏拉图的教育理论受到了更多的重视,但几乎总是局限在讨论《理想国》里的主题。正如我们已经说过的,在《理想国》里能够发现柏拉图教育理论的指导原则;而在《法律篇》里,教育原则与其说已经确立起来,不如说是一种假设而已。在《理想国》里,柏拉图首先把教育看作一种改变,是把灵魂的眼睛转向光明。也是在《理想国》里,我们可以了解到这种教育体系的心理学基础。人们通常会说,音乐是心灵的教育,体操是身体的教育,但这么说是不正确的。其实,这

313

314

是对心灵中两个不同的"部分"或成分的教育;偏向其中任何一种,都会带来性格的不平衡和不和谐。

同样,在《理想国》里,我们对高等教育有了一个全面的认识,它的四门主要学科是算术、几何、天文和音乐,即长期存在于中世纪的"四艺"。但是,总体来说,我们主要应该归功于柏拉图在他的《法律篇》里提出的观点,即建立一种开设确定课程的学校机构。

柏拉图的教育哲学(*Platonic Philosophy of Education*)——柏拉图的教育主张与他那个时代关于社会和道德状况的解释是紧密联系在一起的,他提出的原则和问题有着持久的重要性。他对于一种经久不衰的教育哲学所作出的最重要的贡献,可以列举如下:

1. 教育问题是哲学问题一个固有的部分,反过来说,可以把教育看作社会的和道德的技艺;通过它,可以使哲学的理论成果为生活所用(参见**教育哲学**)。他关于正确组织社会生活的两部重要著作(《理想国》和《法律篇》)也是他关于伦理学、形而上学和教育理论的权威著作,这并不是偶然的。他继承和发展了苏格拉底的观念,即正确的行为是以真知为前提的。关于真知(逻辑或辩证法)的理论有着实践的和道德的重要性,因为这种理论作为一种必需的工具,可以使人们意识到无知和意见,意识到自己的恶行,并且能够给他们提供通往善的知识的手段。因此,真正的辩证法的实践不同于虚假的东西(诡辩的和似是而非的),它是正确生活一个内在的组成部分。哲学不只是理论的训练,而且规定了教育的方法,即使心灵向善和追求善的实现的方法。在避免了认识和实践之间的尖锐对立的同时,柏拉图也避免了把教育理论仅仅当作哲学的外在附庸的错误,这种错误在后来的思想中十分普遍。

2. 柏拉图坚信认识与社会组织相关联,由此他给苏格拉底的思想增加了一个特点鲜明的新因素。也就是说,在一个为追逐私利和分裂而导致腐化的社会里,无知和偏见是不可避免的,这或者表现在独裁制度里面,或者表现在无政府的民主制度里面。这些社会包含着认识的唯一"特殊性",即作为阶级和兴趣分化的对应物。它们所产生的无知和偶见被打扮成真理的样子,而没有为形成真知的统一性和永恒性提供什么东西。作为其结果,正确的认识和正确的社会组织之间的密切关联包括了教育理论与政治学或社会学理论——关于国家组织的理论——之间同样密切的关联。根据记载,苏格拉底认为,灵魂对真知信仰是可以通过独立于社会环境作用的个人训练获得的。

真知和正确的国家组织之间的相互依赖，是柏拉图预先对亚里士多德的指责作出的回应。这一指责经常被人们重复。亚里士多德认为，柏拉图高估了为了正确行为的纯粹理论知识的重要性，忽略了习俗和实践的作用。对于柏拉图而言，获得真正的理论知识本身就意味着在社会组织中接受长期的教育，在社会组织里，个体根据统一、平衡与和谐的原则行动，把那些使独立的理论洞察成为可能的因素吸收进他的实践中去。柏拉图的社会等级制——其中，哲学家作为社会的统治者处于最高层——也来源于他坚持社会实践是真知不可或缺的前提条件的观念。但是，我们必须承认，柏拉图陷入了循环论证，他一方面坚持真正的或哲学的认识是正确的社会组织的条件，另一方面又坚持正确的社会组织是哲学洞见的前提。因为他没有进化发展或逐渐变化的思想，就不可能理解真实的国家并不是环境因素机缘巧合的结果；国家一旦被建立起来，就必须不顾一切危险地维持现状，抵制一切可能的变化，即使是一些微小的变化。

3. 柏拉图清楚地看到，科学系统化的动机和原则都是有教育意义的，只是这些意义被后来的知识专门化弄模糊了。根据柏拉图主义的精神，也许可以在字面上把各门科学称之为研究；它们的区分与结合，既可以确定一种正当教育的内容，又可以指明整个教育中各门知识分支的正确目标。让人变得纯洁的音乐和体操（古希腊教育的传统内容），为新兴的自然学科（表现为宇宙学形式的天文学和物理学）铺平了道路；这些自然学科又不知不觉地变成了数学；数学又变成了辩证法；辩证法在理解最终目的和专注于善的观念方面达到了顶峰，由此一个相反的或演绎的过程又引向了伦理学和政治学。当然，这段具体陈述中的多数内容都被后来的哲学和科学认为是站不住脚的，但它背后的观念，即各种学科的分类和联系，最终是一件教育的事情，而不是一件抽象的知识的事情。这必须被看作是一个持久性的贡献。

4. 柏拉图把个人在社会中的地位和关系问题当作一个教育问题。社会是一个复杂的整体，它需要一些不同力量的积极合作。每个人的能力天生不同。从一个角度来看，需要把这些不同的、各具特色的个人能力调和成一个协调统一的社会整体。从另一个角度来看，需要对每个人因天赋不同而形成的特殊能力进行训练以强化和促成行动。如果个人没有履行他们天赋应有的职责，而是承担起许多的活动，并因此侵犯到他人的领域，给整个社会带来冲突，那么，国家的统一和秩序就会受到损害。教育提供了能够满足各个方面需要的手段。通过持续的挑选、筛选和检验的过程，每个人的天赋和局限都会充分地显现，教育就能决定每个人所适合的社会职位。实际上，有人指责柏拉图为了社会统一和稳定的需要而牺牲个性，这是有几分道理的。然而在理论上，他认为，发现个人的特殊才能以使他能够利用其能力为整个社会服务，这是既可以确保个人幸福又可以保证国家利益的唯一手段。通过教育，发现和训练一个人的特殊才能；同时，国家获得内在的而不是强加的和谐的手段。看起来，这种思想为教育的问题和理想提供了一个持久的因素。柏拉图教育理论的局限在于这样一个事实，即他把个体差别归结为某些固定的局限和类型，而且又与某些固定的社会阶级相对应。存在着与个体差别对应的一定数量的阶级，这种思想又把他引向了另外一种思想，即相应的社会阶级必须按照优越者与卑贱者的次序来组织。自柏拉图时代以来，我们在认为个体差别就是个性自身的本质方面取得了进步，从而典型的个体能力的发展只能摧毁固定的社会阶级的存在。因此，社会活动的多样性共同构成了统一合作的社会，这一观念代替了把阶级的等级服从作为定义教育目的的观念。

5. 我们刚才提到的教育中的审美和艺术的典型作用，代表着柏拉图另外一个持久的贡献。审美和艺术的内容为教育中的实践和理论提供了联结的环节和瓦解的因素——这个观点构成了席勒教育思想的基础。一个方面，在教育中需要有实践、重复练习和习惯的养成。这个过程本身容易成为机械的活动，并因此限制理性的洞察。但是，如果依赖于自发的和非强制的倾向——如果依赖于游戏本能的话，结果就不会是这样。在这种情况下，即使是作为培养习惯或实践的过程，教育仍然需要个人的感情态度和审美内容，它们通过内在的均衡、和谐、平衡和高贵不知不觉地导向理性洞察的转换。关于体操和音乐的看法，就是由这个原则所得出来的；柏拉图对诗歌和戏剧艺术的著名批评，并不是因为他轻视艺术和审美欣赏的教育功能，事实上，他相信它们具有巨大的教育意义；而是因为出于对国家利益的考虑，需要对它们进行监督和指导。

318

参考书

Bosanquet, B. *The Education of the Young in the Republic of Plato.* (Cambridge, 1901.)

Nettleship, R. L. "The Theory of Education in the *Republic* of Plato." In *Hellenica,* edited by Evelyn Abbott. (London, 1880.)

游戏（Play）——这个名词所指的那些活动并不是为了某种结果而有意进行的；活动是为了追求愉快而不涉及外在的目的。长期以来，绝大多数人所持有的游戏理论得到了赫伯特·斯宾塞的充分阐述；这种理论认为，游戏代表着多余精力的外溢，除了保持健康和履行义务之外的精力就是剩余的精力。因为儿童免除了大多数与谋生相关联的义务，他们自然有着相对较多的精力以供打发。因为释放多余精力的渠道是那些必须的和实用的工作，所以游戏大量模仿实际活动就毫不足奇了。格鲁斯（Groos）对动物和野蛮人的游戏行为进行了较长时间的研究而得出这样一个印象：游戏所体现出来的活动，对于日后生活都是有用的。他明确阐述了这样一种观念，即游戏的主要作用在于它对以后生活所必需的功能提前进行了训练。他的这一思想通常被看作与"剩余精力"理论相竞争的一种理论，但很显然，这两种理论代表不同的角度，它们没有共同点。作为一种对产生游戏的因果条件的解释，这种理论可能是正确的；而作为一种对游戏的价值的解释，另外一种理论可能是正确的。

事实上，剩余精力理论似乎受到了一种曾经流行的观念的影响。这种观念认为，个体天生就不喜欢任何活动；完全静止属于有机生命的自然阶段；趋乐避苦之所以存在，就是为了刺激个体去努力，而努力本身是痛苦的。其实，真正的事实在于通过有机体内在的刺激，有机体就处在一个持续活动的状态，而活动就是生命的本质。当自然静止的神话破灭，连带着破灭的是为了刺激懒惰的人而需要特殊奖赏的神话，寻找任何特殊的目的或特殊的原因来解释游戏就再也不是必要的了。需要的只是讲清楚有机体活动采取这种或那种形式的条件所在。这样来看，我们就会发现证明了差异化存在的各种活动形式所具有的充分的教育意义，这就是游戏、娱乐、艺术、工作、劳动和苦役。

无论如何，游戏的出发点是生命展示自身的积极过程。当刺激指引这种活动采取不同形式的时候，某些形式会带来特别的回报。刺激不仅会激起某种形式的活动，活动带来的反应也会回馈给刺激以继续保留它或改变它，而刺激的变化会带来更多的活动。转动的线圈会刺激小猫的有机体反应；这种反应会让线圈继续转动而刺激有机体的活动。作为一种刺激物，线圈和老鼠没有什么区别，除了后者对猫的嗅觉有着特殊的刺激，而且当它被猫吞嚼时会对味觉产生刺激并带来一些特殊的反应之外。同样的道理，婴儿玩弄某些刺激物以便保持某种活动形式，尽管活动会有一些变化。以某种方式观看某物激起了反应，这种反应会让继续观看变得有趣。

这些过程反复进行以后就变得复杂起来,因为活动者对前一个活动的结果有了一种想法。对这种可能的结果的想法,可能会提供充足的刺激以让已经停止的活动继续下去,只要关注直接的结果就会提供适当的刺激。如果把对于结果的预想作为刺激以更新否则就会衰退下去的活动,如果对于结果的实现还包括对先于结果的行动的某种选择和安排,我们就有了另外一种有鲜明对比的活动,可以称之为工作。但是,因为包含着预想结果的活动是自然地从自发活动中产生出来的,因此在这种心理学的意义上,游戏必然要先于"工作",后者是不知不觉从游戏中产生出来的。不同的地方主要不在于一个是让人高兴的、另一个是让人不高兴的,而在于在工作的情形下,对于结果的预想会迫使人去思考手段和目的之间的关系,并且会相应引起对原初自发活动的重新调整。活动的惬意度不仅不是主要的差别,而且随着能力复杂性的提高,先前的活动过于简单而不能提供必要的刺激(因此不能提供预想中的满足),除非通过把手段调整得较少的直接性而更多的间接性来扩充先前的活动。在发展的一个阶段,手段和目的之间的关系如此紧密,以至于如果主导性的想法就是玩一个"摆好餐桌准备开饭"的游戏,那么,任何东西都可以用来代替桌子和餐具。随着感性知觉变得成熟起来,除非事物能够被设计和运用得适应目标,否则活动就不够复杂而让人觉得乏味。为了让活动者感到满意或觉得值得,活动需要更多的理智调控和实际检查;正是在这一点上,存在着游戏和工作的区别,但这种区别并不是有用与自由的区别,也不是目的本身与仅仅作为手段的区别。

进一步的区别是由于社会环境。随着智力的发展,活动的刺激会变得更加社会化。成人的兴趣和事业是儿童活动的出发点和指导性的提示(参见**模仿**和**幼年**)。某些游戏的结果和方法都是由社会惯例决定的,这种由规则控制的游戏就是比赛。但是,娱乐、劳动和苦役的区别也来自社会环境。

劳动是经济得以发生的一个事实。不管工业怎样细分下去,它已经或多或少远离了打鱼狩猎的文明阶段。劳动产品都不是先前一个活动过程的直接刺激物了,因为这个产品本身是不能被享受或消费的,而是为了交换别的物品(或者为了钱)。这意味着行动的直接结果不是它需要的刺激因素,之所以要做它是为了更遥远的目标。这意味着至少存在这样一种可能性,即直接的行动本身如此令人讨厌,以至于想要逃离开它;之所以继续做下去,是因为这个终极目标的需

321

要。在经济生活的某些条件下,劳动几乎必然具有这种外在强加的特点,因为它内在地惹人讨厌,于是就变成了一种苦役。前面提到这样一种观念,即人们天然地反对任何活动,之所以从事某项活动,只是因为惧怕不幸或者喜欢回报。在一段时期内,这种观念被从经济理论带到了心理学,当工业生活主要在本身令人讨厌的条件下挣取工资的时候。通过一种相反的效果,娱乐从游戏中分化出来。儿童不是为了娱乐而游戏,就像他们不是为了活动之外的任何目的而游戏一样。他们在活动中享受生活的乐趣,这些活动之所以被称为游戏是因为它们表现出来的某些特点。但是,成人(像儿童一样,他们的社会环境是反常的)需要从劳动中解脱出来,尤其是从苦役中解脱出来。他们的能力根本没有得到利用,或者是在工作的时间里、在强制和扭曲的条件下得到利用的,他们需要刺激。在平凡的机械劳动之外提供这种刺激的东西,就构成了娱乐。它也被称之为消遣,用来调剂生活,这意味着它有与儿童游戏通常不具备的相对照的效果。

把一种游戏的心灵态度区分出来,也是值得一做的。比如马修·阿诺德(Matthew Arnold)认为,有文化的标志就是能够富于想象力地探讨一个问题,能够让心灵自由地思考一个问题。这种心灵态度与那种除非为了某个预想的理论或某种实际的功利,否则就不能享受知识活动的态度不同。这种并不需要任何外在的动机就可以从对某个问题直接的认知发展中获得满足的能力,表现了一种真正的游戏态度的发展结果——它是游戏采取的一种特殊形式。除非游戏采取了这种理智形式,否则,科学探究的彻底精神就不可能变为现实;在科学探究中,如果不是全部的话,大多数为了真理而热爱真理的态度体现了为享受探究活动本身的游戏态度。我们为了观察、思考和检验本身而享受它们,不管其将来是否有一个副产品,就像童年时期有些紧张甚至危险的身体活动会带来内在的满足感一样。

游戏和教育——以上论述大概说明了与游戏问题相关的主要教育问题。可以说,柏拉图最先在教育中发现的游戏的重要性,与福禄培尔对游戏重要性的再次发现,构成了教育方法的基本原则。所有后来的成长,其基础都在早期的活动;就个人的意识而言,这种早期活动都是自发的和游戏的。因此,有必要使早期的游戏活动成为这样一种类型,即它能够自然地发展成为后期更具有反思性和创造性的活动模式。这意味着游戏应当不知不觉地变成工作(但不需要变成

劳动),早期的游戏和类似于游戏的工作为以后从事对社会有用的职业提供训练。通过游戏进入真正的工作,从社会的角度来看,这不仅意味着个体在阻力最小和最经济的条件下获得了实现工作效率所需要的技能,而且意味着他是通过运用想象和情感来做到的。换句话说,从游戏自然地转向工作,是促使社会效率发展与个体生活丰富协调起来的唯一手段。

目前工业的发展使得劳动极度的专业化,经济调控是通过交换的方式而不是商品自身的价值进行的,这种经济状况滋生了其他的教育问题。增强和丰富想象力是教育事业的一个部分;这样,工业的机械方面就不会把未成形的心灵交给感觉、欲望和琐碎的念头支配。与工业环境进行密切接触,也是教育事业的一个组成部分;这样,那些从学校进入企业的人们就能从整体的角度来理解他们的工作只是其中的一小部分,并因此看到除此之外就无法理解的他们工作的意义。有必要对学校的游戏和比赛进行引导,培养出对健康的游戏和娱乐形式的热爱和能力。我们在此也许还忽略了当前社会教育的一些方面。因为娱乐是与严肃的工作相对立的,我们已经忘记花上几个小时进行娱乐所具有的游戏功能。这是生命中最严肃的问题之一,无论在理智上还是道德上而言,任何教育体系如果只专注于工作时间而忽略这些游戏功能,那么,它就是欠缺的。

参见活动、教育中的艺术、学习过程理论、福禄培尔、比赛、本能、幼儿园。

参考书

Appleton, L. E. *Comparative Study of the Play Activities of Adult Savages and Civilized Children: An Investigation of the Scientific Basis of Education.* (Chicago, 1910.)

Colozza, G. A. *Psychologie und Pädagogik des Kinderspiels.* Tr. from Italian by Christian Ufer. (Altenburg, 1900.)

Georgens, J. D. *Das Spiel und die Spiele der Jugend.* (Leipzig, 1884.)

Groos, K. *Play of Animals.* Tr. by E. L. Baldwin. (New York, 1898.)

Play of Man. Tr. by E. L. Baldwin. (New York, 1901.)

Hall, G. S. *Adolescence.* (New York, 1908.)

Aspects of Child Life and Education. (Boston, 1907.)

Youth, its Education, Regimen, and Hygiene. (New York, 1906.)

Henderson, E. N. *Principles of Education.* (New York, 1911.)

Johnson, G. E. *Education by Plays and Games.* (Boston, 1907.)

McDougall, W. *Social Psychology.* (London, 1910.)

Mildebrandt, P. *Das Spielzeug im Leben des Kindes.* (Berlin, 1904.)

Muthesius, K. Die Spiele der Menschen. *Pädagogisches Magazin,* pp. 137. (Langensalza, 1899.)

Spencer, H. *Principles of Psychology.* (New York, 1896.)

323

324

Strachan, J. *What Is Play? Its Bearing upon Education and Training; A Physiological Inquiry.* (Edinburgh, 1877.)

多元论（**Pluralism**）——一元论（monism，参见该条目）的对立面。该理论认为，有一些独立的关于实在或真实存在的终极原则。它包括许多不同的体系，比如德谟克利特的原子论（atomism），莱布尼茨和赫伯特的单子论（monadism），以及威廉·詹姆斯的彻底经验主义（参见相关条目）。

实证主义（**Positivism**）——这个哲学术语来源于法语词"positif"，其含义与英语里的形容词有很大的区别。在它最一般的意义上，实证主义意指这样一种哲学理论，它只承认那些被数学和自然科学所确知和证明的事实或原则。因此，从严格的意义上说，实证主义哲学把其主张限制在已经确证存在于自然事件中的共在和序列的关系方面，并对自然事件之后或之外的任何实在及其时空关系持不可知的态度，不管这种实在被设想成物质还是力量。实证主义更特定地用来指奥古斯特·孔德（参见该条目）的哲学，他把历史哲学和社会哲学结合在一起，把社会的和宗教的理想结合在一起，并持有一种科学的不可知论。

325 根据奥古斯特·孔德的历史观，人类经历了理智发展的三个阶段，这些阶段支配着相应的生命发展阶段。第一个阶段是神学阶段，其解释事物的基础是一种广义的万物有灵论。它是按照拟人化而非人类的意志和情感来对事物进行解释的。第二个阶段是形而上学阶段，力量代替了这些拟人化的存在，其中一神论成了转折点。形而上学阶段所达到的顶点，是把自然视作终极的和统一的力量。接着是第三个阶段即实证主义阶段，在这个阶段，人们满足于精确地弄清在时空世界中所发生的事实和事件，这些事实和事件是他们的感性知觉所接收的。与理智发展相应的，是社会和宗教的发展。神学阶段虽然在理智上是最不充分的，却是最有利于社会组织的，因为它所强调的力量类似于人的权力。形而上学阶段则因其强调非人格的抽象力量，而不利于培养密切的社会联系。18世纪的个人主义与把自然视作根本准则的思想的结合，代表着形而上学阶段的逻辑结果。现时代的或科学时代的问题是把神学阶段的宗教和社会精神与形而上学阶段开创的客观的、非个人的理智态度结合起来，导致这种结合的方法构成了孔德实证主义的建设性部分。

既然我们只能知道现象的空间和时间联系,就必须放弃所有关于客观的或本体论的综合的希望。然而,为了给人类统一的观念、信仰和目标,一些综合是必要的;这种统一的观念、信仰和目标对其自身的统一组织是必要的,而且为了提供过去由宗教提供的献身社会的动力,这种综合也是必要的。解决方案就是进行一种"主观的综合",从科学对社会的影响及其有利于生命统一的方面对科学知识进行组织。实际上,这就等于用"人性"替代神灵和自然力量,把人性作为终极的价值标准和参照的中心。然而需要看到,人性并不是一种本体论意义上的实在,而是一种理想。在人类历史的进程中,人性的存在能够越来越成为一种现实。把人性变成宗教献身的目标,以整个中世纪的天主教为基础来建立一种人性宗教,或多或少就是这种观念的逻辑结果。

326

虽然孔德成功地创立了一个教会来表达他的思想,宣扬他的新宗教体系——这一教会在法国和英国仍有其分支,但是他的主要贡献在于:他用自己的思想深刻地影响了那些并不称自己是孔德主义者甚至实证主义者的人。自然科学自身并不趋向于促进社会组织和提高社会福利;科学专门化自身会导致分裂;现代生活强烈地需要一种类似于过去宗教提供的方法,以使认识与实践和行动联系起来;科学的根本目标应该是预言未来和协调社会——这些思想都是孔德竭尽全力发展出来的,它们已经深深地扎根于当代文化之中。

参见奥古斯特·孔德。

参考书

Baldwin, J. M. Dictionary of Philosophy, Vol. III, Pt. ii, pp. 634 – 638.
Caird, E. *Social Philosophy of Comte*. (Glasgow, 1893).

实用主义（Pragmatism）——实用主义的思想（不是这个词）最先是由美国数学家和逻辑学家皮尔士（C. S. Peirce）于 1878 年在《通俗科学月刊》（*Popular Science Monthly*）上发表的一篇题为"怎么使我们的观念清楚"（How to Make Our Ideas Clear）的文章里提出来的。这个思想的主要意思是:任何观念或思想的意义在于结果,而结果来源于一种有意义的存在,因此获得一个清晰概念的方式就是考虑这个观念的真实性或有效性所带来的差别。在谈话中,皮尔士用"实用主义"这个词来表达概念意义的性质。大约二十年之后,威廉·詹姆斯建议用这个词来检验具体的哲学概念的意义和价值。他论证道,任何哲学理论或问题

《教育百科全书》第三、四、五卷词条　**241**

的要义存在于如果所讨论的观念为真会带来的具体差别之中，如果不会带来差别，那么，这个理论和问题就完全只是言辞上的。这个理论是一种确定概念意义的严格方法，它不是关于概念的真实性或者它们与存在的联系的理论。皮尔士曾经想把这种狭隘意义上的实用主义（Pragmatism）称为 Pragmaticism，以便与詹姆斯和其他人对这个学说的扩充有所区分。

詹姆斯曾经在其《心理学》和《信仰的意志》（*Will to Believe*）里指出，兴趣、选择和感情因素对我们的信仰有着影响，并要求在某种环境下承认这些因素的合法性。牛津大学的席勒致力于通过承认感情和意志因素在思维中的作用，把逻辑学改造得更加具体和更加有用。他把这种观点概括成一种理论，即所有的认识都是抱有目的或者是目的论的。詹姆斯采纳了这种观点，并把其作为实用主义的一个组成部分。既然在认识中包括了兴趣、选择和努力，那么认识在根本上就是实验性的和不断变化的。按常识来说，既然真理是认识最终要达到的目标，那么，真理就不是某种先于我们的理智活动的东西，而是跟随理智活动并由理智活动创造出来的东西。既然真理包括对象和思维的关系，那么，对真理的创造就逻辑地蕴含着对实在的创造。通过一种自然的延伸，实用主义从一种强调认识具有目的性和真理是认识的成功创造的理论，扩展成了一种主张实在是可塑的并且是由人的认知活动建构起来的理论。席勒把实用主义的这个方面称之为人本主义（Humanism）。

在其《心理学》中，詹姆斯曾经暗示，在某种程度上运用了这种观点，即理智或人的认知能力作为一种对刺激作出适应性反应的工具是进化而来的，它处于感官刺激和运动反应之间。杜威和其他人采纳了这种主张，并在心理学方面发展出这样一种观念，即思考或反思的注意力是习惯的对应物和补充。习惯表达了对旧的既成刺激的反应方式，思考是对新奇的、可疑的和其特征不确定的刺激的反应方式。这一观念也或多或少地被系统运用于对传统逻辑学理论的重建。逻辑被看作对思考方式的系统化描述，它可以使生活在社会环境中的人们对于存在的新奇的和不确定的特征进行检验，而这些特征则被看作客观的东西。从教育意义方面看，这种观念被扩大成了这样一种理论，即标准和理想并不是固定不变的或先验的，而是处在假设性的不断建构之中，它要接受其是否适应于具体情形的控制的检验。这种被明确称之为工具主义（instrumentalism）的一般逻辑观和伦理观，也被詹姆斯采纳作为广义的实用主义的一个组成部分。

一般认为,实用主义还在其形成阶段就作为一种哲学酵素,有些不成比例地对明确接受它的人群产生了一种影响。它与进化论影响的不断增加,是完全一致的;进化论认为,实在本身处在一个持续的转折和变化过程之中,这个过程是内在的而绝不是偶然的和外在的。实用主义把认识论和逻辑理论与这一基本事实联结起来了。实用主义还与历史上的精神哲学相联,后者强调生命,认为生物学的和动力学的概念比纯粹物理学的和数学的观念更加重要。虽然实用主义声称自己在方法上是完全经验主义的,但却赋予思想和思想关系(即普遍性)一种首要的和建构性的作用,而这是被感觉经验主义所拒斥的。它还因此声称自己包括和解释了历史理性主义所主张的要素。以有一点类似的方式,它声称自己调和了认识上的实在论和唯心论。它认为,要成功地进行认知,就必须使认知适应实在,实在先于认知的作用,并且不是由这些作用所构成的。至此,实用主义在倾向上是实在论的,而且它刚一面世就被视作一种有影响的因素,唤起了对占统治地位的康德主义以及新康德主义的唯心主义的反对之声。但是,它并不认为,理智对存在的适应是一种完全的符合或纯粹的模仿,而是为了生命向着复杂性和丰富性意义上的进化所作出的适应。因此,它主张应该承认和考虑这样一些可以被证实的事实,即思想在世界中的作用,这些事实曾经导致唯心主义的夸张。虽然实用主义的未来仍然是悬而未决的,但是我这里冒昧地希望大家注意到它可以当作教育理论中一种可行的假说。它把认识作为一种现存的活生生的过程(而不是对静态结果的收集);它还主张,在实际的生活经验中,认识是要去达到一个具体的目标(认识不是某种完全存在于纯粹理论领域中的东西),它接受并试图证明这样一个观点,即任何人都必须去努力发展自己的理智,并且使认识成为自己性格和行为中一个重要的因素。

可参见经验、经验主义、归纳和演绎、认识、逻辑、教育等;还可参考下面列出的参考书。

参考书

Bawden, H. H. *The Principles of Pragmatism; a Philosophical Interpretation of Experience.* (Boston, 1910.)

Berthelot, R. *Un Romantisme utilitaire; Étude sur le Mouvement pragmatiste.* Vol. I, *Le Pragmatisme chez Nietzsche et chez Poincaré.* (Paris, 1911.)

Carus, P. *Truth on Trial*, etc. (Chicago, 1911.)

Dewey, J. *How We Think.* (Boston, 1911.)

Influence of Darwin on Philosophy and other Essays. (New York, 1910.)

Studies in Logical Theory. (Chicago, 1903.)

"Does Reality Possess Pratical Character?" *In Essays Philosophical and Psychological in Honor of William James.* (New York, 1908.)

Huizinga, A. van C.P. *The American Philosophy of Pragmatism Critically Considered in Relation to Present-Day Theology.* (Boston, 1911.)

Jacoby, G. *Der Pragmatismus; neue Bahnen in der Wissenschaftslehre des Auslands; eine Würdigung.* (Leipzig, 1909.)

James, W. *Pragmatism.* (New York, 1909.)

Principles of Psychology. (New York, 1890.)

Pluralistic Universe. (New Yok, 1909.)

The Meaning of Truth. (New York, 1909.)

Will to Believe. (New York, 1897.)

Moore, A.W. *Pragmatism and Its Critics.* (Chicago, 1910.)

Schiller, F.C.S. *Humanism; Philosophical Essays.* (London, 1903.)

Schinz, A. *Anti-pragmatisme; Examen des droits respectifs de l'aristocratie intellectuelle et de la démocratie sociale.* (Paris, 1909.)

See also the files of the leading philosophical journals, e. g. *Journal of Philosophy, Psychology and Scientific Methods; Mind; Philosophical Review;* also the *Psychological Review Index.*

330

　　问题(Problem)——问题是需要进行反思的一种意识状况,它呈现出一个既定情况与有待处理的某件事情之间的不同。这是一种变化的可能性。这种既定和可能之间的不同和联系,会给激发了思想的那些情形带来问题和不确定的方面。问题无论轻微或者严重,它都带有一种复杂的、困难的或含混的因素。消除迷惑,澄清暧昧,克服阻碍,填充现存事物与未来变化之间的裂口,出现这些需要就表明了问题萌芽的存在。但这里并不是说,这个有问题的方面一定会被当作一个问题而得到自觉的承认;在问题还没有得到澄清以便引导人们去思考和努力的情况下,它仍然在起作用(参见方法)。

　　关于激发和引导思想的种种问题的首要作用——问题可以确定反思探究的开始及其解决的办法——说明了在教育实践中提出疑问和设定问题为什么占有重要的地位。然而,就问题的性质而言,存在着两个共同和关联的错误。如果忽略了问题因素是隐含在情景之中而不是作为一个独立因素存在的,那么,我们就看不到一种当然包括一切的经验情形的必然性。人们也许认为,仅仅是提出一个口头疑问或设定一个任务就构成了一个问题。但是,在现实情况中,用语言表达出来的问题所能够做到的就是使人想到一些困难,这些困难来自学生自身的经验。提问不能创造一个问题,甚至不能让学生联想到一个真正的问题,除非尽

331

力把它当作一种刺激,让学生注意到某个单独出现的问题。这里表明了第二个错误,假定对一个人来说的真正问题,比如对教师来说,对另一个人来说必然也是一个问题或者是同一个问题。事实上,经验的条件或有关情况决定了一件事情是不是一个问题以及是什么类型的问题。

过程(Process)——随着有关世界、心灵和社会的动力学思想的发展,我们需要用过程来表达一种连续变化的观念;不管怎样变化,在这种连续的变化中,始终保持着一种同一性的特征,特别是如果这个变化系列显示出一个统一的结果。"过程"这个用语在其最普遍的用法中,指称的就是这个观念。比如,我们可以在最近的教育文献中发现诸如"教育过程"、"学习过程"和"教学过程"这些说法。在每一种情况中,都存在一个朝向唯一有效结果的复杂的变化系列。

参见活动、功能。

进步(Progress)——通过与发展、进化和成长(参见该条目)这些术语的比较,我们也许可以最恰当地来定义"进步"这一概念。与它们一样,进步包含了一个变化系列的观念,这些变化存在着一个累积的方向;在其中,早先的部分并不仅仅是把它们的位置让给后续的部分,而是有着某种程度的持续性,它们一起组成某一特征或内容的历史。进步的观念比其他的观念略有不同之处在于:它明确地表达出变化是朝着一个更理想的状态的,这是一个更高级、更有益和更完美的状态。它也表明了,即使不是明确地肯定,自觉的注意和努力在带来情况改善方面起着某种作用。古希腊哲学对于"进化"的概念是熟悉的,无论应用于有机体生命还是整个世界。然而,它缺乏"进步"的观念。变化或者被设想成一个无休止的循环的圆圈,从同一个状态出发又回归到同一个状态;或者被设想成是偏离了真实的或永恒的存在的证据,发生这种偏离很可能是为了回到更完美的状态的企图。但是,这种改进并不是进步,而是对先前状态的重新发现。中世纪的思想完全受制于人类堕落的观念,受制于通过超自然的力量同时伴随万物的彻底毁灭而获得再生或救赎的观念,以至于它不可能得出进步的思想。

弗朗西斯·培根的持久的重要性有很大部分在于,他清楚有力地断定,进步的需要和可能都是通过对自然条件的科学认识而产生的,因为科学发明可以有效地改善人类的命运。其结果是在需要的意义观和认识的力量观方面的根本性

332

变化。在静态哲学中，需要总是被当作匮乏和不完善的证据，它还缺乏真实的存在。现在，它们则越来越多地被视作进步的动力和主导力量——这一观点的经典表达，首次出现在亚当·斯密（Adam Smith）和功利主义学派的社会哲学里面。认识的对象不再被视作终极因（参见该条目）和静止的完美，而是生产性的和有效的原因。关于这些原因的认识，有助于预知和应对未来，而且在许多情形下有助于对达到目的的手段的全面检验。因此，对于愈来愈重要的进步观来说，现代科学的机械观部分是它的产物，部分又是它的来源。对于人类不断走向完美的观念，彻底地激活了 18 世纪的启蒙哲学。过去被认为是人类命运的必然伴随物的情形，政治的专制，大众对知识权威的服从，疾病和贫穷，现在则被看作根源于人类的无知和自由的缺乏，因此必然会随着科学、经济和政治自由的发展而消失。虽然还有一个结果，即涌现出种种关于乌托邦和千年王国的蓝图，以及无政府主义、共产主义和社会主义的构想，但我们现在对于进步的需要以及使进步成为人类事务的支配原则所怀有的几乎宗教般的信念，都要归功于 18 世纪的这场运动。不断改进的观念的反省效应，对于教育的影响是非常巨大的。一个进步社会所需要的内容和方法，与一个停滞社会所需要的大不相同。因为进步不会自动发生，它需要受过训练的理智和强大的个性，因此进步社会要存在就必须依赖教育资源。而且，有利于进步的条件，也有利于把精力从传统约束中释放出来。只有通过教育，才能保证这些自由释放的力量不至于表现为无目的的和破坏性的。

命题（Proposition）——按照一个学派的观点，命题是一种语言形式，这种形式体现了判断的逻辑功能。按照另一个学派的观点，命题是一种逻辑形式，在这种形式中，判断的心理功能获得了一种客观的逻辑身份。在任何一种情形下，命题都被视作一个占据首要位置的完整的认识单位，它处在术语或概念与推理或连续推理之间。命题是一个关于对象之间肯定或否定的关系的断定，无论这些对象是物理的、精神的或数学的成分，还是复杂的社会历史事件，对于命题的逻辑特征而言，都是没有区别的。在传统的亚里士多德体系中，每个命题都包括一个主语，即它所断言的某个事物；还包括一个谓语，即对主语某种属性的肯定或否定。现代的逻辑学家普遍认为，对于一个命题而言，主语-谓语的形式并不是一种基本的形式，它标志着印欧语系的特点而不是一种基本的逻辑属性。然而，在所有的存在命题中,作为不同于仅仅对成分的普遍联系作出断言而不涉及这些成分自身是否存在的命题,也许可以说,总是有一个逻辑的主语,亦即命题所断言的关系所指向的存在。然而,这个主语并不需要一种心理的主语或语法的主语,甚至也不需要以语言的形式出现在命题中。谓语是对所讨论存在的全部限制。除了肯定命题和否定命题的差别外,最重要的差别存在于一般命题和特殊命题之间,前者是假设性的,是对条件之间关系作出的断定,它不考虑这些关联起来的条件的时空存在;后者所断定的,是关系所涉及的一个或多个事物。334

从教育的意图来考虑,与命题问题相关的兴趣是与思想和认识的清晰陈述及表达的重要性有联系的。所有的思考都包括抽象,而这种抽象很容易导致空洞和含混,除非通过一个术语(参见该条目)把它们固定下来以使它们可以指称某个情境,亦即通过应用而变得具体起来。因此,命题的作用就是规定和使用观念,以免它变得模糊不定。虽然人们可能会忽略作为意义或观念来源以及应用对象的经验环境的需要,从而常常误解命题或形式陈述的重要性;但是,有一点千真万确,那就是规定、确认和定义的作用对于充分占有知识是绝对不可或缺的。因为表达确定和陈述的具体的语词形式或多或少是任意的,所以复习、总结和连接的作用也是不可或缺的,甚至对于认知活动最早期和最粗糙的阶段也是如此。

理性主义(Rationalism)——就其专业的哲学用法而言,这个术语代表一种与经验主义相对立的关于认识来源的理论。它认为,认识和真理的来源和最终检验并不存在于经验之中,这种经验就是感觉-知觉或者是事物留在心里的印象,是存在于某种理性原则或基本概念里的。不同的理性主义体系,对于这些理性原则或基本概念又有不同的看法。有的认为,它们是心灵中先天固有的;有的把它们视作心灵能够直接识别出来的纯粹的直觉原则;然而康德则认为,它们是先验范畴,这些范畴通过感觉的刺激而发生作用,把无序的杂多综合成为有序的对象和相互联系的对象组合。康德认为,他已经调和了经验主义与理性主义的对立。一方面,他对经验主义作出让步,认为所有认识都来源于经验,认识绝不可能超越出经验或时空现象的限制。另一方面,理性的先天原则,某些逻辑或概念的普遍作用又是必要的,它们使所谓的客观经验成为可能,由此引进了理性的因素。在19世纪,斯宾塞试图在完全不同的基础上对经验主义和理性主义进行335

调和。他认为,空间和时间、因果关系和某些道德信念对个体而言都是先天的,但是在进化科学的基础上,我们可以表明这些理性直觉都是种族经验积聚合并的结果。

在其更流行的用法上,理性主义代表着对与信仰相区别的理性的依赖。这一意义可以追溯到中世纪哲学想把基督教神学理性化的某些倾向;但是,这一意义的风行则始自 18 世纪,源于信仰自然宗教的自然神论者和信仰超自然天启宗教包括正统教徒之间的争论。就理性主义的这一特殊的意义而言,经验主义自身也是理性的,至少就它更为普遍的形式而言。另一方面,还有一些经验主义在经验的基础上承认神秘主义的因素,此种经验主义与作为认识工具的信仰学说结合在一起。当代讨论引起了在第三种意义上使用"理性主义"一词的倾向,这一理论把经验设想成纯粹理智性和认知性的,把感情或意志还原成与认知因素或过程的结合。与唯意志论(voluntarism)相区别的理智主义(intellectualism),似乎能够更好地表达这种意义。

科学方法(**Scientific method**)——*科学和教育*(*Science and Education*)——人们长期以来都在认识(scientia)的意义上使用"科学"一词,它包括了全部的学习内容(参见认识)。最近的两三个世纪以来,这个术语一般被限制为两种意思中的一种:第一种指的是能够被应用于几乎任何一个现象领域的组织或调查的一种普遍方法;第二种包括自然现象研究的各个方面,也就是我们所说的自然科学。这个术语的第一种意思可以参见实验、假设、归纳和演绎、逻辑等标题下面的讨论。甚至就这个术语的第二种意思而言,科学也构成了现代教育很大的一个组成部分,需要用一定的篇幅予以讨论。科学的历史发展、科学在教育中的现实地位及其范围和方法,可见人类学、天文学、植物学、地理学、地质学、卫生学、自然研究、生理学、物理学、公共卫生学、动物学等条目的讨论。这些学科的应用方面将在讨论不同的专业和技术教育的条目里予以阐述,关于这些可以参见农业教育、工业教育、医学教育、药物学教育、体育教育、卫生科学教育。

科学的哲学概念和科学方法(*Philosophical Concept of Science and Scientific Method*)——科学常常被定义成系统化的认识,这个定义虽然是正确的,却是不完全的。日常认识,即我们"常识"中解决问题的认识,也是系统化的。它不是没有联系的认识碎片的随意堆积。在这类认识里面,联系的纽带和组织

的原则主要是实践的和社会的。认识得到组织，但不是从认识的角度或者为了认识而进行的组织。因此，科学的特点并不是系统化，而是系统化的特别原则和方法。科学是从认识的角度并且为了认识而进行系统化的认识，与从实践和社会交流的角度组织起来的认识相区别。具体来说，这意味着认识的内容包括(a)选择，(b)阐述，(c)组织；这些都表明了认知的依赖关系，其各个部分是相互支持的。一个排字工人将根据对他职业最为有效的方式来确定和组织对相关字母的认识，字母将从方便他使用的角度被组织起来（即系统化）。科学的处理方式则会根据整体原则和差别分类，把字母分成元音字母和辅音字母、次元音字母和次辅音字母。

337

进一步的分析表明，从推理的前提和结论出发而对内容进行的条理化，可以揭示认知的相互依存的关系。也就是说，对某个内容的科学系统化就是把这个内容组织起来，使它能够通过逻辑推理来促进思想从一个部分到另一个部分的顺利过渡。对材料进行选择和处理，使一个部分成为另外一个部分的逻辑结论；反过来，它又可以作为一个前提，通过与其他部分的结合而推出更多的结论。这种前提-结论的关系是两方面的：一方面，它关系到证据和检验。我们可能会诉诸对内容的某些考虑以保证和证明其他命题；另一方面，它能够促进对新结论的推导和新的发现。我们试图把任何科学认识表述成这样一种形式，以使它能够满足这两方面的要求：一方面，我们能够关注某个命题是否可以和怎样从另外一个已知命题推导出来，从而对它进行检验；另一方面，我们可以利用已知命题推导出未知命题。收集材料（或者证据）、进行定义（或者确定意义）、加以概括（或者归结为原则）和作出分类（或者逐级分类）的过程，正是任何科学所具有的一般特征，它可以作为满足这些要求的手段。

强调系统化方法而得到的科学观取代依赖于既成体系事实的科学观，具有十分重要的教育意义。作为科学讲授的东西，常常不过是一些具体的或技术性的知识（参见该条目）。从表面上看，它是科学。有时候，它确实是通过一个反思探究的过程而达到的，而这个过程符合刚才所提到的普遍准则。在教育的系统中，它被贴上了科学的标签。但是，只要学生没有意识到赋予这些知识以科学身份的反省思考过程，它就并不具备真正的科学资格。只要学生还没有亲身进入这个过程中，没有积极地加入到把事实和规律转化成科学的逻辑推理的过程中，就没有真正的科学的研究。学生获得的仅仅是大量外在传授的知识，虽然这些

338

知识在专门名称上与其他知识有所区别,但由于这个原因,它比那些学生更加熟悉的知识离实际的思考过程更加地遥远。

我们可以认真地提出这个问题:这些考虑是否还不能解释多数科学教学失败的原因?它不能满足急切地要把科学设置在课程中的那些人的期待。当科学被作为现成的内容来讲授,而不是作为处在创造过程中需要掌握和使用某些反思和探究方法的内容来讲授,我们就没有更多的理由期待它能够带来开启理智或产生效用的结果,因为情形与机械记忆收集到的非科学材料一样。虽然引进实验设备,进行实验和观察,为教授科学方法提供了一个不可或缺的因素,它却不能单凭自身满足全部需要。学生能够熟练地操作材料和仪器,却没有从所做的一切对真正思考或创造有效认识的作用角度来洞察它的意义。只要对知识的占有被作为主导观念继续下去,科学对于教育目的的突出价值就会被模糊和忽略;这种价值就是掌握最有效的思考方法,并把它们转化成个体的态度和习惯。

339   当从方法的角度来处理科学的时候,显然它不能发挥绝对更新的作用。就引进新的活动而言,它没有从对主题的反思考察中所使用的因素出发(参见问题、假设、实验、方法和归纳条目),而只是通过一些强化控制和关注的措施来展开活动。如果科学方法基本上是从日常生活事务中所使用的反思和思考方法出发的,那么,接受这种科学方法的教育就没有什么益处可言,而是超出了专门化的科学研究范围。但是,因为它们通过把其运用条件变得精确和充分而纯化和加强了通常的方法,使合适的科学方法教育能够提供最有效的中介,以纠正、扩展和确定反思的习惯,这种习惯对于一个有文化的和成功的生命来说是不可或缺的。除了强调已经提到的认知方法之外,合适的教育要求考虑从日常生活环境中提出的科学问题,而不是不经调整转换,一股脑地灌输一些专业性的科学材料。它要求把科学结果运用到对日常生活环境的解释中去。

自我(Self)——自我的概念让人想起圣·奥古斯丁关于时间的说法:每个人都知道它是什么,但没有一个人能说清楚。要满意地说清楚它的含义是不容易的,但要指出它所指示的对象却毫无困难。我们不会把木棍和石头视作自我,大多数人会否定植物有自我,而对把这个名称应用到所有动物身上感到可疑,也许除了与人有着密切关系的狗、马和诸如此类的动物。自我似乎包含三个要素。第一个是感觉的能力,特别是能够感觉快乐和痛苦的能力。第二个是思考这些体验的能力,就像通常所说的把它们客观化的能力。仅仅如其所是地承受痛苦和享受快乐而不去回想它们,不把它们与产生它们的对象联系起来,不把这些对象视作期待、意欲或逃避的目标,就几乎不会成其为一个自我。通过对痛苦和快乐的连续体验,自我保留了这些体验的连续性,因此不管过去的体验多么不同和持续时间如何,它们总能够相互指认。这样说并不意味存在着能够从其他性质独立出来的感知快乐和痛苦的能力,而是说那些决定一个人幸福与否的对象特性变成了一个问题的集中点,与之相关的对象就会被记住或被期待。这样就会带来体验的相互指认和参照,而这正是个性存在的基础。建立在快乐和痛苦体验基础之上的彼此经验的综合,构成了萌芽的和基本的思想形式。第三个也是终极的因素,是社会的因素。虽然前面提到的两个因素能够保证经验的积累和初步统一,但却不能够构成个性(self-hood),还需要一种比较。当人类生活在一起的时候,人类在引导自己的经验和形成自己目的的过程中必须顾及他人的福利;但是,每个人都不得不把他人与自己分开来,而且在一个相互关联的过程中把自己的存在和目的与他人的存在和目的区别开来。如果没有对于他者的意识,就不可能有自我的意识。对他者的意识越清楚,对自我的意识也就越明确。旧的观念认为,一个人首先从对自己的自我有清楚的意识开始,然后在类推的引导下通过一个推论性投射的过程而认识到他人的自我。这一观念与事实是相反的。儿童会被其他人当作一个自身的目的来对待,即作为一个生命存在,他的感觉、思想和目的必须得到尊重;他也有像其他人一样的权利,他也学会以同样的方式来思考自己。当他成为一个社团的成员而又区别于其他成员的时候,当这个社团的成员有彼此相关的权利和义务的时候,他就成了一个自我。关键是要在两种自私之间作出明确的区分,即自发的自私和反思的自私。平常所说的自私,并不是指一个人有意识地想到自己,想到自身的好处,更在意自己的而不是他人的福利,而是指一个人无意识地沉浸于某些对象或行为的过程,既不考虑这个行为与自身的关系,也不考虑与他人的关系。然而,当他人发现这个行为过程有损于他们的福利的时候,就会表示不满并认为这是有意为之的。通过这种方式,他们就会使这个人将他的行为与他的意识中枢联系起来。作为一个结果,形成审慎的或反思的自私和无私都有可能。

　　个性有着自然的心理基础,然而又是作为一个社会的和道德的事实来实现其自身的。从教育的观点来看,这种社会性和道德性构成了它的意义。在部落

340

341

社会里,作为决定和判断一个行为的核心参照点的安康,在很大程度上是属于集体的安康,它往往与另一个集体相对立。个性似乎属于部落或氏族,而不是属于其成员。与此相应,人格或主体性就没有什么特别的意义。个人完全属于他的集体。随着高贵者和低贱者分化的出现,随着酋主和王权的出现,一些统治者开始认为他们有特殊的地位、特殊的目的和特殊的福利,这些都必须特别和专门地予以考虑。简而言之,他们有了一种自私感。在古希腊的城邦国家里,每个自由公民都在其作为自由公民的地位上被视作一个人,而奴隶、农奴、妇女和没有长大的儿童的自私是得不到承认的。甚至即使是对有自由权利的个人而言,自私是不被强调的,更多强调的是那种服从共同体利益的责任。早期和中世纪的基督教通过引入永世幸福或永世苦难的观念,极大地促进了一种经由教会而与上帝不可分割的感觉。然而,在决定这种关系方面,社会组织仍然是一个基本的要素,以至于主体性的观念仍然没有得到什么发展。将自我的观念取而代之的是一种"灵魂"的观念,它是所有的人拥有的一个不可分割的实体。在新教的教义里,个人开始突显;教会由个人组成,个人可以通过与上帝的直接联系而获得救赎;教会不再是个人获得救赎的手段。主体性原则的发展也由于政治状况而得到了强化。国家的观念经历了一个类似教会所经历的变化。在古代思想中,国家先于个人,现在国家被看作个人的自由选择和自由缔结的契约所造就的。按照康德的公式,每一个人都应该在道德上被视作一个自身的目的而不是达到他物的手段。也许,这是现代的自我普遍性原则第一次清楚和彻底的表达。

这种民主精神的发展,改变了对儿童的观念。儿童开始被视作一个社会整体的成员,他们拥有权利,而不是作为社会将来的成员只拥有潜在的权利。与这种观念相对应,最近一个世纪的典型特点是:对儿童的教育有着强烈增长的兴趣,教育被认为是对年轻人的公共责任。这一观念修正了、事实上几乎是转化了对儿童的训练,虽然不是全部但还是影响了教育的方法。严格的和惩罚式的训练逐渐被温和的方法所替代,对个人的理智发展更加重视,在方法上转向赋予学生更多的理智责任,相对赋予教师和课本更少的责任,这都是儿童的自我原则扩大的实际表现。显然,这场变革——因为它几乎就是一场革命——连同其成果也带来了新的危险和困难。当儿童被以外在的方式看作一个完全成熟的自我的时候,从社会的角度来看,他们的反思能力和判断习惯尚未养成,其结果就只是放松外在的控制,而不是通过形成真正的自我而发展为内在的控制。

由心理学家提出的现代自我观的一个典型特征是给予多样性以自由,这与旧观念僵硬的统一性形成对照。这不仅导致了对于不同自我的结构和功能具体和不可消除的差别的承认,也导致了对于同一个人身上不同的和矛盾的倾向的共存的认同。因为自我依赖于社会交往的模式,进入不同交往结构的人倾向于发展出彼此之间只有松散联系的自我。儿童在家庭生活中是一个人,与他的同伴在街道上时是另外一个人,正如成人在工作时是一个自我,在家里或教会中则是另外一个自我。自我的统一性并不是一个原初的事实,而是一项成就。学校的责任是要把不同的社会倾向统一成一个有序的整体;在当代的复杂生活中,这些倾向往往导致个性的消失和混乱,目前学校的这种责任在不断地增强。自我多样性的另一方面可见诸詹姆斯的理论,他把自我划分为身体的、社会的和精神的。这样,对于人类康乐的影响,可以在不同的和只是松散联系的领域里感觉到。直接关系到身体的快乐和痛苦,往往会引发对身体的自我的思考。社会的自我(此处是在比前文所指更为狭隘的意义上使用"社会"一词),则倾向于在与他人自我的关系上思考自身,比如受欢迎、出名和受到他人的尊敬等(参见自我意识)。精神的自我是指各种经验的统一,它们与渴望实现的某种自我的理想有关,或者与被思考的自我的思想有关。这个自我并不是反映在当下的判断中,而是反映在心灵的某种理想判断中。他希望有一个完美的洞见,可以对一个人的性格进行裁决。

　　参见**性格**、**个性**、**人格**。

参考书

Angell, J. R. *Psychology.* (New York, 1906.)
Baldwin, J. M. *Mental Development in the Child and the Race.* (New York, 1895.)
Cooley, C. H. *Human Nature and the Social Order.* (New York, 1910.)
James, W. *Principles of Psychology.* (New York, 1890.)

　　自我意识(**Self-Consciousness**)——该术语的流行意义与其哲学意义毫无共同之处(后者来源于德国唯心主义哲学)。在其习惯用法中,自我意识指的是当一个人断定别人在注意他的时候,他将注意力指向了对于自我的思考,因此这种思考介乎个人与受到注意的对象之间。当一个人思考某项工作或某项内容的时候,他是在思考自己以及他人对自己的态度。因此,这个词语带有贬义的色彩。自我意识根据与其伴随的对自我的愉快或痛苦的观念表现为两种形式,第一种

343

344

表现在为了吸引他人的注意而炫耀自身，即"表演"。但是，对某些人而言，想到被别人注意是痛苦的，他们的虚荣心就不会被激起。在当着别人做事的时候，他们的自我意识表现为害羞、含蓄、尴尬和困惑，除非他们忘掉自己。因为虚荣和害羞都是自然的生物学特征，它们转化成刚才提到的两种自我意识的类型完全是社会环境的产物，它是其他人对待孩子，尤其是"关注"孩子的方式带来的本能反应。

在这种流行用法和下面提到的哲学用法之间有两个需要考虑的地方：一个包含着坏的或至少是可疑的意义，另一个则表达了理智生活中的重要因素。它们在本质上都是与道德有关的。第一个是对一个人的善良动机的内心检讨，这是从道德观点思考自我的一种倾向。它容易导致对自我的病态兴趣，它仍然是自我本位的，因为关涉一个人的善良或崇高，因为这种病态兴趣容易破坏坦率和慷慨的行为，这种意义上的自我意识就具有了我们提到的双重意义。好的意义与作为道德基础的苏格拉底提出的"认识你自己"相关联。这并不意味着一种对自我的纯粹内在或内省的认识，而是对一个人的合适目标和禀赋所在、对他为了实现自我而与世界和他人打交道时的责任和义务的认识。

345　　　自我意识近来比较专门的哲学意义根本上来自康德哲学。康德提出了他的学说，即离开一定思想力量的作用就不可能产生认识。这导致他强调思想的统一作用，它伴随着所有思想力量的活动。如果不诉诸这种逻辑的统一性，就不会有对客观世界统一性的相关认知。康德把这种根本的统一性称之为先验的自我或者"我思"，它一定伴随着所有的认知经验——亦即伴随着对所有作为对象的对象观念的认知。然而，他只是强调认知的形式的和逻辑的特征。他认为，认知不能具体地等同于心灵、自我、灵魂、精神。他的后继者们，尤其是费希特和黑格尔把这种限制视作是非逻辑的，并且把自我意识等同于最终的统一性原则；这种客观和主观世界、物理和精神现象的统一性，既有区分又有联系。根据现代黑格尔主义者（凯尔德和亨利·琼斯等）的观点，自我意识是所有范畴中最高级和最完整（或者"具体"）的范畴，它克服了所有纯粹物理的和心理的解释原则的片面性，这是因为，它洞察到了体现在它们之中精神的统一性。在许多理论家那里，就像我们刚才提到的那些人，自我意识成了一个善辩的术语，通过它，所有的困难都被消除了。

感觉论(Sensationalism)——指一种认识论,这种理论主张认识是通过感觉获得的,而且在最终的意义上,是由感性知觉中显示出来的特性和要素所构成的。感觉论是经验主义(参见该条目)的一种自然产物,绝大多数形式的经验主义都持这个主张。不过,许多最有影响的经验主义者自己却不是感觉论者,弗朗西斯·培根和约翰·洛克就是证据。然而,他们的一些后继者却给予他们的理论一种感觉论的转向;他们的理性主义的论敌则抓住这种解释作为证据,认为可以在感觉论中发现经验主义的归谬法。最清晰完整的感觉主义理论形成于 18世纪后期和 19 世纪初期,是由法国的孔狄亚克(Condillac)和爱尔维修(Helvétius),以及英国的詹姆斯·密尔提出来的。

在教育方面的感觉论认为,其优缺点表现得与哲学的感觉论一样。它强调感觉的训练,它用物体的感知替代了机械的公式记忆,从而在很大程度上使教学不再停留在空洞的一般原则上面;尽管一般原则带有理性和逻辑的标志,但是对于学生而言,它要么是毫无意义的,要么仅仅是被当作外在的权威来接受。不过,要是为了感觉训练而训练,将它作为一种最终的和包括一切的训练,那么,它就会成为一种形式化的训练,或者停留在对毫无意义的具体特殊事物的累积之中。

刺激和反应(Stimulus and Response)——这些概念是由生物学的思考方法引入的。它们对应于自然事物中的原因和结果的概念,并弥补了这一概念的传统表达在应用于生物现象时存在的缺陷。原因和结果这一古老的概念指的是一个事物发生的序列,在这个序列里面,结果与相关联的事物或对先前事件的适应并无什么关系。在生物有机体的典型变化里,后发的事件趋向于在一个特定的方向上继续或者改变前一个事件,因此整个过程以一种累积的方式达到既定的结果——一般来说,这就是生命的持续。在这种累积性的序列里面,前面的事件作为刺激发生作用,而后面的事件作为反应而起作用,这与无机物的轮流改变的纯粹系列是不一样的。因此"刺激"和"反应"这两个术语有着紧密的关联,决定着刺激性质的就是它所引起的反应,而反应作为一种回答,需要对刺激进行重新的适应。

在应用于精神生活事件的时候,刺激和反应的概念意味着感觉不是认识的单位或要素,而是对环境作出适应性改变的诱因。运动就是作为结果的适应性

的改变,而不是从物理领域闯入精神领域的过程,也不是一种费解的附着于精神
前件上的附属物。对应于思考的大脑的中枢过程就是在这一观念的基础上得到

解释的,即是对新的反应做出准备,所谓"新"是与习惯性反应相区别的,后者通
过神经介质或低级神经中枢发生作用。随着刺激变得越来越复杂,而且有一些
刺激,就像眼睛和耳朵的刺激,与遥远空间中的条件发生了关系,并因此表明了
遥远时间中的可能性经验,直接刺激阻止了彼此呼唤直接反应的倾向,最后带来
了公开行动的紧张或焦虑的状态。反应被推迟,直到新刺激变得复杂,它更充分
地代表着特殊刺激的复杂性。在这一基础上,思考总是与行动相关,也就是与把
习惯性行为转化成适应复杂情形的行为方式相关,这个复杂的情形有着新的特
点和关系疏远的含意。

参见适应、控制、功能、实用主义。

参考书

Dewey, J. Reflex Arc Concept, *Psychol. Rev.*, Vol. III, pp. 357 – 370.
Miller, I. E. *Psychology of Thinking.* (New York, 1909.)

主体(Subject)——该术语用来表达判断谓词所指称的实在或概念。遵循语
法上的类比,逻辑判断理论最初就建立在主词-谓词的基础之上。然而,人们从
一开始就企图洞穿纯粹的语言区分,以发现背后与它相对应的终极性质。总体
上存在着两种方法。其中一种认为,认识的终极对象永远都是一个个体,个体被
规定为是能够凭借自身而存在的事物。当它们被陈述的时候,这些个体所具有
的形容词性的性质和关系就构成了谓词。作为与主词相区别的谓词,其基本特
点就是它不能单独存在,而总是附着在真正的个体之上。上面的观点实际上是
亚里士多德主义的主张,并体现在经院主义的逻辑之中。这种逻辑是把"主词"
与"实体"等同起来。由感性知觉所得到的个别自然事物的真实性还存在着争
议;甚至在亚里士多德那里还存在着另一种调子,他认为,认识的真正对象不是

个别事物,而是表现在具体事物中的形式或普遍性。过度强调主词的个别性,正
是经院主义唯名论的逻辑基础,就像强调认识对象的普遍性是"唯实论"的思想
来源一样。一般来说,至少亚里士多德暗示了出路在哪里。个别事物被看作构
成了分级种类的一个由低到高的序列,从可感知的自然事物到人类的心灵,到更
高的精神实体,最后到达神灵的精神——在这个种类上面,只有一个独一无二的

成员。这些种类被视作是客观真实存在的。这样,它们在作为包含在种类之中的具体事物的同时又是普遍的,在种类的客观统一性中又是个别的。当我们认识到具体事物的时候,事实上认识到的是这种普遍的统一性,就像我们通过认识桌子表现出来的种类特征去认识一张桌子一样。

用来解释主词-谓词之间区别的另外一种方法,是现代唯心主义的方法。主词是已知的最终实在;谓词作为它的限制,指称这个实在的典型意义。绝对的实在和真正的认识,同样都代表着世界和心灵、事物和意义、对象和自我的综合性的统一。因此,存在着这样一个判断的等级体系,这个体系根据典型意义对实在的限制程度,从表面的感知上升到作为最高实在和真理的自我意识(参见该条目),在那里,作为主词的实在和作为谓词的典型意义是完全互相渗透的。这样,判断的目标就达到了,认识和存在就合二为一了。

总体而言,逻辑学的现代倾向是用一种判断的一般关系理论来替代主词-谓词理论。在这个方面,最为重要的是数学的影响,因为在一个方程式或其他数学函数表示的命题里区分主词和谓词似乎是没有什么意义的。所有的项似乎都在同一个层次上,判断似乎仅仅由联结它们关系的陈述所组成。目前,这个理论被发展成了新实在主义的逻辑基础。关系和项(或者是事物、要素、独立存在或本质)都同等地存在于客观性里面,它们彼此是独立的和外在的。认识本身也仅仅是外在关系的一种,事物可以在不受影响的情况下进入这种关系。这种倾向还不太成熟,以至于无法显示出它所期待的可以消除争议的方法。这些争议一直困扰着从麦加拉学派(Megaric school)的形而上学到赫尔巴特的形而上学这些原子多元论的体系。

那些否认主词-谓词关系是判断或认识的正确形式的人,把这种关系或者视作纯粹语言学的命题,或者视作纯粹心理学的命题。作为心理学的命题,主词代表着首先出现在心灵中的项,或者代表着在一个特定个人的精神史中最为熟知和确定的东西。谓词表示的是后来出现用以显示自身的项,或者对个体而言是崭新的和处在学习和消化过程中的东西。换句话说,这种区别相对于个人认识的发展而言,与已知的实在毫无关系。

就像许多其他的理论一样,在涉及主词-谓词区别的问题上,实用主义(参见该条目)试图在各种唯心论和实在论之间进行调和。它的基本原则被新实在论称之为是心理学的,即主词代表着陈旧的和既定的认识,谓词则代表着崭新的和

349

仍在发展的认识。它解释了个别与一般、现实与理想之间的逻辑区别,这已经体现在从这一立场出发的判断的经典理论里面。但是,它认为认识的增长不仅仅是心理学意义上的,而且是现实意义上的。通过新知识的修正,旧知识可以实现一种真正的重构。这种判断的观念被当作是成长中再适应的生物学过程,而作为认知的活动,这种有机体的再适应过程可以成为一种有意识的控制。

关于主体的另外一种涵义,请参见自我。

三段论(Syllogism)——按照亚里士多德的说法;每个真正的认识对象都是一种"具体化"的形式和物质,或者是一种潜能的实现。在这一体系中,形式和能量(或者现实)对应于认识的普遍性,物质和潜能对应于特殊性。这就是说,真正的和正确的认识对象就是在特殊事物里体现出来的普遍性。在亚里士多德的逻辑学理论里,这种观念是在定义中表达出来的,就如同对任何主词的真正性质进行定义一样,定义就是说明其种类(普遍性和创造的能量)和具体的差别(特殊性和潜能)。这些概念是三段论的基础,而三段论则被视作完整认知的最为充分的证明方法。因为三段论本质上是一个陈述,它既是分析的也是综合的,它说明的是普遍和特殊之间的联系。它的典型形式是:作为大前提的普遍性陈述——人是要死的;对这个普遍性准则里的一个特殊事物进行陈述——苏格拉底是人;最后的结论就是把普遍性原则明确地应用到特殊事物中去——苏格拉底是要死的。亚里士多德根据在作出结论的过程中主词和谓词之间的关系,区分出了三段论的三种"格";他根据命题是肯定的或是否定的,以及联结普遍命题和特殊命题的方式,列举了每一种格的情形。因此,根据推理是否符合它所提出的模式,他制定了所有正确的或错误的推理规则。因为第一种格(如关于死亡和苏格拉底的三段论所例示的)被视作联结普遍性和特殊性的标准,所以他也制定了把第二种格和第三种格还原成第一种格的规则。

亚里士多德对于整个科学领域的兴趣,以及他对于自然界中普遍和特殊之间真正联系的至关重要的感觉,防止了他把三段论的推理退化为一种纯粹形式的推理。在中世纪,人们对自然现象几乎没有或完全没有兴趣,而对建立在权威基础上和体现在教条里的道德和宗教概念有着浓厚兴趣。因此,三段论的大前提全部取自教父或教会的启示或学说。三段论成了把教会理论进行合理系统化的工具。在经院哲学(参见该条目)的早期,这种兴趣是建设性的。当神学的体系化工作完成以后,后期经院哲学就或多或少退化成了语词上的论证和精心修饰。他们几乎不会考虑内容,而专注于僵硬的三段论形式的表现。此后是文艺复兴和宗教改革对经院哲学的批判,反对者倾向于使三段论声名扫地,改革者们无一例外地都谴责它把没有内容的认识伪装成认识的形式。对特殊性逐渐增长的兴趣——这表现在经院哲学自身的唯名论运动里,并对应于这个时代的个人主义的兴起——加重了对三段论的漠视。然而,对三段论最严重的打击来自自然科学的兴起,后者要求精确的观察,要求把兴趣转向对新事物的发现而不是对旧事物的证明。这样过了一段时期,出现了调和。出于演绎推理的需要,三段论逻辑被接受了;同时,新的逻辑构成了归纳推理的方法。当人们意识到数学这门典型的演绎科学并不依赖于三段论推理以后,放弃这种调和就是必然的了。目前最好的看法是:与其说三段论是一种推理模式,不如说它是一种展示特殊推理结果的方法,以促进对其过程中任何谬误的发现。作为一种解释和检验以前推理结果的方式,三段论很可能仍将是强有力的思想助手。

体系(System)——当实现一个相当重要的目标而需要把许多互不相同的手段和力量组织起来的时候,这个组织起来的整体就被称之为体系。这个概念与组织(organization)的概念极其相似,但体系比组织在更大程度上排除了外在的安排和控制的观念。它也在更大程度上强调了发挥作用和给予使用的观念,而组织则是一个更加结构性的概念。在一个手段要适应目的的复杂过程中,自我保持秩序的观念有着十分重要的价值。在教育理论中,逻辑体系的重要性先于其他体系得到承认,而且到了倾向于忽略所有其他体系化模式的程度。逻辑体系包括确定基本概念的定义和用分类法制定的分类原则。其结果是,通过从一般到特殊的有序步骤,大量的事实和观念被作为一系列的前提和结论组织起来。逻辑体系代表着一种纯粹化的知识理想,并为所有的科学活动提供一种标准。然而,这样一个演绎体系所包括的抽象、概括和分类的方法并不适合任何对象理解的早期阶段,因为它们意味着心灵已经先期熟悉材料了,并已经达到了需要进行逻辑组织的地步。因此,教育中所谓的归纳法反对逻辑系统化的观念。在某些情形下没有建设性的替代物,其结果就是困惑和混乱。赫尔巴特提出了心理学意义上的体系概念:体系就是一堆相似观念的连贯性,它不需要有意的抽象和选择就可以对相同的材料进行挑选和吸收。从赫尔巴特时代以来,为了创造出这些由赫尔巴特主义所发现的心理学意义上的体系,教育思想通过提出自发性倾向的观念,以及把社会影响当作对经验进行系统化的中心,已经放弃了某些机械的和外在的教育计划。

术语(Term)——一个命题陈述中逻辑的或反思的认识的组成部分:在一种逻辑术语中,它等同于内涵(meaning)或概念(concept);在另一种逻辑术语中,它等同于表达逻辑意义的文字形式。术语之间的主要区别是由亚里士多德和经院哲学家提出来的,后者创造了形式逻辑的术语。有一些更重要的区别是肯定、否定和缺乏,还有单一、普遍、特殊、指称的、内涵的。一个术语的指称作用,是说它关联到存在的所指意义。直接地或者间接地,一个逻辑的内涵是要应用于或关联到具体的存在。具体行使这一职责的术语可以是指向、指明、指示。另一方面,术语的内涵指的是术语所表示的属性和意义。划分和分类与指称相关联;定义和归纳与内涵相关联。术语在外延和内涵上的区别使用,是紧密联系的。一个术语的外延指的是这个术语包含的范围,就好像不同的航海帆船都包括在"船"这个术语的范围里一样;其内涵则是用来定义"船"的意义所必需的属性的集合。

从教育的目的出发,也许比这些形式区别更重要的是普通术语和专业术语之间的区别,普通术语和专业术语是具体术语和抽象术语在教育上的表达。通过察看使用过的术语,通过参与到它们的使用中,通过进行对话,每个人都从更宽泛的使用语境里收集到了一定数量的意义,这就构成了思想的普通术语(它们有时又被称为心理学的术语)。在科学上,这些意义根据其是否成为逻辑体系中的一个要素而被重新检视,一些意义被排除了,又有一些被添加进来。这一过程生成的就是专业术语。从三角形、水、金属的普通意义到各自的数学、物理和化学意义,是很长的一个过程。教学技巧的很大一部分就存在于对这种性质转化进行合适的分级或调节。

参见体系。

有神论/一神论(Theism)——关于信仰一个单一的、意识的、精神的、终极的实在即上帝,并将上帝作为世界的创造者和救世主的一种理智的构想。一般来说,它与无神论(atheism)和多神论(polytheism)是对立的;具体来说,它与泛神论(pantheism)和自然神论(deism)是对立的。相对于泛神论而言,它强调上帝具有的鲜明和独立的人格;相对于自然神论而言,它更加强调的是上帝对于世界尤其是人类事务的积极干预。从历史上来说,有神论与基督教相联系,自然神论与"自然宗教"相联系,后者否定启示,否定超自然的力量对于自然的干预。自然神论不承认奇迹,有神论承认奇迹的可能性。然而,在有神论后来的一些形式里,它趋向于接近早期的自然神论。

理论和实践(**Theory and Practice**)——理论这个术语用来指称任何的知识原理,也即任何用来解释和组织事实的观念。它的意义从主观变化到客观,也就是从不可证明的观念变成了规律。就它的使用而言,是与术语假设(参见该条目)的使用相区别的,它是用来指称更加基本和更加全面的解释原理的保留术语,比如牛顿的万有引力理论和达尔文的进化论。就它没有发挥假设在思考中的功能而言,它在教育上的重要性集中在理论和实践的关系问题上。 *354*

正如我们在别处提到的(参见人文教育),亚里士多德在理论认识和实践认识之间作出了区分,并且倾向于前者。只有理论认识是普遍的、证明了的、完全自我包含的,这几乎等于是说,就认识的完整意义而言,只有理论认识是认识。实践认识是因为缺乏更好的认识而采取的一种权宜之计,它必须与暂时的和具体的东西打交道,并随着偶然性的环境而变化。这种观念影响了整个人文教育的思想,并为鄙视职业的和专业的训练提供了认识基础。它在现代的对应物是把实践等同于功利,功利意味着某种服务于个人利益,或者最多服务于外在的和机械的社会需要类型的东西。理论和实践的分离,显然影响了二者的意义。理论不仅不被应用于生活,而且实践也与"理智"这个词所具有的任何意义相分离。既然不可能把某种与智慧相对立的东西看得很高,"实践"就只能把自己归结为与赚钱或者获得生存的有用物品相联系的东西。在这样一个背景之下,能够促进实践研究的唯一基础就仅仅是这样一个事实,即因为是实际的,所以它就是不可或缺的,同时伴随着对理论的轻视,认为它是无用的、没有价值的和不可证实的。

教育哲学在现代出现的变化可归结为这样的原因,人们对把理论与实践分开的基本观念感到怀疑,并赋予正确理解的理论以实践价值,赋予实践理智的功能和内容。在这些原因中,首先是实践或认识技术发展的结果,这包括了实验的 *355*

应用;其次是以科学为基础的工业发展的结果;第三是理智进化观念发展的结果,理智被视作是有目的地改造自然,使其适应人类生活扩张的需要的能力。在亚里士多德得以写作和古老的文化传统得到公认的条件下,认识是一种个人的禀赋,依赖于天生的洞察力和天赋的资质。在纯粹的科学里面,认识的技术并不具备一些具体的工具和手段。随着自然科学的现代方法的引进,情况才发生了根本性的变化。虽然超越性的自然禀赋总是有价值的,但是认识已经不再完全依赖于理智的天赋。事实上,人们对与平常拥有的工具和手段相分离的自然天赋的作用抱怀疑的态度,这就像企图在内在意识里面发展出认识一样。最佳形式的认识,即科学,变成了被那些受过专门训练的人从事的有组织的技术。当认识本身变成了一种实践形式的时候,试图在理论和实践之间划出鲜明的界线就显得荒唐了,因为其结果会导致把理论等同于本质上缺乏认识的理智训练。为了引发自然现象的变化,自然科学的认识技艺的实践必然包含在实验中对材料和工具的真正使用,而这进一步模糊了理论和实践之间的界线。当那些探究者从实践技艺中借来工具和方法以后,认识的进步就系统化地开始了。在古希腊,甚至连机械学都是不能用来解释自然事件的几何学的分支,因为希腊人鄙视体力劳动和机械劳动。当物理和化学理论吸收了工业中使用的能量、空间、时间、动力和必需的物质等概念以后,新的自然科学就兴起了。

356　　　工业革命的影响是刚才提到的变化的对应物。当理论科学自由地借用实践技艺的概念以后,其结果自然就促进了后者的提高。如果说实践只是一种机械的事情,只是盲目地跟随经验传统,它自然会把自己置于理性的对立面。但是,当有效利用自然力量的机械发明紧跟科学发现的步伐的时候(也就是当某种发明的需要变成解决科学问题和刺激科学考察的主要动机的时候),我们就不可能坚持把实践视作依赖于习俗和排除思考的东西了。第三个原因,即进化论的生物学的影响,在哲学圈之外几乎很少被察觉到,而前两个原因或多或少有意识地影响到每个人的思考,但这个原因则意味着对思考和理性本质的整个观念的一种深刻的改变。进化论认为,心灵的器官——感觉结构和大脑——的进化一直处在生命有机体的发展进程之中,它是生命自身向着复杂性和丰富性不断进化的一个组成部分。因此,我们不能把思考与行动对立起来,思考是解放和丰富行动的主要工具。对立不再存在于理论与实践之间,而是存在于无目的的、不能证实的思考和有目的的思考之间,存在于盲目的实践和明智的实践之间。

参见活动、文化、经验、实用主义。

传统（Tradition）——传统既指过程也指事物。作为一个名词，它指一种被某个共同体普遍接受的信条，这个信条代代相传；对它的接受是基于过去通行的权威，而不是独立的考察和证实。这种用法常被延伸用来指任何在共同体里持续流传下去的传说或故事，而不管究竟有多少人相信它。作为一个过程，传统有着更宽泛的意义，被用来指社会保持其理智生命和道德生命的延续性的整个传播活动。事实上，传统总是在发生作用的。作为一种观念，它的影响始自对18世纪的理性主义的反对。理性主义，尤其在法国，一直公开或含蓄地坚持这样一种想法，即清除所有仅仅来源于过去、基于习俗和社会权威而被接受的信仰。它坚持在有意识的理性过程的基础上，重建信条和制度的理想。与这种观念相对立，"传统主义者"声称必须利用共同的、逻辑上未被证实的、过去的信仰，并强调制度在持续形成所有人的观念和志向方面的教育价值。一些思想家从不同的角度、出于不同的原因提出社会传统的原则，诸如埃德蒙·伯克（Edmund Burke），德·梅斯特（De Maistre）和黑格尔，除了这一点，这些思想家在其他方面大不相同。社会传统的原则还以一种改良的形式被约翰·斯图亚特·密尔学派的激进者所接受。在当代的讨论中，它被社会影响这一更大的主题所吸收。

参见社会遗传、模仿。

先验论（Transcendentalism）——一般而言，先验论指的是与经验（参见该条目）论相对立的哲学，也即诉诸超越经验的或经验之外的原则或实在的理论。这个术语现代的和专门的用法，始自康德。他在先验（the transcendental）和超验（the transcendent）之间作出了区分，前者指的是达到一种认知经验所必需的先天原则，这种经验能够超越感觉的主观性并使之与对象相联系。康德批判哲学的主要目的之一，就是证明这种意义上的先验的必要性和合法性。另一方面，超验则是不合逻辑的，它指的是不参与构造任何可能经验的先天原则。上帝、宇宙（作为真正完成的客观统一）、构成自我的精神性的心灵实体等概念，就是一些主要的超验概念。因为康德的后继者企图打破这种对立，所以费希特、谢林（Schelling）和黑格尔的哲学常被称作先验论。在美国思想中，爱默生、奥尔科特（Alcott）以及与他们有着松散联系的学者群体都以新英格兰先验论者（the New

England Transcendentalists)而知名。在精神上,与其说他们与严格意义上的经验主义相对立,不如说与表现在社会、道德和宗教信仰中的平庸理智和墨守成规相对立。

真理(Truth)——真理一开始是一个社会的和道德的概念,它与交流中的正直和诚实有关;后来转化成相应的知识品质,指思考的正确程度。但是,与正确思考相关联的某些困难,把这个问题带向了形而上学和认识论领域。为了获得有效的信仰或认识,思考必须对应于客体,亦即"实在"。从这个角度考虑,真理包括了整个心灵与存在、思考与实在的关系问题。关于这种关系的本质,存在着三种典型的理论,即实在论、唯心论和实用主义。第一种是常识的观点,把符合一致视作认识关系的本质中最终的和不可分析的性质。如果我们的信念、判断和命题与它们指称的客体相符合,那么,它们就是真实的。更具体地说,如果判断所表达的术语和意义的关系对应于客观元素或事物的关系,那么,判断就是真实的。这种观念首先是由亚里士多德予以明确阐述的,它看来似乎是充分和决定性的。但是分析表明,它仅仅重申了认识的基本要求,即思考的结果符合或对应于思考的对象,因此它把问题当作解决方法表达出来了。从技术上来说,困难出在它断言符合一致是最终的和不可分析的。那么,除了故意的撒谎之外,怎么可能会出现错误呢?或者在一种既定的情形下,我们怎么知道观念之间的关系是符合事物之间的关系的呢?如果我们能够直接地把观念与事物进行比较,错误就完全不会是必然的;如果我们不能做到,就局限在观念之间的关系里面,没有办法确定它是否符合事物。潜伏在这种常识观念背后的二元论就是它瓦解的原因。唯心论认为,真理就是我们观念的完全一致和连贯。实在被设想成一套完全的和绝对的思想和意义体系,我们的思考是这个绝对思维的副产品,或者是对它的部分的参与。当对思维进行明确表达的时候,它的不完全性总是表现为逻辑上的不一致性,亦即逻辑矛盾。我们所获得的逻辑一致性的程度,表明了客观真理或实在在我们的有限思考中的具体化的程度。这一理论来自柏拉图,他认为,终极存在、真理和理性是一回事。虽然经院主义的逻辑建立在亚里士多德的体系基础上,但它也保留了柏拉图思想的要旨,这表现在它把最终的存在和真理等同于上帝。

实用主义把符合一致的观念颠倒过来,并试图去分析它。它把符合一致解释为思维需要按照统一化的和满意的经验方向来对事物进行控制，而不是一种简单的符合一致。我们的信念和判断在它们"发生作用"的程度上就是真理。发挥作用意味着它们通过行动适应事物的能力，这种适应并不是一种消极的适应，而是使用某物以达到目的，思考就是为了这个目的而存在的。这种理论的基本观点是所有的思考都具有目的性（或者思考为了特定的目的而存在，而不仅是为了重新创造或符合已完全存在的事物），真理就是思考经过检验而得到证实的，这种检验是建立在实验之上的。因为对任何理论而言，我们鉴别某种观念是否为真的唯一方法，就是看它是否能够被实验所证实。实用主义由此声称，确定真理的方法就更加简单了。这一理论来源于把思考视作有目的的适应的生物观和自然科学中对假设的实验性使用的结合。

参见假设、方法、实用主义。

参考书

Dewey, J. *Studies in Logical Theory.* (Chicago, 1903.)
James, W. *Pragmatism.* (New York, 1907.)
Meaning of Truth. (New York, 1909.)
Joachim, H. H. *Nature of Truth.* (Oxford, 1906.)
Russell, Bertrand. *Philosophical Essays.* (London, 1910.)
Schiller, F.C. *Studies in Humanism.* (London, 1907.)

普遍性（Universal）——指特殊性（particular）在逻辑上的反义词。这个术语 *360*
在不同时期，被不同学派用不同的名称加以表示；被视作存在的客观的本体论原型，特殊事物之所以存在，是因为模仿或分有了普遍；被视作个体的种类或种属，它们具有客观的存在性，可以提供规范来限制特殊事物的变化并给予它们可认知的特征；被视作一种规律，存在于特殊性之中并统治着它们；被视作从个体中抽象出来的精神概念，唯有个体才是存在的；被视作一个普通的名词而已，它可以应用于众多事物中而不管其特殊的差别。经院哲学关于普遍性和特殊性的性质和意义的多数讨论，是促成实在论、唯名论和概念论这些相互竞争的学派的原因所在。

参见规律、原则。

功利主义（Utilitarianism）——该理论认为，判断某个行为是否正确的标准在于行为结果带来的快乐和痛苦。作为一种道德理论,它反对诸如康德提出的理论,这种理论认为,道德关乎动机,而与结果无关。它也反对直觉主义,这种理论认为,正确性可以直接被道德能力洞察,而不是反思性地积累起来。从历史上说,功利主义是从享乐主义发展而来的,后者认为,欲望的目的和人类最高的善是快乐。事实上,直到最近,功利主义都是与享乐主义关于欲望和快乐的心理学结合在一起的。它与享乐主义的区别在于这样一个事实,即它主要关注的是评估正确和错误的标准,而不是行动的目的,尤其是它强调要考虑行动给所有人带来的快乐和痛苦,而不仅是行动者个人的福利。一般把约翰·洛克视作功利主义的奠基人,虽然这个词语直到 18 世纪末才得到使用,而且他也并不是把功利主义系统化的人。通过强调将来的奖赏和惩罚,一种神学功利主义得到了发展,并在 18 世纪的英国牧师之间得到广泛的认可。大卫·休谟则直截了当地把重点放到了社会幸福上。杰里米·边沁第一个把理论发展成了综合的形式。他本质上是一个立法、行政和刑事方法的改革者。他的兴趣与其说是私人道德的标准,不如说是发现并阐述一套可用来判断公共行为对错的原则。最大多数人的最大幸福,每一个人都只为自己而且仅仅为了自己而进行算计,这些思想都应归功于他。通过边沁的影响,功利主义变成了民主激进者的哲学信条,成为在民众渴望增长的背景下道德理论领域的行话。詹姆斯·密尔有着边沁所缺乏的心理学兴趣,他导致了新的道德理论与感觉和分析心理学的结合。跟随亚当·斯密学派的英国经济学家在传播这一新理论的过程中起到了积极的作用,因为道德学家普遍指出,经济力量的自由运作是联结个人兴趣和普遍幸福的主要因素。在 19 世纪,对个人主义的反对清楚地表明,功利主义的弱点在于它与快乐和感觉心理学的联系。约翰·斯图亚特·密尔通过引进快乐在性质上的差别,对这一理论进行了修正,他认为考虑快乐的质比考虑其量更重要。斯宾塞通过把它与进化论联系起来,作了进一步的修正。他认为,通过考虑行为结果对于促进生命进化过程的倾向,能够推导出什么是正确的行为。我们现在不能说行为的对错就等于快乐痛苦的结果,在进化过程的尽头,个人将完全适应他的自然和社会环境。到那时,功利主义的伦理学将获得完全的有效性,而不是像现在这样只是相对的。通过考察功利主义的历史,我们会看到,它明显地比它的任何竞争理论更充分地满足了这个时期政治和社会的需要,但是因为它采纳了一种错误的动机、欲望、快乐和痛苦的心理学,因此其发展受到了严重的阻碍。当享乐主义的因素——它的存在是一种历史偶然性而不是内在必然性——被清除出去之后，功利主义趋向于融合到更为宽泛的道德原理中去；根据这种理论，社会的幸福（考虑到它所有的复杂性）才是道德的客观标准。

参考书

Albee, *E. History of English Utilitarianism.* (London, 1902.)
Bentham, J. *Principles of Morals and Legislation.* (Oxford, 1879.)
Dewey and Tufts. *Ethics.* (New York, 1909.)
Halévy, E. *La Jeunesse de Bentham.* (Paris, 1901.)
Locke, J. *Essay Concerning Human Understanding.* (Oxford, 1894.)
Mill, J.S. *Utilitarianism.* (London, 1863.)
Sidgwick, H. *Method of Ethics.* (London, 1890.)
Spencer, H. *Principles of Ethics.* (London, 1892-1893.)
Stephen, L. *The English Utilitarians.* (London, 1900.)

有效性（**Validity**）——一种原则或真理（参见该条目）的正确性或效用。它同样可以应用于道德的和逻辑的思想。它与证明和检验（参见该条目）的过程紧密相联，但离价值观（参见该条目）更近。比如，我们可以说美学观念是有效的还是无效的，严格说来，虽然这种观念是无法得到证明的，但道德原则是以不一样的逻辑方法得到证明的。

教育的价值（**Values，Educational**）——教育的价值观念的引进，是与教育的结果或目标的思考相联系的。经常被列举的价值有文化、训练、知识（或者认识）和效用（参见相关的条目）。一个值得注意的事实是，即使那些声称品质是教育的最终目标的学者们，也并没有赋予品质一个独特的教育价值的地位。虽然不同的理论家断言一种价值或另外一种价值是教育的目标，我们却不能否认，每一个术语都代表一种不可或缺的价值。有人试图通过表明每一门学科代表某种价值来对课程学习进行分配和系统化——比如说算术，在它的一些方面是为了效用，其他方面是为了训练；地理的价值是知识；文学的价值是文化，等等。很显然，这样一种方式忽略了而且是含蓄地否定了教育过程的统一性，把教育变成了一个由各种孤立要素机械拼凑起来的东西。

363

我们有必要在两种价值之间进行一个至少是初步的划分，一种价值存在于它自身，另外一种价值是工具性的。第一种包括的善是无价的（用俗话说）。在这里,我们碰上了一个似是而非的悖论,一方面,某物除非对他物有好处,否则就没有价值,亦即对于获得他物具有力量或效用。但是另一方面,除非我们陷入无限循环里去,这个赋予其手段价值的"他物"必须自身就是有价值的,而不是达到自身以外的目的的工具。试图对这种终极价值进行表述,几乎总是会陷入伦理的争论之中,尤其是陷入至善论者和享乐主义者的争论之中。前者受康德的影响,在价值之间进行了区分,一种是终极的和自我包含的,一种是相对的和次要的。按照康德主义者的说法,品质自身拥有价值。对享乐主义者而言,快乐才是最终的价值,它构成并衡量其他所有的价值。困难的根源看起来存在于建立一种抽象的企图。事实上,价值就是一个抽象名词,不仅指不可定义的事物,而且指整个复杂的有价值的事物。关于有价值事物的概念,把我们推向了选择和追求的个人态度上面。事物是有价值的,当它们得到重视,亦即当它们受到尊重和选择的时候,它们不是因为包含于其中的一些外在的价值特点而被选择。需要、努力和选择是比价值更为基本的概念,由是产生了"无价"这一术语的意义。严格地说,它是对价值的否定,但不是指缺乏价值,而是指在既定情形下,处在价值领域之外。它根本不能用来与其他目的进行比较,但它能对被考虑的目的的比较和估价进行有效的控制。换句话说,只有在我们处于疑虑和选择过程中的时候,才会去评估对象。价值是一个反思的比较或选择的范畴,而不是自在的范畴。所有的价值都是工具性的,因为任何终极状态都是无价的。

把这些思考应用到教育价值的问题上,训练、认识和品质等等看起来都是教育过程的一些方面,不同形势下的具体需要有时把它们带入我们的意识。最终的目的只能是生命本身,对它自身活力的提高,以及对它的意义的丰富。这才是无价的,因此是不可定义的,除非在某些时候与生命的需要相关。训练变成一种价值,是出于指导生命的有组织的力量的需要;认识变成一种价值,是因为洞察和判断的需要;效用变成一种价值,是因为对条件和环境进行控制的需要等等。当与环境表明的具体需要分离以后,这些价值就会以一种令人恼怒的方式彼此混合起来。比如说,认识变成了目的或自身的"价值",只有当它被视作不仅是客观的知识而且是良好的判断态度的时候,以及当知识融合进个人习惯以后所带来的视野的扩大的时候。这样来看,它就既包括训练,也包括文化。相应地,训练可以意味着某种形式训练,如果我们不考虑所获得的力量要运用于何种目的。如果这些价值中的任何一种要具有相对于其他价值的优越性,那无疑是文化;原因很简单，"文化"这个术语最容易使我们想起生命本身有效增长的整个过程，而不是某种具体和孤立的事物。但是，这种完全意义上的文化并不是在讨论教育价值时传统意义上的文化，因为前者总是意味着与其他具体目标相反的可具体化的某物。总之，教育价值的整个问题依赖于教育（参见该条目）自身的性质。企图脱离个体的具体情境和不同需要，一劳永逸地解决价值问题，排列价值的优先次序，这种观念总是伴随着这样的看法，即认为教育之外存在着某种外在的和客观的目的，教育过程仅仅是通往它的手段。只要承认教育过程最终等同于生命过程，而生命如果没有处在进步之中就不叫生命，那么，教育本身就变成最终的和无价的了。因为生命在其具体表现形式中，总是有时表现出这种需要，有时表现出那种需要；为了满足这些需要所带来的特殊的目的，这种或那种特殊的手段就变得有价值了。但是，从抽象的角度去考虑教育自身的价值是没有出路的，这就像脱离牛排、钻石、书籍或雕像在个人生命中发挥作用的具体场景去确定它们的内在价值一样。

杜威的演讲报告

幼儿的推理[①]

当我认真思考这个为我拟定的题目的时候，我发现，关于幼儿的推理并没有特别需要说的东西。幼儿的推理与少儿、青年人和成年人的推理并没有什么太大的区别。在孩子身上的推理，正像在成年男子或妇女身上的推理一样。如果你想用"幼儿的推理"来指称一种能够与在别处的推理截然不同的推理的话，根本就没有这种推理。

我相信推理本身，也即推理的能力（或者由次要能力组成的推理）并不能随着年龄的增长而得到提高，或者这种提高并没有显著到值得一提的程度。詹姆斯教授在他的《心理学》一书里，用这种方式谈到有机体的记忆（organic memory）——一种"保留的能力"。虽然后来的研究导致对他这一理论的一些修正，但是，人们普遍认为，能够彻底或根本提高记忆的能力是无足轻重的。然而，不幸的是，与此相反的理论也没有什么道理。倒退是完全可能的，不管是记忆，还是推理。即使教育不能根本性地提高推理能力，它也尚有可为之事，那就是提供这样一种条件以保持这种能力，使它不至于从早期状态倒退。这不完全是一个消极的任务，虽然此处是用否定性词语来表达的。问题虽然是防止下滑或者倒退，但要成功地做到这点尚需大量的积极行动，以使能力保持在标准水平上面。

因为儿童的推理能力与成人的推理能力没有根本差别，如果我们想要理解

---

① 本文是杜威 1913 年 2 月 21 日在大学教师校友会/幼儿园教育专业会议上宣读的一篇论文的速记报告，首次发表于《大学教师记事》（*Teachers College Record*），第 15 期（1914 年），第 9—15 页。

儿童的推理能力,那么就必须研究我们自己的能力。当然,在儿童和成人的具体思维方面存在着差异,这些差异是内容方面的。可以将它们归结为两个包括有许多细节的要点:

(1) 存在着不同的思考对象和思考目的,因为儿童和成人从事的活动不一样——简单说,是完全不同的事务。成人显然要进行更复杂的活动,他所关注的东西要持续更长的时间,所以有更多的细节需要考虑,结果也相应地推迟了。因此,他必须不断地向前看。对儿童而言,思考过程基本上是一样的,但是思考的内容及其结果和目的有如此的差别,以至容易给人造成这样一种印象,即认为思考本身是完全不同的。

(2) 儿童和成人之间还有另外一个不同。成人的目标因为持续时间太长而具有明确固定的性质和更加专门的组织。儿童缺乏在职业上和特殊义务上较高程度的专业化,这给他们提供了更自由和灵活的游戏的机会,以及成功地持有比一般成人更多的对新观念的感受性和接受性。

人们常常解释,思考的过程存在三个因素或固定的条件。(1)需要达到的目标;(2)对达到目标的手段的选择;(3)在致力于这个目标时有可能发现的新东西。

(1) 如果前面有一个目标需要达到,就必然存在一个向前的运动,以及在个人和要达到的目标之间存在一段时间。所有诸如"达到"和"完成"之类的词语都有一个向前运动的观念,意味着在我们自己和前面某物之间存在着一段距离,这是非常重要的。

(2) 为了前面想要达到的某个东西,我们必须选择和组织能够促成目标实现的种种手段和材料。"选择"和"组织"这类词语有着机械的意味。如果我们有一盒拆卸成小块的木片,必须从里面挑选出一些组装起来,这个过程就是机械的;但是在思考中,挑选和组织是为了达到某个目标而进行的——某个在我们前面而我们还没有达到但要试图达到的目标。因此,它们不可能具备像词语所显示的机械性,换句话说,这种挑选和组织总是包含某种实验性,这与不确定的因素和(更重要的)发现的可能和需要是相关的。

(3) 如果前面有一个目标,在这种情形之下,对手段和材料的选择和组织就是一个试探性的过程,就像科学工作者在实验室里进行的实验和发现的过程一样。当我们走进一个化学家的实验室,就会看到,他抓一撮这个,再抓一撮那个,然后把它们混合在一起。这看上去就像厨师在厨房里选择盐、牛奶和面粉,而后把它们搅拌在一起。后一个过程可能只是一套惯常的行为,但是只要存在着思考或认知的试验,就存在着新的东西,最后将要达到独特的东西,即与以前任何经验相区别的东西。如果目标或结果不具备某种程度的新意,就不会存在思考,存在的仅仅是例行公事,只需要遵循一套规则就可以了,这样就没有做错的可能性了。只有当要达到的目标在我们前面而不是后面,仍需要付诸努力而不是已经完成的时候,挑选和组织才会具有理智的品质。它们代表着心灵和想象力的实验,发现的热情和喜悦与它们紧密相联。

儿童达到的目标与成人不同,他能够依赖的手段和习惯也与成人有别;但是,这个过程——包括这三个因素的过程——则完全是一样的。 *372*

需要提及的是心理背景的差异,因为它在实践中很重要。正因为儿童的目标不是如此复杂,也不是如此遥远,他把每一个观念立即付诸行动的倾向就会更加强烈,他的戏剧性本能和游戏冲动就会更加积极、急迫和强烈。这导致思考性质上的巨大差别,但这种差别是心理上的,而不是真正的思考过程本身。儿童的目标离他并不遥远,因此,挑选和组织的这种自然的和动力的直接特征就显得愈加明显。在成人的选择中,也有自然的因素以及把这种因素投入直接使用的倾向,但这种因素和倾向被替代物掩盖和转化了。成人运用词语和其他象征作为挑选和组织的媒介,但是在许多情形下,对儿童的思考而言,词语不具有足够的戏剧性。他希望用他的整个身体达到目标,而不仅仅是使用喉头和舌头的肌肉。成人进行的是一种压抑型的身体活动,为了达到某个遥远的目标,他们使用一种缜密而难以发现的表达形式。儿童则想要以一种积极的和公开的方式,使手、胳膊和腿一起行动起来。

虽然天生的理性力量不会有多大程度的提高(即使有提高的话),但是它却极容易衰减。儿童可能处在这样的环境里,它消磨和浪费掉他的能力。如果儿童很聪明,这种力量可能会被种种无用和不相干的方式所牵引,其结果就是想入非非,不能控制注意力,不能把精神集中在一个内容上面,但只有围绕这个内容才可能进行材料的挑选和组织。

这种浪费可能会以三种方式发生。(1)明显的时间浪费。虽然把它称之为消磨或浪费时间,但这仅仅是浪费理智的一种表达。其原因是没有任何正在考虑的目标。就"有趣"(amusing)这个词最坏的意义而言,它意味着没有消遣的因 *373*

素，而仅仅是精力的消磨。抓住儿童的注意力是不够的，必须使用它，而这意味着一个目标的存在。心灵应当被带到某种新东西上去，某一节课可能被精心地加以准备和讲授；但是，如果儿童在理智上不能获得他原来没有的东西，他就是在浪费他的时间。当他在做老师认为是重要的事情的时候，他可能正在浪费他的智力。仅仅掌握材料，可能对儿童毫无意义。老师可能获得一些智力训练，可能会达到某种思考，但是除非在儿童个人的经验中存在着目标，否则对他而言就是浪费。如果儿童没有相应的能力，那么，掌握一些至高的数学的或精神的真理的象征材料也只能是浪费精力。

(2) 导致智力倒退的另一个因素，是纯粹给学生指定要做的事情的数量。衡量儿童或成人思考的标准，并不是对过去的重复，而是对未来的探寻；不是遵循旧的思路，而是获得新的思维。指定事情本身会消除探索、寻找和实验的态度。毫无疑问，训练动物（马和狗）表演绝技的最佳方式是分配具体的事情去做，发出指令，如果完成了就给予奖赏，没有完成就受到惩罚。儿童也是动物，通过大量指令的过程可能容易形成自然的习惯；但是必须记住，在后一种情形下，如果自然习惯对我们有智力意义的话，但对儿童则毫无意义，因此他的智力可能会被降低。

(3) 第三个对儿童有害的事情，是提供一些现成的和固定的原则作为其行动的基础。因为需要获得一些新鲜的东西，所以挑选和组织材料的过程应当或多或少是实验性和尝试性的，是试着使用不同的方式并察看其结果的过程，然后把能够促进目标的方法保留下来，同时放弃其他方法。这个过程需要一些自发性和可允许的偏差，太明确完美的规则与这种个人实验的自由性是不相容的。认真勤勉的老师也许在这一点上，比在其他地方更容易失败。他们想要提前预防所有的失败，想要拔起幼苗的根，看护着它往正确的方向成长。完全可以这么说，没有任何人能够用同样的方法达到同样的结果，除非环境极度简单。某一天，在你处理一个复杂的问题之后，如果你问自己是怎样达到目标的，并试图回想达到目标的每一个步骤重做一遍，你仍然会出错。如果你把它与任何能够设计出来的规则进行比较，就会发现有意识的规则和无意识却有效地得到使用的方法之间的区别。我们称之为"思考"的过程很大部分是一系列的直觉，某一个想法闯入大脑然后就发芽了，而不是因循以前就存在的规则。我们说"我思考"，但不是"我"在思考，而是"它"在思考，还有别的东西深埋在我们有意识规则的背后。

有条理的方法固然好，但它是作为**结果**存在的(常常是较晚出现的)。对成人来说似乎是无条理的方法，可能对儿童的心智而言则是有条理的，他就以这种方式挑选和组织材料。儿童的某种思考次序并不符合老师制订的思考计划，仅就这个事实足以说明：儿童是一个人，而老师则是另一个人。然而，我们总是设想只有一种正确的思考方法。如果另外一个人没有以同样的方式达到目标，我们就认为他的方法出错了。

也许最难做到的是一种理智的交感和理智的洞见。有了它，我们就能给另外一个人提供思考的条件，并允许他用他的方式来思考，而不用遵循我们提前准备好的计划。这既可以适用于教授小学的课程，比如算术和语法，也同样适用于成人的思考。目前我们常常认为，儿童没有权利解决一个问题或者甚至于做一道数学题，除非他遵循某种形式。

还有一点，我们没有涉及——哪些材料适合儿童的思考。在与现实的儿童进行实际接触之前，这个问题并不能轻易地预料和解决。但是我们可以问，什么目标占据了大多数儿童的注意。我们可以把它们归为两类：(1)非常年幼的儿童把协调身体器官作为主要目标。他必须学会低等动物由此开始的东西，他必须通过实验学会怎样使他的手和眼、耳和眼协同工作，怎样用他自己的器官操作和控制自然材料。智力思考伴随着这种自然活动的实验过程以达到某种结果。这里存在着一个怎样达到目标的问题，然后，该问题通过控制、操作和协调感觉和肌肉的运动得到解决。从心理学的角度说，我们在这里得到了幼儿园改革成功的最重要的原因之一。它用不同的方式(不管赋予这个过程的是什么原因)提供了直接的肌肉协调和控制不同对象的大量机会。如果幼儿有一个想要达到的目标，并有充分的自由选择和组织材料以达到他追求的目标，那么，这一过程肯定会伴随着思考的过程。

(2)对幼儿而言，另一个重要的问题是如何与他人相处。在与他人的给予和接受的交往过程中，他明确需要做的事情是调整自身的行为。他需要让其他人对他来说成为真实的存在，同时获得一种能力使他自己对他人来说也成为真实的存在。这一过程就是行动的调整，它包括大量超出外在活动和肌肉活动的行为。即使对成人而言，与他人集合成群的问题也是生活中最困惑的问题；但对儿童而言，这个问题显得尤其尖锐，因为他们要依赖他人，在身体上和工作上都不能任意行为。

因此，从协调身体和适应社会的情形中选择相关的材料（尤其是从它们彼此相关的材料中进行选择），对老师的工作是最合适的。这有助于保持儿童大脑的敏捷、灵活、开放，保持对新事物和实现目标的占优势的兴趣。这些都是儿童生活的显著特征和思考的基本要素。

在儿童研究联合会上的演讲①

儿童研究联合会(the Federation for Child Study)是一个与纽约市伦理修养协会(the Society for Ethical Culture of New York City)相联系的妇女组织。它是按照分会形式开展工作的。在一个负责人的指导下,几个这样的妇女组织每周都举行例会,一起阅读与儿童相关的不同书籍。会员们在一起阅读一些文章,并进行讨论。

偶尔会有一个知名的演讲者来作一些系列讲座。

今年,这个活跃的妇女组织成功地邀请到了约翰·杜威博士来作"现代教育中的一些主要思想"(Some Leading Ideas in Modern Education)的系列讲座。

1. 关于卢梭、裴斯泰洛齐、福禄培尔和蒙台梭利

在第一次讲座中,杜威博士认为,卢梭在教育理论中的重要性在于他强调根据天性发展的原理。杜威博士说到,对于发展究竟是要达到的目标还是达到真正教育目标的手段,卢梭并没有作出区分。他还说,我们发现卢梭的一些理论在今天依然重要,并且发挥着作用,当然也有一些错误的和引起误解的观念。

卢梭从来没有建立过一所学校,或者用任何特殊的方法来贯彻他的观念。

就像我们今天一样,卢梭混淆了两种不相关联的关于天性的观念。一种观念代表天生的、没有培训过的能力和一种生长的法则;另一种观念则代表社会生

---

① 由珍妮·梅里尔(Jenny B. Merrill)报道,发表于《初级幼儿园杂志》(*Kindergarten-Primery Magazine*),第 26 期(1914 年),第 186、215、251、255—256 页。

活和文化的对立面。直到今天,这类混淆依然存在。

378 　　裴斯泰洛齐和福禄培尔不但接受了自然生长的理论,而且制订了明确的活动方法,把这一理论付诸实践。他们创立了学校。

　　在他们三个人的理论里,错误的和正确的、好的和坏的东西混合在一起。

　　今天的小学大部分具有裴斯泰洛齐的教育特点,流行的教育法也大多是裴斯泰洛齐的。因此,把他的教育理论的优点与缺点区分开来,十分重要。

　　裴斯泰洛齐教导说,教育的模子存在于自然之中,我们必须按照自然的顺序来发展。他强调说,自然是神灵的启示。他是一个突出的虔诚的信教者。

　　福禄培尔和蒙台梭利同样如此。

　　裴斯泰洛齐赞同卢梭的天赋能力理论,这种能力沿着内在法则逐渐展开。教育的成败取决于我们是否推动这一法则。如果我们干扰了这一法则,就削弱了能力的自然来源。

　　卢梭和裴斯泰洛齐的最大区别在于,后者信仰并且期待着依靠教育进行政治重建,卢梭却不这样看。卢梭认为,在把教育建立在良好的基础之前必须进行社会和政治改革。因此,卢梭把儿童带出社会,在一个老师的指导下,在与社会隔绝的情况下教育他。

　　裴斯泰洛齐最深层的动机是博爱主义,他应当被称之为与圣徒弗朗西斯一样的圣徒裴斯泰洛齐。他认为,与同伴的社会生活对于教育是基本的,并有助于最后对于教育的提高。

　　他信仰为了社会生活并通过社会生活进行的自然教育。他尤其相信家庭圈子内的教育力量。裴斯泰洛齐的另外一个巨大贡献是,他认为理智的发展来源于社会的活动。

　　教育需要自然的和社会的环境。这对裴斯泰洛齐而言,就是家庭圈子,或者是某种学校和与之类似的东西。

　　这种家庭氛围创造了对于现实的直接感受,它是一种直接亲密的环境,并带
379 来与将来环境相适应的特别直接的关联。自然的道路通往现实。

　　这是至关重要的。它不是那种把自己交付给机械化的教育观念。

　　裴斯泰洛齐收留了 20 个流浪者,将他们组织成一个家庭。夏天,他们在田里劳动;冬天,做纺织工作;同时,他们学习阅读、写作和背诵基督教教义。

　　我们口口声声说"通过做进行教育",却选择了与社会疏远的方式来教育儿

童。我们没有把儿童置于社会关系之中，让他们在这类社会组织中作出自己的判断。儿童丧失了对于真实的感觉。

2. 论学校生活中的社会动机

杜威博士在讲座中对教育与社会生活和国家生活的关系作了综合评价。他说，整个教育建立在国家生活之上的倾向最先是由德国人提出来的。

腓特烈大帝及其顾问首先意识到了教育作为政治工具的价值，他们的目标是建立德意志国家以对抗其竞争者。

1870年后，法国采取了同样的观点，看到了教育与国家的关系，并着手对学校实行国有化。

英国更早地实现了它的国家统一，但直到现在，英国才对学校实行国有化。

"工业主义"是这些国有化倾向的产物。德国人还首先看到了学校作为工业主义的一种有利条件的可能性，并着手教育其市民具有工业方面的技能，把它作为一个有益的经济计划。

在美国，我们并没有出现过在英国出现过的民族与民族之间的斗争。

在我们国家，对应于欧洲"国家主义"的教育运动，在性质上更加社会化。在19世纪30年代和40年代，这一运动进行得相当彻底，以至于我们容易忽略这个运动近来的最新发展。

我们的运动具有更广泛的人性，在许多城市是在慈善机构的组织下进行的。 *380*

存在着各种各样的人文主义计划，它们在一个广阔的范围内引进了人文主义的观点。这些观念扎根于这样一种见解，即大多数恶都来源于无知。如果心智得到开启，人性就会向前飞跃。霍勒斯·曼恩（Horace Mann）是我们国家这场运动最伟大的代表。我们以前的总统，如杰斐逊和麦迪逊，完全相信民主政府的稳定性与一定程度的知识是相关的。这不是一个关于美国与其他国家相对立的问题，虽然在欧洲曾经如此。在一个共和政体内，教育是基本的东西。

美国的这段时期不仅是一个有着伟大博爱旨趣的时期，而且是教会一个重要的传教时期。教会建立学校，认为从工业上、智力上和道德上提供更好的教育是它们的事业。

来自慈善机构和教会活动的动力非常之大，几乎每一所公立学校或多或少是从慈善学校或公益学校开始的。

逐渐地,这类学校被市政当局所接收。

杜威博士似乎把我们带到了一个高山之巅,从那里俯瞰过去世纪发生的宽阔的历史图景,以帮助我们更清楚地看到社会动机在促进建立学校方面的突出成就,但这一点却在一段时期内被忽略了。他自己就热心倡导现代学校中的社会目标。他所著的《学校与社会》是我们伟大的教育经典,是每个老师书架上必备的书籍。

杜威博士在讲座里还继续说道,我们的早期历史非常注重个体。

有如此之多的天赋资质受到鼓励,个人能够走出去,设计他自己的人生。他的前面有着广阔的天地等着他,个人的雄心被极大地激发了。

我们激活了个人身上的信念,告诉他们,可以为他们自己取得成功。这种情形一直持续到内战。我们的人民不像德国人那样,不明白为了国家的目的而训练的伟大需要。

381　　　最近有一种正在聚集起来的倾向,试图构想出一种特别的关于教育的社会原理的哲学,试图在教育对社会效率贡献的基础上检验教育系统的各个部分。

3. 论裴斯泰洛齐

奇怪的是,裴斯泰洛齐及其追随者给基本教育带来了一个负担,这个负担就像他们曾经从基本教育身上卸除的一样沉重。

从简单到复杂的教育原则,使得他去分解和组织在语言和绘画等方面的一系列分级教育;它们是不自然的和不必要的,并且是与儿童天性对立的,比如采用 ab,eb,ib,ob,ub,ba,be,bi,bo,bu 这样的形式。

在绘画课上,他使用直线和曲线的不同结合。在音乐和算术课上,他建议采用同样的还原到简单的方法。这是裴斯泰洛齐所声称的"心理学化的教育"——也即把所有内容还原成组成要素。对儿童而言,这是一种拙劣的心理学,它把成人的观点强加到儿童身上。它们并不简单,而且对年幼的心智而言是困难的。

当儿童处理更复杂的问题时,与在家庭生活中一样,这就是自然教育。儿童通过学会使用事物而逐渐把它们分解成部分。事实上,裴斯泰洛齐的确把教育内容与社会用途结合起来了,因为他的学生既在家里工作,也在田园里工作。这样做是对的。

裴斯泰洛齐承认第一印象的价值,根芽的不完美就意味着果实的不完美。

蒙台梭利无疑是裴斯泰洛齐的追随者,虽然她在解决自己的问题方面是原创性的。她也分解得太多,试图给儿童提供简单的要素,就像他们能很好地从家庭生活的普通事物中获得的一样。她也表现出同样的宗教热忱,同样重视教育的社会方面。

因为社会关系是最深层的,我们发现,把对象与社会生活相联系,而不是与任何特定的说教材料相联系,效果会更好些。

下个月,我们将考察福禄培尔的理论及其与裴斯泰洛齐的关系。   *382*

4. 赫尔巴特与福禄培尔的比较

杜威博士认为,福禄培尔后期著作比早期著作更为形式化,现代进步性的幼儿园观念是从他的早期著作中发现灵感的。杜威认为,他的天才的很多方面是针对 7 到 10 岁的儿童的。

现代幼儿园教育研究儿童天性,是对早期福禄培尔理论的实验,并试图把他解放出来。

杜威博士对流行的幼儿园观念的主要反对意见是:它们是通过人为的象征而不是社会生活进行教育,而且自鸣得意,认为已经获得了完全的真理。

幼儿园教育者普遍没有研究儿童,没有进行足够的实验。

赫尔巴特是第一个质疑形式训练理论的人。他相信系统化的内容,接受现存的研究,努力改革提供这种研究的方法。

他早些年一直追随裴斯泰洛齐。

他考虑挑选什么和怎样组织,以获得道德效力。

他赋予文化课程太多的价值。他缺乏想象力。为了实现更好的未来,他没有把教育设想成为一种重生而是作为对过去的一种重建。

赫尔巴特重视行动胜过一切。教育内容必须在生活中起作用,必须吸引学生的兴趣。福禄培尔和赫尔巴特都相信教育体制的专业性。

福禄培尔从情感上感受到来自内心的生长。他是浪漫主义的,同时是高度刻板的。他相信用一种特殊方式操作的特别类型的课程。他感觉到了劳动和工作的重要性,人类应当通过工作并且为了工作而受到训练("上帝也在工作")。

儿童应当忙于游戏,并且自由地工作。   *383*

发展就等于积极地创造,并且在每一个阶段都是全新的。

当时的哲学影响了福禄培尔。这一时期的哲学提倡"并行论的原则",每一事物的背后都有一样的东西,并且与精神世界是平行的。这种哲学把象征当作偶像来崇拜。

杜威博士认为,如果不要太认真的话,《人的教育》(*Education of Man*)的第一部分很好,但他并不欣赏后面的部分。

那些听过杜威博士讲座的人都非常钦佩他宽阔的视野。他们意识到,一个大师的心灵检阅了整个教育史并评述其功过。他们意识到学习教育史的重要性,同时也不会因为一个或所有教育思想家的存在而放弃继续实验和调查的权利。

杜威博士写的《我们如何思维》(*How We Think*)被老师们广泛地阅读。他如此简单而清晰地告诉我们怎样思维,以至于我们会失声惊呼:"是的,我们就是这么做的。为什么要经过这么长的时间才能用如此简单的方式把它表达出来呢?"难道不是因为它把这个最伟大的思想家带到了思维的根基?

这一系列讲座,杜威博士是以一种简单的谈话方式进行的,以至于令人难以置信他涉及面如此之广。这些报告的听众作了大量笔记。只有当她重新读一遍的时候,才能充分意识到,杜威博士的讲座内容如此丰富,以至于要在一个短小的专栏里对这些讲座作出评论是不可能的。

在其中一次讲座里,杜威博士带着一种奇怪的幽默说道:"我们的所有思考都是事后的尸检报告,观念极少先于行动,尤其在涉及社会事务的问题上。行动总是源于紧急状态而不是任何理论。"他进一步说道,"就我们最近对学校职业工作的兴趣而言,这一点是千真万确的"。他认为,诸如"社会效率"和统计学的价值等观念存在着某种含混性。

杜威博士讲了一个故事来阐述这一点:某个村庄有一个铁匠,此人天生机敏。他的铺子变成了讨论当地事务的论坛,这很可能导致给马钉蹄铁的生意受到影响。那么,我们是采纳一种宽泛的视野还是狭隘的观点呢?如果效率专家被派到那里收集数据——有多少匹马被钉上了蹄铁——他们也能发现伴随着意见交换和讨论而来的有益的记录吗?

杜威博士问道:"我们的目标是社会的顺从还是社会的改革?教育权威们应当把最终接受目前的社会状态并为之而进行教育视作理所当然吗?或者,他们应当怀抱更富有想象力的理想并承认将来变化的可能性吗?"我们不能忘记,人是带来社会事务变化的有效因素。如果我们不能作理性的考虑,我们所做的难道不是把人教育得只适合于一个狭隘的领域吗?

这导致两重错误:第一,它会使我们的民主理想所拒斥的阶级差别永远存在下去,它是一种远离民主的运动;第二,它是在静态社会的基础上进行教育,而科学和发明的力量会带来工业和社会的变化,甚至会给政治体制本身带来变化。更狭隘的教育观不会带来任何一点好处。比如,再也没有一个建筑物像过去那样被建造。钢铁建筑已经改变了一切,水泥和混凝土的使用正在为建筑带来新的可能性。

因此,如果某个人为了进入某个具体的工业部门而受到训练,当他长大成人的时候,会发现他所学的具体知识毫无用处。同样的道理适用蒸汽、电力和汽油发动机。没有一个人能预见将来会发生的变化。

因此,在工业上采取一种狭隘和静态的教育观不可能永远有效。我们必须承认,社会是一个飞速变化的社会。一种不能使人们适应变化的教育就是失败的教育。乍看之下,似乎越实际地采取狭隘的观点,阻力就越小。中等专业学校、职业学校、成人业余补习学校比参加一个一般学校课程的重组更容易激起兴趣,但后者正是我们所需要的。这种重组应当致力于使所有个体更能够照应自己,因为给他们提供了更普遍的能力教育。

在教育的开端是可以避免精力浪费的,虽然这是最难推行的原则。

我们知道,大量儿童在 12 和 14 岁之间离开学校,所以存在的基本问题就是在 12 岁之前进行职业训练。

有一点已经得到证明,那就是男孩和女孩离开学校并不完全是迫于生存的需要。许多人迫切要求父母让他们工作。事实也证明,儿童较早地进入工作,对他们是没有益处的。他们进入"没有前途的职业",当他们长大的时候,就找不到获得更好报酬的出路。

最近,一份流行杂志讲述了一件最可悲的事情。一个工厂检查员询问许多男孩是否愿意重返学校。他们所在的工厂并不是非常好的类型,工作时间也比学校时间长得多,但大部分男孩却对工厂比对学校更为满意。

我们的学校必须进行变革了。总而言之,我们必须决定是为了教育而利用工厂,还是听任工厂利用教育适应它自身的目的。

我们有着适应有闲阶层的教育遗产,我们对它进行了修补,但并没有真正地改造过它。

讲座结束后，听众向杜威博士提了几个问题。对其中的一个问题，杜威博士作了以下解释：儿童被要求学习太多的课程，只是集中透彻地学习一个主题确实是非常少见的。其实，他们不需要记住太多的知识，只需要学会在他们需要的时候怎样获得知识。我们所有的人都需要打消这种思想，即我们上学是为了获得知识。事实上，我们只是为了获得某些习惯，比如身体上的自我控制、对内容的处理、怎样在我们需要的时候获得知识以有助于我们继续前进。

386　　我们必须避免过早专业化。我们需要提前进行职业训练，如果这种训练不是太技术性的。目前有几个城市正沿着这种思路做得很好。杜威博士似乎认为，几乎任何实验都不会太理想，如果它不能改善目前第七和第八学年的许多课程。

杜威教授关于费尔霍普（阿拉巴马）的 有机教育实验的报告①

大约一年前或者更早,玛丽埃塔·L·约翰逊(Marietta L. Johnson)走出南方,就她在阿拉巴马州的费尔霍普进行了六年的教育实验,给北方的老师作了一次报告。只有她一个人能够从第一手的认识出发讲述她的实验。甚至当费尔霍普联盟(Fairhope League)想把她的工作建立在永久的基础之上而组建起来的时候,约翰逊夫人关于她所作工作的报告完全可以为大家所相信。听众聆听了她的报告,相信在那样一个文盲现象非常严重、儿童有很多需要的地方出现了一线希望,大家为此而感到高兴。

关于她的工作的第一次全面报道,去年 12 月发表于《调查》杂志。但是,即使在那个时候,除了几个教育家到那个地区做了一两次草率的考察外,他们所能提供的也仅仅是良好的印象,没有一个来自北方的教育权威亲自到费尔霍普进行调查。

这种情形再也不存在了。哥伦比亚大学的约翰·杜威教授应费尔霍普联盟的邀请,参观了约翰逊夫人的学校。在返回的时候,他认为,"毫无疑问,这所学校是做得很好的"。杜威教授 14 岁的儿子陪伴他进行了参观。

在第一天参观结束之后,杜威教授的儿子报告说,与他交谈过的所有孩子都"非常喜欢这所学校"。在参观结束之前,他请求让他也留在费尔霍普。

在向联盟的报告会上,杜威教授说,在出发之前有所保留是必要的,因为这所学校面临不少的困难——任何新的尝试都会面临困难,比如缺乏手段保证对

---

① 首次发表于《调查》,第 32 期(1914 年),第 199 页。

老师进行必要的训练。"虽然还有许多细节有待改善，"他说，"但是，我发现没有必要持有我所预期的那么多保留意见了。"他还说道：

"据我判断，这所学校已经证明了，儿童在学校过着与家里一样的随性生活是可能的。他们可以在学校里取得身体上、智力上和道德上的进步，而没有人为的压力、奖赏、考试、分级或升级；同时，他们还能够达到对于传统学习工具和课本学习的充分掌握——阅读、写作和计算——能够独立地运用它们。"

"这种证明还有更加显著的地方，因为约翰逊夫人的试验有一些很奇特的东西，因为她为达到目的而采用的方法如此简单。任何来到费尔霍普想要取得方法上的真经的人恐怕会失望了，这里并不存在特殊的技巧方法，没有独一无二的和十分特殊的工具。就'方法'这个词的任何意义上说，这里没有方法。"

"如果不怕让人误解的话，我会说让我印象最深刻的教育方法是消极的，也即缺乏常常给学生带来种种压力的特殊手段。此处所做的一切仅仅是提供一个健康、自然的生长环境，学生们组成很小的小组，以使老师（他与其说是一个教育者，不如说是一个指导者）熟悉每一个儿童的弱点和优势，从而使教学适合于每个个体的需要。"

"这所学校证明了自然成长和教育可以真正地达到一致，如果它拥有更多的外在手段和更娴熟的老师可以自由支配，那么，这一证明就不会像现在一样令人印象深刻了。如果是后一种情形，问题可能是需要多大程度上的理想结果才能

配得上比普通学校好得多的师资力量和硬件设施。当然，这并不意味着约翰逊夫人自身的个性并不占据很大的分量，没有这种个性，就不可能存在这样的学校。但是，与此同时，她所做的一切已经给予她时间、精力、热忱和智慧来注意到儿童有着不受外界压力干扰的成长的机会。"

杜威教授宣称，在这所学校里，自由被视作精神和道德上的事情，而不是奇谈怪想。他继续说道：

"这所学校不仅在智力和道德的意义上有条不紊——真正应当得到应用的唯一标准——而且表现出通常意义上的良好的外部秩序——除了身体姿态、运动和交谈的最大自由以外。在约翰逊夫人自己教的班级里和约翰逊先生所教的手工课里，孩子们都很忙碌、积极地专注于他们的工作，根本没有任何戏谑。"

杜威教授敦促把费尔霍普作为实验基地，并把这种方法"推广和浸透到这个区域的农村学校里去，然后再推广到相邻的区域里去"。他说，南方农村生活的

简单,使它的教育更能适应根本性的变化。

　　为了进一步推广这个学校的理念和实践,他敦促当地的年轻人也在相邻地区进行类似的工作,对来自北方的老师进行培训,使他们能够在北方开展同样的工作。杜威教授说,应当把约翰逊夫人从经常性的经济担忧中解脱出来。他宣布有一笔持续几年的保证金将提供给她,使她能够有机会进行监督管理;投入更多的注意力去帮助老师;让她去进行培训工作,到北方进行推广宣传,并对那里进行的同样的改革给予帮助和指导。

社会行为心理学①

I.

第一次讲座是在 2 月 16 日星期一晚上举行的，题目是"行为和冲动的生物学基础"（The Biological Basis of Behavior and Impulsive Activity）。利希蒙德（Richmond）主席作了介绍之后，杜威教授立即切入了正题。

培根教导说，人们必须学会控制天性——知识就是力量。他的方法带来的巨大胜利唤起了我们的期待，我们现在多少从这种最初的期待激情里恢复过来了，因为虽然我们在无生命世界的领域里成功地获得了知识和力量，但是另外一些重要的问题——道德的和社会的问题——仍然在我们的控制之外。我们必须增加关于人类自身的知识，因为根据杜威教授所言，令人遗憾的是我们现在关于人性的科学与培根时代的科学一样，还很不成熟。

因此，我们目前只能提供一个计划、一个可能的应对方法，而不是一个解决的方案。本次讲座主要探讨的就是这个方法。

任何应对方法首先需要的是认识我们的自然条件，在这里就是认识人类天生的能力。没有这种认识，我们将永远无法判断间或提出来的各种乌托邦。杜威教授认为，乌托邦就像是永动机。我们总是抱有这些乌托邦，但它们从根本上都是来自对问题性质的无知。

---

① 本文作为杜威讲演的概要，首次发表于《校友联合月刊》（*Union Alumni Monthly*），第 3 期（1914年），第 309—326 页。

一直到上个世纪中叶之后，在达尔文之后，人们才开始认真地思考解决人类天生的能力问题。最初的尝试在形式上都是错误的。它们都想致力于发现天赋的观念，然而心灵的开端无疑是非常简单的。这种方法在关于成熟心灵的反省方面，也是错误的。

391

达尔文对儿童稍微有些研究，但第一个看到具体事实及其重要意义的人是詹姆斯。他承认，本能和冲动是原初的因素，而且它们在人的身上比在动物身上表现得更多。事实上，它们如此之多，以至于通常彼此抑制。詹姆斯也注意到，对本能的修正，对动物和人而言，都是正常的。

杜威教授接着讨论这些基本结论。本能和冲动如此之多，以至于实际上我们本能地对我们所处环境的每一种状态和变化作出反应。选择性的注意力就是后天的获得状态。因为不存在唯一的注意力，而是存在大量不同的注意力；日常的注意力是这些注意力的集合，是大量注意力的聚集。每一种注意力都是一定的和多样的。绝大多数的精神活动及其反作用都同样的复杂，甚至要对最简单的精神活动作出分析都十分困难和令人丧气。因此，拼写似乎是一个简单的活动，然而至今为止所进行的所有调查都不能对拙劣拼写的原因作出满意的解释。因为拼写是一个非常复杂的活动。杜威教授以同样的方式讨论了看的活动，表明它也是一个非常复杂的活动。

在诸如此类的活动中，许多因素参与其中，使许多的结合和改变成为可能。因此，人类的反作用存在着重要的可更改性，而且存在着我们所说的可教育性。不承认这一点，就会对动机理论产生不良的影响。没有什么比草拟一张人类动机表更加常见了。人类被一些简单的动机所驱使的观念——比如被自私或快乐的动机所驱使——被杜威教授称之为纯粹的虚构。这种错误的解释一开始就给予我们的社会科学一种错误的扭曲，即使当我们所假想的动机的数量相当庞大的时候，结果依然是不可取的。事实上，几乎没有一个活动只有一个动机或者甚至只有一个单一的动机组合；从某种意义上说，每一个人的性格就是他所进行的每一个活动的动力所在。

392

此外，动机常常都只是一些习惯，它们是在社会和其他影响下形成的。在这些情况下，分类法常常把原因当作结果，认为是动机导致了社会现象；而实际上，动机很可能只是社会状态的结果。杜威教授用原始人的心灵与文明人的心灵作了比较，以证明这一点。他说，此处的区别不是天生的，而是社会状态的区别导致的结果。接着,他把讲座的整个主题称之为社会和精神事实的彼此改变。

当任何社会改革的问题出现之后,我们总是能看到社会可以被分成两组人群:(1)一些人认为,任何改变都是实践所需要的;(2)另一些人则认为,人类动机是固定不变的,不可能出现任何根本的变化。因此,我们非常需要一种社会科学及其方法给我们指导,以使我们认识到,在任何情形下,人们是否可以朝着计划的方向发生变化。因为宣传和实施不可能成功的社会改良计划只会带来巨大的社会浪费,这正如能够迎合第二类人群的需要是重要的一样,他们"仅仅因为缺乏想象力"而不能意识到人类天性重要的可改变性。

作为可改变性的例子,杜威教授提到了众多恐惧中的一些类型,它们不是自然而然出现的而是社会教化的结果,比如害怕受到惩罚、害怕贫穷、害怕失去世袭地位、害怕地狱、害怕上帝等等。同样地,我们天性中好斗的原始本能已经被引到许多有用的和其他渠道中去了。在所有这些情形中,我们必须了解比我们已经了解到的更全面的事实。

同样,他还讨论了许多著名的理论,如马洛克(Mallock)的理论,他认为伟大的政治领袖必须得到更多的金钱报酬;如人类本能地讨厌工作的理论;如与寡头政治相对应的平等政治的理论。他所讨论的这些理论都强调,我们需要更仔细地搜集事实,需要用更科学的方法来处理这些问题。

II.

393   第二次讲座在 2 月 17 日星期二晚上举行,题目是"由社会职业和信仰而形成的心灵"(Formation of Mind by Social Occupations and Beliefs)。

婴儿本能地啼哭,不会想到任何结果。然而,如果出现了某些结果——来自父母或他人的某些行为——本能就会被这些偶然的结果所修正。它可能变成一种"习得的"冲动,亦即有意识的冲动。儿童可能会为了达到某个目的而有意识地啼哭。我们得自他人的文化都是这种类型的。没有哪一种训练能够完全外在于本能。培养必须建立在天性之上,它们是不能分离的。

个体和社会环境也不能分离开来。杜威教授讨论了这样一种理论:"慷慨原本就是社会性的,占有则不是社会性的。"在某些共同体之内,占有是一种社会美德,慷慨则是不良习气。两者可能都是社会性的,或者都不是社会性的,它们实际上都需要社会的引导。

群居性也是一种生来固有的本能，我们必须考虑到这一点；然而，群居性与社会性是两码事情。仅仅是聚集在一起并不是社会性的标志。人们可以群居，也可以独居。需要通过教育来促成社会价值。人也有独处的本能，过度的群居会让人难以承受。只要这种独处的本能得到很好的利用，也可以变得具有社会价值，就像一般在科学和艺术以及思想方面表现出来的那样。

恐惧似乎是反社会的或非社会性的。然而，它也具有多种社会价值，比如害怕受到惩罚或害怕不被人喜欢。

为了澄清人类与社会的关系，我们首先必须去发现人类的原始特性。在这个方面的尝试古已有之。柏拉图研究过文明社会的特性，并从此出发去寻找个体的特性。雅典人富有艺术性，斯巴达人富有好斗性，等等。但是，原始特性能够以这种方式被发现吗？成人的心理难道大部分不是社会的产物吗？杜威教授坚持认为，很大程度上是环境使人具有某些特性而不是其他的原因。除非我们看到了这样一个事实，即人类并不天生就是成年人的，要不然，我们就会陷入一个循环论证之中。我们不妨研究一下儿童。

婴儿并不缺少特性，否则，他们就不可能去学习。人类学习很多东西，因为他的天性是非常丰富的。正是因为天性过于丰富了，以至于他一开始就感到烦恼，甚至到了无助的地步。他的本能往往是一些松散纷乱的目标，如果想要实现就需要帮助。如果儿童在孤独中长大，杜威教授说，那么，他们就会像吉卜林（Kipling）笔下的狼孩毛格利（Mowgli）一样变成白痴。传统心理学犯了一个极大的错误，因为它把心灵视作孤独的——似乎它是通过自身与环境的相互作用而得到发展的。

杜威教授接着提供了一个冲动的清单，它们在社会发展中非常有用：(1)注视和跟随的本能——即使在幼小的孩子身上都有表现，他们会用他们的眼睛跟随光线；(2)沉思和踌躇的反应，对于物和人的强烈关注(低等动物不会与事物产生共鸣或者去沉思事物)；(3)胆怯，谨慎——这是判断的基础；(4)好斗，撕扯东西——这与逻辑分析有关联；(5)游戏本能——杜威教授认为，这在科学家那里得到了充分的发展，即对事实和真理的猎取；(6)对称感与和谐感——他认为，这与逻辑和规则感有关联。

杜威教授接着强调了这样一个事实，即儿童并没有两个世界，一个是事物的世界，一个是人的世界。这两种要素总是相互交织在一起的，事物总是具有社会意义的。同样的道理,也适用于成人。我们不仅仅知道,而且还对所知道的事物抱着某种态度,而这种态度就是我们的共同体的态度,尽管我们不是通过自觉学习而获得这种态度的。随着社会的普遍态度的变化,它可以使人类一代接着一代的快速发展成为可能。我们的科学就源于我们对于整个世界的态度,原始人的科学就源于原始人对于世界的态度。这种"态度"可以对应于博厄斯(Boas, Franz)所强调的"传统观念"。

III.

395 第三次讲座在 2 月 23 日星期一晚上举行,题目是"心智与语言"(Mind and Language)。

我们的思想和语言紧密相联,这是一件值得注意的事情,虽然语言明显地是一种社会产物,它不是为了思想而发明出来的,而是为了社会的交流和交往发明出来的。然而,思想和语言的联系是不可避免的。所有的人都用某种语言进行思考。正如柏拉图所说,我们在思考中与自己说话。

为了说明怎么会出现这种结果,杜威教授考察了语言起源的社会条件。儿童受到约束、教育、鼓励和打击,他们的本能活动促使他们去关注和获取意义。这是理智的第一次觉醒。同样地,事物通过实验和使用获得意义,并代表特定的关系。后来,儿童知道了礼仪,知道了无礼和礼貌那些公认的社会意义。这些最后就变成了社会习俗,包括那些用肢体表达的习俗。比如在原始人那里,进餐时大声地吃东西是表达愉悦的一种有礼的举止,号啕大哭则是一种表达悲伤的标志。此种行为就是一种语言。随着它们逐渐变成了真正的语言,本能的声音和啼哭就对他人有了意义。语言就是一种礼仪。

另一方面,合作离开信号是绝不可能的,比如打猎的时候。人们很快就发现,可以把声音作为最便利和最经济的表达信号的方式。然而,手势在原始人的内部交流中占据着重要的地位。杜威教授也提到,文字原来是一种图示手势,后来得到发展和简化,由此形成了文字。

在时间的进程中,符号的数量及其意义得到递增和积累,直到每个社会组织给其成员带来许多被保存下来的观念——这些观念主要是通过声音或词语而得到保存的。因此,我们通过语言获得了文明化的积累效应;一个人的知识面,往往要紧密地依赖于他所使用的语言。杜威教授提醒大家注意劳拉·布里奇曼

396

(Laura Bridgman)和海伦·凯勒(Helen Keller)的显著案例,她们的心灵是通过学习语言而被唤醒的。

词语的意义依赖于它的社会使用。名称是活动、规则和权力的关键,而不是观念和知识的符号。杜威教授把后一种观念形容为语言的"搁置"观念——一种书呆子气的图书馆理论。语言的基本规则是:它是行动的符号,它使共同行动成为可能。他讨论了对于"人受措辞控制"的责备,并总结说人类必须如此受到控制,除非他们想成为动物。问题在于是"什么措辞"。

杜威教授接着讨论了名字的魔力。给某个事物命名,就是把被命名的事物从普遍中拿出来,置入特殊之中,建立一种认识、亲密和权力的联系。通过这种感觉的延伸,原始人开始把魔力与命名相联系。私人名字必须被作为秘密。原始人觉得能够更好地对抗和抵制那些不能用他的真名命令他的人,而对那些能够这样做的人则感到害怕。同样地,死人的名字则不能被提到,因为害怕召回或者激怒他们。杜威教授还提到,用好听的名字来命名不好的事物是为了避免导致它们的觉醒,这一事实"甚至在古希腊人中"也出现过。所有的符咒和咒语都有类似的道理,我们甚至能够在文件和仪式中发现字斟句酌的庄重和得体。与被选择的词语相伴而来的,是一种权力感和充实感。

多少有些类似的是,甚至在今天的文化里,某些词语对于人的心灵也有一种符咒般的魔力。杜威教授提到,进化、社会主义、振动、无限、永远以及哲学上使用的物质、本质等词语都属于这一类型,有着与它们可能具有的任何内容不相称的力量。

他也提到与命名相联系的严肃性——种种洗礼的仪式,以及在原始人中间精心进行的各种仪式。

名字也是一种头衔。赋予某个人名字,可能使对象变得高贵,使它超脱出普罗大众。这最终演变成了职位和职称的一般概念。

总而言之,语言涉及从物理环境到观念世界和精神世界一切有关的东西,同时直接导致了科学、法律、商业、文学和诸如此类的东西。它们不像魔法,而是人类交往的高级形式。

IV.

第四次讲座是在 3 月 24 日星期二晚上举行的,题目是"社会行为中的情感

397

与理性"(Emotionality and Rationality in Social Behavior)。

在这次讲座上,杜威教授从普遍性的考虑转到了对个人精神生活的讨论;在这一领域,他发现为了分类所作的最简单的区分是情感和理性的区分。他接着讨论了精神生活上的这两个词,尤其是情感对理性的影响。

感情是由深深影响我们的东西所激发的,它直达我们获得的习惯的下方,引起我们最初和天然的心灵态度——爱和恨、希望和恐惧、振奋和消沉。政治和宗教是这类感情的起因,因为它们激起的剧烈反应经常是某个社团或者其他一般性组织的禁忌。

感情是一种不安的和不确定的状态。愤怒、恐惧、希望和爱一旦完成,就不再是它们自身。然而,它们一旦持续发生,整个身体都会确实受到影响。当我们感到振奋或者害怕的时候,就会处处感到满足或者受到惊吓。这种"处处",就是情感活动的本质特性。

理性活动却只是在被选择好的路线中进行,它对于身体的影响是有限的和分散的。在诊病的过程中,医生表现出的就是理性活动;而病人的亲属可能就表现出情感化的状态。亲属完全是从情感出发来面对这种病情;而医生只是对细节进行分析和处理。原始人和儿童都缺乏分析的习惯。

398 　杜威教授接着作出了如下定义:理性反应是一种辨别化的反应;情感化的反应,则是对整体的情境的反应。

这两种形式不是完全互相排斥的。没有感情的人在理智上是呆板的,理性的精神生活要么运用某种特殊的感情(比如好奇),要么运用某些已经变得固定的感情。情感活动真正的对立面是例行公事,它被分裂成类似理性行为的东西但缺乏感情。原始人特别厌恶例行公事的行为。如果必需,他们就会在劳动中加入歌唱和舞蹈以增加情感因素。在文明生活中,外在压力和得到奖赏的希望代替了歌唱和舞蹈,相伴而来的结果并不完全是好的。情感易于向恶习敞开门缝。

感情天生具有垄断性,它是引人入胜和具有吸引力的。它往往使用最高级并且好独断。它使心灵听不进某些观念,意识不到与感情相反或与之不一致的东西。从理性上说,我们应该分散感情的聚集,把感情限制在能够恰当地激发它的对象上。关于这一点,杜威教授举了许多精彩有趣的例证。

当许多人或某一个群体共同感觉到一些情感的话,其结果可能就是运动、学派,甚至一个"精神时代"的产生。

然而,对任何心灵而言,感情控制着思维的细节。在思维或科学里任何持续不变的伟大工作,都需要控制性的和持续的感情。比如,牛顿从一个苹果里获得的真理是建立在感觉基础上的,这种感情闪光可能非常重要。逻辑进程必然追随和推进观念,而天生的期望、预见、提出证据和证明则是情感态度。

理想化是另一种形式对某种情境的服从和奉献。党派性、英雄崇拜和爱国精神都是理想化的形式。在这种意义上,我们都是艺术家,我们都习惯于理想化。

情感理想化的极致是神秘的宗教体验,它是在所有情感状态中发现的密集浓缩的精华。在这一点上,杜威教授大量引用了詹姆斯先生的《宗教经验种种》(*Varieties of Religous*),并提醒大家注意它与其他情感经验在细节上的相似。 *399*

V.

第五次讲座是在 3 月 5 日星期四晚上举行的,题目是"危险与行为"(Crises and Behavior)。

人类的行动为了有效必须条理化和组织化。人类最先进行组织的是他的身体行为,然后是某些行为序列,最后要求的是一个生命的安排。

任何一种生命的安排都会不断地遭受进攻和威胁。未来是不确定的,没有计划能够预见细节。自然事实也必然地会以一种预料之外的方式入侵。所有这一切,对于原始人而言更是千真万确。这种进攻和对他们的威胁被称为危险。

随着文明的进步,这些危险大大地减少。我们的生活相比原始人更加稳定和自信。不仅仅因为我们对于自然及其规律知道得更多,而且因为我们的行动过程更富于弹性和适应性。我们期待着发现和变化,而原始人不会,即使是古希腊人也不会。在政治上,我们组织制订新的法律,而希腊人和罗马人则没有制订法律的机构。原始人的生活被复杂固定的习俗链条控制着,他们绝对不可能具有许多诗人和哲学家所猜想的那种自由。

因此,原始人完全生活在危险之中,并且只有一套僵硬的习俗作为他们唯一的行为方式;其结果就导致一系列不断加剧的危险。因此,原始人非常情感化。他总是碰到新的困难,并且总是用习惯的和同样的方式作出反应。这些传统的行动和仪式能够释放和减缓感情,造成一种成功的信心和幻想,也因此导致他们对自己的魔力抱有幻想。

因此,成功和失败成为最重要的观念。好运气、坏运气以及诸如此类的观念在原始人那里,是比任何道德、真理或理性的思考更深层的东西。人类主要对他自己的命运有兴趣,他对事物的自然态度不是问它们是什么,而是它们将给他带来一些什么。这是一种万物有灵论的心灵状态。

杜威教授说道,原始人面临的种种生活危险与他们的种种仪式是并行的。

在个人的生命中潜伏着出生、青春期、婚姻和死亡的危险,而所有这些都有它们的仪式。在自然界,我们会面对季节轮回的危险,尤其是春天和秋天的危险;没有一个原始人在播种和快乐地庆祝丰收的时候没有仪式。而且,这些重复的和可依赖的仪式越来越变得正规化和鼓舞人心。在个人的生命中,存在着意外的事件、突发的疾病和精神失常等;在集体的生活中,则存在着瘟疫、饥荒、战争和胜利等,或许还有来自动物,来自地震、火山爆发、洪水、火灾的危险;或者还有来自流星或彗星的凶兆,或者事实上来自任何非常规的非凡之物的威胁。所有这些情况都有它们的传统行为和仪式。

杜威教授接着讨论了原始人将他们的危险联系起来的观念。北美阿尔公金族印第安人(the Algonguin Indians)将他们感受到的危险的原因归结到神灵(manitou)的名下。它是一种神秘和神圣的力量,在某种意义上可以与电荷相比较。它可以在任何地方、任何事物那里发现,可以在勇敢的士兵、神圣的对象和人那里发现。任何难以追踪或者杀死的动物都具有这种力量,比如野兔或野猫。

总之,神灵有利于健康,但是在那些生存条件更加艰苦和恐惧更流行的民族中,神灵的力量是非常邪恶的。因此,在波利尼西亚(Polynesia)和美拉尼西亚(Melanesia),魔法和邪恶的咒语是最为普遍的联想。

其他民族还没有走得这么远,以至于能够作出总结:我们只能发现一套完全禁止某事的禁忌或者命令。

在讨论禁忌的时候,杜威教授说道,许多禁忌仅仅来源于不喜欢习惯或风俗有任何变化。比如,对某些食物的禁忌,来源于早期不能吃它们的部族;对某种男人和妇女关系的禁忌,则来源于某种劳动分工。用同样的方式,我们可以解释宗教仪式的一些细节,比如对青铜器或石头器具的保留,是在文明的发展已经大大地超越它们之后。

"开端"总是具有宗教的意义,因为它是与以前确定的事物的破裂。"成功"

和"繁荣"总被认为是具有内在的危险性(希腊人相信神灵都是有"妒忌心"的。现代人相信"凶眼",有些人相信说过头话"敲敲木头"会带来好运)。陌生人是危险的,原始人用一些仪式来减少由陌生人带来的危险。

然而,死亡是最大的危险。像小孩子一样,原始人认为死亡是不自然的和不真实的,除非是通过暴力,在战场上或者出于意外事故而死亡。因此,所有其他的死亡和疾病都普遍地被视作源自魔力。各种禁忌和仪式都与死亡相关,一方面是埋葬死者的物品,其最初原因是厌恶任何与死者接触过的东西;另一方面是一系列与远祖崇拜相关的仪式。

VI.

第六次讲座是在 3 月 6 日星期五晚上举行的,杜威教授继续他的主题,题目是"对危险的理性主义的控制"(Rationalistic Control of Crises)。

当某种限制消除之后,感情就会自然地转化成为行动的态度。失去的平衡必须或多或少得到恢复。工业、艺术和科学就是此类行动所采取的日常形式。

最早的活动形式是使用工具进行的活动,亦即有用的技艺。这些活动体现了采用得到证明的有效方法对事物进行理性主义的控制。此类行动是有效的,但并不是有趣的,与其说它们是人性化的,不如说是机械性的。由它们所产生的状态,就是"劳作"的状态。现在,人成为了人类(杜威教授提出,这个事实经常被我们忽略),他对于没有利害关系的事情往往都不会感兴趣。只有严厉的必需性,才能使他们继续劳作。原始人仅仅追逐兴趣根本不会令人感到惊奇,惊奇的是文明人如此地理性。

然而,在原始人那里,这种界线并不十分清楚。他们使用的工具很少是纯粹实用的,而总是会掺进一些仪式的和美术的成分。制造有用工具的工艺,会把这些工具制作得很漂亮。如果说原始人的产品是丑陋的,那这种丑陋也是来源于过多的装饰,他们的丑陋迥异于我们无装饰的丑陋。杜威教授引经据典地证明,史前人类和原始人的产品具有独一无二的美。导致这种情况的原因有两个:(1)有用的物品不是为了市场和贸易而制造出来的,(2)劳动经济活动与宗教是联系在一起的。工作和宗教仪式彼此结合,二者没有被明确地区别开来。比如,当其他墨西哥原始人在耕地、除草和种植的时候,一个原始人在旁边跳舞,他所扮演的角色与其他人一样严肃、一样耗费精力。

许多危险都是周期性的和重复发生的,在这种情形之下,仪式就会更加地正规化。舞蹈发展成了一种严肃的职业,它的手势和歌唱开始反映劳动的活动、有用的技艺和自然的运转。杜威教授引用了来自澳大利亚原始人、埃及人、希腊人和罗马人的例证。他认为,这种原始的哑剧同时是情感性的、富有想象力的和实用的,并且随着文明的进步,它可能顺着它所包含的一个方面继续发展。比如在罗马人那里,宗教活动后来局限于选举官吏的具体场合。宗教因此而变得枯燥无味,变成常规化的和事务性的。生命逃脱了宗教习俗的羁绊,自由地沿着实际的路线发展。另一方面,雅典人发展了宗教的想象力和理想化的方面。随着对魔力的信仰变得越来越淡,仪式主要是为了它的情感价值而得到表演,而表演最终是为了观看,其结果就是一种超脱的和理想化的性质。因此,舞蹈、韵律、歌唱和情节统统发展成了艺术形式。

科学的发展一直是迟缓的和间接的。人们不是为了思考而思考,而是出于实际考虑而对环境的反应。当刺激物合适的时候,思考就由危险而产生。但是原始人憎恨不确定性,在这种情形之下,他们匆匆地得出了结论。这种习惯阻止了思考的发展,但是产生了传说和神话等;而且,当宗教的力量退却的时候,它还由此产生了种种哲学体系。

403   但是,发现解决办法的过程是愉快的。它是一种游戏或探索,随着时间的推移而让人感到越来越愉快,以至于到了现在,科学家们纯粹为了探索的快乐而采取和养成怀疑的态度。

转向真正科学的巨大变化,主要是通过有用的工艺与抽象的哲学和科学的结合而带来的。在 16 世纪,知识分子开始使用工具而不仅仅是他们的大脑。天文学家们开始使用透镜,透镜被制造出来只是为了进行观察。这是一个经常被人们重复的典型事例。为了上述事例,人们不再对工匠采取轻视的态度。

可以说,我们的时代是历史上一个崭新的发展时期。各种危险的侵害已经极大地减少了,虽然它们的数量还是很大。现在,危险的冲击更多地是发生在个人身上而很少是集体性的。我们的社会变得专业化了,也被分解了,不再作为一个整体对之作出反应了。相伴而来的,是个人在现代生活中的重要性得到了提升。

VII.

第七次讲座是在 3 月 12 日星期四晚上举行的,题目是"个人判断和主动性的发展"(Development of Private Judgment and Initiative)。

这里不对自我的性质进行定义。我们知道自我是什么,但是与活生生的事实相比,所有的定义都是贫乏的。在其社会关系方面,自我永远是活动的和承受的中心,它的某些特性是主导性的和必然的,其他的则是暂时的。首先,这些特性是从属于自我的。有些特性是原来就有的,有些是后天获得的,但它们都是典型的和不变的。

我们中没有两个人会是同一个自我。这不是偶然的,而是必然的。豆荚中的两粒豌豆虽然相似,但不是自我——这是事物的优点——但是对人而言,这并不是优点。我们不是一个种类的成员,每一个人都是独一无二的。关于这一点的认知,有一个历史的发展过程。习俗对个人没有用处,在简单的状态下,人仅仅被视作一个种类的成员。

然而,自然差别本身不会构成个性。它们必须被融合而得到发展。这一过程是在社会生活中进行的,后者也改变了它们。因此,一个工业社会不会为了诗人或者向着诗人合意的方向发展。得到最佳发展的个性会在任何情况下都适应于现实的社会类型。每一个阶层都会发展出它的类型,比如富人目空一切,而穷人则态度和蔼。社会获得它想要的类型,给予鼓励和回报。杜威教授说,这一规律就像仙人掌应该在沙漠中成长一样,是必然的。

另一方面,人类既有进攻性也有包容性的倾向。人能够通过克服阻力来衡量自己的力量:阻碍会成为一种刺激而让人去努力。许多人喜欢通过让别人害怕自己来展现自己。成为一个罪犯,可能会诱导某一些人。儿童相当普遍地去挑战权威——看看他们究竟有多大的自由度。

对我们大多数人而言,存在着一些我们中意的人、一些我们想回避的人,还有一些被我们打败的人。这首先是一次实验。我们因此知道我们是什么,我们什么时候应当服从、逃避或者进攻。自我就是在社会交往的过程中,从最初倾向里形成的某种东西。

一个完全一致的自我,在实际上是不可能的。我们需要对不同的人群作出反应,而且在不同的人群中是不一样的。儿童知道,用与其他儿童相处的方式来

404

与成人相处，是不可能的。成人同样。杜威教授说，故作虚伪是这个世界上最稀罕的事情之一。前后一致同样的稀罕。人格的统一性与其说是一个事实，不如说是一个道德理想。

生活的各个时期也有着它们的自我。我们过去的童年自我和我们现在的成熟自我彼此几乎不可能成为泛泛之交。杜威教授接着讨论了青年的特点。一些人认为，青年是激进的和理想化的；另外一些人认为，青年是保守的和顺从的。青年可能是二者兼而有之。对于日常生活中流行的事物，如果与之背离则会让青年意识到痛苦。在更为广阔的范围之内，他们会偏向于想象，他们会表现出激进的、改革的和理想化的。不管年长者是否赞许，他们对社会产生了有益的影响。杜威教授说道："傻瓜冲进天使不敢涉足的地方，这就是为什么整个世界更多地欠着傻瓜的情而不是天使的情的原因所在。"

接下来讨论的是英雄主义。钦佩是对力量展示的一种自然反应，甚至被征服者也会有钦佩之情。当一个"愉快的失败者"，这是人类的天性使然。钦佩是一种振奋，它来自我们对参与其中的成功的感觉。孩子会把父母理想化，因为父母是他所参与的一个群体中的强人。在生活中同样如此，一个群体或民族中出众的能力自然地附着在一个崭露头角的人身上；如果没有的话，我们就去寻找或创造出一个这样的人。因此，当某个村庄出了一个专业的排球运动员或获奖的拳击手，村庄的成员就会感到一丝满意和骄傲，认为村庄的优点至少开始得到承认了。这种替代别人成功的感觉，可以在所有人身上发现。

赞许不仅仅是情感上的，而且常常意味着积极支持。因此，权力不仅仅与他们有关，而且还授予了他们。这种情形常常出现在政治、战争和宗教中。没有什么能够像成功那样可以继承，另一方面，人们仅仅因为失败而失去了权力。

自我是他人的代表。我就意味着你、他、她、你们、他们。就像在一场公平的游戏中，每个角色都通过回应或要求他人的某些行动而表明他是谁；在生活中，同样如此。没有一个人能够单独地成为一个角色。他必须得到回应，否则，我们就不会知道我们是自己。

对于自我主义和自私自利很难进行抽象的定义，虽然我们在实际的生活中知道它们，并且拒绝它们。但是，我们也会反对无私的人。人必须维护他自己，但是当维护过度就变成了缺点。太多的自私仅仅是缺乏自我感，这种人仅仅跟随某种冲动和癖好。对于自我的真正思考，包括对他人以及对自我的社会关系的考虑,比如作为一个公民、专业人员等。从正确的意义上说,自我意识就是知道自己是什么和在社会上擅长什么。

衡量文明的进步,可以通过它所创造的个性的程度来达到。

VIII.

最后一次讲座是在 3 月 13 日星期五晚上举行的,题目是"社会科学兴起的 *406*

意义"(Significance of the Rise of Social Sciences)。

今天的社会问题比 18 世纪以前的任何时期都引起更多人的关注。事实上,社会问题本身就是一种看待事物的现代方式,它涉及的范围相当宽泛。比如,教会统一的问题不再作为宗教问题来进行讨论,而是作为一个社会学问题来进行讨论。"这会给社会带来什么好处?"这是目前这个问题所采取的形式。在其他的一些世纪,这个问题与宗教和教义相关。这是一个极端的例子,但它说明了行动和提出建议的社会重要性已经发展得有多远。另一方面,被严格看作社会问题的数量十分巨大。杜威教授提到了其中的一些问题:战争、酗酒、劳动、妇女和儿童劳动、劳动保障、法院改革、监狱改革、选举权、优生学、城市卫生、城市住房、城市规划、结婚和离婚、肺结核等等。过去,这些问题是以其他方式被归类的——作为政治问题、新问题、宗教问题、科学问题等等。如今,它们再也不是各自分离的问题了,而是从属于人类交往的正当秩序的普遍问题。这是现代思想一个鲜明的特点。

面对如此多的问题,我们急切需要把社会学的思考和行动变得更加科学——有明确的观点和处理问题的手段。我们需要更多的理解、更充分的证据和更好的探究方法。

杜威教授暂时把这个问题放在一边,继续讨论我们时代的社会问题共有的一个心理特点。

过去,人类事务的协调和实施都是通过个人之间的直接接触和反应而进行的。现在情况不再是这样了。社会远远超出了我们所看到的一面,我们在很大程度上受到我们从没有见过的人的影响。

柏拉图认为,国家要将它的公民人数控制在人们彼此可以认识的范围,如果 *407*

超过这个限度就不安全了。亚里士多德认为,国家的领土应该控制在眼睛一览无余的范围内,公民的人数控制在他们可以听清一个人讲演的范围内。他们认为,他们自己的国家太大了而不足以成其为一个真正的国家。在古代,事实上一直到 18 世纪,政权主要是地方性的。地方的共同体几乎是不可侵犯的,除非在战争年代或征税的时候。

现代的国家要大得多,而且更多地受到来自外界的影响。繁荣和常规的工作生活等事务再也不仅仅是当地的事务,也许需要从某个遥远的角度予以确定和决定,甚至农村也卷进了这种普遍发展之中。村民阅读报纸杂志,跟随潮流,进行多种多样的实验;他们接受朋友的拜访,他们也有了卡车、电话和邮局。他们紧跟时代步伐,严格的本地传统和风俗已经接近消失。18 世纪以前,欧洲的行为比邻国离我们更近,这不仅是通过新闻传播,而且实际上是通过市场和移民实现的。

所有这一切都如此新鲜,以至于旧的思想习惯不能够适应变化。令人惊奇的是,道德败坏并没有变本加厉。罗马的衰败在于移民,它花了一千年的时间才从这种无序的状态中恢复过来。然而,今天的移民潮流远胜于以往,新的人群带来了陌生的观念和风俗。我们经受住了这种考验,但并不是没有受到冲击。旧的观念和风俗与陌生傲慢的观念和风俗迎头撞上,阶级界线被打破了。

我们不能理解在我们生活中出现的某些现代病症——离婚率、犯罪率、失业率的升高,纪律松弛,行为失范——这还没有提到地方传统和风俗的瓦解,地方缺乏社会的紧迫性,以及外界和国外的影响的不断增加。

在谈到国外影响的时候,杜威教授提到,种族歧视的某些现代形式是一种新的事物。"黄祸"就是一种严格的现代形式,只有通过移民才成为可能。

408　　　他继续说道,那种旧的代议制政府的理论已经破产了。人们相信,每个人都会比其他人对自己的私人利益更加积极,不管其他人有多么明智;因此,所有的人都应当有投票权,只有这样才是公正的。这种改革还在进行,政治已经变得人性化了;但是如果说每个人都对自己的利益敏感、积极,这样的观念现在变得荒唐可笑了。人们参与党派的活动,甚至常常对他们投票选举的那个人连一知半解也达不到。杜威教授幽默地引用了一个纽约市民的话,他说,在包括上百人的选票中,没有一个人是他真正了解的,甚至他几乎没有听说过其中的任何人。现代国家规模的扩大和复杂性的增加,已经改变了政治问题的形式。旧有的市镇会议变得不可能了。有人提出减少候选人和给予公民创制权等建议,试图回到过去那种更直接的接触。或许我们要么有直接的接触,要么就陷入漠不关心的状态，这就是我们面临的问题之一。

　　许多经济问题有着同样的原因。现代的工人几乎不知道他工作的源头、工作的用处、社会对工作的要求及其社会价值。人们对所做的工作毫无兴趣，甚至感到厌倦。杜威教授说道，工人的平均效率被计算为百分之四十——这是工人对其工作没有兴趣的有力证明。在这种状态下生活，对于人来说是有害的，这是劳动问题一个非常严重的方面。

　　我们的文明不像一个"熔炉"，而更像是一场冲突。为了适应形势，我们必须有可以与自然科学相比较的社会科学。过去的国家不需要科学，但是在现在的情形下，明智行动的可能性必须以知道事实为基础，并能从实验中推导出明智的结论。我们必须适应形势，而不是被它所吞噬。"20世纪必须创造社会科学，就像上个世纪创造自然科学一样。"杜威教授就像开始一样，把这句话作为结束语。

教授呼吁参政权[①]

409 ### 哥伦比亚暑期学生聆听杜威博士的论点

昨天下午,约翰·杜威教授给哥伦比亚暑期学生作了一场关于妇女参政和教育的报告。他按照计划,只谈了参政问题。由于听者众多,许多人不能进来。如果妇女得到解放,妇女做老师会成为更好的教育家,特别是男孩子们会得到妇女更好的教育,杜威教授说道。

"妇女被排除出社会最重要的职能部门之外,"他说,"为了使教育成为它应该成为的样子,我们应该让教育家们受到教育。教育是生活和经验。你不可能在一个存在着等级、派系或严格限定的社会里获得真正的民主。妇女的发展空间被关闭起来,没有得到完全的公民权利,没有得到自由,而自由是内在的和精神的风度的外在可见的标志。"

---

① 首次发表于《纽约时报》(1912 年 8 月 9 日)。

附　　录

1.

从近期的争论看真理问题[①]

乔赛亚·罗伊斯（Josiah Royce）

"真理是什么"的问题是一个典型的哲学问题。但是,这个问题在哲学史上绝不是任何时候都很突出的。这个问题变得突出的年代就像现在一样,是敏锐的批判精神占据支配地位的年代。在这些年代,形而上学的兴趣或多或少地暂时让位于方法问题、逻辑研究问题或者构成某种认识论的探究问题。

正如我们所知道的,从经院哲学衰退以来,这样的时期就不断地重复出现。其中一段时期是被康德统治的时期。但是,康德理论对真理本质的探究很快导致了18世纪末重建形而上学运动的复兴。在费希特的理论中,真理本质的问题也占据着一个显眼的位置。它也构成了黑格尔往往被忽略和误解了的《精神现象学》（*Phänomenologie des Geistes*）的主要关注之一。但是,在费希特和黑格尔同代人的精神中,在他们后来的追随者和反对者的精神中,真理问题再次消失于这样的背景之中,那些年代更为突出的是由建设性的唯心主义及其反对者所表现出来的,对于形而上学的、伦理学的和神学的兴趣。因此,任何人检视从1830年到1870年间的哲学观念史的时候,都会发现真理问题虽然从来不曾被全部忽略,但在几十年间仍然处于哲学兴趣的中心之外。

但是,在1870年左右及其后,情况发生了很大的变化。新的心理学和新的逻辑学开始繁荣起来,不久它们似乎都强调重新思考真理本质问题的重要性。之所以如此,主要是因为,一旦哲学界对心理学的研究产生强烈的兴趣,逻辑学是否被视作心

[①] 本文是1908年9月于海德堡国际哲学大会所作的演讲,首次发表于《威廉·詹姆斯及其他随笔》（*William James, and Other Essays*）,纽约:麦克米兰公司,1911年。杜威的回应,参见本卷第64—78页。

理学的一个组成部分的问题就再次凸显出来。同时，对康德再次燃起的兴趣与新心理学结伴而行，要求重新解释批判哲学的问题。英国和美国唯心主义的再次觉醒，以它们自己的方式唤起人们对同一个问题的注意。法国的现代哲学运动几乎一开始就献身于新心理学和科学哲学，它也参与进来，坚持要对真理的理论进行修改。为了实现近期哲学的发展，伦理学近来的倾向是一如既往地强调个人主义的问题，要求对整个道德真理的本质进行深入的再思考。它对于这个问题的热情和兴趣，为伦理学增添了分量。

结果，我们现在处在对整个真理问题进行再思考的思潮和压力之中。今天的哲学兴趣集中关注的就是这个问题。因此，不管你是讨论尼采哲学，还是讨论数学哲学——不管是"重估一切价值"，还是"所有类的类"——不管是罗素先生的"悖论"，还是尼采的"超人"——或者所有这些问题都不吸引你，你探讨心理学、进化论、历史科学的概念或者任何你喜欢的哲学领域的时候——你都会发现，你或早或迟都要面对这同一个普遍问题。你不得不卷入真理本质问题的某些方面。

415　　　把我们带到目前状态的历史进程，我就介绍这么多。在本篇文章里，我想对我认为可以从最近关于这个问题的讨论中学到的一些东西作些说明。这个问题的重要性，我已经介绍过了。

I.

通过对近来有关真理本质的主要理论所表现出来的主要动机进行分类来开始这场讨论，是很自然的。在列举这些动机的时候，我不需要详述它们的历史关联和传统，它们在近期思想中的地位很容易而且普遍地得到了承认。经验主义——应归于整个英国学派的历史，其表述后来有了变化，那是由较早一代的实证主义带来的，也是由源自近期经验科学发展的自然主义带来的——我认为，此种类型的经验主义影响了我们关于真理本质的现代讨论——大家都承认这一点。我不需要再强调这个事实。此外，康德在真理理论历史上所占据的地位——在这里也不需要强调。还有费希特、黑格尔以及其他传统的唯心主义理论，它们也以各种方式体现在我们目前对问题的讨论中，这些也不需要在此叙述。我提前假定了这些历史上众所周知的事实。然而，我现在试图作出的动机分类并不是根据这些事实进行的，而最近的真理理论却是由这些动机引起的。

如果不考虑一直存在着影响的古老的哲学史的传统，我认为，这些最近的理论动机可以分成三类：

首先,这一类的动机是由于对制度史的研究,由于我们对进化过程的浓厚兴趣,由于最近心理学研究取得的许多成果,向我们现代人提出来的。这一动机引导我们许多人把人类生活整个描述为对自然环境的逐渐适应。因此,这一动机促使我们把所有人类产品和活动视作保存和丰富人类自然存在的工具。我们对这一动机的现代形式已经耳熟能详。最近,它直接地影响到了真理理论。其结果部分地(虽然不是全部地)表现为工具主义、人道主义和实用主义,这些哲学已经在英国、美国、意大利、法国,以及以其他形式在德国,得到了有力的传播。

这一动机揭示的观点认为,人类的意见、判断和观念是生物努力适应自然环境的组成部分。简而言之,观念和信仰都是有机体的功能而已。就我们人类可以识别的真理而言,真理不过是附属于这些观念的某种价值。但是,这种价值本身也就像任何自然有机体所拥有的价值一样。观念和意见都是工具,它们的用途(如果是正确的)在于保存和稳定生命。它们的存在,同样也可以归结为表现在我们整个有机体进化过程中的自然原因。因此,断言或观念的真实性对应于它们完成这种生物的和心理的作用的程度。这种真理的价值就是一种生物学和心理学的价值。正确的观念是这样一种观念,它能够帮助我们适应作为人类的生活。因此,真理随着我们的成长而成长,随着我们的需要而变化,并根据我们的成功得到估价。结果就是,所有的真理与它作为工具一样是相对的,并因其有用性而富于人性。

就它们所采取的真理的自然观而言,新近的工具主义或实用主义表达出来的动机,当然在某种意义上是一种原始动机。每个文明国家一旦开始思考,就会在某种程度上承认这种动机。古希腊人知道这种动机,并有意识地把对真理的追求和评估与生活的艺术联结起来,诡辩派早已指出其联结方式上有问题的方面。苏格拉底及其追随者,以及后来的斯多葛派和伊壁鸠鲁学派,也以不同的方式考虑过真理本质的工具性方面。甚至在印度教的《奥义书》(*Hindoo Upanishads*)里,我们也能够发现这种人道主义动机的证据,它影响了对于真理问题的探究。19 世纪的历史科学从对制度史的精细研究开始,在关于进化的普遍理论方面达到高峰。正是它赋予这种动机以重要性和确定性,赋予它在实用主义最近的表达形式里一种非常现代且在许多方面非常新颖的真理本质论。

II.

在我们最近的思考里,与第一种动机紧密相连的还有第二种动机,它在几个方面与第一种动机形成鲜明对照。然而,在许多人那里,这两种动机交织在一起,以至于当他们表达其真理本质观的时候，连自己也不清楚他们追随的究竟是哪一种动机。毫无疑问，有人确实承认这两种动机之间的差别，然而却以它自己的方式在某种程度上提出充足的理由以遵循这两种动机。然而，任何混淆它们的人都必然走向无望的困境。事实上，我们最近的许多实用主义者从来没有学会有意识地对它们作出区分。虽然它们实际上很容易作出区分，不管对它们作出恰当的综合看上去有多么困难。

第二种动机与伦理学的动机一样，导致了最近林林总总的个人主义。这种动机即是在实践领域被尼采所推崇的动机。它渴望泰然自若和内心自由，它决不服从于任何外在的权威。我不需要停下来详述这样一个事实，那就是在它应用于真理理论的时候，正如它应用于伦理理论的时候一样，这种动机是变化的。我想，我们当中的每一个人或多或少受到了它的影响。

有时候，这种动机主要表现为怀疑主义的动机。它摧毁性地批判传统的真理，使我们怀疑一切。但是，有时候，它又表现出一种完全的理性主义形式，思想的主体首先要反对所有外在的权威，创造他自己的法律，而且强调所有其他人都应当服从这些法律。在其他情形下，它又采取了纯粹主观唯心主义的形式，对自己充满信心而且宣称没有权威。或者是其他不同的结果，它有意识地把伦理兴趣和理论兴趣结合起来，把自己称之为"个人唯心主义"（Personal Idealism），其主要目标不仅是从理论上和实践上把个人从精神束缚中解脱出来，而且要为个体生命赢得内在的和谐。一般而言，它的最高表现形式就像在它的一些不太成功的表现形式里一样，当它考虑我们应当追求的真理类型的时候，就像欧肯（Eucken）教授如此有力地强调的那样，这种动机会致力于《生命直观》（Lebensanschauuny）的重要性，并且与一种纯粹世界观的僵化和臆想的结果进行抗争。

但是，在某些场合，这同一种动机又表现出不同的非理性主义倾向。在这最后一种表现形态中，它向我们显示出理智只不过是我们本质的一种非常狭隘的功能而已，我们决不能允许它超出甚至控制我们复杂的和本质上模糊的（如果是迷人的话）生命的其他部分。也许在生命的最高层次，就像它在这一点所揭示的一样："感觉就是一切。"如果不是这样，那么在任何时候，我们都有另外一个可供选择的公式："太初有为。"或者，真理问题的解决口号就是唯意志论。真理是通过意志和创造性的活动来赢取的。行动者或者行动者的行为，不仅仅是发现真理，而且它本身就是真理。真理不是模仿，而是创造。这是生命的真理。生命就是行动。

因此，借助于这些著名的引述，我试图表明第二种动机的本质——我相信，你们所有人都承认它表现在我们最近的真理理论之中。除了变化多端的特点及其表现形式的相互冲突（你们立即就会看到这一点）之外，我想，你们会察觉到它深层的统一性，以及它作为一种影响在我们时代的重要性。目前，它作为一种酵素和新事业的无尽资源在发挥作用，它唤醒我们去抵制绝大多数不同的学说权威——科学的、教权的、学院的、流行的。它启发了无数的现代主义形式，既有在基督教各种教义之内的，也有在其界线之外的。作为一种有效的动机，我们既可以在理智生活和道德生活的最低层次、也可以在最高层次发现它。在某种意义上，正如我说过的，我们所有人都分享它。它是现代世界最典型和最难确定的动机。无政府主义常常诉诸它，而且最神圣的效忠形式、致力于人类幸福的最严肃的努力，以及我们最严厉最崇高的精神领袖都愿意利用它，在某种意义上同意把它视作是神圣的。

419

我们的时代分享着这一动机，就像在法国大革命时期、传统的唯心主义运动时期、浪漫派时期一样。我认为，更为不幸的是这样一个事实，即许多对他们近来真理本质论的创见引以为荣的人，对这一动机的早期历史知之甚少，对过去的经验教训知之甚少，因此错误地去同时欣赏这一动机的精神尊严和可怜的悖论，把整个真理问题等同于个体的权利和自由的问题。

III.

现在我转向我必须列举的第三个动机。就它最普遍的表现形式而言，它是一个非常古老的我们都熟悉的动机。事实上，它与前两个动机大不相同。从表面上看，它似乎表现出较少的伦理兴趣。但是在本质上，它和前两个动机一样深刻，并且事实上是一个深刻的伦理动机，也是一种货真价实的理智动机。在某种意义上或者在一定程度上，我们可以说，它遍及整个现代科学运动。只要任意两三个人聚集在一起严肃地交换科学见解，它就会存在；并且在大多数场合，在科学集会上，在任何人诉诸真理之爱或者听众的科学良心的时候，它都会或多或少地被意识到。

在我们的动机清单上，我把这第三个动机称之为古老的动机。它确实如此。但是，它却在现代表现出非常新颖的形式，并最后导致了科学和哲学的冒险事业；在近代以前，从未有人想过这是可能的。

420

在这一点上，试图用抽象的术语来定义这种动机是不明智的。我必须首先对它进行举例说明。当我说正是这种动机导致精确科学的存在的时候,当我评论说我们的科学常识把这种动机视作对证据的冷静权衡并经常直接称之为对客观性的热爱的时候,我已经在你们的大脑里激起了许多关于这一动机本质的疑问,这些疑问超出了我现在能够回答的范围。然而,如果有人认为,比如从最近实用主义的某些形式的角度,认为我所谈到的一定是今天纯粹"理智主义"的信誉扫地的动机的话,我会立即予以否定。我提到的动机完全是实践的。人们为它而活着和死亡,发现它的价值难以估量。在人类生活中,我还从未听说有比它更纯粹甜美的动机。同时,它确实偶然地成为部分表现于纯粹数学之中的动机。不管是尼采主义者,还是工具主义者,都不能正确地定义它。

我刚才想要指出的是,这种动机以一种非常新颖的形式进入了某些现代真理理论的阐述之中。当我提到它最新颖的表达形式时,我所指的历史过程就是对数学基础的现代批判研究的发展过程。

对于普通的哲学学生而言,19世纪初开始的元几何学研究的存在至今已经是相当熟悉了。但是,非欧几里得几何学仅是对数学真理的基础进行探究的一个微小的片断,这一探究在整个19世纪发展迅猛。这个世纪在这个方向上最重要的成就包括对连续性和非理数的重新定义、极限值的现代精密理论和新兴的集合论的理论。对我而言,最重要的则是在逻辑学领域的某些发现,对此后面将会提到。我在这里提到这些例子是想表明,正如我所认为的,某个动机的高度技术性的应用,可能会使它看上去无可救药地是理智主义的;但它与真理理论关系如此接近,只是因为它与真正的伦理动机的关系同样非常密切。

这种动机出现在19世纪初,此后则表现为一种与应当被视作精确科学的严格证据相关联的严谨形式。希腊几何学家很久以前就发明了严格证明方法的观念,并且在某些事例中几乎把他们的方法变得很完美;但是,他们所使用的方法对现代数学许多问题的证明是不适用的。其结果就是在17和18世纪,数学科学很快占据了真理的新领域,但是在这样做的同时牺牲了大量旧的和典型的严格性。然而,把它视之为工具主义者所说的真理的话,18世纪的数学方法事实上在调整自然科学适应经验需要的方面是成功的,这是希腊几何学家所使用的方法无法比拟的。如果工具主义表达着人类对于真理的全部兴趣,那么,此后的发展就是不可能的。无论如何,现代科学的良知逐渐地有些不满足于它所拥有的新的数学工具,其被看作不完美的胜利。它采用无数的方法来质疑数学的方法和前提。它知道,它所要整个拒绝的证明方法,一段时间曾经满足了早期现代数学那种最具建设性的倾向。其结果,就是发展出了意义深远的精确科学研究和教学的新方法。这些方法以许多方式把希腊严格证明的观念发展到了更完美的程度。同时,这些方法表明,它们不只是学究式的理智主义的表达形式,它们还意味着清晰、冷静和把科学良知提升到更高的层次。同时,它们在 征服新领域和发现惊人联系的方面,也被证明是有效的。我们现在发现,这些联系把各种精确的真理联结到了一起,而这些真理乍看起来似乎毫不搭界。

与精确科学的新方法的发展紧密相连,而且正如我所说的,与这种新的科学良知同样紧密相连的是一种逐渐形成的、经过改革的逻辑学——这种逻辑学即使在最优秀的现代教材里,也没有得到充分的阐述;而且其统一性对任何研究者而言,都是难以掌握的——但这种逻辑学正在飞速发展,它充满美感。我相信,它不久将会深刻地影响我们的真理哲学。这种新逻辑学给我们提供了详细研究的无尽领域。作为一套探究方法,它达到了任何工具主义者所期望的进步。我想,对它的最佳命名是已经被几个不同的思想家使用过的名称,他们都对它的发展作出了贡献。我们美国的逻辑学家查尔斯·皮尔士先生几年前把它称作是相关性逻辑(Logic of Relatives),罗素先生称它为关系的逻辑(Logic of Relations)或关系的演算(Calculus of Relations),肯普(Kempe)先生建议把它命名为数学形式理论(Theory of Mathematical Form)。也可能有人把它称为一种崭新的和普遍的范畴理论。正如我刚才所说的,隔着一段距离来看,它似乎是高度技术性的具体研究的集合,只能吸引少部分人。但是,只要我们走近接触到它的任何严肃研究的时候,就会发现,它的主要动机能够吸引任何真正掌握了它的诚实的和反思的研究者;与此同时,这种迫使我们注意到的真理观念,是前两种动机的任何一种都不能予以充分表达的。

就这种新逻辑学至今所形成的哲学真理理论而言,它似乎部分地趋向于今天的实用主义者谴责为理智主义的东西。事实上,伯特兰·罗素先生这位新逻辑在英国的卓越的和多产的领导者,以及他的哲学友人乔治·摩尔先生,似乎把他们自己的研究视作建立在某种新实在论基础上的东西,这种理论把真理视作完全独立于构造性活动的一个王国。我们通过这种活动去发现或追求真理。但是,查尔斯·皮尔士先生——新逻辑的最有创造力的创始者之一,也被实用主义者视作他们方法的奠基 人——表明,新逻辑学与真理理论之间的关系仍然有待于澄清。事实上,我相信,新逻辑的结果将是唯意志论和绝对主义的新的综合。

我刚才强调的是,现代对精确科学概念的修改以及新逻辑的创造,无论如何都要归功于一个既是理论的也是伦理的动机。正是这个动机,规定了证明的严格性标准,这个直到目前还不为人所知。在这种意义上,它其实是深化和促进了科学的良知。

它似乎也拒绝对便利思考的热衷，而这是目前实用主义者和工具主义者所喜欢的一个口号。从这方面来看，新逻辑显然趋向于强调某种形式的绝对主义，拒绝思想的相对主义。它使得对真理的热爱成为一种更严格的需要，这是工具主义或个人主义都不具备的。然而，我坚持认为，在这整个运动背后的动机绝不是毫无结果的理智主义。这一动机所导致的是崭新的构造——包括与传统断绝关系的新几何学（比如）——这些构造甚至吸引了很少经受过严格训练的实用主义思想家，而且唤起了他们急切而缺乏领悟的同感。他们说过："这种新欧几里得几何学，这些崭新的假设，这些'人类心灵的自由创作'（比如戴德金①就这么来称呼算术的，他本人就是新逻辑运动富于创造力的伟人之一）——可以肯定，它们都是支持我们的真理理论的证据。于是正像我们应当预测到的，新奇的事物已经潜进了原先被认为是绝对不变的领域。因此（正如詹姆斯教授所说的），人类的思想'沸腾了'，古老的真理出现了改变、发展或者衰落。"然而，当现代实用主义者和关系主义者如是说的时候，他们并没有理解到

424　这样一个事实，即在新运动开始之前，在数学家们自己的心目中，逻辑和数学领域的新发现仅仅说明了比以前更严格的真理观念。非欧几里得几何学并不是这样一个发现，即我们在思考几何真理的时候比以前更加自由，这么说也许令人感到奇怪。它只是希尔伯特（Hilbert）称之为我们的空间概念的"逻辑分析"的一个部分。当我们把这种分析作为一个整体来看的时候，就会发现，它包括比欧几里得所可能具有的对不变的必然性更深刻的洞察，这种必然性把我们的经验空间所例示的逻辑关系结合到一起。没有什么能够比这些必然性更加固定。至于算术，戴德金称之为"自由创作"的东西——他自己关于逻辑理论的杰作就是对这种基本关系的显著和彻底的客观真理性的发现和严格证明，我们所有人就是根据这种关系进行思考的。他所作的证明——所有序数性质的无限量从我们最简单的两个逻辑概念的综合出发，如果单独看这两个概念中的任何一个，似乎都与次序或数的概念没有关系——是对综合的范畴理论的直接贡献。而且对逻辑研究者来说，它是对客观真理王国令人极度吃惊的发现，这一领域没有人能够自由创造和随意抛弃。如果这就是相对主义，那么，它是一个永恒关系体系的相对主义。如果这就是自由，那么，它是自我决定思考和活动的绝对必需形式的神圣自由。

　　现在——让我们总结一下——现代探究中的这第三个动机已经引导我们发现了关于基本关系的新奇的真理，我们的所有思考和活动都建立在这种关系之上。这些

---

① 戴德金（Dedekind, 1831—1916），亦译狄德金，德国数学家，提出了有理数分割理论。——译者

新发现的真理有着绝对性,它完全使流行的相对主义的空洞浅薄化为泡影。事实上,这些真理与我们思考过程的生物学工具价值有相同的联系,就像"数论"(高斯称之为"神圣的科学")对于书店店主的账本有着工具价值一样。

然而,正如我必须坚持的,把我们引到这种绝对主义的动机并不是纯粹的理智主义。我们所谈到的真理与关于我们活动的真理一样,是最纯粹的唯意志论所能够期待的。简而言之,我相信,存在着一种绝对的唯意志论,它是关于如果活动要进行、必须怎样进行的理论。而且正如我所相信的,将来能够为我们解决真理本质问题的理论就是这样一种理论。

我已经详细地阐述了第三个动机,现在需要给它命名吗? 我应当说,它在根本上是存在于康德批判哲学基础上的同一种动机,但正是这种动机被现代精神的影响改变了。正是这种动机,引导我们寻找关于我们信念和行动的原理的清晰和准确的自我意识。这种动机引导我们只有在真正发现认识和行动原理的时候才感到满意——这些原理不是完全暂时的便利,也不是完全的变化无常。另一方面,这种动机命令我们拒绝把这些原理当作十足的权威,它要求我们有伴随着洞察的自由,有伴随着确信的精确,有自我批判和对终极事物的寻求。

IV.

我已经为你们勾画了这三种动机,现在有必要对它们的意义作出评价。但是,这种评价至此为止都还只是片断的。让我接下来向你们揭示这样一种意义,我相信,这三种动机都以一种非常重要的方式照亮了真正的真理理论。

现在从第一种动机开始谈起,亦即表现在近来的工具主义里的动机。工具主义把真理视作仅仅是从属于某种观念的价值,只要这些观念是我们有机体的生物功能和心理功能,借助它们,就能作出选择并获得成功。

这种真理理论的支持者广泛和多方面地引用归纳证据,以证明他们的理论。他们引用的有内省的证据和关于理解力的现代心理学理论。意见、信仰和观念——事实上,只是我们的有机体适应环境的动力过程的伴随物,除此之外,它们还是什么呢? 为了发现观念上的一个真理,对我们任何人而言,除了观察我们适应环境的成功以外,还有什么呢? 知识就是力量,人们很久以前就知道这一点。经验主义也教导我们,我们对付的仅仅是经验的客体。新工具主义在旧的经验主义之上又加上这样一句评论:只要学会了怎样控制我们经验的客体,我们就会拥有真理。在工具主义的真理理论更直接的证据之上,又加上了来自整个现代科学研究的证据。在何种意义上,我们能够说科学的假设和理论是真的呢？工具主义者认为，只有在这种意义上，我们能够通过这些假设不断对我们的经验过程获得新的检验。如果我们从科学的真理转向道德的真理，同样可以发现一个类似的结果。任何社会秩序的道德观念，都是按照这种社会秩序所追求的实践计划和实践要求来控制其成员的活动，旨在获得普遍的繁荣和安宁。道德观念的真理仅仅在于它们的经验价值，在于它们调整个人的活动以适应社会的需要，在于由此而赢得所有人所关心的普遍成功。

以上都是能够被收集起来的证据线索，它们证明了这样的真理观，即真理实际上是被它们的经验过程以及它们在帮助人们控制经验环境时候的有用性来加以检验的，而且需要有这样的检验。如果情况确实如此，那么，真理就总是与人及其经验和环境相关。真理成长、变化并且拒绝被绝对标准检验。它发生在观念身上，如果观念是有效的；它从属于观念，只要有人把这种观念视作通往某个目标的工具。总而言之，这是一种相对的和进化的真理论。对这种观念而言，逻辑学是心理学的一部分——是对实际有用的观念和意见的某些共同特点的一系列评价。伦理学则是进化社会学的一个分支。一般而言，如果你想检验观念和意见的真理性，就必须向前去看它们的工作效果，而不是向后去看它们原理的可能来源，也不能抬头寻找任何指导它们的绝对标准，尤其不要去寻找任何假定与真理对应的固定事实。真理不是对呆板事实的简单重复，而是作为一种性质从属于成功的行动；我们就是通过这种行动，为我们自己创造出我们想要的经验实在。

这就是我的朋友们、詹姆斯教授和杜威教授，以及他们的许多追随者，在最近的讨论中所提出来的证据，以支持这种工具的、实用的、进化的真理论。马赫(Mach)通过对现代科学研究的描述和分析，用其他形式也证明了这种思想。

我们现在必须用一句话来评论这种理论。它事实上包含着关于我们人类现实生活真理的描述，也包含着关于我们寻求、检验和追求真理的意义所在，只要追求真理是我们现实的有机体活动的一个组成部分。这种理论的意义在于，它是对人类生活中大量现象的真实陈述，而不是说它的意义可以用"真理"来界定。

比如，在陈述科学史的事实的时候，我说："牛顿的万有引力理论被证明是真实的，其真理性在于：对这个理论的定义和最初的检验存在于生物体牛顿的一系列有机体作用和心理作用里面。他的理论对他而言是真的，只要经过艰苦的工作和长时间的等待之后，它们帮助他检验预测了他对自然事实的某些经验。同样的理论对我们而言也是真实的，因为它们成功地指导并且仍然在指导今天人们的某些观察和经验。"这种表述，把牛顿理论的真理还原成了工具主义所要求的真理类型。但是，在何种意义上,我对这个事实的表述就是对人类生活事实的真实描述呢? 牛顿已经死了。作为必死的人,他再也不能存在了。他的观念,作为一种心理活动也随他一同死了。当死亡合上他的眼睛的时候,他所有尘世的经验都停止了。那么,牛顿曾经存在过的历史真实存在于哪里呢? 或者据说被他的理论指导过的曾经生活过、经验过或成功过的不计其数的人的历史真实又存在于哪里呢? 如果我提到今天的人,以下陈述在何种意义上又是真的:他们现在仍然还活着,有着经验,或者使用过牛顿的理论,或者成功地把它作为工具使用过? 毫无疑问,我所有这些具有历史和社会重要性的陈述本质上都是真实的。但是,它们的真理就在于当我作出这种声明的时候,成功地使用了这种理想的工具吗? 当我声明我自己的断言都是真实的时候,我显然不仅仅是说我能够根据自己的经验来解释这些断言在指导我的行为时所取得的成功。

428

简而言之,曾经发生过的历史事件是真实的;存在着过去的时间,也存在着将来的时间,这也是真实的;任何人总是不断地获得成功,这也是真实的;还可以包括我自己在使用这些现成的工具时,对我过去的经验进行外在的检验而碰巧取得成功这一事实;人类的经验有一个延伸扩展的过程,它可以固定不变,也可以让人获得持续的成功,这也是真实的——好,所有这些都是真理,它们都是千真万确的;但是,它们的真理不可能存在于工具价值里,任何人都可以体验到工具价值从属于他个人的观念或行为。这种真理也不可能存在于成千上万人不同的经验里,就像每个人的成功都要凭借他独特的工具一样。没有一个人能够经验到任何其他人的成功,除了他自己的成功;或者经验到任何工具的成功,除了他自己工具的成功;而牛顿理论的真理存在于这样一个完美的客观事实中,那就是每一代人都真正成功地运用这一理论指导了他们的经验。但是,这个事实不是作为个体的人在人类的环境下曾经历过或将要去经历的。

当一个工具主义者将他对经验真理的解释告诉我们,即人是通过使用自己的观念作为工具来指导和检验他们自己的经验的,那么,他对人类有机体的和心理的作用的描述也许是真实的——确实是真的——在有限的程度上是真的。但是,如果它完全是真实的话,它也仅仅是作为对许多人经验的共同特点的描述。如果它完全是真实的话,它也仅仅是作为对某些事实总和的客观构成的描述,我们把这些事实总和称作是人类经验。在这种意义上,它是真实的,即没有人能够通过对他自己的观念的经验所获进行试验,而将它作为检验自己经验的手段。因此,如果我们认为工具主义是真的,那是因为它确实是真的,而不是因为工具主义本身能够被用作帮助这个或那个人检验他的经验的工具。如果工具主义是真的,那么,它的真理性在于它对一般历史

429

过程、进化和人类经验的事实的描述,这些事实超越了每个个体的经验、证明和成功。要根据不同个体成功的纯粹总数来证明它的真理性同样是徒劳的,除非这个总数是事实。但是,没有任何一个人能够经验这样的事实。

工具主义最终没有表达出一种想凭借自身来构建任何一种真理理论的动机。然而,正如我已经指出的,我相信,工具主义对于人类作为真理追求者的天赋职责的论述是比较深入的。只是在对于人类生活真实论述的意义上,工具主义与它自己的真理定义相背离了。因此,只要我们把这第一种动机与其他动机综合起来,它就是有用的。事实上,谈论人类精神尽力去控制经验而取得的成功是没有什么用处的,除非确实存在一种人类精神,它超出了任何人对于自己努力的短暂意识;除非存在一种统一的经验,而这种统一是客观的、真实的和永恒的。

V.

至此为止,我们的结论是人类确实用观念作为检验自己经验的手段,而真理就包含了这种检验;但是,真理不能仅仅根据我们个人通过这种检验的成功经验来加以定义。

430

在这一点上,我们发现,近来左右真理理论的第二个动机有助于我们对真理进行定义。如果工具主义需要一种补充,我们这些个体思考者到哪里去寻找这种补充呢?是不是只有在那些内在的人性基础里去寻找呢? 这种基础往往使我们每个人尽其所能地对自己的生命作出最好的解释,而这种解释往往是出于他的成功意志和他的个体需要。

当然,就像有人仍然要坚持的,我们总是在面对活生生的人类经验,面对无穷无尽的约束和限制。当我们接受或拒绝某些见解的时候,我们这样做是因为这些见解似乎向我们承诺了一种将来的经验的"活动"、一种对于经验的有效的"检验"——总而言之,是一种诉诸人的生活的成功。只要我们是通过实际的生活来证明真理的,那么,工具主义就正确地定义了真理所具有的性质。当然,我们总是相信我们所做的事情,因为我们要受制于现在的经验的限制。但是,既然我们是社会的存在,这种存在需要无数的和变化的知识,我们就一直要确定和接受许多有效的观念和见解。我们不希望用个人的方式去证明它们的真理性。我们接受这些未经证明的真理的行为(正如詹姆斯教授所说),在本质上类似于银行家接受信用的价值而不是现金的行为。一种有价值的票据或者其他的证据也可以是有效的,如果它能够在一段约定的时间内或者在规定的条件下转换成现金。同样的道理,某个观念是真的,并不仅仅当它能够帮助某人检验他的经验的时候。事实上,你或我可能永远都不会去证明某些观念,但如果在可定义的条件下,它能够帮助一些目的与我们一致的人去检验他们自己的经验的话,那么,它就是真的。如果我们不能证实一个给定的观念,仍然能够根据它的信用价值来接受它。我们完全可以把它作为现在还不能兑现的票据来接受,这是为了特定的目的,或者在一定程度上,它可以作为现金的等价物。政府发行的债券可能承诺 50 年之后兑现,而银行家可能今天就接受了这样的债券并立即支付现金,虽然他确信他个人永远活不到亲眼看到本金被偿付的时候。

431

正如詹姆斯教授可能会说到的,正是在这种意义上,我们现在对于过去时间的观念,对于他人心灵内容的观念,对于"星河灿烂"的广阔的自然世界的观念,都被当作是真实存在的。这些观念对于我们而言,就是信用价值。我们将它们当作是真实的,因为我们需要赊账交易。借用的真理在精神的领域,就像借用的金钱在商业领域一样具有价值。相信一个现在还没有得到证明的真理,仅仅相当于在说:"我基于信用接受这个观念作为现金等价物;因为我相信,只要我有机会就能获得关于它的真实经验。"

可以到这种程度,我们很容易对我们接受的所有东西作出无数的断言。它们是关于经验的断言,但不是关于我们现实的经验。它们是在风俗、习惯、欲望和个人信念的各种限制下作出的,但它们是这样一些见解,对我们而言,它们的真理性依赖我们个人的同意和默许。

然而,因为现代的真理理论不止一种,我们用此方法就会面临一个重要的问题。显然,我们说"我基于信用接受这个观念"是一回事,说"这个见解的真理性的唯一的和根本的事实在于我相信它"是另外一回事。至少从表面看来,声称"我们基于信用交易,我们用信用来交易"是一回事,而如果说"在这张债券和这张不能兑换的票据背后没有价值,除非它有信用价值"则完全是另外一回事。但是,也许现代的真理理论会拒绝把这种区别当作是最终区别来接受。也许这种理论会说:真理就是信用。事实上,我们人类的大多数见解——比如那些与过去的和他人的心灵内容相关的见解——在我们个人经验范围之内是作为信用出现的,相信这些见解的我们不可能指望把这种信用价值转换成经验的现金。握着债券的银行家虽然不能在有生之年将其兑现,但无论如何,他可以在今天就把它变换成现金,如果债券是真实的话。只要他

432

愿意这样,他就可以亲自经验性地检验债券的价值,这种真理足够担保他接受信用的行为。我相信历史学的真理、地质学的真理、物理学的真理,相信其他人的心灵内容的真理——我把无数的见解看作是对我有效的,但是就我个人的能力而言和从经验

的观点来看，它们只是一堆不能兑现的货币。"如果我是其他人，或者如果我活在几个世纪以前而不是现在，我就能把这些观念兑换成经验现金。"然而，我这么说是徒劳无益的，因为问题还会重现：在何种意义上，这些关于我的可能经验的命题是真的，当我不能检验它们的真理性的时候，或者虽然我不能亲自检验它们的真理性的时候？这些对于我的经验而言不能兑换成现金的信用，它们的真正的信用价值存在于哪里呢？

现在，我们显然站在了歧路口。我们可以这样回答上面的问题："这些断言的真理性（或者是它们的虚假性，如果它们是虚假的）属于它们自身，不管我信任与否、证明与否。它们的真理性或虚假性是它们自己的特性，独立于我的信任和证明之外。"但是，这样的回答似乎是理智主义的回答，是被我们现代许多实用主义者所谴责的理智主义。然而，我们还有另外一条道路可以选择。我们还可以回答："未经证明的断言的真理性仅仅存在于这样一个事实，对我们私人的和个人的目的而言，它们是可以被信任的。信用是相对于债权人而言的。如果他发现信用完全可以满足他的信用目的，他就要讲信用。在目前的证明之外，除了这种信用的真理就无其他的真理了。"换句话说，我发现可以作为我对环境的反应方式而接受下来的东西，对我而言就是真实的。

我认为，这是一种可以尝试的真理理论。考虑一下这种理论可以带给我们大家何等绝妙的自由。信用是与债权人相关的。千真万确的是，如果算账的那一天到来的时候，我们会在证明的那一刻受到经验的限制。在这个时候，我们或者会得到现金或者不能。但是无论如何，我们关于这个伟大和精彩世界的观念极少会受到如此关键性的检验。历史和其他人的心灵——我们关于这些事情的个人见解仍然保留有信用，因为我们当中没有任何人能够亲自对之作出检验。因为你的世界主要是由这些事情构成的，你对你世界的观念就从属于你自己的需要。主观性应该就是这样的。没有绝对的真理，只有你需要的真理。真理就是被你自己的精神权力所占有的东西。借用尼采的说法，一般理智主义的真理仅仅是一种奴隶的真理。它以为自己是绝对的，但是只有奴隶才会相信它。信奉一种新的真理理论的查拉斯图拉（Zarathustra）可能会说："因此，我教给你们主的真理。"相信你自己选择相信的东西。真理为了人而生，而不是人为了真理而生。让你的生命"沸腾"而产生新的真理，一直到你发现这种沸腾有利于你的程度。除了目前证明的限制，以及除了仅仅是一种习俗之外，如果我说"我的这个意见是真的"，那么，我仅仅是在说"对我的支配着自身需要的心灵而言，这种断言目前看来是方便的"。任何时候，我的方便性改变了，我的真理也就随之改变了。

但是,今天的人都相信这种真理理论吗？这里,我不想指责我的一些最接近和最亲密的朋友,他们可能会把这种指责视作我个人的诽谤。我可以这样说:我发现许多近来的理论家所谈的真理都是这种意义上的真理,只要他们想美化他们的精神自由,就用对绝对主义的巧妙攻击来娱乐听众,并通过坚持他们所提倡的新真理观的人性的和民主的吸引力来博取人们的同情。这种个人主义的见解,这种任性的见解,正在流行之中。我们现代一些真理的理论家们不断地用这种方式在说话。当他们对这种观点的表达遭到批判的时候,就常常修正或者也许放弃它们。作为个体,这些导师们真正坚持的是什么呢？我没有权利说。除了他们,也没有人能够说。他们当中的一些人似乎在说他们想说的任何见解。但是,我知道这一点:任何人把断定的真理等同于他作出这种断言的个人兴趣的话,也许最终会以他自己的方式一败涂地。由这种根本的任性所带来的结果,不是某种你需要通过争论尽量作出决断的东西,而是一种自我的决定。比如我告诉你:"我作出这种断言的唯一根据,就在于我喜欢这样"——可以肯定,我其实是马上摆明了这样的态度,我们都会把这种态度看作一个人不想说出实情的态度。由此,如果我发现一种真理理论建立在对这种断言的概括之上——我就要把这种说真话确定为一种我们所熟知的实践态度,这种态度与说真话的态度是矛盾的。这种对比不是理智主义和实用主义之间的对比,而是我们所熟知的两种意志姿态的对比———一种意志把真理作为一种普遍的理想来加以捍卫,另一种意志只是关注它自己的短暂、任性的想法。如果我说真理,我指的是那种热爱真理的意志所寻求的真理。如果我把真理解释为个人视为有利的见解或断言,那么,我就自相矛盾了,我就会遭到自己观点的反驳。因为通过这种个人主义的真理理论,我把自己置于这样的位置上,它与克里特岛的埃庇米尼得斯(Epimenides)所处的位置极其类似;这个说谎者悖谬的主人公,通过他自己的著名命题把自己置于这样的位置上。

VI.

然而除了这一点,现代人对于纯粹理智主义的攻击是有道理的。我们所断言的真理,只有考虑到我们个人的意志态度的意义的时候才是可以确定的;而且不管这种真理究竟是什么,它至少有助于我们朝着人类自愿选择的目标前进。问题仅仅在于,意志是否真的意味着它做的事情都具有一种最终的和永恒的意义。

只有当我们追随我提到的第三种现代动机的时候,才能理解我提出的真理理论。我已经说过,精确科学中新的逻辑和新的推理方法正在把我们带入我们与绝对真理的关系的全新理解之中。对于事情为何确乎如此,我必须尝试给出一个简短的说明。

我很久以前就坚持认为,确实存在着一种意志的逻辑,就像存在着一种理智的逻辑一样真实。就我个人的观点而言,我走得更远。我认为,所有的逻辑都是意志的逻辑。没有纯粹的理智。思考是一种活动方式,这种活动方式与其他方式的区别主要在于:它有着内在的和清楚的自我意识,它能够相对自由地检验自己的方法,它具有普遍性和客观的公平性,它有着明确的目标和动机。一个思考者意识中的一种观念,只是对某些目的表达的意识呈现——即一种活动计划。一种判断就是一种行为,它具有反思的和自我意识的特征;通过这种行为,我们能够接受或拒绝把某种观念作为每次选择的目的的充分表示。对每个人而言,我们的整个客观世界同时是用我们的观念进行定义的。对我们的观念意义的普遍断言是一种反思的行为,通过它,我们承认或接受某些行动的支配原则。就以上这些方面而言,我与近来的唯意志论是一致的,不管后者表现为工具主义的形式,还是坚持某种更具有个人主义的真理理论。但是就我而言,除了我所坚持的唯意志论之外,或者事实上正因为如此,我不能够相信任何纯粹的相对主义。"我愿意相信这种或那种见解",个人主义这样说确实是对的。但是,个人主义认为,我能够总是满足于我自己的意志,只要它是一种个人意志,这样说则是错误的。对于我们所有的人而言,我的精神意志不过是一种对于完全的和清醒的泰然自若的渴望,对于一种生命充实的渴望。这正是它的核心动机,意志要规定真理,它要永无止境地寻找这样一种真理,这是一种拥有完整性、总体性、不变性和绝对性的真理。事实上,在我们人类的经验中,我们从来没有碰到过能够完全满足我们渴望的真理。我们因此自然地把这一事实解释为我们目前知识状态的缺陷,解释为我们目前个性类型的局限性,而不是归结为真理自身的缺陷。因此,我们承认超越于我们个人生活之上的真理。我们对于客观真实世界的概念,我们对于行为的伦理理想,我们对于那些构成生命真正价值的东西的估计——我们所有的这一切解释都因

此被这一目的所决定,这就是使我们自己去符合绝对的标准。我们希望永恒。我们为永恒下定义。当我们谈到被我们称之为真实事实或现实的东西的时候,当谈到人类经验的历史内容的时候,或者谈到我们的科学所研究的物理世界的时候,我们就在定义永恒。如果我们试图逃避我们具有的主动性和自我意识的生命内在需要,我们就会出现自相矛盾。我们甚至能够定义相对主义的真理,只需要断言,无论如何,相对主义是绝对为真的。我们可以承认我们对于真理的无知,只需要承认我们对于真理的绝对性是无知的。所有这些都并不是因为我们的任性。它们来源于我们意志的某种基本性质,只要我们愿意,就可以随时对它们作出检验,而这种检验只需要通过

试着取消某个绝对真理的前提条件就可以达到。然而，无论是否经常进行这种检验，我们都会发现，对任何绝对真理的否定都会引向对它自身的否定，这样又让它所否定的东西死灰复燃。

前面提到过，我们对过去和他人的心灵所作出的断定，已经揭示出了我们是如何顽固地坚持某些真理的，这些真理对我们每个人而言都超越了经验证实的范围，但是我们却依然把它们视作绝对真理。如果我说"从来就不存在过去"，那么，我就自相矛盾了，因为在我否定过去的时候已经假设了过去。事实上，我们对于自身经验的解释完全是由我们自己的某些活动方式决定的，在某种意义上类似于康德所作出的定义。我们活动的意义是超越的，但同时它们的应用则是经验的。我们的这些活动方式，使我们所有的经验科学在逻辑上是可能的。如果我们发现康德定义这些活动方式的方法并不充分，不必为之感到吃惊。在这方面，有一种新逻辑正在给予我们新的解释。我们活动的这些必要方式的真正性质变得非常易于观察，只要我们正确地分析数学科学的方法和概念，而不是我们自己的经验的方法和概念，因为我们的意志在数学科 *437* 学内发现了它那最自由的表达。正因为如此，在数学科学里面，意志所定义的真理的绝对性也表现得最为明显。我提到的新逻辑，就是对数学逻辑的研究。

VII.

纯粹数学科学的存在，证明了绝对为真的命题的存在。事实上，正如罗素所坚持的，纯粹数学命题（至少一般来说）都是假设命题。但是，纯粹数学命题的这种假设性并没有使真理失去它绝对为真的特性，尽管这种真理是从一个前提推导出来的一个有趣的数学结论。断言"a 必然包含 b"，而 a 和 b 都是命题，也许这是一个绝对为真的断言；事实上，纯粹数学的假设性断言具有这种绝对为真的特点。对我而言，最近的研究似乎为这种纯粹数学真理的绝对性的本质和根据提供了一种新颖的理解方式。出现在这一领域的这种理解的亮光，注定会反射到所有真理的领域和类型上。这样，那些不同于数学真理的其他类型的真理，如经验的、偶然发生的、历史的、心理的和伦理的真理，都会因为纯粹数学逻辑的最新研究成果而得到更好的理解。我只能以最普遍的方式来表明我的一些思考。

在每一种数学理论的基础上面——比如在纯粹几何学和纯粹数论的基础上面——我们发现有一套基本概念，这是一些理论上受到质疑的所谓的"难以描述清楚的事物"；发现有一套基本"命题"，即这种理论的所谓的"公理"。纯粹数学逻辑的现代研究，已经对以下问题提出了新的理解方式：数学理论的这些基本概念和基本命题的理性源泉和逻辑基础是什么？在此，我没有时间涉及最近对这个问题展开讨论的复杂情况，但还是非常想说出这一点：存在着某些概念和命题，它们具有构成现代意义上可以称之为纯粹逻辑的特点。这些概念和命题中的一些，很早以前就被亚里士多德提到过。但是，亚里士多德的逻辑事实上只考虑了纯粹逻辑概念的一个部分，而且只能给予这些概念一些非常不充分的分析。后来，康德所尝试给出的对逻辑的预设分析，也存在着类似的不充分性。事实上，目前范畴论正在经历一个非常重要的重建过程。这一过程之所以可能，正因为我们目前发现了分析我们所提到的概念和命题的全新方法。我这里所指的方法，就是由现代符号逻辑所提供的方法。

一旦被确定下来，纯粹逻辑的概念就成了纯粹数学的各种解释及其理论的不可穷尽的资源。可以作为数学理论基础的概念和命题，是一套具有真正的无可质疑的意义的概念和命题，只要这些概念和命题能够与纯粹逻辑的概念和命题形成一种明确的关系。这种关系也许可以表达为：如果一般逻辑理论的条件包含了数学的定义和解释的有效性，这样——而且只能是这样——相应的数学理论立刻就具有了绝对的有效性和重要性。简而言之，纯粹数学是由整个建立在纯粹逻辑的概念和命题基础之上的解释和理论所构成的。

因此，数学真理的绝对性问题被还原成了纯粹逻辑真理的绝对性问题。

然而，这种纯粹逻辑真理存在于何处？我会用我自己的方式作出回答。纯粹逻辑是关于思考形式的理论。那么，什么是思考呢？我再说一次，思考仅仅是我们的意志活动，具体而言，即只要我们清楚地意识到我们在做什么以及为什么要做。我们发现，我们活动的某些方面在努力否定自身的同时也在肯定自身。这样，我们就会看到，思考具有一种绝对的形式。有人说："对我而言，我不认为说'是'和'不是'之间有什么区别。"——在说"不是"的时候，已经把否定与肯定区别开来了，即使他有否定这一区别的举动。因此，肯定和否定就是我们的意志活动和思考活动的自持形式。正是这种活动的自持形式，决定了绝对真理。比如在一个给定命题的肯定和否定之间存在着确定的区别，在一个给定行为的做与不做之间也存在着确定的区别，这些就是绝对真理。这类绝对真理看上去过于单调。现代逻辑理论第一次清楚地向我们揭示了这些看似单调的断言有着怎样无穷的宝藏。

纯粹逻辑真理的绝对性就表现在这样一个事实之中，你可以用这种反思的方式检验这些逻辑真理。它们是真理，以至于否定它们仅仅是以新的形式重新肯定它们。我完全同意，只能在此类情形下，我们才能知道什么是绝对真理，它们是可以用这种方式来检验的。我只是认为，最近以来的逻辑研究已经让我们对这类真理所带来的丰硕成果有了一种全新的认识。

VIII.

用这种方法检验真理绝对性的古老例子,早已被欧几里得提出过。他给以下原理提供了一个著名的证明:在整数序列里不存在一个最大的素数。欧几里得用以证明的方法,我认为就是我们借以理解绝对真理的个例的一种手段。他通过反证法证明了该定理的正确性,即假定存在一个最大的素数,那么就可以构造出一个素数;它在整数序列中位居假设的最大素数之后,只要这个序列本身存在,该素数就必然存在。这就是绝对真理的一个经典例证。

当然,欧几里得的素数定理是一个假设的命题,它依赖于某些关于整数的概念和命题。同样的绝对真理——整数自身形成了一个无限序列,它没有最后的项——在最近已经受到了来自戴德金、弗雷格(Frege)和罗素的重新检验。这些不同学者所使用的多种方法,仍然包括了欧几里得已经应用到素数上的一种思路。存在着某些真理,如果你不否定纯粹逻辑的第一原理的真理,那么,你就不可能否定这些真理。但是,否定这些较后的原理,就是以某种别的或相同的形式重新肯定它们。这就是最近对整数概念进行重新考察的共同的基础原理。戴德金表明稠密的有理数序列的存在,意味着这个序列的戴德金分割的存在。他由此发现了另外一个绝对的当然也是假设的真理,即所谓的实数理论的真理。所有这些发现,事实上都完全在这种意义上透露了绝对真理的意义,即在所有关于数的概念和命题的基础中都存在属于纯粹逻辑的概念和命题。同时,如果你否定纯粹逻辑的这些命题,那么,正是通过这种否定,你暗示了对你所否定的东西的重新肯定。去发现这个事实,去察看对某个既定命题的否定意味着对它的重新肯定,并不是某种你能够完成的使命,正如康德所说的,如果你确实要做,那也只能通过纯粹"分析"的过程。相反,欧几里得对素数的证明,现代对于数学基本原理的精确证明,一般而言,都包括一个非常困难的综合过程——这绝不是一开始就能轻易领会的解释。同样高度综合的解释,穿越了整个现代逻辑学。

现在问题又重新提出来了:当一个人认识到这种绝对真理的时候,他发现了什么? 我不相信罗素所相信的,即在这种情形下,他会发现真理只是完全地独立于我们的解释过程之外。相反,一个人发现的东西其实就是我坚持称之为唯意志论的真理——它是一种创造性意志的真理,这种意志一心想着真理。也就是说,任何人都会发现,我们的解释过程可以被看作一些活动,它们具有一种绝对的性质;而且遵守着他们的自主原则,这种原则因为具有理性的特征,所以也是一种绝对的原则。在这种情形下，人们发现行动是绝对需要一个预先的假定的；这样，人的行动不再受制于日常经验的种种限制。我们可以自由地解释我们想解释的任何东西，就像纯粹数学研究者的自由解释一样。在这类情形下，我们对那些确实在某方面看来是"人类精神的自由创作"的东西研究得越多，就越能够发现它们的规律是绝对的。而这些规律也是意志的基本和内在的规律，因为我们发现，在自由解释的理想世界里，我们必须解释的东西正是我们一直寻求定义的东西，即使我们否定解释有着它的地位。简而言之，所有这些研究都表明这样一个事实：虽然我们承认的真理与承认它是真理的意志相关，然而我们可以称之为意志的纯粹形式的东西是一种绝对形式，这种形式即使在努力冒犯它自己的规律时也在支持它自身。我们由此发现了绝对真理，但它是关于创造性意志的本质的绝对真理，我们借助于创造性意志来理解所有的真理。

现在非常清楚，只要我们面对的是个人的现象，这种绝对真理就不是我们在经验世界里能够达到的。同样清楚的是，我们所有的人都会根据那些表达了我们的创造性活动形式的范畴来理解经验世界的统一性——即事实的内涵、意义和联系。因此，虽然每一个经验真理都是相对的，但是按照我们的定义，所有的相对真理都要受制于绝对的东西。康德很久以前所坚持的这一点，在新近逻辑学的映照之下获得了新的意义——我认为，这个意义比康德理解的更加深刻。

442   无论如何，新逻辑和新数学使我们认识了绝对真理，并使我们对于这种真理的认识达到了以往人类思想从未有过的清晰。然而在我看来，新逻辑所达到的清晰并没有给现代工具主义者所谴责的理智主义提供什么证明。就我们现在所知道的而言，事实上，所有的真理都与我们的意志表达相关，而意志出于自身的考虑必然要对活动的形式进行规定；这些形式在客观上应该是有效的和绝对的，这是因为，抑制这些形式的努力构成了再次的行动，而且是与它们相一致的行动。这些形式既是我们的思想范畴，也是我们的行动范畴。不管我们是考虑伦理学的合理行为的性质，还是考虑逻辑学的概念解释的形式，或者是考虑通过解释来规定数学的理想类型对象，都承认它们在与这些形式一致的前提下同等具有尽可能的自由。当我们转向经验世界的时候，必然要根据我们的范畴来理解经验的对象，因此把统一性和超越个体的特点赋予了经验对象。我们对于对象的认识总是与人类的需要和活动联系起来，但是所有这些相对的知识——无论是不是临时性的——都是根据绝对原则规定的。这就是为什么科学精神和科学良知事实上都是动机的表达，而你永远不能把动机还原成纯粹的工具主义，也永远不能按照任何类型的个人主义来表达。这就是为什么几个人聚集在一起严肃地讨论道德的或科学的问题的时候，他们都相信应该有一种超出任何人的昙花一现的真理。

总之，绝对真理是这样一种真理，对它的否定是对同一个真理的重新肯定。对人类而言，只有在那预先决定我们所有具体活动形式的认识领域，我们才可以达到这类真理。我们能够获得的这些认识，是与纯粹逻辑范畴和纯粹数学解释相关的知识。另一方面，在处理具体经验对象的时候，我们就是工具主义者所理解的探求者，寻求对于这种经验的有效检验。正如唯意志论者正确地予以强调的那样，在我们所有的经验解释里，不管是科学的还是实践的，都表达了我们自己的个人意志并寻求能够获得的成功。但是还存在这样一个事实，即在所有这些解释里，正如逻辑学和纯粹数学教导我们的，我们都表达了一种意志，它具有一种普遍的绝对本质——它对于我们所有的人都是一样的。正是为了获得对这种绝对本质的充分表达，我们才会不断地在经验世界里争取获得成功。这是一种我们永远无法获得的成功，是一种我们永远不能用任何相对的术语予以充分定义的成功。这种结果表现在对于伦理领域绝对标准的追求之中，表现在我们追求对宇宙的绝对解释的形而上学的渴望之中——这种渴望就像是超越个体的意志一样难以抑制，这种意志通过我们所有个体的行动表达了自身；它本身是世界范围的、积极主动的，而且在本质上是绝对的。

在承认所有的真理都与意志相关的时候，现代真理理论中的三种动机就是一致的了。我认为，它们不需要保持彼此敌对的状态。让我们观察一下它们的深层和谐，并把它们综合起来。这样一来，我称之为纯粹工具主义的那些琐碎性就会自己呈现出来——它是对意志的片断暗示和偶然表达。然而，这种意志的生命是普遍性的，其形式是绝对的，其规律同时是逻辑学的、伦理学的、经验统一体的和任何有生命意义的事物。

丁尼生（Tennyson）的组诗《悼念》（*In Memoriam*）有一段非常著名，他这样唱吟道：

> 哦，即便一切事物都将经受打击，
> 生命的意志也会存续下去；
> 它从精神的岩石里迸发出来，
> 浸透在我们的言行当中，使它变得更加纯粹。

诗人的吟唱是一种道德的和宗教的情感渴望的表达；但是，如果他要选择祈祷的形式，一定会说：让我们的行为符合逻辑，赋予我们的思想以意义和统一；让我们的工具主义达到永恒目标的严肃统一；让我们的实用主义不仅仅是一些拍打海滩的飞逝的浪花。无论如何，诗人的吟唱是一种绝对实用主义的表达，是唯意志论的表达。他承认所有的真理本质上都是意志的永恒创造。诗人所说的是一种理想化的形式，对我而言，它似乎揭示了现代真理理论背后的三种动机的共同出路。

2.

实在论与自我中心的困境①

伊万德·布拉德利·麦吉尔夫雷(Evander Bradley McGilvary)

佩里先生的《自我中心困境》(The Ego‐Centric Predicament)②文章常常以这样一种方式被提到,许多人认为,它指出了实在论者和唯心论者必然同处的困境。③ 引用杜威先生的话说:"我认为当佩里教授发明了'自我中心困境'这个说法的时候,他就对哲学的争论作出了真正的贡献。这个说法指出了在当前争论中实际存在的某种东西,不管这种东西是不是切实可行的,它都使这种争论更易于接受检验。它把一个认识者始终面对的所谓的错综复杂性,称之为困境。我认为,它想要暗示的除了别的以外,还有这样一个事实,即我们面临着一个所有思想学派都必须认真面对的困难;因此,它也是一个不能被一个学派当作论据用来反对另外一个学派的困难。如果这种关系是普遍存在的,那么,它同样影响着每一种观点、每一种理论、每一种经验对象;它对任何人和任何学说都一律看待。既然对任何特殊的对象、断言和理论而言,它都是一样的,它就不会支持唯心论,正如它不会反对实在论一样。作为所有理论一个普遍的公分母,它抵消了所有的这一切。它留下了一个争议的论题,这个论题必须取决于该论题的基本原则,而不是一种必然会随之产生的意见。为了讨论这个论题,

---

① 首次发表于《哲学评论》,第 21 卷(1912 年),第 351—356 页。杜威的回应,参见本卷第 79—84 页。

② 《哲学杂志》,第 7 卷,第 5 页及以后,除非别处另外提及。该文所引用的佩里先生的观点皆出自这篇文章。

③ 布什先生的《"自我中心的困境"的问题》(The Problem of the Ego‐Centric Predicament),《哲学杂志》,第 8 卷,第 438—439 页;杜威先生的《实在论研究概要》(Brief Studies in Realism),第二部分,《哲学杂志》,第 8 卷,第 546 页及其后(《杜威中期著作》,第 6 卷,第 111—122 页)。以上是两篇重要的论文,在这两篇论文里,该问题的意义得到了加强。本文后面所引用的杜威先生的观点,都出自刚才提到的这篇文章。

我们就必须了解这个论题。总之,其寓意是十分简明扼要的,那就是'忘掉它'、'删掉它'。"(第547—548页)

杜威先生对于佩里先生论文的解释已经非常充分了,但我还是要提出一种解释来作为补充;不过,这一点非常重要,我愿意把它摆在杜威先生论文的读者面前。①我不明白佩里先生在把认识者始终面对的所谓的错综复杂性称之为困境的时候,是不是在暗示我们面临着一个所有思想学派都必须认真对待的困难。或者相反,他似乎在暗示我们有一个只是针对唯心论的困难,因为唯心论只是"这样一种建立在自我中心困境之上的理论"(第5页)。总之,这篇论文的观点不是说困境是必然的,而是说如果奉行某些方法,它就是无法避免的。佩里先生说道:"我的论点是,它(即自我中心)什么也没有证明;或者说它仅仅证明了*使用某种方法*去解决问题(去发现一个正在被认知的事物的变化性质)的不可能性。换句话说,它不是一种论证,而是一种*方法论的困境*。"(第8页,斜体部分由我所加)这种困境的出现,源自唯心主义使用的一种证明唯心主义真理的方法。佩里先生的寓意十分明确,那就是"忘掉那种方法"、"删除那种方法"。

如果我的解释是对的话,那么,佩里先生的观点对于哲学问题的影响就应当非常清楚。如果杜威先生的解释是对的话,那么,它就具有另外完全不一样的影响。根据杜威先生的解释,"自我中心困境"是一种认识论的实在论者也不能避免的困境,他能够做到的就是忽略它。根据我的解释,这种困境是任何人都能够避免的,只要他拒绝使用必然导致这种结果的方法。根据其中一种解释,自我中心困境使实在论者的观点类似杜威先生鲜明举证里面的"老饕"(foodist)的观点(第549—550页)。根据另外一种解释,它使这篇论文作者的观点与杜威先生的观点完全一样。杜威先生曾说,"这种讨论是不会有结果的"(第550页),就像在"老饕"与"老饕"(eaterist)之间的讨论没有结果一样。根据其中一种解释,实在论者和唯心论者都从一个双方都能接受的共同前提出发(第549页)。根据另外一种解释,实在论者所使用的是一种带有偏见的论证;实在论者不仅不接受唯心论者的前提,而且给予了否定。

佩里先生的论文只有这样一个事实,似乎对于我的解释不利;但是这样一个事实

---

① 这个解释提出来的本意并不是作为佩里先生观点的说明,而是作为对他的说法可能具有的意义的一个陈述。如果佩里先生并不希望它们在这种意义上得到理解,我目前讨论的目的就没有失败;因为问题在于当实在论者承认在所有经验中意识在场的时候,他是否必然会卷入自我中心困境。因此,我提出我的解释作为基于佩里先生说法的一种理解,如果我要把他的论文结论看作正确的话。

却一再被重复，使我的解释看上去不仅是错误的，而且简直就是执迷不悟的错误。我所提到的这样一个事实是：佩里先生把他称之为自我中心困境的情形视作不容置疑的事实（第5页）。难道这不是接受唯心论者的前提吗？我认为不是，但我必须表明我为什么这样想。

佩里先生接受这个事实："$R^c(E)$不能从我们的研究领域中排除，因为'我研究'、'我排除'、'我思考'、'我观察'、'我调查'等等都是 $R^c(E)$ 的例子。总而言之，$R^c(E)$无处不在。关于这一事实，不可能存在任何疑问……但是，我们怀疑的是这个事实证明了什么……"（第7页）但是，$R^c(E)$ 是什么呢？读者首先会想到的答案是：R^c 意味着"任何与客体相关的意识形式"（第6页）。如果这一答案是理解佩里先生思想的唯一钥匙，那么，杜威先生把他视作"认识论"的实在论者就是有根据的，也就是说，他自满于作出这些琐碎的断言："作为一个有心灵的人就是要当一个认识者，当一个认识者就是要当一个关于对象的认识者。如果没有可以知道的对象、心灵，这个认识者就什么也不是。"（第550页）

但是，要对这篇论文进行更仔细的研究，我们就应当在这里暂停一下。佩里先生认同 R^c 意味着"任何与客体相关的意识形式"了吗？我们最好记住赋予 R^c 这种意义的语境。佩里先生说道："当我提到本体论的唯心主义的时候，它的意思可以通过以下命题得到最佳表达：所有一切（T）都被这个复合句所定义，**为了这个命题**，我知道T。'我'是不需要定义的，除了它在这个复合句中作为一个初项所包含的意义。为了明白这个术语是普遍化的，我可以用自我（ego）或者E代替这个代词。T与其他术语相区别的原因在于，它有着无限的指称意义，它可以指任何事物和每一样事物。'认识'的活动或关系应当从它的狭隘的理智主义的意义里被释放出来，这是值得做的。它可以证明使用 R^c 进行表达的方便性，用来指称任何与客体相关的意识形式。"（第5—6页）我用斜体表示的那句话，"为了这个命题"，似乎意味着当佩里先生把 R^c 的意义定义成"任何与客体相关的意识形式"的时候，这个符号就必须被视作在这个表达了唯心论者理论的命题中具有这种意义。这一理论认为，每一个客体都是由它与主体或自我的关系得到定义。众所周知，佩里先生不是一个唯心论者，当他后来说他接受 $R^c(E)$ 是无所不在的事实的时候，似乎这一被接受的事实应当被视作与他的实在论观点相一致的方式而被接受下来，除非他所作的解释与他所说的其他观点相互抵触。因此，接受一个事实是一回事，接受用来表达这一事实的一个符号的特殊解释是另外一回事。把这两种接受混为一谈，很难说是公平的。

因此，如果我们想要明确佩里先生接受 $R^c(E)$ 的事实是无所不在的时候，他接受的究竟是什么,我们就应当考虑这篇文章结束的那句话:"但是,我们仍然可以求助于对这个复合句的所有成分的分析,亦即对 T、E 和 R^c 的分析。在任何情况下想要作出有较高精确度的结论时,这样做都是需要的。已经发现了自我是什么,事物是什么,以及自我去认识事物意味着什么,我们就可以希望更精确地定义当某物被自我所知的时候发生的是什么。如果这些更基本的工作没有得到处理,我们最好推迟认识论的问题,它不仅高度复杂,而且对整个哲学知识体系来说至关重要。"(第 14 页)我可以顺便地评价一句,这段话读起来并不像在一场争论中一方对另一方提出的警告:"不要从他们共同的前提出发。"(杜威,第 549 页)而更像作者对读者提出的警告:根据分析,R^c 不能被证明是身陷困境的唯心论者所设想的那样,亦即"与客体相关的意识形式"。刚才提到的这三个问题,"自我是什么,事物是什么,以及自我去认识事物意味着什么"——这些问题代表着要求用分析的方法进行研究——对应于这篇文章的第二段,我刚才已经引用了其中的一句话,"当我提到本体论的唯心主义的时候,它的意思是",至少对我而言,他已经表达得相当清楚了。"我"或者 E,为了唯心主义的命题,"不需要任何定义",就佩里先生的看法而言,这确实是需要作进一步分析的。同样的道理,唯心论者对于 R^c 的解释,"任何与客体相关的意识形式"对佩里先生来说,是不令人满意的,除非对 R^c 不再作进一步的分析,这一点也是十分明显的。要求进一步"分析复合句的所有成分,T、E 和 R^c"似乎证明了,当佩里先生接受 R^c(E)的事实的时候,他并没有接受唯心论者共同的前提。唯心论者为了唯心论的结论,通过赋予这一事实某种解释,把它转化成了前提,虽然事实本身既被唯心论者也被佩里先生本人接受。只有这样解释的事实,才能提供这样的前提;而只有当进一步的前提得到使用的时候,这一事实才能发挥这样的作用,亦即作出这种解释的具体的 R^c 关系必须被详尽彻底地用来"定义所有的如此关联起来的术语之间的关系"(杜威,第 550页)。这个前提是被佩里先生明确批判的。让我们回想一下他说的话。在发表《自我中心困境》一文大约六个月后,佩里先生给"六个实在论者的方案与第一纲领"(The Program and First Platform of Six Realists)①撰稿。在这个纲领中,他说道:"同一个实体既具有内在性又具有超越性,前者表现在它是一个类别的成员,后者表现在它也可以无限地属于其他许多类别。换句话说,内在性和超越性是彼此相容而不是相互冲突的谓词。在它的历史应用方面,这意味着从自我中心困境出发的主体性论证的

---

① 《哲学杂志》,第 7 卷,第 393 页及其后(《杜威中期著作》,第 6 卷,附录 2)。我所引用的这段话在第 398 页。

错误；这种论证认为，因为实体是意识的内容，它们就不能超越意识；它也意味着，超越主体性的唯心论只要建立在主观性的前提之上，那就是没有根据的。"

这意味着当 T 处在复合句 $TR^c(E)$ 中的时候，它具有内在性；但是，当同一个 T 处在别的复合句 TR^nT' 中的时候，与前一个复合句相比，它就具有了超越性。这也可以用这样一个事实进行说明：某个人可能在某个家庭中有着内在性，因为他是这个家庭的成员，同时他又超越这个家庭，因为他从属于许多其他组织，比如共和党、乡村俱乐部和心理研究协会。通过拥有其他不属于家庭关系的关系而超越家庭，并不意味着家庭关系就要被取消，也不意味着这些其他关系——就他的家庭关系而言，这些关系是附属和外来的——要通过他的家庭地位来得到"详尽彻底的定义"。同样的道理，T 属于一个有意识的复合句的事实并不排除它属于其他的复合句，而它在其他复合句中的地位也不是通过它属于的那个有意识的复合句来得到详尽彻底的定义的。"实体具有某些独立于彼此的关系。"因此，佩里先生宣称，"从自我中心困境出发的主体性论证"是无效的。这一论证认为，"因为实体是意识的内容，它们就不能超越意识"。面对佩里先生的如此声明，杜威先生认为佩里先生的结论来自唯心论者共同具有的主体性前提的见解，就多少有点趣味了。杜威先生的观点经常被误解，正因为这些观点总是被主观地得到解释的。杜威先生确实没有明确地说他是在说佩里先生，但是当读者发现杜威先生的第二个研究从引用佩里先生的"自我中心困境"开始时，就极有可能留下这种印象，即当杜威先生把"实在论者"比作"素食主义者"的时候，他所指的就是佩里先生以及这类实在论者。

在这篇文章里，我有意识地回避了进一步讨论意识对于实在论的普遍影响。我这样做，是因为我猜想实在论者会在这一点上发现他们自己相差太大，虽然他们至今为止已经发展出一些彼此认同的观点。这些差别需要在来自他人批评的帮助之下，在他们之间进行推敲。但是，如果这种来自他人的批评是建立在对他们同意的东西的误解之上，以及错误地假设他们与诉诸自我中心的唯心论者处在同样的困境之上，那么，这种批评就不会对他们有所帮助。

3.

杜威教授的"意识"[①]

伊万德·布拉德利·麦吉尔夫雷

452　　　要求杜威教授占用如此多的时间来回答被视作是不相干的问题,是一件不应该的事情。但是,他在过去一直表现得如此出色,以至于我不揣冒昧地准备再提两个问题。我会尽我所能完全用杜威先生自己的话来表述这两个问题,而且只要这是可能的,我想恳请杜威先生忘记,似乎对他而言,我在前面的提问中误把他的观点当成了我的观点。我向他提出的这两个问题关系到这样一句话,而我前面所提的那些不幸的问题就是建立在这句话之上的。在此,我将重新引用这句话,以使所有与我目前问题相关的知识能够一目了然。"当然,根据这种理论,我愿意这样解释,所谓的'意识'活动仅仅意味着用行动方式进行的有机释放,它是意识的条件,同时也对意识的内容作出修正。"[②]这句话似乎在断言,用行动方式进行的有机体释放是意识的条件。

　　　在这篇文章里还有其他两段话,以上引文即出自其中。在提问之前,我必须先对这两段话进行引用。"意识代表注意,而注意代表一种现有情景中的变化;事物发展道路上的一种分岔,走这条路或者走那条路的一种倾向。"(第 73 页)"错误严格地说,就是错误的把握;疑惑是一种暂时的悬置和反应的摇摆不定;含糊是一种选择的压力和应对方式的矛盾;探究是一种尝试性的和可以修正(因其在有机体活动中)的活动模式,它在开始认识之前就已经开始活动了。这是众人皆知的和必然如此的——它

453　　是没有什么依靠的——因为它已经通过展开的活动见到有形的效果了。"(第 69—70页)在对这两段话进行比较之后,我或许是错误地认为,对杜威先生而言,疑惑、含糊

[①]　首次发表于《哲学、心理学与科学方法杂志》,第 9 卷(1912 年),第 301—302 页。杜威的回应,参见本卷第 79—84 页。

[②]　《纪念詹姆斯卷》,第 69 页(《杜威中期著作》,第 4 卷,第 125—142 页)。

和探究都是意识的例子。但是，如果它们果真如此，我认为它们的特点似乎是有机体的抑制，而不是有机体的释放。

我的两个问题就是：(1)如果它们是意识，在这些例子里面，我们在何处能够发现"用行动方式进行的有机体的释放就是意识的条件"？(2)即使能够证明我所说的有机体的抑制就包括在杜威先生所说的更宽泛的术语"有机体的释放"里面，为什么这些"有机体的释放"被称作"意识的条件"，而不是意识自身？换句话说，如果意识在严格意义上指的是活动的悬置、压力和内在有机体模式，这些活动的悬置、压力和内在有机体模式也能正确地被称作意识的条件吗？

当然还有其他几个问题蓄势未发，但我认为，这两个抛砖引玉的问题已经足够了。如果这两个问题得到回答，我希望我能从答案里获得解答其他问题的线索。

4.
杜威教授的"实在论研究概要" [1]

伊万德·布拉德利·麦吉尔夫雷

454　　　　在杜威先生最近发表的《实在论研究概要》这篇有趣的文章里[2]，他做了两件事情。除了比以前更全面地表达他自己关于知觉性质的观点外，他还批评了"认识论的"和"表象的"实在论者所持有的知觉理论。我想在本篇论文中予以研究的，就是这种对实在论的批评。

杜威先生在这种实在论中发现的基本错误，也许在这段话中作出了最好的总结："如果认识论的实在论者没有认真地考虑实用主义实在论者的主要命题，即认知活动是与事物的自然发展轨迹相遇而产生的东西，不是把一个'独特'的和非自然的关系类型唐突地引入——心灵或意识之中——那么，他们就几乎不能讨论实用主义的第二个衍生命题，即在这个自然的持续过程中生成着的事物经历了一个具体的和可以察觉的质的变化。"（第 554 页）就是说，他所批评的实在论者犯了这么一个错误，相信认知活动是将一个"独特的"和非自然的关系类型的唐突引入。

这段指控里有三个形容词，但我认为，只有其中一个有着指责的意义。对任何关系引入的唐突性几乎不能被经验主义者拒绝，他们始终都会坚持这一点。承认任何关系的独特性就是一种反经验主义的方法，杜威先生不可能认为这是一种正确的观点。至少他本人就承认一种独特的关系，并对什么是独特的关系给予了精彩的说明：
455　　　"如果你喜欢，这里就是自我和事物之间一个独特的关系，但是其独特性并不在于对

---

[1] 首次发表于《哲学、心理学与科学方法杂志》，第 9 卷（1912 年），第 344—349 页。杜威的回应，参见本卷第 79—84 页。
[2] 《哲学、心理学与科学方法杂志》，第 8 卷，第 393 页及其后，以及第 546 页及其后（《杜威中期著作》，第 6 卷，第 103—122 页）。

事件之间的所有自然关系是不可比拟的,而是在于它的特殊性,或者在于它所表现出来的关系。"(第552页)这段话表明,在杜威先生的指责里,真正值得重视的形容词是"非自然的"。

现在的问题就是:"认识论的"和"表象的"实在论者承认的意识关系应当被视作是非自然的吗?答案似乎是肯定的,对于他们而言,这种关系是一种"与心灵的"关系。匆匆地浏览一遍杜威先生的文章,我们发现,他批评的实在论者不管是"认识论的"还是"表象的",都不断地被看作具有这样的观点,即由知觉所认识的事物处在与"认识者"或"意识"的关系之中。他针对这些实在论者所作出的每一个批评,都预设了这些实在论者持这样一种看法,即存在着一种非自然的"心灵"、"意识"或"认识者",想要认识事物就必须进入与这种非自然项的一种非自然的关系之中。这些批评也有可能用别的不考虑这种预设的形式进行表述。如果这样,杜威先生的表述形式就会更加严密;但那时,这种批评会具有什么样的形式,在很大程度上仅仅是一种猜测。就现在的批评而论,它仅仅直接针对某些非自然主义的实在论类型,这种类型的基础就是承认"心灵"在每一种知觉中是不可缺少的"认识者"。

与心灵、意识或认识者的关系!这是一个几年前在相当程度上得到普遍支持的论点,甚至在现在的实在论者中间,如伯特兰·罗素和摩尔先生都仍然坚持这种论点。但是,大多数美国思想家——美国哲学协会的"界定委员会"将把他们划归为"认识论上的一元论实在论者"——都与杜威先生本人一样,明确地反对这种论点。比如,伍德布里奇(Woodbridge)先生和"六个实在论者的纲领和首届讨论会"的撰稿者们已经在他们各自的实在论里表达了这样的基本观点:意识是事物之间的关系,而不是一个心灵之间的关系项或者事物与心灵之间的关系项。

杜威先生以他值得称赞的典型方式,尽可能地使他的批评变得客观。除了两三次例外,他没有点名道姓,然而已经表达得相当明确了。他所说的"认识论的"和"表象的"实在论者,就是那些观点与佩里先生相近的人。在他的第二篇论文开头的地方,他提到了佩里先生的用语"自我中心的困境"[①],就"认识论的"实在论而言,这似乎明确地表达了他的意思。至于提到"表象的"实在论,他的观点就更不含糊了。"许多实在论者……把看到光线、双重意象视作知觉的事例,由此赋予知觉一种内在的认知作用。他们把知觉作为**认识的事**,而不是简单地看作自然的活动,它本身(除了使用它之外)并不具有任何认识的作用或价值,不比一次沐浴或发烧更有价值。我要表

456

[①] 我在别处论述了它对实在论观点的影响,《哲学评论》,第21卷,第351页及其后。

明的是，如果'知觉'被看作认识的事，那么大门就向唯心主义的解释敞开了。只要把它们简单地视作自然的活动，其自然的解释就会支持它们的观点——我将把这种理论称作朴素的实在论；至于反对把知觉视作认识事件的观点，我将称它为表象的实在论。"（第395页）因此，所有认识论的一元论的实在论都被明确地纳入他的批评范围。

如果知觉被视作认识的事，那么大门就向唯心主义的解释敞开了，杜威先生是怎样表明这一点的呢？在陈述完他的"朴素的"实在论观点后，他说道："假设实在论者接受传统心理学的观点，这种心理学认为，关于知觉方面的每一个事件也是一次认知某物的事件。现在出路会如此简单吗？在交叉起来的双手手指或者被看到的光线的情形下，由知觉认知到的事物与认识的自然来源和事件形成对照。这里存在一种数值上的二重性。此外，由知觉认知的事物处在与认识者的关系之中，而自然的事件却不会处在这种与认识者的关系之中。在知觉认识的自然事件和知觉认识表达出来的不同内容——即向认知者所呈现出来的内容——之间存在着区别，这难道还不是最为合理的解释吗？如果知觉是认识的事件，那么，它也必然是认识星体的一种事件，但是因为'真正的'星体不是依靠知觉认识的，这种认识关系必须或多或少地把'客体'转化成'内容'。因此，当实在论者把知觉事件视作认识的一个事件或者视作*呈现给心灵或认识者的一个事件*时，他们就让唯心论的骆驼鼻子钻进了自己的帐篷。当骆驼进来占有整个帐篷的时候，他们也没有太多的理由感到吃惊。"（第395—396页，斜体字为我所加）

很明显，通过引进我用斜体标注的措辞和用语，大门就向唯心主义的解释敞开了。如果否定了所知事物对于"心灵"或"认识者"的表象是认识的一种情形，那么把知觉视作必然包含唯心主义者解释的认识的一种情形的证明就失去了说服力。但是，这恰好是许多仍然把知觉视作认识的情形的实在论者所作出的否定。然而，根据杜威先生的定义，对知觉持这种看法的实在论者都是"表象的"实在论者。换句话说，杜威先生对"表象的"实在论所具有的基本的唯心主义特征的证明需要两个前提：第一，知觉是认识的一种情形；第二，知觉认识是向"认识者"的呈现。没有后一个前提，证明就会中断，而如果杜威先生想要正确地表达这些实在论者的观点的话，他就必须弃用这个前提。因此，杜威先生的证明丝毫没有触及这样一个问题：这些实在论者是否为唯心论者对诸如双重影像等情形的自然解释的忽略提供了根据（第395页）？

这两篇论文对"认识论的"和"表象的"实在论提出了进一步的反驳，断定所有这些实在论的倡导者都相信知觉是对象"向心灵"的表象。因此，对于那些否定存在着可以呈现对象的心灵的实在论者而言，虽然他们也持"表象的"和"认识论的"主张，但其整个论证都是无效的。就像我已经说过的,反对这种实在论类型的一些理由可以重新表述以便更具说服力,这完全有可能做到,但是很明显,在杜威先生所表述的形式里,这些理由远离了靶子,如果靶子是这种类型的实在论。①

在对"表象的"实在论的指控里有一个详细说明,我们在不提及这样一个事实的前提下对之进行检验是可能的,这一事实就是它与我们刚才已经提到的普遍误解是有关系的。杜威先生说道,如果"表象的"实在论是真的话,引起知觉的自然条件就应当与其他对象一样被察觉到。"在能看到光的情形下,提到光的速度足以解释它的出现与星体有着时空的差别。但是如果把它视作所知的一个例子(建立在知觉是认识的一种情形的假设基础上),那么提到它就只能增加真正的对象和知觉对象之间的差别,因为就像星体自身一样,作为引起知觉的对象的一部分,它(光速)应当是知觉所知的一部分,然而它却不是。既然光速是星体的一个构成因素,它就应当在知觉中被认识。既然它不是这样被认识的,提到它就只能增加知觉对象(被看到的光线)和真实对象(天文学的星体)之间的差异。同样的道理也适用于任何可能被提到的自然条件:从把知觉视作自然事件的观点看,这些条件可以解释知觉的发生;从把知觉视作认识事件的观点来看,这些条件是应该被认识但是还没有被认识的对象的组成部分。"(第 396—397 页)

回答这一批评最简单的方式就是挑战这一陈述。为什么没有被察觉到的事物都应当被察觉到?或者我们拥有知觉的经验理论,或者我们拥有知觉的先验理论。从先验论自身的预设出发,它可以制订应该是什么的法则。真正的经验论者也许会关注应该是什么的问题,但是在理论上,应该是什么的问题对他而言,仅仅是他在经验的引导下期待什么的问题。如果这些期待没有实现,他不会拒绝接受实际发生的事情,而仅仅会尽量避免在下一次怀有这种无用的期待。我们过去的经验并没有向我们证明,每当任何事物被察觉到的时候,导致我们知觉到它的自然条件也都能被察觉到。如果我们坚持说,无论如何,它应当被察觉到,这种"应当"显然不是由经验保证的期待的应当,而是先验立法的"应当"。它有点像是纯粹的教条主义和放肆的理智

---

① 像杜威先生这样敏锐的思想家,在批评相对的观点时却没有意识到他彻底误解了这种观点。这一事实,应当使他更加同情工具主义的批评者们没能理解工具主义的前提。我们也许还可以指出,杜威先生对实在论者对其所提出的问题(关于他的意识观的问题)的误解,原因之一也许在于,杜威先生误解了提问者的意识观,因此导致他把对自己观点的责难归罪给提问者;而这一观点,正是杜威首先错误地归罪给提问者的[见杜威先生的"答复",《哲学、心理学与科学方法杂志》,第9卷,第19页及其后(《杜威中期著作》,第4卷,第143—145页)]。

主义；为了推翻经验实在论，这样一个公开反对教条主义和理智主义的人使用这种"应当"，会令人感到震惊；而运用幽默，则使这种震惊得到一些缓解。

　　"表象的"实在论者把意识视作事物之间的选择性关系，这种关系与其他自然关系相比较，就其本身而言，是特别的，是独一无二的。① 根据这种意识观念，对于作为一种认识情形的知觉的自然条件为什么本身不能被知觉到的问题，这些实在论者有一种解释的方法。这种解释就是表明，需要被解释的东西是选择性关系的普遍性的例子。这种特性可以通过以下例子得到说明：雕刻家的凿子并不会自己钻进与雕像和模型之间的相似关系之中，虽然它是雕刻品取得与模型的相似性的一个自然条件。再比如，我在大学的室友邀请我去他家度假，我在那里碰到了他的妹妹，后来与她结了婚。当我与我所选择的这个女孩进入婚姻关系的时候，因为她哥哥的确是我们认识、相爱并且与对方结婚的条件，所以她与我必须把她的哥哥包括进我们组建起来的家庭吗？类似地，我们必须与为我们主持仪式的牧师结婚吗？必须与批准给我们结婚证的人结婚吗？因为这两者同样是我们结婚的条件。这样一个"应当"，需要新郎和新娘犯下多么荒谬的多配偶行为！归根结底，似乎最"自然"的事情就是新关系应当出现，而且有时应当突然出现了；而导致这种关系的条件，自然的或者其他的，不应当被包括进由它们创造的具体的关系复合体中。为什么我们应该否定意识关系具有在其条件中获得适合分配给它自己的条件的相似特权，而不用把我们自己的武断要求强加给它，要求它具有比它的自然情形更加宽泛的条件呢？

---

① 《经验及其内在的两重性》(Experience and its Inner Duplicity)，《哲学、心理学与科学方法杂志》，第 6 卷，第 232 页："在回答这个问题的时候，我请求读者不要对我使用的'统一性'这个术语心存偏见。就像每个一般性的术语一样，它强调了共同性，忽视了特殊性。"

5.

工作与公民权利：威斯康星州工业教育实验[①]

H·E·迈尔斯(H. E. Miles)[②]

上帝似乎与不计其数感到苦恼的孩子和积极称职的老师一起在等待——等待旧 461
式学校的老师抛弃他们的偏见和无知,使建立这个国家的那些社会和工业的力量可
以分担一个显而易见的方面,对我们混乱的教育状况进行治理。让威斯康星州的教
育者和老百姓满意的是:这样一种治理已经完成。这个国家的其他地方会在什么时
候觉醒和行动起来呢? 其方法清楚而简单。

一个月的完美学校

在任何一个进步和现代化的社会中,一个针对 14 到 16 岁孩子的非常理想的工
业学校能够在 4 到 12 周的时间之内就建立起来。而且,它能够确保获得优秀的老
师,会对目前封闭落伍的学校里的员工产生有效的影响,使这些人接受目前公立学校
的许多改良。

这里陈述的东西没有丝毫的空谈,都是显而易见的事实。它虽然不是在所有的
地方,但在绝大多数的地方进行了实验。一年之前,在威斯康星州的拉辛(Racine),
州政府发布了两天的公告,在做了 4 周时间的准备之后,这样一所学校就成立了。去
年 9 月份,25 所这样的学校在威斯康星州的其他地方也建立起来了。比如在希博伊 462
根(Sheboygan),这个拥有 4 万人口的兴盛繁荣的工业社区,它的木工手艺课由一个
拥有一颗童心的优秀的德国中年人教授。此人在德国先做过学徒,然后是熟练工人;

[①] 首次发表于《调查》,第 29 期(1913 年),第 682—685 页。杜威的回应,参见本卷第 104 页。
[②] H·E·迈尔斯等威斯康星州工业教育委员会主席、全国制造者协会工业教育委员会主席。

到美国以后,相继做过熟练工、工头和雇主。在公立学校每月领 70 美元的老师,没有一个人具备这个德国人十分之一的经验和能力。

六周以后,这所学校拥有了 350 个 14 到 16 岁的孩子,还有一百多个孩子列在等待名单里;并且,在政府实施法律规定的情况下,还有 150 多个孩子即将来到学校。

充裕的老师

工业教育必须从数以百万计的有着从业倾向的 14 岁的孩子开始。就我们目前的教育设施来看,教学楼已经足够,几乎不再需要扩建;教师资源也不成问题,我们拥有如此多超过需要的老师。我提供的是希博伊根和苏必利尔(Superior)的经验,这两个工业城镇不能提供大学或者其他所谓的高等教育资源。拉辛也是同一类型的城镇,它从一个受过专业训练来讲授木工手艺课的老师开始,但他很快为了更高的薪水而离开了学校。应紧急之需,一个大工厂制模车间的领班填补了位置,结果证明他是最优秀的老师之一。他同样发现,那些受过专业训练的老师没有考虑到在制模工作中金属的收缩,一直讲授的是不能从沙里面"捏"出来的模型。

西艾利斯(West Auis)的总监说:"在这里,我们特别幸运的是,能够获得来自车间的、受过大学教育的工人老师。在西艾利斯车间,我们发现,来自这个国家最好的技术学校的男大学生在做学徒工。我们靠近密尔沃基(Milwaukee),这也使我们能够获得女老师。"奥什科什(Oshkosh)的麦基弗(McIver)先生说:"在获得承担木工教学或女孩子的缝制工作等教学方面的老师,我们没有困难。我发现,既有商业的实际从业经验、又经过学校训练的老师是最令人满意的。"

那些认为缺乏老师的是一些相当不了解情况的人,有这种看法的人大多是老师和公共教育者本人。这是因为,他们背对着真实的供给资源,而只向正规学校寻求那种类型的正规老师来从事职业教育。德国和其他有着成功职业培训的国家,并不承认此类老师。他们需要的职业老师,要求有相当一段时间的实际劳动从业经验,常常是三年的时间。

如果那些对我们国家的教育负责的人能够到工业领域去寻找职业教育老师,正如他们到法律领域去寻找教授法律的老师,或者到牙科医院寻找讲授牙医学的老师,到神学家那里寻找讲授神学的老师,那么就会发现更多超过需求的有能力的老师。

威斯康星州的示范

根据威斯康星州的法律,当地的工业学校要受一个委员会的管理,这个委员会由两个雇主、两个雇员和一个市政官员组成。这种最具利害关系的社会力量的联盟成了一种新的社会发酵剂,并直接产生了极好的结果。我们很难说谁最幸福和忠于职守,是雇员、父母、雇主、学校老师,还是学生。

以下的一段话出自苏必利尔城的市政官员:

> 迄今为止,我在苏必利尔城的工作经验非常振奋人心。在工业学校中寻求帮助的年轻人的素质使我相信,许多年轻人会很好地服务于他们的社区,而他们也会通过在工业学校的机会获得对自己有益的帮助。

> 我们的业余补习日校不仅吸引了从来对正规的日校没有兴趣的男孩和女孩,而且解决了正规日校时常感到困扰的问题,而这些问题不能作为个人的问题来解决,这样只好让学生随意地把自己的精力花在那些他们通过努力可以获益的事情上。在业余补习日校里,每一个参与其中的人真诚合作。目前,在这个城市的法律规定之下,每个被许可的学生正在定期地参加业余补习学校的学习。

这类工作产生的影响,通过心智的积极活动获得了奇迹般的效果。年轻人的欲望和兴趣几乎对公立学校老师的实践产生了巨大的变革性影响,正如他们自己目前所宣称的那样。

管理权将会归谁

需要特别指出的是:此处表达的观点,即用独立的和实践的委员会进行管理的观点,并不主要是实业家的观点,虽然他们坚持这一点。这些观点主要是最开明的教育家的观点。威斯康星州的教育法是由它的第一流教育家起草和提出的,并且在这些教育家的动议之下,得到了全体市民坚决、忠诚和明智的拥护。

支撑这些教育家及其洞见的东西,是这个世界上所有最先进的工业化国家的经验。他们从痛苦的经验中发现,单纯的教师管理最终是不可行和令人无法忍受的,只有联合管理对于人类来说才是理想的。

那些希望能够独自进行管理的老师,要么是自私的,他们以牺牲这个国家的儿童生活为巨大代价;要么是无知的。芝加哥的舍温·科迪(Sherwin Cody)作为国家教育协会商业学习常务委员会秘书,他在谈到伊利诺伊州提出的法律时指出,其最终落脚点是这样一个问题:"教育者会接受49%的控制权,而给予实业家51%的控制权吗? 或者,他们会坚持拥有51%的控制权,要不然什么也不要吗?"

465

如果一个州或社区想放任这个问题,即让进入职业学校学习成为随意的选择,那么,它的这种努力就太不足道了。职业教育既不是一种恩惠,也不是一种特权。从儿童的角度来说,它是一种生存权;从政府的角度来说,它是一种基本的不可推卸的责任。我们现在试图过"一半奴役一半自由"、一半受教育一半不受教育的生活。这样做的困境在各个地方都是很明显的。

毫无疑问,我们社会生活中没有一个学生会相信劳动人民和工业领袖会对一个能够给千百万人民带来极其重要影响的观点作出让步,除非他们提前就确信学校生活将像日常生活一样适合去那里学习的儿童。这种确信是问题的关键所在,它来自政府和当地委员会的任命,就像在威斯康星州一样,基本上是由平等的成员即雇主、雇员和教育者构成的。

你不可能永久"愚民",甚至也不可能经常"愚民"。正像一个促进工业教育全国协会的领导人所说的:"我们的教育者已经愚弄公众两次了,一次是教机械制图,接着是手工艺教育。我们把它们变得远离实际的生活,没有任何的实际价值。我们还要试图愚弄公众第三次吗? 如果我们这样做,那么到处都是在寻找工作的学校老师。"

在伊利诺伊州、印地安纳州和其他一些州,学校的老师们坚持要有自己的管理权。他们这样做,只会使普罗瑟(C. A. Prosser)的预言实现。这个预言是这样的:"我们似乎在某些方面会错误地开始,并且像德国一样,花上15年的摸索才能走向正确。"

康涅狄格州及其单一管理委员会

刚才说过,坚持由独立的委员会管理的观点把真正的问题弄模糊了。真正的问题是所提供的教育质量的问题,在这方面,康涅狄格(Connecticut)州做得很好,它是由一个单一的委员会来管理的。同样的道理,我们也许可以说用什么类型的委员会来管理的问题并不重要,只要它的执行人员是对的就可以了。我们怎样才能确保执行人员是对的呢? 除非领导者知道怎样挑选执行人员,并且要求他们执行正确的程序。目前,康涅狄格州委员会由四个厂商、两个律师和一个教育家组成。对这样一个

466

起实际作用的委员会,我们一定会感到满意。它就像是给予职业教育的支持者们一个他们自己的委员会,它同时取消了其他的委员会,如在一些州存在的那些已经过时的委员会,并且这个州所有的学校都交给了专职的委员会。

康涅狄格州所做的只不过是在职业教育方面进行的一些试验,它会把一大笔款项花在两个城市,即布里奇波特(Bridgeport)和新不列颠(New Britain)。当它给需要的孩子如报童、送款女孩提供职业教育的时候,就会发现一个经由特殊挑选的州委员会;并且在当地的特别委员会的支持下,真正地建立和充分发展这一新的体系。它将会发现,向五个欧洲国家取经是值得的,它们在这方面远远超过了我们。

印地安纳州有一个专业教育者的州委员会,它否决了对职业学校进行的立法。这个委员会完全拒绝吸收任何外行。接着它作出让步,允许外行参与。在 11 个人中开始选择 2 人,后来扩展到 3 人或 4 人,而且成立了两个地方性的顾问委员会。

伊利诺伊州和大约三分之二的州没有州委员会,但是通过投票由人们选出州的负责人——这个负责人基本上是一个"选票获得者"。伊利诺伊州的负责人是一个极为独断专行的人,他明显地希望能够一直坐这个位置。他建议和提出的所有议案,都与延长他的期限和权力有关。我见到他的最后一个议案是总负责人将作为州教育委员会的主席以便支持委员会,而委员会能够"给予他忠告和建议"。那么,其真正目标究竟是什么呢?

文化的价值

文化传播是学校老师最薄弱的地方。文化是你们在公立学校里面无法获得的东西。它是威斯康星州工业学校的孩子们通过专心的阅读而随时能够得到的东西:热爱工作,勤奋,专注,精确,了解有序的过程,建立学习中的伙伴关系,对于原因和结果的领悟——所有这一切都体现在讲授卫生、公民身份以及权利和义务等的课程里。

文化是心灵和身体的训练。但是,很长时间以来,它变成了空谈,没有给我们全体人民带来真正的发展。

移民群体急切地寻找这种教育。我在夜校里碰到的第一个人来自一所德国的大学,他看上去比那些检查这所学校的人都帅气。关于外来移民,不管我们会说些什么,有一点必须得到承认——我相信,如果我们接受移民,可以从他的服务中获得巨大的价值,就要赋予他公民权,就必须根据我们的制度原则、用我们的语言来教育他。在某些地方,对移民数量有暂时的限制,否则,学校就会疲于应付了。

467

一个错误的观点

我们通过一棵树的果实来评价它，又常常通过果实的市场情况作出评价。我们不会看树下那些被风吹落的果子、腐烂的果子和已经毁坏的果子。

那些人看到宏伟的教学楼、漂亮的老师、庞大的开支和不多的毕业生，正是通过这个评价而感到相当的满意。

让我们看看真相。请注意，在我们的公共教育之树上结出的果实，有一半在六年级的时候就被风吹落了，来自小学的有二十分之一的成熟果实，来自中学的有三十分之一。这样看，你就会获得全新的观念。浪费，浪费，浪费！我们简直不是在教育孩子：我们决不能站在那些人一边，他们只想把现行的教育管理及其方法永远地保持下去。

成本

468 每个学生的年花费比普通小学的一半还要少，从 7 美元到大约 20 美元，极少数可能是 30 美元。目前大约有 5000 个儿童在业余补习日校里上课，同样多的成人在夜校和日校上课。

浪费和忽视之间的区别只是一个程度问题。其他城市能够让它们的儿童再忍受一年的时间，当他们不得不接受威斯康星州的示范的时候。难道它们不能行动得更快一些吗？对于成千上万或者更多的儿童来说，一年的时间当然会带来重要的结果。然而，我们的学校老师却仍然在空谈，几乎没有一个人敢于坚持真理和完全的公平，敢于采取完全明智的行动。

6.

《教育中的兴趣与努力》编辑序言①

亨利·苏赛罗（Henry Suzzalo）

能够向同行和公众推荐这本专论著作，我感到一种莫大的荣幸。因为围绕对于现 469
行教学工作的阐明和改革，没有什么争论比这本著作对于兴趣与努力在教育中的作用
的论述更加重要了。教师们对于它的观点的积极接受，会在课堂教学方法上带来一种
彻底的变化。学校资助人对它的观点的重视，会极大地改变当前对各种教育计划和改
革的批评。这一推荐的价值可以恰当地总结如下：如果老师和家长们想要熟知一本关
于教育方法方面的专著，那么，除了这本书之外，我们不知道还有什么别的书能够在一本
书的范围内有效地指引他们获得出色教学工作所必需的观点、思想态度和工作方法。

谈到出色的教学工作，我们这里指的是在学校提供的经验之内，孩子们能够全身
心积极地获取处理他不断扩展的生活问题所需的观念和技能。我们目前的体制远远
没能达到这一标准，这一点是明显的，如果他们没有执著于狭隘的和学究式的衡量效
率的方法并被它迷惑住眼睛，或者没有因为完全赞赏学校已经作出的重要成就而忽
略其他缺陷的话。由于某种原因，我们的教学工作没有把儿童吸引到学校及其学习
中来。只要法律允许，许多孩子会离开学校。许多处在接受义务教育年龄的学生能
够留级一次、两次或者更多次。许多头脑聪明和反应灵敏的学生，对他们在学校里的
学习任务往往心不在焉。在那些被证明是合格的学生里，许多人也仅仅习惯于炫耀 470
知识，这种态度无法保证他们那些重要的内在冲动能够进行理性和从容的自我指导。
我们容忍这种情况已经很久了，因为我们相信是经济压力把可怜的学生逐出了学校，
而学生的留级和三心二意也是由于其愚蠢和任性所致。但是，最近的调查使我们怀

---

① 作为对《教育中的兴趣与努力》一书的编辑介绍发表（波士顿：霍顿·米夫林出版公司，1913年），
　　第v—x页（该书见本卷第153—197页）。

疑这些不费力的辩护。贫穷的压力似乎并没有严重到影响学生进入学校,而是儿童和家长对接受进一步教育的价值持怀疑态度。我们发现,许多我们原来认为迟钝或任性的儿童完全因为是厌恶枯燥无味的学习和刻板的学校生活。我们的学校面临的主要困难在于,不能充分地调动儿童对学习的兴趣与活力。出色的教育,即将来的教育,会使学校生活对年轻人变得生气勃勃。在这样做的同时,它也不会忽略成人社会的要求和需要;它能够更好地满足这些需要,因为它能够获得来自儿童更为充分的合作。

只需要一个例证就足以表明,如果我们没有注意到学习过程的基本作用和本质,那么,我们可能完全达不到教育的公共目标。

在现阶段,我们非常关注年轻人的普遍教育。为了达到这个目标,我们建立了强制性的入学年龄,禁止雇佣童工,并提供了行政的手段,以保证法律规定的儿童权利。然而,保证儿童入学本身并不能完成政府教育的目的。在政府的政策力量的强调之下,家长和负责官员只能保证一件事情——让儿童必须待在学校里。剩下的则需要老师保证他们在心智意义上加入学校,这需要通过吸引他们的积极兴趣才能做到。儿童的个性、心智和技能不能通过坐在教室里等待事情发生而被重建? 事情当然必须发生在他们身上,但是要以一种能够引起他们充分的和有兴趣的反应方式。儿童
471   在身体意义上出现在学校,却在精神意义上离开了学校,这是可能的。他可能对学校生活感到厌恶,或者他的注意力集中在某种远离学校的事物上。无论是哪一种情形,他都没有真正进入学校,不会对发生的事情作出反应。老师没有为他创造出一种经验,她根本没有改变孩子。然而,社会保证他远离劳动的工作,为他提供一套学校体制,其目的只有一个——他应该从一个知识贫乏、能力不足的不成熟的儿童转变成一个负责任的公民,有足够的能力应付错综复杂的现代生活。

我们整个强制教育政策的成败,取决于是否有能力使学校生活对儿童具有吸引力。从某种意义上说,根本不存在强制教育这种事情。我们可以强制儿童在身体的意义上上学;但是,教育只有让儿童对学校的活动有兴趣和积极参与,才能够完成。这就意味着老师必须根据儿童的兴趣、能力和才智选择活动。除此之外,不可能有别的方式保证儿童真正参与进来。儿童失学的问题不能仅仅通过强制性地提高受教育年限来得到解决,留级问题不能通过提高学生升级的百分比而不管是否达到学分标准来得到解决,三心二意的问题也不能通过强调权威、统一性、强制、训练和考试来得到解决。我们只能在更好的教育质量中去发现最终的解决途径,这是一种吸引学生的教育,因为它提供了学习的目的和精神。

7.

《教育中的兴趣与努力》大纲[①]

I. 教学实践活动应该是统一的还是分开的

1. 是兴趣还是努力的教育诉讼

2. 反对通行的努力论的理由

3. 反对通行的兴趣论的理由

4. 每一方都激烈地攻击对方的理论

5. 双方都忽略了事实和行为与自我的统一

6. 双方在智力和道德上都是有害的

7. 儿童实现自我冲动的要求不能被抑制

8. 强调向外的行为习惯会导致儿童多变的内在本质

9. 让事情变得有趣替代了活动刺激所带来的快乐

10. 最后的结果是精力的分切

    (a) 在令人不愉快的努力中,它是同时完成的

    (b) 在外来附加的兴趣中,它是相继出现的

11. 当理解是正确的时候,兴趣和努力完全是紧密相关的

II. 直接的兴趣和间接的兴趣

1. 对兴趣的简短描述

---

① 作为对《教育中的兴趣与努力》一书的编辑大纲发表(波士顿:霍顿·米夫林出版公司,1913 年),
第 97—102 页。

(a) 在前进的方向上削弱动力

(b) 增加对目标的意识

6. 有意识的目标在两方面作出指导

(a) 它使个体有更明确的目标意识

(b) 它把个体的精力从欠考虑的奋斗转向反思的判断

7. 教育性学习任务和非教育性学习任务的区别

8. 需要记住的标准

(a) 它太容易以至于不能刺激思考吗?

(b) 它太困难以至于阻碍活动吗?

9. 违反这些标准带来的具体后果

10. 出色教育必须刺激主动性

11. 随着思考的深度和广度的增加,自然地伴随着困难和努力

12. 动机是目的的代名词,它是一种积极主动的能力

13. 个人的动机不能与目标或结果分离

14. 问题不在于发现一个动机,而是要发现适合训练活动的内容和条件

15. 学习内容的安排和用途是为了促成个人能力的发展

IV. 教育兴趣的类型

1. 真正的兴趣总是标志着力量集中在一种事业或追求上

2. 教学实践活动包括所有的方面,它意味着能力的发展   *475*

(a) 它特别包括:实现活动意义的能力

(b) 它是排除外力限制的活动、无目的的反应和习惯性的活动

3. 真正的教育兴趣或活动千差万别

4. 身体的活动

(a) 只要身体的活动需要学习,它就具有认识的价值

(b) 包括感觉和活动训练的学校工作的重要性

(c) 感觉器官仅仅是刺激通往运动反应的通道

(d) 在使感觉刺激适应运动反应的时候,知识增长就出现了

(e) 广泛的游戏、比赛和工作的重要价值

5. 创造性的活动

(a) 使用工具和器具进行复杂和长时间的活动,使发展成为可能

（b）介入性工具的使用，把比赛和学习与游戏区分开来

（c）理智活动的存在，把学习与游戏区分开来

（d）儿童既需要学习，也需要游戏

6. 理智活动

（a）以前处于从属地位的理智方面得以发展并占据主导地位

（b）理论的兴趣变成了直接的兴趣

7. 社会活动

（a）儿童在早期把他的关注与他人的关注等同起来

（b）他的社会兴趣也充满了对事物的兴趣

（c）非个人的内容应当根据它在生活中发生的实际作用引进来

476

（d）社会的和道德的兴趣之间有着密切的联系

（e）兴趣本身并不是自私的，它的特性取决于它的对象

文本研究资料

文本说明

本卷中的作品直接来源于约翰·杜威于 1912 至 1914 年间出席的某些公众性或专业性活动。这段时期中,许多类似的活动同样反映到了一些他从未出版或已不复存在的文章中。这部分作品的相关线索能给兴味盎然的读者提供机会,了解他在那个时期的思想与著作。

已经丢失的演讲稿中,分别包括 1913 年 1 月到 2 月,他在侨民俱乐部和纽约所作的、每周都有的关于现代哲学的六次讲座;1913 年春季给女子师范学校作的关于"儿童思维训练"的讲座;还有同样在那个春季,给女子高中老师联合会作的关于"社会教育"的一次讲座;1913 年冬季至 1914 年,在儿童研究联盟的赞助下,他开了一门课程,每周一次,连续上了五次。

还有两份未完成的工作——一份快要写完,一份很可能还在计划中,它们提供了大量关于当时有启发性的传记注脚。而那篇还未提笔的文章,可能成为杜威在大英帝国亚里士多德学会的第一次陈述报告。1913 年 12 月 19 日,他接受了来自学会的一个邀请,为下一年的某个常规性会议准备一份论文。有关记录显示,这封邀请信在 1939 至 1945 年[①]间被毁坏或丢失,因此,我们无从知晓杜威到底演讲了什么主题。但是,他在回复中这样写道:

> 至于要写什么样的题目,我乐意稍后作出决定。目前,最让我感兴趣的题目是……逻辑的性质或本质的重要性。也许,出于从实用主义出发进行的研究,把

[①] 亚历克·卡斯曼(Alec Kassman)(亚历士多德学会荣誉书编辑),致乔·安·博伊兹顿,1969 年 5 月 10 日。

它放在"专题三"下面很适宜。但是,我更乐意看到在下一封信中才作出的决定。

1914年,学会的会议记录①,以及名誉秘书编辑在1969年给我的来信中指出:

> 毫无疑问,杜威没有为1914至1915年的会议提供任何文章,同样的,其他任何会议也如此……我只能这样说,在凯撒·比尔(Kaiser Bill)所犯下的众多不可饶恕的罪行中,一定包括这样一项:他剥夺了我们受教于当时最受敬佩的哲学大师的权利②。

正是在这段未出版的文章遗失的时期,杜威在连续接到 T·S·埃利奥特、一个哈佛学生及哈佛哲学俱乐部会长的邀请后,最终答应于1914年在俱乐部作一次演讲,演讲主题是"心智是什么"。3月20日,杜威宣读了他的讲稿。这次讲座提供了一次机会,让杜威与伯特兰·罗素首次见面。3月22日,罗素便致信给奥特林·莫雷尔(Ottoline Morrell)夫人:

> 杜威(詹姆士及席勒之后的实用主义第三人)已经来过了。就在昨日,我与他共进午餐,并一同散步。我惊觉自己非常喜欢他。他心智开阔、平和,非常经验主义,也很坦诚,带着某种与生俱来的泰然自若和不偏不倚。他、佩里和我,就"我"争论了好长时间——杜威理解我提出的一个观点,但佩里不能③。

罗素在之后写给奥特林夫人的信中提到,在这个国家见过的所有人中,"杜威是最让我欢欣的"④。那个春季,罗素又去哥伦比亚大学参加了纽约哲学俱乐部的会议,聆听了杜威关于"感觉材料与物理学的关系"⑤的讲座。这让两人的联系进一步加深了。那个会议结束后的当夜,罗素再次写信给奥特林夫人:

> 4点,我开始演讲。5点到11点45分,我一直在与哲学俱乐部讨论我之前

---

① 1914年会议记录(伦敦:威廉姆斯和诺加特出版社,1914年),摘要,第425—426页。
② 卡斯曼致博伊兹顿,1969年5月10日。
③ 奥特林·莫雷尔文稿,1008♯,22.3.14,人文研究中心德克萨斯大学奥斯汀分校。
④ 莫雷尔文稿,1010♯,26.3.14。
⑤ 纽约哲学俱乐部文稿,哥伦比亚大学巴特勒图书馆特藏区。

写的一篇文章……果不其然,文章引起了巨大的批评,其中最有力的批评来自杜威。不论是作为一个哲学家,还是一个可爱的人,他的形象再次烙印在我的心中。[1]

杜威特有的谦逊与羞怯,让罗素感受到了他的"可爱"。带着同样的特质,杜威给同事伍德布里奇(《哲学、心理学与科学方法杂志》的编辑)送过一份手稿,也就是本卷中首先出版的文章;同时,他事先就准备了两个理由,让别人作为拒绝刊登的理由参考。8月,杜威写道:

> 我已经完成了我的第一个(也许是最后一个)关于柏格森的长篇作品。真是长得过分,也许《哲学》杂志都登不下吧,但我还是得让你看一眼。另外,鉴于柏格森要来了,这东西还是不要刊登在哥伦比亚的任何杂志上,这比较保险。[2]

最后,《知觉与有机活动》这篇文章出现在 11 月的《哲学、心理学与科学方法杂志》第 9 期(1912 年)的 645—668 页上。

同月,杜威在纽约哲学俱乐部作了关于"心态是什么"的演讲。按照俱乐部的惯例,文章的复件会在演讲之前,也就是 1912 年 11 月 21 日,分发到各位会员手里。其中一位会员将复件与俱乐部的文章一起存放在了哥伦比亚大学巴特勒图书馆。正是在此地,这份文章第一次出版了。

1913 年 2 月 28 日,来自整个纽约各个地方的教师们聚集到师范学院的米尔班克小教堂,准备筹建纽约教师联盟,也就是后来作为美国教师联盟分支的纽约教师工会。杜威,这个一直致力于积极参与各种社会与政治活动的人,也参与到这次联盟的组建中,并作了演讲。这次关于"教师的专业精神"的演讲首次刊登在《美国教师》第 2 期(1913 年)的 114 至 116 页中,出版在本书较早的卷章里。

杜威写作生涯的一段贯穿在本卷各章节里,这些年月见证了一篇伟大作品的诞生,这个作品直到 1917 年才出版,即杜威的《哲学复兴的需要》。它出现在《创造性智慧:实用主义态度论文集》[纽约:亨利·霍尔特出版公司,1917 年,《杜威中期著作》(1899—1924),第 10 卷]中。从 1913 年 8 月开始的,杜威与贺瑞斯·卡伦之间的大

498

---

① 莫雷尔文稿,1022♯,24.4.14。
② 杜威致伍德布里奇,1912 年 8 月 26 日,哥伦比亚大学巴特勒图书馆特藏区。

多数讨论、计划与来往信件都被收录在了《创造性智慧》一书中。

杜威深深地沉迷于当时"职业教育应该去往何方"的讨论中——应该归属常规教育的一部分，还是应该单独划分到职业学校中？本卷中有 4 篇文章，就这个话题进行了详尽的阐述。1913 年 10 月，国家工业教育促进会第七届年会在大急流城召开，主题是促进工业教育发展，杜威的演讲首次提到了上述讨论中的部分内容——"密歇根州应当把职业教育置于'单一'的还是'双重'的管辖之下"。同年，这次演讲被刊登在该学会第 18 期会刊上。

1913 年 12 月，美国哲学协会与美国心理协会召开联席会议，杜威出席了会议，他曾任两个协会的会长。那次的演讲题目是"心理学原理与哲学教说"，而后刊载于次年的《哲学、心理学与科学方法杂志》第 2 期（1914 年）的第 505—511 页。

1914 年初至春季，杜威在纽约的斯克内克塔迪联合学院，就"伊卡博德·斯宾塞（Ichabod Spencer)关于心理学的演讲"上了 8 周课。这次课程中，他的打字稿与笔记都遗失了。但是，一篇非常详尽、几乎是逐字记录该课程的报告留存了下来，它为本卷中出现的下一篇文章奠定了基础。

在这个课程报告的题目"社会行为心理学"旁，有一句批注：本文将"很快以书本的形式面世"。然而，这却是一个从未实现的设想。

就像已经讨论过的其他文章，另有 4 篇在此之前只出版过一次的文章，也需要单独提出来评析。一篇是对马克斯·伊斯特曼的《诗歌的乐趣》（纽约：查尔斯·斯克里布纳之子出版公司，1913 年）的简短赏析①，未标注日期，在伊斯特曼的文章中被引用。由于不能判断本来的出处，我们只能臆断这篇赏析是为了一个封面广告而写的，或者是为出版商类似的宣传要求所写。

第二篇是杜威的《答麦吉尔夫雷教授》一文，此文有着非常复杂的背景。杜威与麦吉尔夫雷的第一次公开讨论出现在杜威的一篇名为《现实具有实用特点吗》的文章中，而此文被刊载于《心理与哲学，向威廉·詹姆斯致敬》（纽约：朗曼·格林出版公司，1908 年）。后来，麦吉尔夫雷在《杜威教授的"意识行为"》中作出回复，并发表在《哲学、心理学与科学方法杂志》第 8 期（1911 年）第 458—460 页上。随后，《哲学、心理学与科学方法杂志》第 9 期（1912 年）的第 19—21 页，刊登了杜威的《答麦吉尔夫雷教授若干问》。事实上，这三篇文章只是公开论战的第一场，收录在《杜威中期著作》第 4 卷中。随后，麦吉尔夫雷又在另外三篇文章中继续他们的讨论：分别是发表在

---

① 马克斯·伊斯特曼文稿，礼来图书馆，印第安纳大学布卢明顿校区。

《哲学评论》第 21 期(1912 年)的《现实主义与自我中心困境》;发表在《哲学、心理学与科学方法》第九期(1912)的《杜威教授的"意识"》;以及同期刊上发表的《杜威教授的"对实在论的简短研究"》。最后一文出现在《杜威中期著作》第 6 卷中,同时,麦吉尔夫雷的相关文章也收录在本卷附录 2、3、4 中。杜威为答复麦吉尔夫雷的三篇文章,写下了最终的答复论文《答麦吉尔夫雷教授》,发表于《哲学、心理学与科学方法杂志》第 9 期(1912 年)第 544—548 页上,亦被本卷收录。

第三篇文章简单说来,就是杜威对席勒的形式逻辑的评论,名为《对逻辑学的严厉抨击》,发表于《独立》第 73 期(1912 年)第 203—205 页。席勒曾把自己的文章复本送给杜威,热切地希望这位训练有素且有人情味的逻辑学家能对此撰写评论,并发表在《哲学、心理学与科学方法杂志》上。对此,杜威在 1912 年 3 月 5 日的回信中写道: 500

> 因为斯洛森先生不久前才叫我帮忙为《独立》杂志评论你的文章,而这是我一定会做的。所以,我还是不要再为《哲学期刊》写了,这样比较好吧。我已经和负责评论的布什博士谈过,一定要让文章落到一个明理又能认同你的人手里。①

这 4 篇文章中的最后一篇是《从社会的角度看教育》,本卷把这篇文章从法语重新翻译过来。这篇文章的法语翻译第一次出现在《教育年鉴》(*L'Annee pedagogique*)第 3 期(1913 年)第 32—48 页中。这篇文章的原文并不是用法语写的,这个猜想可以得到两个类似事件的理由作为支持。第一个是杜威在 1930 年 11 月 7 日为法国哲学协会所作的陈述报告(在巴黎大学为其颁发荣誉博士之际),主题是"道德中的三个独立因素"。有记录指出,杜威将他的文章用英语念出,而后被查尔斯·塞斯特(Charles Cestre)翻译成法语,发表在《法国哲学协会通报》第 30 期(1930 年)第 118—127 页上②。

另一个是杜威发表在《道德形而上学评论》第 29 期(1922 年)第 411—430 页的《美国实用主义的发展》一文,法语翻译为佚名。后来,这篇文章被赫伯特·W·施耐德(Herbert W. Schneider)用法语重译,并发表在《思想历史研究》第 2 卷(纽约:哥伦比亚大学出版社,1925 年)增补第 353—377 页中。1963 年,施耐德写信告诉我,杜威

---

① 杜威致席勒,1912 年 3 月 5 日,加利福尼亚大学洛杉矶分校特藏馆。

② 由乔·安·博伊兹顿重新译为英语,发表在《教育理论》(Educational Theory),第 16 期(1966 年),第 197—209 页(为避免重复,本卷收入了英语版,未收入法语版。——译者)。

看到并认同了他的翻译,该翻译是在原版英文手稿已经不能找到之时做的。①《从社会的角度看教育》一文只能找到法语版,除此之外,刚才讨论的其余八篇文章都只出版过一次,直至此次被本卷收录。

501   共计 21 篇文章与评论,取自 1912 至 1914 年间 21 处不同的来源,包括 17 篇百科全书的文章和 5 篇杜威讲座报告。其中只有极少的部分被重印,而只有两篇被杜威修改过。②

《一种工业教育的方针》是杜威在新成立的杂志《新共和》第 1 期(1914 年)第 11—12 页上发表的第一篇文章。本卷已有收录。随后,"征得新共和出版公司的许可",此文又出现在《培训手册》第 16 期(1915 年)第 393—397 页上,作了一些形式上的修改,但无实质变动。同样,杜威于 1912 与 1913 年为《教育百科全书》第三、四、五卷撰写了 70 个词条,在 1914 年 5 月重新出版时没有任何改动。

《教育中的兴趣与努力》是杜威以 1896 年广泛传播的专论《与意志训练有关的兴趣》③为基础写成的。奇怪的是,这部后来名声显赫的作品却在初版时被当时众多的评论家所忽略。④ 这本小册子无疑被复印了许多次,因为在 1913 至 1943 年的 30 年间,此书销售了将近 24,000 份。但是,在现有的霍顿·米夫林出版公司所记载的出版记录中,却没有任何关于它的出版数量及日期的信息。与呈缴版本(A351909)相比,通过西门机(Hinman Machine)校对的三份图书复本(杜威中心 a,b 和 c)没有作出任何改动。呈缴本复件收录于本卷中。

杜威修改过的两篇文章都没有任何复本问题。《法律中的自然和理性》首次发表
502   于《国际伦理学期刊》第 25 期(1914 年)的第 25—32 页上。这篇文章被重印在约瑟夫·拉特纳编辑的《人物与事件》(纽约:亨利·霍尔特出版公司,1929 年)第 2 期第 790—797 页上。当这篇文章被重印在杜威的合订本——《哲学与文明》(纽约:明顿·鲍尔奇出版公司,1931 年)上时,其内容明显基于之前出版的期刊原版;该文在《人物与事件》中所作的修订,并未在合订本中出现。与第一个版本相比较,杜威在《哲学与文明》里所作的实质性修改,已在"文本研究资料"中的"1931 年版本修订列

① 施耐德致博伊兹顿,1963 年 10 月 21 日。
② 本文的校勘原则和程序由弗雷德森·鲍尔斯整理、撰写、收录在《杜威中期著作》第 1 卷,第 347—360 页。
③《杜威早期著作》,乔·安·博伊兹顿主编(卡本代尔:南伊利诺伊大学出版社,1972 年),第 5 卷,第 111—150 页;在"文本注释"中有讨论。
④《教育中的兴趣与努力》在 1975 年以平装本的形式发行过(卡本代尔:南伊利诺伊大学出版社)。

表"里注明了。

1913 年 1 月,《当前工业教育改革中存在的一些危险》首次发表于《美国教师》第
2 期(1913 年)的第 2—4 页上,当时的题目是"一个不符合民主原则的提案"。接下来
的数月中,它又被发表在《儿童劳工会刊》第 1 期(1913 年)的第 69—74 页上;这一次,
文章增加了一页半的介绍,并更名为"当前工业教育改革中存在的一些危险",在内容
和形式上也作了少量的修改。后一版本又出现在《全国儿童劳工委员会第 190 册》
(纽约:委员会,1913 年)上,这是对原版的增印。3 月,此文又作为《工业教育与民主》
的第二部分,以《美国教师》一月刊的内容为基础,重印在《调查》第 29 期(1913 年)的
第 870—871 页;第一部分则是杜威就工业教育问题对早先 H. E. 迈尔斯提出的观点
的回应,它出现在本卷的第 104 页。最后,在 5 月时,文章再一次被重印,出现在《职
业教育》第 2 期(1913 年)的第 374—377 页上,其原标题未变,但在内容和形式上出现
了几处改动,包括在文中添加了两个小标题。本卷收录的是此文第一次出现在《美国
教师》上的文章复本。

这 4 篇文章发表的时间顺序会误导读者,以为它们是以一条历史直线传播的。
但是,经校对发现,《儿童劳工会刊》将其单独地修改与扩展过,而《调查》与《职业教
育》都来源于《美国教师》。为了《儿童劳工会刊》的读者,杜威修改了关于工业教育的
文章,增写了新的引言,并修改了文章的首句。

正如《调查》的编辑所说,虽然文章有三处实质性和五处形式上的修改,并且加了
三个小标题,而《调查》上的内容还是基于《美国教师》的。少量证据也指出,《职业教
育》上的文章同样来自《美国教师》,或者来自《调查》,虽然来源于后者的可能性看起
来要小一些。相较于《美国教师》的版本,《调查》和《职业教育》有四处形式上的修改
都一致(本卷第 99 页第 32 行,第 100 页第 30 行,"State"一词被改成小写;第 100 页
30 行,"City"一词被改成小写;第 102 页第 12 行,对"curiculum"一词作了修改)。相
较于《调查》与《美国教师》,《职业教育》还有八处形式上的修改与它们呈现出不一致
(100 页第 3 行,在"工业教育"之后插入了逗号;100 页第 23 行,"工业"后插入逗号;
101 页第 18 行,"值得注意的"后插入逗号;101 页第 16 行,102 页 17 至 18 行,标点的
相关调整;101 页第 31 行,101 页 33 至 34 行,引用部分被作为摘录处理,斜体字被取
消;103 页第 10 行,把"unadvertised"一词中的"s"改成了"z")。《职业教育》也引进了
几处无关紧要的实质性改动,这些改动应该出自编辑之手,特别是供职于《职业教育》
杂志的编辑之手。比如,增加了"和分会"(99 页第 35 行),把"职业"改成"职业的"
(101 页 12 至 13 页),还插入了标题。就杜威而言,他只会在做一些有意义的改动时

503

才顺带修改这些小地方。除此之外，当一篇文章已经出版了四次（包括重印的《儿童劳工会刊》小册子）时，杜威再对其作重大修改的可能性非常之小。因此，《职业教育》中的实质性改动应该是没得到授权的。但是，作为一种历史性的参照，在"修订列表"中，《调查》与《职业教育》里出现的所有实质的和形式的修改都被列了出来。

符号列表

左边的页数和行数出自本版,行数从页头标题外第一行计起。 *504*

括弧前的阅读来本版。

方括弧代表本版阅读结束,紧随其后的符号标明阅读的首出处。

字母 W 代表本版作品,以及在本版首次出现的修订。

缩略语[*om.*]表示括弧前的阅读被省略了,缩略语后会标明省略部分的版本和印次。[*not present*]表示括弧前的阅读已被添加在早期材料里面了。

缩略语[*rom.*]表示罗马字,以及用来表明斜体字的省略。

涉及标点符号的修订,符号～表示与括弧前单词同一,符号∧表示缺标点。

修订列表

　　各版本所有实质上的和次要的修订将在以下列表中列出，另外一些调整将在这段介绍性解释里给出说明。方括弧左边的阅读出自本版，括弧后面紧跟着的缩略语显示首次修订的出处，以及与后续版本同一篇文章的核对。出处缩略语后面是分号，分号后面是原版阅读。经核对的所有版本中实质性的变化，也在此处注明。因此，这份列表既包括修订记录，也包括对历史上各版本的核对记录。

　　这个修订列表的开头标出了每篇文章的原版本，对于此前只付印过一次的文章没有缩略语标明原版。

　　从头到尾都有以下几点形式上的变化：

1. 书和杂志标题用斜体字，文章和书的章节用引号。凡必要的地方都注明并详述了书的标题。

2. 杜威脚注用连续性的上标数字字符，星号仅仅用于编辑脚注。

3. 不从内部引用原文的时候，单引号变成双引号。必要的地方会把开头或结尾的引号标注出来。

　　括弧前的杜威拼写习惯已经在编辑时作出了修正。

all-embracing] all embracing 232.28
although] altho 86.11, 89.22
anti-theological] antitheological 226.30–31
behavior] behaviour 35.15
centre (all forms)] center 10.20, 18n.25, 28.25, 86.18, 110.19, 205.6, 238.21, 268.16, 278.3, 279.26, 291.27, 294.22, 325.37, 340.1, 341.8, 354.11, 372.35
clue (all forms)] clew 23n.28, 25.40, 183.6, 193.14, 227.24, 243.13, 244.4, 280.30, 321.6
coadaptation] co-adaptation 236.10

common-sense (adj.)] common sense 3.4, 5.4, 358.18 – 19, 358.39 – 359.1

cooperation] co-operation 92.19 – 20, 98.25

cooperate (all forms)] coöperate 185. 18, 233.34, 236.8, 247.39, 281.36, 298.37, 303.38, 316.35 – 36, 317.36

coordinate (all forms)] coördinate 235.24, 235.38, 261.36, 316.16, 316.39, 343.11, 375.16 – 17

didn't] did n't 164n.3

doesn't] does n't 164.12, 178.12

enclosed] inclosed 143.18

endorse] indorse 85.5 – 6, 88.40, 89.7

engrained] ingrained 285.25

evil-doing] evil doing 229.13

fibre] fiber 154.31

grown up] grown-up 374.22

half-century] half century 59.27

intraorganic] intra-organic 27.4, 319.19 – 20

laissez-faire (adj.)] *laissez faire* 58.7

life-blood] life blood 133.8

life-struggle] life struggle 36.17, 41.16

Middle Ages] middle ages 272.34

naïvely] naively 147.5

old-time (adj.)] old time 100.21

outdoor] out-door 55.16

outgoing] out-going 162.35

overstimulation] over-stimulation 154.39

pedagogues] pedagogs 87.5

preestablished] preëstablished 293.18

preexisting] preëxisting 76.23

program] programme 143.17

psycho-physical] psychophysical 136.4

ready-made] readymade 167.35, 168.27, 182.31

reenforce (all forms)] reënforce 216.25, 251.10, 257.1, 258.13, 301.10

role] rôle 22n.2, 136.33, 193.31, 201.11, 221.11(2), 235.21, 248.10. 256.9, 287.9, 299.11, 317.39, 329.4, 338.32

self-enclosed] self-inclosed 272.23, 354.16, 363.24 – 25

theatre] theater 42.3

thorough (all forms)] thoro 109.5, 132.7

thoroughgoing] thorogoing 86.2 – 3, 86.8 – 9, 92.10

though] tho 31.7, 35.18, 40.18, 89.8

through] thru 132.3, 132.22

wage-earners] wage earners 85.16

well-being] well being 104.30, 136.29

well-being] wellbeing 95.7

well-defined] well defined 32.30

507

well-known] well known 318.15
zoology] zoölogy 313.8, 336.17

《知觉与有机体行为》

范本首次发表于《哲学、心理学和科学方法杂志》(1912 年),第 9 卷,第 645—668 页;重刊于《哲学与文明》(纽约:明顿·鲍尔奇出版公司,1931 年)。两个版本之间的差异,在"'知觉与有机体行为'1931 年版本修订列表"中作了说明。该文三处编辑上的修订,首次出现在《哲学与文明》版本里。

8.32	constructed] PC; connected
11.6 – 7	instantaneous" (p. 26); "an] W; instantaneous$_\wedge$; $_\wedge^9$ an
12.38	upon] W; from
12n.1	233] W; 232
12n.2	images] W; objects
16.26	in so far] W; in so
17.19 – 20	body upon things] W; body
17.20	itself"] W; ∼$_\wedge$
23n.21	and] PC; and and
24n.1	74] W; 84
27.32	multitude] PC; mutitude

《什么是心态》

范本来源于哥伦比亚大学哲学俱乐部论文特选集。

31.1	ARE] W; are
31.13	Club] W; club
32.6	object$_\wedge$] W; ∼,
33.9	in a] W; in
34.9	emotional] W; emotion
34.9	condition] W; conditon
35.29 – 30	indirectly,] W; ∼$_\wedge$
36.8	deeper-seated] W; ∼$_\wedge$∼
36.9	environment.] W; ∼,
36.27	nor] W; or
37.7	transcendence,"] W; ∼",
37.7	"transsubjective reference,"] W; $_\wedge$ transubjective reference",
37.10	organism$_\wedge$] W; ∼,
37n.8	pretty firm opinions] W; pretty opinion
38.16	biological nor] W; biological or
39.16	the behavior of physical] W; the of physical
39.38	objective] W; ejective

40.15	therefore] W; therefor
40.16	it were] W; twere
40.19	learn] W; leanr
40.29	because] W; bacause
40.32	destiny),] W; ～,)
42.17	Descartes] W; DesCartes
42.24	things.] W; ～?
43.3	But] W; By

《价值问题》

范本首次发表于《哲学、心理学和科学方法杂志》(1913 年),第 10 卷,第 268—269 页。此前没有作过任何修订。

《心理学原理与哲学教学》

范本首次发表于《哲学、心理学与科学方法杂志》(1914 年),第 11 卷,第 505—511 页。

50.23	science∧] W; ～,
52.16	side)∧] W; ～),
53.26	movement∧] W; ～,
55.13	turning] W; truning

《法律中的自然和理性》

范本首次发表于《国际伦理学杂志》(1914 年),第 25 卷,第 25—32 页;重刊于约瑟夫·拉特纳编辑的《人物与事件》(纽约:亨利·霍尔特出版公司,1929 年),第 790—797 页,作了三处修订。

57.7	In view] CE; In the view
57.27	causal] CE; casual
58.4	collectivistic] CE; collective
59.17	cases∧] W; ～,
59.27	half-century] W; ～∧～
60.4	∧cannot] W; "～
60.5	"means] W; ∧～
60.30	meant∧] W; ～,
61.24	practice∧] W; ～,
62n.1	1911] W; 1912

《对罗伊斯教授的工具主义批判的答复》

范本首次发表于《哲学评论》(1912 年),第 21 卷,第 69—81 页。

64.6	perhaps,] W; $\sim_\wedge$
64.32	instrumentalism] W; instrumentalisn
65.20	dialectician] W; dialectian
71.14	*propria*] W; *propia*
75.23 – 24	confirming.] W; $\sim$,

《答麦吉尔夫雷教授》

范本首次发表于《哲学、心理学和科学方法杂志》(1912 年),第 9 卷,第 544—548 页。

79.8	predicament$_\wedge$] W; $\sim$,
80.1	to indefinitely] W; indefinitely to
80.3	has] W; had
83.9 – 10	happening$_\wedge$ are,] W; $\sim$, $\sim_\wedge$

《密歇根州应当把职业教育置于"单一"的还是"双重"的管辖之下》

范本首次发表于国家工业教育促进协会第 18 期(1913 年)会刊(第 3 卷社会栏)上,第 27—34 页。

510	90.32	lines),] W; $\sim$)$_\wedge$
	91.18	dealt] W; dwelt
	92.17	working out] W; working

《当前工业教育改革中存在的一些危险》

范本首次发表于《美国教师》(1913 年),第 2 期,第 2—4 页,标题是"一个不民主的提议";重刊于 1913 年出版的《儿童劳动会刊》,第 1 期,第 69—74 页,并进行了修订和扩充。在《美国教师》的基础上,该文第三次刊印于《调查》(1913 年),第 29 期,第 870—871 页,作为《工业教育与民主》一文的第二部分。该文第四次发表于《职业教育》(1913 年),第 2 期,第 374—377 页。该文有五处是编辑作出的修订,这些修订首次出现在《调查》和《职业教育》中。

对该文所有实质性的和次要的修订,亦即《职业教育》、《调查》与《美国教师》的处理不一致的地方,没有独立地列出一个历史核对表,而是全部列表于下。

98.1 – 99.16   SOME ... placing bureaus.] CLB; [*not present*] AT, S, VE

99.17   *Industrial ... Dangers*ᴧ] W; INDUSTRIAL EDUCATION DANGERS.] CLB; AN UNDEMOCRATIC PROPOSAL AT, VE; INDUSTRIAL EDUCATION AND DEMOCRACY ... / II *Two Movements on the Inside* S

99.18   The ... is] CLB; No question at present under discussion in education AT, S, VE

99.18   fraught] CLB; so fraught AT, S, VE

99.19   democracy.] CLB; democracy as the question of industrial education. AT, S, VE

99.27   rather than] AT, CLB, VE; than to S

99.29   to the interests] AT, CLB, VE; in the interests S

99.32   State] AT, CLB; state S, VE

99.35   State Commission of Vocational Education] AT, CLB, VE; state commission of vocational education S

99.35 – 36   wherever] AT, CLB, S; and a separate Board wherever VE

100.3   industrial educationᴧ] AT, S; ~, CLB, VE

100.23   industrialᴧ] AT, CLB, S; ~, VE

100.30   City] AT, CLB; city S, VE

100.30   State] AT, CLB; state S, VE

100.34 – 35   efficiency. [◆] These] AT, CLB; efficiency./*Its Arresting Effect* [◆] These S; efficiency./EVILS OF SEPARATE CONTROL WORK BOTH WAYS. [◆] These VE

101.8   although] S; altho AT, CLB, VE

101.9   five] AT, CLB, VE; 5 S

101.9   centᴧ] S, VE; ~. AT, CLB

101.10 – 11   taxation. [◆] Thirdly] AT, CLB, VE; taxation./*A European Example* [◆] Third S

101.12 – 13   vocational] VE; vocation AT, CLB, S

101.15 – 16   "Vocational ... Europe."] AT, CLB; ᴧ~.ᴧ S; "~". VE

101.18   noteworthyᴧ] AT, CLB, S; ~, VE

101.20   Although] S; Altho AT, CLB, VE

101.31 – 32   *work ... general*] AT, CLB, S; [*rom.*] VE

101.33 – 34   *its ... bearings*] AT, CLB, S; [*rom.*] VE

101.35 – 36   society.ᴧ [◆] Whatever] W; society." [◆] Whatever AT, CLB, VE; society."/*Industrial "Classes" the Consequence* [◆] Whatever S

101.38   laborers] CLB; laborers for them AT, S, VE

101.38   quotations state] AT, CLB, S; quotation states VE

101.40 – 102.1   education,] AT, CLB, VE; ~ᴧ S

102.9   of intentions] AT, CLB, S; intentions VE

102.12   curriculum] CLB, S, VE; curiculum AT

102.17 – 18   general."] AT, CLB, S; ~". VE

102.23   would simply aim] AT, CLB, S; would be confined to

511

aiming VE

102.24	lines. Those] AT, CLB, S; lines./UNITY OF PUBLIC SCHOOL SYSTEM ESSENTIAL. [◀] Those VE
102.29	schools∧] AT, S, VE; ~, CLB
102.29	taxation∧] AT, S, VE; ~, CLB
103.2	that may] AT, CLB, S; may VE
103.4-5	actually ... already] AT, CLB, S; already being done VE
103.10	though] CLB, S; tho AT, VE
103.10	unadvertised] AT, CLB, S; unadvertized VE

《工业教育与民主》

范本首次发表于《调查》(1913 年),第 29 期,第 870 页。

104.25	intimates,] W; ~∧
104.28	Miles's] W; Miles

《试验性的学校教育方法》

范本首次发表于《调查》(1913 年),第 30 期,第 691—692 页。

106.17	it on] W; it
107.24	more] W; mere
107.31, 32	children,] W; ~∧
108.7	principle] W; principal
108.12	shown)∧] W; ~),

《教师的职业精神》

范本首次发表于《美国教师》(1913 年),第 2 期,第 114—116 页。

111.36	transmitting] W; transmiting
111.38	serious:] W; ~;
112.36	is you∧] W; ~,

《对逻辑学的严厉抨击——评席勒的〈形式逻辑:一个科学的和社会的问题〉》

范本首次发表于《独立》(1912 年),第 73 期,第 203—205 页。

132.2	predicables,] W; ~;
132.16	meaninglessness] W; meaningless

《现代心理学家——评斯坦利·霍尔的〈现代心理学的奠基人〉》

范本首次发表于《纽约时报书评》(1912 年 8 月 25 日),第 457—458 页。

137.33	sense),] W; ~,)	
138.17	wrote,] W; ~∧	
138.30	esthetic),] W; ~,)	
138.37	psychic] W; physic	
139.2	parallel] W; parrallel	
139.24	probably,] W; ~∧	
139.34	phenomena∧] W; ~,	
139.34	general,] W; ~∧	
139.36	led to] W; led	
139.37	Jung] W; Yung	
139.37 – 38	psycho-analysis] W; psycho-analysists	
140.25	use] W; us	
140.33	*Fach*] W; [*rom.*]	

513

《评威廉·詹姆士的〈彻底经验主义文集〉》

范本首次发表于《纽约时报书评》(1912 年 6 月 9 日),第 357 页。

142.13	was] W; were
143.5 – 6	demonstrations] W; ~,

《教育的兴趣与努力》

范本采自《教育的兴趣与努力》(波士顿:霍顿·米夫林出版公司,1913 年)一书。

153.21	Practically,] W; ~∧
155.23	interest∧] W; ~,
156.23	he is] W; that he is
163.3	take] W; takes
170.5	excitement∧] W; ~,
171.17	ball,] W; ~∧
183.2	way,] W; ~.
184.1	excitement,] W; ~∧
188.2	illustrates] W; illustrate
194.33	realization∧] W; ~,
195.25	excitements∧] W; ~,

《〈亨利·柏格森书目〉序言》

范本首次发表于伊萨多·吉尔伯特·马奇所著《亨利·柏格森书目》一书。

201.12 – 13	associations] W; associations
201.15	super-scientific∧] W; ~,

《〈大纽约地区日校和夜校职业教育指南〉序言》

范本首次发表于《大纽约日校和夜校职业教育指南》（纽约，1913 年）一书，第 2—3 页。

514 205.21   sixteen∧] W；～，
     206.13   education, keep] W；education∧ keeps

《〈教育百科全书〉第三、四、五卷词条》

杜威撰写的这些条目首次刊于由保罗·门罗（Paul Monroe）编辑的《教育百科全书》（纽约：麦克米兰出版公司，1912 至 1913 年）。

212.3   acts:] W；～；
212.24   hedonism,] W；～；
213.4   1892] W；1896
216.28   beliefs)∧] W；～），
216.31   exploitation∧] W；～，
219.8   principles or] W；principles of
220.16   phenomena,] W；～；
223.36   psychical] W；psyc ical
225.38   scholasticism,] W；～∧
227.6   contents,] W；～；
227.20   conception:] W；～；
227.37   this∧] W；～，
228.16   Oxford] W；London
228.20   *gesammten*] W；*gesamten*
228.21   Tübingen] W；Leipzig
228.34   1864] W；1896
229.39   is,] W；～∧
232.7−8   occupation,] W；～∧
232.35   nature;] W；～，
235.34   feat,] W；～∧
235.37   only the] W；the only
237.12   *in*] W；*of*
237.13   1897] W；1895
237.15   McDougall] W；MacDougall
237.15   London] W；New York
237.18   E.C.] W；E.H.
241.31−32   *System of Logic*] W；Principles of Logic
243.18   Educationally, this means∧] W；～∧～，
244.25   system] W；～∧
245.21   *A system ... 1900.*)] W；*Principles of Logic.*

245.22	1909] W; 1910
248.32	Hall] W; Hally
248.34	*Text-Book*] W; *Textbook*
248.35	1911] W; 1910
254.13	upon∧] W; ~,
254.27	way∧] W; ~,
259.28	matter, of content,] W; ~∧ ~∧
260.24	discursive] W; discussive
261.31	besides] W; beside
262.10	unity∧] W; ~,
263.5	valid, conclusion∧] W; ~∧~,
264.1	subject∧matter] W; ~-~
264.6	the] W; in the
268.7	late,] W; ~∧
268.19	knowledge∧] W; ~,·
270.8	obedience,] W; ~∧
272.25 – 26	imperfection;] W; ~,
272.27	divine,] W; ~∧
283.11	illogical — and the logical] W; illogical —
284.33	Subject-Matter] W; ~∧~
284.34	XXXI] W; XXX
284.35	I.E.] W; I.F.
284.35	1909] W; 1910
289.29	philosophers∧] W; ~,
291.1	*Education*∧] W; ~,
291.2	London] W; New York
294.36	1901] W; 1904
294.37	*Ethic*] W; *Ethics*
295.11 – 12	humanists'] W; ~∧
295.30	law] W; laws
298.28	values,] W; ~;
298.34	the general] W; general
304.15	minds] W; mind
312.3	*Text-Book*] W; *Textbook*
312.4	1911] W; 1903
312.9	1903] W; 1906
312.10	*Genetic*] W; *The Genetic*
312.13	1903] W; 1894
312.29	Neo-Platonism] W; Neoplatonism
318.26	1880] W; 1883
319.25	in order] W; order
323.34	*Children:*] W; ~.
323.37	Christian] W; Chr.
323.39	1884] W; 1864

515

323.40	Groos] W; Gross
324.8	McDougall] W; MacDougall
324.13	1896] W; 1895 – 96
324.15	*A Physiological*] W; *a physiological*
324.34;326.19	Auguste] W; August
326.23	1893] W; 1902
326.26,33;327.5	Peirce] W; Pierce
326.27	1878] W; 1879
326.27	*Science*] W; *Scientific*
329.25	*pragmatiste. Vol.* I, *Le*] W; *pragmatiste, le*
329.32	"Does . . . Character?" In] W; [*not present*]
329.35	van] W; von
329.35	*Philosophy*] W; *Philosophy of*
329.36	*Critically ... Present-Day*] W; *critically considered in relation to present-day*
330.4	*Philosophical*] W; *Philosophic*
330.6	*droits*] W; *Droits*
330.6	*respectifs*] W; *respectif*
330.7	*l'aristocratie*] W; *l'Aristocratie*
330.7	*démocratie*] W; *Democratie*
330.17	aspect∧] W; ~,
332.29	eighteenth-century] W; ⌒∧
332.34	poverty,] W; ⌒∧
338.13	terminology] W; teminology
340.8	become] W; becomes
347.19	1909] W; 1910
350.4	energy),] W; ~,)
352.20	assimilate,] W; ⌒∧
353.10	important] W; inportant
353.30	deism:] W; ~.
360.1	1906] W; 1907
360.3	F.C.S.] W; F.C.M.
360.36	doer,] W; ⌒∧
362.13	Oxford] W; Cambridge
362.17	*Concerning*] W; *on the*
362.39	another] W; an other
363.40	that∧ which,] W; ~, ⌒∧
364.18	knowledge,] W; ⌒∧

《幼儿的推理》

367.16	*Psychology*∧] W; Psychology,
370.21	which it] W; which

371.36   do the] W; the

《在儿童研究联合会上的演讲》

378.21   believed in] W; believed
381.18   education∧"] W; ~.'
381.27   impressions] W; imprescions
385.32   Dewey to] W; D. to

《社会行为心理学》

396.24   occurring] W; occuring
399.18   readjustable] W; readjustible
400.29   in] W; is
408.24   cent∧] W; ~.

《知觉与有机体行为》1931年版本修订列表

517 以下列表罗列了《知觉与有机体行为》一文在两个版本里的所有差异,一个版本发表于1912年第9期的《哲学、心理学和科学方法杂志》,第645—668页。该文的再版和修订出现在《哲学与文明》(纽约:明顿·鲍尔奇出版公司,1931年)一书,第202—232页。除了在本版做出的形式上的常规调整,此列表包括了所有实质性的和次要的修订。这些常规调整包括用连续性数字标注的脚注,书名一律采用斜体字,缩写的页码。括弧前的是原版与本版作出的修订不一致之处,括弧后的是1931年版的修订。

3.1	PERCEPTION AND ORGANIC ACTION] *Perception and Organic Action*
3.5	knowledge∧] ～,
3.19	action∧] ～,
4.13;6.10	that] which
4.14 – 15	which has not been] not
4.18	It ... supposing] Bergson supposes
4.20	have been] can be
4.26	follow∧] ～,
4.26 – 27	considerations,] ～∧
4.37	a knowledge] knowledge
5.21	it also holds] also holding
5.29	"reality," ... knowledge] "reality." Then knowledge
5.40	in its] since
5.40	theoretic character] theoretic
6.23(2),24 – 25	practise] practice
6.27	around] round
6.35 – 36	of the growth of an] of

8.8,16	so] as
8.32	connected] constructed
9.10 – 11	inconsistency, but] inconsistency. It
9.13 – 20	One ... perception.] [*om.*]
9.28	its presence] presence of the object
9.31 – 32	we ... Since] note that since
10.16 – 17	perceived] then perceived
12.31	*i.e.*] [*rom.*]
14.30	abandonment] "suppression"
15.12 – 13	real actions] actual doing
15.35	instantaneous, that] instantaneous, one that
15.36	that qualifies] one that qualifies
16.26	in so] so far
16.37	action$_\wedge$] ~,
16.38	sort$_\wedge$] ~,
18n.2	panpsychic] pan-psychic
19.39 – 40	it ... *constituting*] it operates to *constitute*
21.9	here] then
22.23	a choice] making a choice
23n.21	and and] and
23n.23	is as perceived] as perceived is
23n.30,34	preestablished] pre-established
23n.33	uniquely] unique
24.1	focusing] focus
27.22	coordinating] co-ordinating
27.32	mutitude] multitude
27n.2	655] 217
28.19	If] If it is
28.20	this] there
28.20	in a] a
28.20 – 21	in an] an
28.22 – 23	handling,] ~$_\wedge$
28.28	coordinated] co-ordinated
28n.4	of] in
30.15	revision.] revision. With *this* revision, follows also that of "intuition" severed from practical knowledge.

《法律中的自然和理性》1931年版本修订列表

　　下面列出了《法律中的自然和理性》一文在两个版本里的所有差异,一个版本刊于《国际伦理学杂志》(1914年,第25期,第25—32页),另外一个版本出现在《哲学与文明》(纽约:明顿·鲍尔奇出版公司,1931年)一书,第166—172页。括弧左边的出自原版,右边的出自《哲学与文明》一书。

56.27　　　　　　obstructed] obstruct
56.27　　　　　　furthered] further
57.33,37　　　　　meant] means
58.10　　　　　　and then to] with the intent of
59.3　　　　　　the influence] a direct influence
60.4　　　　　　court] Court
60.23 - 24　　　　courts, in] courts have done in
61.17　　　　　　wilful] willful
61.26　　　　　　of the idea of nature] of "nature"
61.40 - 63.11　　My point ... intelligence.] [*om.*]

行末连字符的使用

I. 范本表

以下是编辑给出的一些在范本的行末使用了连字符的可能性的复合词：

4.26	overboard	184.20 – 21	offspring
13.13	subject-matter	185.33	sense-training
18n.3	panpsychic	186.24	day-dreaming
28.14	sensori-motor	187.38	sensori-motor
33.24	so-called	217.25	sidetrack
35.12	non-living	225.20	sense-perception
60.22 – 23	ready-made	232.9	quasi-mystic
65.24	presuppositions	240.3	widespread
90.22	part-time	249.38	store-house
91.17	prevocational	254.5	whole-heartedly
132.5	semi-logical	255.4 – 5	non-intellectual
137.13	commonplace	262.23	interdependence
138.39 – 40	psycho-physics	286.12	spread-outness
144.33	non-dogmatic	286.18	non-acquired
146.26	thoroughgoing	287.16	deep-lying
147.33	well-known	290.26	Neo-humanism
161.19²	cross-eyedness	298.37	long-continued
163.33	thoroughgoing	304.15	by-product
166.21	food-power	308.4	ready-made
178.37	*mis*educative	308.15	homespun
179.7	twofold	310.12	forethought
181.38	subject-matter	324.29	coexistence
182.30	subject-matter	334.34	sense-perception
183.10 – 11	thoroughgoing	336.26	Everyday

340.18	self-hood	349.21	Neo-realism
340.27	self-hood	376.2	open-mindedness
341.16	Self-hood		

II. 校勘文本表

在当前版本的副本中,被模棱两可的复合词中的行末连字符均未保留,除了以下这些:

9.15	subject-matter	222.21	to-day
16.8	subject-matter	223.14	so-called
29.30	subject-matter	226.30	anti-theological
30.12	subject-matter	236.25	so-called
37.26	so-called	255.4	non-intellectual
40.18	half-hearted	261.22	Neo-Platonism
48.38	subject-matter	268.19	second-handed
60.22	ready-made	275.27	so-called
82.1	non-natural	325.2	non-human
98.16	non-educational	338.20	ready-made
109.16	every-day	342.35	self-hood
138.39	psycho-physics	358.18	common-sense
139.20	psycho-therapists	358.39	common-sense
139.37	psycho-analysis	378.13	pre-eminently
220.22	cross-examine	386.1	pre-vocational

引文勘误

杜威引用材料的方式有很多种,从凭记忆引用大意到逐字引用,有时全部引用材
料及出处,有时只是提到作者的名字,有时则根本忽略材料的出处。

除了那些明显表示强调和重述的引号,本文对引号内所有的材料进行了梳理,必要的时候对引文材料进行了核实和修正。有规律地用于修订文献信息的步骤,已经在《文本的校勘原则和程序》(《杜威中期著作》,第 1 卷,第 358 页)一文进行了说明;但是,杜威对所引原文的实质性的变动非常重要,值得给出一个特定的列表。

除了修订列表中注明的所有需要根据特殊情形作出的修改外,本文所有引文都按照它们首次发表的样子原封不动地保留下来。有些引文的变动可能是因为排版和印刷错误造成的,实质性的修订涉及恢复引文原貌,这些修订同样会在前面标注"W"。引文中出现的变化说明,杜威与他同时代的许多学者一样,对于形式上的精确性并不在意;不过,许多被引用材料的变化可能是出现在印刷过程中的。比如,把杜威引用的材料和原文对照,会发现一些杂志对被引用材料的处理与杜威一样。因此,在当前的版本中,对杜威所引资料的拼写和大小写都作了重新处理,但不涉及杜威对所引原文的关键词的形式所作的改变。

杜威引用的康德原文出处会在参考书目清单里详述,对于这些引文的修订却没有出现在这里;因为这些引文,是杜威从德文原版翻译过来的。对于杜威翻译方法更为详尽的探讨,参见《杜威早期著作》第 1 卷,第 lxi—lxiv 页以及第 xc 页。

杜威对所引材料的大部分修改涉及改变或忽略标点符号,诸如此类的改变不在本篇处理范围内。他也经常不用省略号,如果所引材料中的一些内容被省略了,他也不会把所引材料分开显示。在这些杜威没有用省略号的地方,本表会列出被省略的

短语。如果一行或超过一行被省略,括弧里的省略号会对这些被省略的地方作出提示。如果杜威引文与原出处之间实质性的差异是由引文的上下文造成的,那么,这类差异不会注明。

引文原出处的斜体字部分的处理是无关紧要的。如果杜威忽略了所引材料的斜体字部分,本表不会注明;不过,杜威自己增加的斜体部分会予以注明。如果这些无关紧要的改变或省略会带来重要的影响,本表会予以注明,比如对关键词的大小写的处理。

本表使用这样的格式,其目的在于帮助读者确定杜威在引用的时候是参照书本,还是仅凭记忆。这个部分所使用的符号标记遵照以下规则:首先列出当前文本中的页数和行数;然后是杜威引文,这部分被压缩到能够一目了然的第一个或最后一个字词;紧接着是括弧,括弧后是对引文的必要修订,可能是一个词,也可能是一个稍长的段落,视需要而定;最后是圆括号的部分,里面包括作者的姓氏,姓氏后面是缩短的引文资料的标题(来自"杜威参考书目"),之后是引文资料的页数和行数。

8.36	it] that it (Bergson, *Matter and Memory*, 306.6)
9.36	all its] its (Bergson, *Matter and Memory*, 30.31)
11.2	can retain] retain (Bergson, *Matter and Memory*, 304.24)
11.17	things] regard to things (Bergson, *Matter and Memory*, 21.18)
12.11	the way] its way (Bergson, *Matter and Memory*, 29.10)
12.28	is] is to say (Bergson, *Matter and Memory*, 30.14)
12.29	*action*] influence (Bergson, *Matter and Memory*, 30.15)
14.19	are ... indetermination] are, within the universe, just 'centres of indetermination,' (Bergson, *Matter and Memory*, 28.23 – 24)
17.23	*actually ... organs*] [*rom.*] (Bergson, *Matter and Memory*, 233. 17 – 18)
21.3	consists] lies (Bergson, *Matter and Memory*, 31.6)
21n.17 – 18	decreases] diminishes (Bergson, *Matter and Memory*, 6.16 – 17)
22.26	of *ensuring*] is merely to ensure (Bergson, *Matter and Memory*, 84. 11)
23n.3	living] these (Bergson, *Matter and Memory*, 69.19)
26.11	*so to*] [*rom.*] (Bergson, *Matter and Memory*, 19.16)
59.36	on ... implies] on its part implies (U.S. Reports 107.454.7 – 8)
60.3	men] officers (U.S. Reports 107.460.33)
66.19	biological] their biological (Royce, *William James*, 194.8)
67.15	objective] objective constitution of a certain (Royce, *William James*, 221.18)
67.16	is true, then,] is, then, true (Royce, *William James*, 221.20)
67.32	no man] no one man (Royce, *William James*, 220.22)
69.9 – 11	*are ... world*] [*rom.*] (Royce, *William James*, 193.18 – 19)

524

74.6	needs] intelligent needs (Royce, *William James*, 224.18)
80n.4	How] Now (McGilvary, "Present Philosophical Tendencies," 466.34)
101.31 – 32	*work ... general*] [*rom.*] (Cooley, *Vocational Education*, 99.36 – 37)
101.33 – 34	*its scientific ... social*] [*rom.*] (Cooley, *Vocational Education*, 100.1 – 2)
101.34	*bearings, will*] bearings-who comprehends the inner connection that must exist in the work of all members of society-will (Cooley, *Vocational Education*, 100.2 – 4)
131.14	logic] Logic (Schiller, *Formal Logic*, 409.31)
133.39	∧logic∧] 'Logic' (Schiller, *Formal Logic*, xi.3)
133.39	science can] Science could (Schiller, *Formal Logic*, xi.3)
134.1	science] Science (Schiller, *Formal Logic*, xi.5)
134.3¹	science] Science (Schiller, *Formal Logic*, xi.7)
134.3²	science] Science (Schiller, *Formal Logic*, xi.8)
140.3	supremely] felt supremely (Hall, *Psychology*, 303.18)
143.33	makes] make (James, *Radical Empiricism*, 277.3)
143.37	philosophy seems] philosophy, as it actually exists, reminds many of us of that clergyman. It seems (James, *Radical Empiricism*, 277.20 – 22)
143.39	Kosmos] unconscious Kosmos (James, *Radical Empiricism*, 277.24 – 278.1)
144.39	fact except] fact, it says, except (James, *Radical Empiricism*, 160.5)
145.2	philosophy] reality (James, *Radical Empiricism*, 160.9)
145.9	their] the (James, *Radical Empiricism*, 243.8)
145.28	we find] The statement of fact is that (James, *Radical Empiricism*, x.13)
145.28	things are] *things, conjunctive as well as disjunctive, are* (James, *Radical Empiricism*, x.14 – 15)
145.40	experience] *our experience* (James, *Radical Empiricism*, 193.13)
146.2	self-sustaining] *self-containing* (James, *Radical Empiricism*, 193.16)
146.3	nothing else] *nothing* (James, *Radical Empiricism*, 193.17)

525

杜威所用参考书目

526　　　我们对杜威使用过的参考书的书名和作者进行了修改和增添,做到与原来著作中的完全一致;所有修改过的地方,都列入了校订目录之中。

　　这里为杜威引用到的每一本著作提供了充分的出版信息。当杜威为一本参考书列出页码的时候,他使用的版本与他的列举是完全一致的。杜威自己的藏书也同样可以证实他所使用用过的特殊版本。这里列举的其他一些参考书的版本,是从不同的版本中挑选出来的。他挑选的最大可能原因就是出版的地点和时间,或者是在通信中和其他材料中被提到,在他那个时期很容易找到的版本。

Albee, Ernest. *A History of English Utilitarianism.* London: Swan Sonnenschein and Co. , 1902.

Alexander, Samuel. *Moral Order and Progress*: *An Analysis of Ethical Conceptions.* The English and Foreign Philosophical Library. London: Trubner and Co. , 1889.

Angell, James Rowland. *Psychology*: *An Introductory Study of the Structure and Function of Human Consciousness.* 3d ed. New York: Henry Holt and Co. , 1906.

Appleton, Lilla Estelle. *A Comparative Study of the Play Activities of Adult Savages and Civilized Children*: *An Investigation of the Scientific Basis of Education.* Chicago: University of Chicago Press, 1910.

Bagley, William Chandler. *The Educative Process.* New York: Macmillan Co. , 1908.

Bain, Alexander. *The Emotions and the Will.* 3d ed. London: Longmans, Green, and Co. , 1875.

Baldwin, James Mark, ed. *Dictonary of Philosophy and Psychology.* 3 vols. in 4. New York: Macmillan Co. , 1902 – 1905.

——. *Mental Development in the Child and the Rave.* New York: Macmillan Co.,
1895.

——. *Social and Ethical Interpretations in Mental Development* : *A Study in Social*   527
Psychology. New York: Macmillan Co., 1897.

Bawden, Henry Heath. *The Principles of Pragmation*: *A Philosophical
Interpretation of experence.* Boston: Houghton Miflin Co., 1910.

Bentham, Jeremy. *An Introduction to the Principles of Morals and Legislation.*
Oxford: Clarendon Press, 1879.

Bergson, Henri. *Matter and Memory.* Translated by Nancy Margaret Paul and W.
Scott Palmer. New York: Macmillan Co., 1911.

Berkeley, *George. Works.* Edition by A.C. Fraser. 4vols. Oxford: Clarendon Press,
1901.

Berthelot, René. *Le Pragmatime chez Nietzsche et chez Poincaré.* Un Romantisme
utilitaire. Étude sur le mouvement pragmatise, vol. I. Paris: F. Alcan, 1911.

Bosanquet, Bernard. *The Education of the Young in the Republic of Plato.*
Translated by Bernard Bosanquet. Cambridge: University Press, 1901.

Bradley, Francis Herbert. *Appearnce and Realitu* : *A Metaphysical Essay.* Library
of Phisophy. 2d ed., rev. London: Swan Sonnenschein and Co., 1897.

Bryant, Sophie. *Educational Ends*; *or, The Ideal of Personal Development.*
London: Longmans, Green, Reader and Dyer, 1887.

Butler, Nicholas Murray. *The Meanings of Education, and Other Essays and
Addresses.* New York: Macmillan Co., 1905.

Caird, Edward. *The Critical Philosophy of Immanuel Kant.* 2 vols. Glasgow:
James Maclehose and Sons, 1889.

——. *The Social Philosophy and Religion of Comtes.* 2d ed. Glasgow: James
Maclehose and Sons, 1893.

Carus, Paul. *Truth on Trial* : *An Exposition of the Nature of Truth, Preceded by a
Critique of Pragmatism and an Appreciation of Its Leader.* Chicago: Open Court
Publishing Co., 1911.

Chamberlain, Alexander Francis. *The Child* : *A Study in the Evolution of Man.*
The Contemporary Science Series, vol.39. Edited by H. Eills. London: W. Scott,
1900.

Colozza, Giovanni Antonio. *Psychologie und Pädagogik des Kinderspiels.*
Translated by Chrstian Ufer. Internationale Bibliothek für Pädagogik und deren
Hilfswissenschaften, vol.2. Altenburg: O. Bonde, 1900.

Colvin, Stephen Sheldon. *The Learing Process.* New York: Macmillan Co., 1911.

Cooley, Charles Horton. *Human Nature and the Social Order.* New York: Charles
sribner's Sons, 1910.

Dewey, John. *The Child and the Curriculum.* University of Chicago Contributions   528
to Education, no.5. Chicago: University of Chicago, 1902. [*The Middle Works of
John Dewey,* 1899 – 1924, edited by Jo Ann Boydston, 2 : 271 – 91. Carbondale:
Southern Illinois University Press, 1976.]

——. *Educational Essays.* Edited by Joseph John Findlay. London: Blackie & Son.
1910.

——. *How We think*. Boston: D. C. Heath & Co. 1910. [*Middle Works* 6: 177 – 356.]

——. *The Influence of Darwinon Philosophy and Other Essays in Contemporary* Thought. New York: Herry Holt and Co., 1910.

——. *Moral Principles in Education*, Riverside Educational Monographs. Edited by Henry Suzzallo. Boston: Houghton, Mofflin Co. 1909. [*Middle Works* 4: 265 – 291.]

——. *My Pedagogic Creed*. New York: E.L. Kellogg & Co., 1897. [*The Early Works of John Dewey*, 1882 – 1898, edited by Jo Ann Boydston, 5: 84 – 95. Carbondale: Southern Illinois University Press, 1972.]

——. *The School and the Child*: *Being Selections from the Educational Essays of John Dewey*, edited by Joseph John Findlay. The Library of Pedagogics. London: Blackie & Son, 1907.

——. *The School and Society*, Chicago: University of Chicago Press, 1900. London: P.S. King & Son, 1900. [*Middle Works* 1:1 – 109.]

——. "The reflex Arc Concept in psychology." *Psychological Review* 3 (1896) 357 – 370 [*Early Works* 5:96 – 109.]

——. "Science as subject-matter and as method." *Science*, n. s. 31(1910):121 – 127 [*Middle Works* 6:69 – 79.]

——. and Tufts, James H. *Ethics*. New York: Holt, Herry Holt and Co., 1908. Reprinted, 1909. [*Middle Works* 5:1 – 540.]

——. et al. *Essays, Philosophical and Psychological*, *in Honor of William James*. New York: Longmansm, Green and Co., 1908.

——. et al. *Studies in Logical Theory*, University of Chicago Decennial Publications, vol. II. Second Series. Chicago: University of Chicago Press, 1903 [Dewey's contributions, *Middle Works* 2:293 – 375.]

Eastman, Max. *The Enjoyment of Poetry*. New York: Charles Scribner's Sons, 1913.

Ennis v. The Maharajah. 40 Federal Repoter 784 (S. D. N. Y. 1889)

Farrar, Fredeic William, ed. *Essays on Liberal Education*. London: Macmillam and Co., 1867.

Farrar, Fredeic William, ed. *Essays on Liberal Education*. London: Macmillam and Co., 1867.

Fichte, Johann Gottlieb. *The Destination of Man*. Translated by Mrs. Percy Sinnett. London: Chapman Bros., 1846.

——. *Grundlage Der Gesammten Wissenschaftslehre und Grundriss des Eigenthümlichen der Wissenschaftslehre in Rücksicht auf das theoretische Vermögen*. New unaltered ed. Tübingen: Cotta, 1802.

Findly, Joseph John. *Principles of Class Teaching*. Macmillan's Manuals for Teacher, edited by O. Browning and S. S. F. Fletcher. London: Macmillan and Co., 1902.

Fiske, John. *The Meaning of Infancy*. Riverside Educational Monographs, edited by H. Suzzallo. Boston: Houghton Mifflin Co., 1909.

Fite, Warner. *Individualism*: *Four Lectures on the Significance of Consciousness for Social Relation*. New York: Longmans, Green, and Co., 1911.

Fouillée, Alfred Jules Émile. *Le mouvement idéaliste et la réaction contre la science positive*. 2d ed. Paris: F. Alcan, 1896.

Franche, Kuno. *A History of German Literature as Determined by Social Forces*. New York: Henry Hlot and Co., 1905.

Froebel, Friedrich Wilhelm August. *The Education of Man*. Translated by W. H. Hailmann. International education Series, edited by W. T. Harris, vol. 5. New York: D. Appleton and Co., 1912.

Goergens, Jan Daniel. *Das Spiel und die Spiele der Jugend*. Leipzig: O. Spamer, 1884.

Goethe, Johann Wolfgang von. *Goethe's Popular Works*. io vols. Cambridge ed. Edited by Fredric H. Hedge and Leopold Noa. Boston: Estes and Lauriat, 1883.

Goodsell, Willystine. *The Conflict of naturalism and Humanism*. New York: N.Y.C. Teachers College, Columbia University, 1910.

Green, Thomas Hill. *Prolegomena to Ethics*. 4th ed. Edited by A. C. Bradley. Oxford: Clarendon Press, 1889.

Groos, Karl. *The Play of Animals*. Translated by Elizabeth L. Baldwin. New York: D. Appleton and Co., 1898.

——. *The Play of Man*. Translated by Elizabeth L. Baldwin. New York: D. Appleton and Co., 1901.

Halévy, Élie. *La jeunesse de Bentham*. La Formation du radicalisme philosophique, vol. I. Bibliothèque de philosophie contemporaine. Paris: F. Alcan, 1901.

Hall, Granville Stanley. *Adolescence: Its Psychology and Its Relations to Physiology, Anthropology, Sociology, Sex, Crime, Religion and Education*. 2 vols. New York: D. Appleton and Co., 1908.

——. *Aspects of Child Life and Education*. Edited by Theodore L. Smith. Boston: Ginn and Co., 1907.

——. *Youth: Its Education, Regimen, and Hygiene*. New York: D. Appleton and Co., 1906.

Harris, William Torrey. *Psychologic Foundations of Education: An Attempt to Show the Genesis of the Higher Faculties of the Mind*. International Education Series, vol.37. New York: D. Appleton and Co., 1908.

Hegel, Georg Wilhelm Friedrich. *Phänomenologie des Geistes*. 2d ed. Leipzig: Felix Meiner, 1911.

Helmholtz, Hermann Ludwig Ferdinand von. *On the Sensations of Tone as a Physiological Basis for the Theory of Music*. 4th ed., rev. Translated by Alexander J. Ellis. New York: Longmans, Green, and Co., 1912.

——. *Optique Physiologique*. Translated by Émile Javal and N. Th. Klein. Paris: V. Masson and Son, 1867.

Henderson, Ernest Norton. *A Text-Book in the Principles of Education*. New York: Macmillan Co., 1911.

Herbert, Thomas Matin. *The Realistic Assumptions of Modern Science Examine*. Edited by James M. Hodgson. London: Macmillan and Co., 1879.

Höffding, Harald. *A History of Modern Philosophy: A Sketch of the History of*

530

Philosophy from the Close of the Renaissance to Our Own Day. Translated by B. Ethel Meyer. 2 vols. London: Macmillan and Co., 1908.

Horne, Herman Harrell. *Idealism in Education*; or, *First principles in the Making of Men and Women*. New York: Macmillan Co., 1910.

——. *The Philosophy of Education*: *Being the Foundations of Education in the Related Natural and Mental Sciences*. New York: Macmillan Co., 1905.

Huizinga, Arnold van Couthen Piccardt. *The American Philosophy Pargmatism Critically Considered in Relation to Present-Day Theology*. Boston: Sherman, French, and Co., 1911.

Hume, David. *The Philosophical Works*. Edited by Thomas Hill Green and Thomas Hogde Grose. 4 vols. London: Longmans, Green, and Co., 1874 – 1875.

Jacoby, Gunther. *Der Pragmatismus*. *Neue Bahnen in der Wissenschaftslehre des Auslands*. Eine Würdigung von Gunther Jacoby. Leipzig: Dürr, 1909.

James, William. *Essays in Radical Empiricism*. New York: Longmans, Green, and Co., 1912.

——. *The Meaning of Truth*. New York: Longmans, Green, and Co., 1909.

——. *A Pluralistic Universe*: *Hibbert Lectures at Manchester College on the Present Situation in Philosophy*. New York: Longmans, Green, and Co., 1909.

——. *Pragmatism*: *A New Name for Some Old Ways of Thinking*. New York: Longmans, Green, and Co., 1907. [Reissued, 1909.]

——. *The Principles of Psychology*. 2 vols. New York: Henry Hlot and Co., 1890. [Reissued, 1899.]

——. *The Varieties of Religious Experience*: *A Study in Human Nature*. 16th impression. New York: Longmans, Green, and Co., 1910.

——. *The Will to Believe*, *and Other Essays in Popular Philosophy*. New York: Longmans, Green, and Co., 1897.

Joachim, Harold Henry. *The Nature of Truth*: *An Essay*. Oxford: Claredon press, 1906.

Johnson, George Ellsworth. *Education by Plays and Games*. Boston: Ginn and Co., 1907.

Kant, Immanuel. *Kritik der reinen Vernunft*. 2d ed. Riga: J. F. Hartknoch, 1787.

Kirkpatrick, Edwin Asbury. *Fundamentals of Child Study*: *A Discussion of Instincts and Other Factors in Human Development*. New York: Macmillan Co., 1903.

Ladd, George Trumbull. *A Theory of Reality*: *An Essay in Metaphsical System Upon the Basis of Human Cognitive Experience*. New York. Charles Scribner's Sons, 1899.

Leibniz, Gottfried Wilhelm. *Die Théodicée*. Edited by J. H. von Kirchman. Philosophische Bibliothek, vol. 79. Leipzig: E. Koschny, 1879.

Locke, John. *An Essay Concerning Human Understanding*. 2 vols. Oxford: Clarendon Press, 1894.

Lotze, Rudolph Hermann. *Logik. System der Philosophie*, vol. I. Leipzig: S. Hirzel, 1880.

——. *Medizinische Psychologie*; *oder*, *Physiologie der Seele*. Leipzig: Weidmann, 1852.

McDougall, Wlliam, *An Introduction to Social Psychology*. London: Methuen and Co. , 1908. [Reissued, 1910.]

McGilvary, E. B. , W. B. Pitkin, H. A. Overstreet, And E. G. Spaulding. "The Problem of Values." *Journal of Philosophy, Psychology and Scientific Methods* 10(1913): 168.

Mackenzie, John Stuart. *A Manual of Ethics*. 4th ed. London: University Tutorial Press, 1900.

MacVannell, John Angus. *Outline of a Course in the Philosophy of Education*. New York: Macmillan Co. , 1912.

Mill, John Stuart. *A System of Logic, Ratiocinative and Inductive*. 8th ed. New York: Harper and Bros. , 1900.

———. *Utilitarianism*. London: Parker, Son, and Bourn, 1863.

Miller, Irving Elgar. *The Psychology of Thinking*. New York: Macmillan Co. , 1909.

Moore, Addison Webster. *Pragmatism and Its Critics*. Chicago: University of Chicago Press, 1910.

Muirhead, John Henry. *The Elements of Ethics*. University Extension Manuals. New York: Charles Scribner's Sons, 1892.

Nettleship, Richard Lewis. "The Theory of Education in the *Republic* of Plato." In *Hellenica: A Collection of Essays on Greek Poetry, Philosophy, History and Religion*, edited by Evelyn Abbott, pp. 67 – 180. London: Rivingtons, 1880.

Ormond, Alexander Thomas. *Foundations of Knowledge, in Three Perts*. London: Macmillan and Co. , 1900.

O'Shea, Michael Vincent. *Education as Adjustment: Educational Theory Viewed in the Light of Contemporary Thought*. New York: Longmans, Green, and Co. , 1903.

Partridge, George Everett. *Genetic Philosophy of Education: An Epitome of the Published Educational Writings of President G. Stanley Hall*. New York: Sturgis and Walton Co. , 1912.

Pater, Walter Horatio. *Marius the Epicurean: His Sensations and Ideas*. New York: Macmillan Co. , 1900.

Paulsen, Friedrich. *German Education Past and Present*. Translated by Theodor Lorenz. London: T. Fisher Unwin, 1908.

Peirce, Charles Sanders. "How to Make Our Idears Clear." *Popular Science Monthly* 12 (1878):286 – 302.

Plato. *The Dialogues of Plato*. Translated by Benjamin Jowett. 4 vols. Boston: Jefferson Press, 1871. [Gorgias, 3:1 – 119; *Republic,* 2:1 – 452; *Laws*, 4:1 – 480.]

Pollock, Frederick. *The Expansion of the Commen Law*. London: Stevens and sons, 1904.

Pound, Roscoe. "The End of Law as Developed in Legal Rules and Doctrines." *Harvard Law Review* 27 (1914): 195 – 234.

Rickaby, Joseph John, S. J. *Moral Philosophy; or, Ethics and Natural Law*. English Manuals of Catholic philosophy. New York: Benziger Brothers, 1888.

Rosenkranz, Johann Karl Friedrich. *The Philosophy of Education*. Translated by

532

Anna C. Brackett. 2d ed., rev. International Education Series, vol. 1, edited by W.T. Harris. New York: D. Appleton and Co., 1903.

Royce, Josiah. *Nature, Man, and the Moral Order*. The World and the Individual, second series. New York: Macmillan Co., 1901.

——. *The Spirit of Modern Philosophy: An Essay in the Form of Lectures*. Boston: Houghton Mifflin Co., 1892.

——. "The Imitative Fuctions, and Their Place in Human Nature." *Century Magazine* 48 (1894):137 – 145.

——. "Preliminary Report on Imitation." *Psychological Review* 2 (1895):217 – 235.

——. "Some Pbservations on the Anomalies of Self-Consciousness." I. *Psychological Review* 2 (1895): 433 – 457; II. Ibid., pp. 574 – 584.

Ruediger, William Carl. *The Principles of Education*. Boston: Houghton Mifflin Co., 1910.

Russell, Bertrand. *Philosophical Essays*. London: Longmans, Green, and Co., 1910.

Sandys, Sir John Edwin. *The Eighteenth Century in Germany and the Nineteenth Century in Europe and the United States of America*. A History of Classical Scholarship, vol. 3. Cambridge: University Press, 1908.

Schiller, Ferdinand Canning Scott. *Formal Logic: A Scientific and Social Problem*. New York: Macmillan Co., 1912.

——. *Humanism: Philosophical Essays*. London: Macillan and Co., 1903.

——. *Studies in Humanism*. London: Macillan and Co., 1907.

Schinz, Albert. *Anti-pragmantisme: Examen des droites respectifs de l'aristocratie intellectuelle et de la démocratie sociale*. Bibliothèque de philosophie contemporaine. Paris: F. Alcan, 1909.

Schopenhauer, Arthur. *Arthur Schopenhaner's Sammtliche Werke*. 2d ed. Edited by Julius Frauenstadt. 6 vols. Liepzig: F.A. Brochhaus, 1891.

Sidgwick, Henry. *Outlines of the History of Ethics, for English Readers*. 3d ed. London 1892.

——. *The Methods of Ethics*. 4th ed. London: Macmillan and Co., 1890. [6th ed., 1901.]

Sigwart, Chistoph von. *Logic*. 2d ed., rev. and enl. 2 vols. Translated by Helen Dendy. Libraray of philosophy, 4th series, edited by John Henry Muirhead. London: Swan Sonnenschein and Co., 1895.

Sinclair, Samuel Bower. *The Possibility of a Science of Education*. Chicago: University of Chicago Press, 1903.

Spencer, Herbert. *The Principles of Ethics*. A System of Synthetic Philosophy, vols. 9, 10. London: Williams and Norgate, 1892 – 1893.

——. *The Principles of Psychology*. 2 vols. In 3. New York: D. Appleton and Co., 1896.

Spinoza, Benedictus de. *Ethic*. 4th ed., rev. Translated by William Hale White. Rev. by Amelia Hutchison Stirling. New York: H. Froude, 1910.

Spranger, Eduard. *Wilhelm von Humboldt und die Reform des Bildungswesens*. Berlin: Reuther Reichard, 1910.

Stephen, Leslie. *The English Utilitarians*. 3 vols. London: Cuckworth and co., 1900.

533

Strachan, John. *What Is Play? Its Bearing upon Education and Training*. A *Physiological Inquiry*. Edinburgh: D. Douglas, 1877.

Taine, Hippolyte Adolphe. *L' Idéalisme anglais. Etude sur Carlyle*. Bibliothèque de philosophie contemporaine. Paris: G. Baillière, 1864.

Tarde, Gebriel de. *Les lois de l'imitation; étude socilogique*. Paris: F. Alcan, 1890.

——. *The Laws of Imitation*. Translated by Elsie Clews Parsons. New York: Henry Holt and Co., 1903.

Tufts, James H., and Dewey, John. *Ethics*. New York: Henry Holt and Co., 1908. Reprinted, 1909. [*Middle Works* 5:1 – 540.]

United States Reports. *Wabash Railway* v. *McDaniels*. 107 (1882): 454 – 463.   534

Venn, John. *The Principles of Empirical or Inductive Logic*. London: Macmillan and Co., 1889.

Vincent, George Edgar. *The Social Mind and Education*. New York: Macmillan Co., 1897.

Watson, John. *Christianity and Idealism: The Chritian Ideal of Life in Its Relation to the Greek and Jewish Ideals and to Modern Philosophy*. New ed. London: London: Macmillan and Co., 1897.

——. *Hedonistic Theories from Aristippus to Spencer*. Glasgow: James Maclehose and Sons, 1895.

Wundt, Wilhelm Max. *Principles of Physiological Psychology*. 5th German ed. Translated by Edward Bardford Titchener. New York: Macmillan Co., 1910.

索 引①

---

① 本索引每个条目后所附的页码均为英文原版书页码，即本书边码。——译者

注意力;mentioned,452,注意力被提及

Augustine, Saint 圣·奥古斯丁:

on sovereignty of divine will, 292 - 293,论神圣意志的至高无上;mentioned, 339,圣·奥古斯丁被提及

Automatism 机械行为主义:

Bergson on, 203,柏格森论机械行为主义

Awareness 觉知:

as element of consciousness, 80 - 81, 452 - 453,作为意识因素的觉知

Bacon, Francis:弗朗西斯·培根

his Realism, 231,培根的实在论;his system of induction, 240 - 241,培根的归纳体系;mentioned, 120,332,345,390,被提及

Baldwin, James Mark:詹姆斯·马克·鲍德温

his version of Tarde's theory of society, 236,詹姆斯·马克·鲍德温对塔德社会理论的改进版

Behaviorist psychology, 52 - 55,行为主义心理学

Beliefs and ideas:信仰和观念

as essential to instrumentalism, 64,工具主义必需的信仰和观念

Bentham, Jeremy, 212,361,杰里米·边沁

Bergson, Henri:亨利·柏格森

twofold strain in doctrine of, 3,柏格森学说中的双重张力;contrasting interpretations of his theory of perception, 18 - 20,柏格森知觉理论的对比解释;on rational intuition, 261,柏格森论理性直觉;mentioned, x, xii, xiii, xvii, 143,柏格森被提及

Berkeley, George:乔治·贝克莱

on perceived objects, 226,贝克莱论被感知到的客体

Boas, Franz, 394,弗朗茨·博厄斯

Bosanquet, Bernard, xv,伯纳德·鲍桑奎

Bradley, Francis Herbert, xiv, xv, 228,弗朗西斯·赫伯特·布拉德雷

Brain:大脑

role of, in Bergson's theory of perception, 24 - 30,大脑的功能柏格森知觉理论中的大脑;Bergson on relation of, to intelligence, 202 - 204,柏格森论大脑与智慧的关系

Bridgeport, Connecticut, 466,布里奇波特,康涅狄格州

Bridgman, Laura, 396,劳拉·布里奇曼

Buddhism:佛教

pessimistic tone of, 296,佛教的悲观主义论调

Burke, Edmund, 357,埃德蒙·伯克

Bush, Wendell T., 温德尔·T·布什;445n（脚注）

Caird, Edward, 345,爱德华·凯尔德

Calculus of Relations, 422,关系的演算

Candide, 293,《老实人》

Carmichael, Leonard, xxiv, xxv,伦纳德·卡迈克尔

Cartesian-Lockean terms:笛卡尔-洛克术语

psychology expressed in, 51,用笛卡尔-洛克术语表示的心理学

Categoris:范畴

general theory of, 422,普遍的范畴理论

Chicago 芝加哥:

school system of, 96,100,芝加哥的学校体系

Child and Curriculum, xxi, xxiv,《儿童与课程》

Child labor laws, 205 - 206,童工保护法

Children:儿童

principle of selfhood in, 342 - 343,儿童的自我原则

Choice:选择

role of, in Bergson's theory of perception, 20 - 24,柏格森知觉理论中选择的作用

Christianity:基督教

pessimistic tone of, 296,基督教的悲观主义

his theorem of prime numbers, 439 - 440,欧
几里得的素数定理
Euripides, xxviii,欧里庇得斯
Evolution:进化
Bergson on, 202 - 204,柏格森论进化;
problem of truth in, 414,进化中的真理
问题
Expansion of the Common Law, 56,《普通法
通论》
Experience:经验
James on, 145 - 148,詹姆斯论经验;related
to method, 279 - 281,与方法相联系的
经验
Experience and Nature, xvi,《经验与自然》
Experimental science:实验科学
its effect on education, 310,实验科学对教
育的影响

Fairhope educational experiment, 387 - 389,费
尔霍普的教育试验
Family circle:家庭圈子
Pestalozzi on, 378,裴斯泰洛齐论家庭圈子
Fechner, Guatav Theodor:古斯塔夫 · 西奥
多 · 费希纳
as founder of psychology, 137 - 139,作为心
理学的奠基者的费希纳
Federation for Child Study, 377,儿童研究联
合会
Fichte, Johnann Gottlieb, 138,232,289,294,
299,345,357,413,415,约翰 · 戈特利布 ·
费希特
Fiske, John:约翰 · 菲斯克
his doctrine of prolonged infancy, 246 - 248,
约翰 · 菲斯克的延长幼年期的理论
Fite, Warner, 62n,沃纳 · 菲特
Frederick the Great, 379,腓特烈大帝
Freedom and Culture, xxi - xxii,《自由与文
化》
Frege, Gottlob, 440,戈特洛布 · 弗雷格
French Revolution, 419,法国大革命

Froebel, Friedrich Wilhelm August, 186,211,
232,289,322,378,382 - 383,弗里德里希 ·
威廉 · 奥古斯特 · 福禄培尔

Galileo, 226,伽利略
Gary, Indiana:加里,印第安纳
school system of, 96,加里的学校体系
Gauss, Karl Friedrich, 424,卡尔 · 弗里德里
希 · 高斯
Gellius, Aulus, 218,奥卢斯 · 格利乌斯
Generalization, 209 - 210,普遍化
Germany:德国
industrial education system of, 94 - 97,379,
德国的实业教育体制; development of
psychology in, 137 - 141,德国心理学的
发展
Goethe, Johann Wolfgang von, 289,290,约
翰 · 沃尔夫冈 · 冯 · 歌德
Goyá y Lucientes, Francisco Jose de, xviii,弗
朗西斯科 · 何塞 · 德 · 戈雅-卢西恩特斯
Groos, Karl, 319,卡尔 · 格鲁斯

Haeckel, Ernst Heinrich, 276,恩斯特 · 海因
里希 · 海克尔
Happiness:幸福
modern hedonism's view of, 212,现代享乐
主义的幸福观
Harmony,210 - 211,和谐
Hartmann, Eduard von:爱德华 · 冯 · 哈特曼
as founder of psychology, 137 - 141 passim,
作为心理学奠基人的哈特曼;mentioned,
296,被提及
Hebraism, 290,希伯来文化
Hedonism, 211,360,享乐主义
Hedonistic paradox, 212,享乐主义的悖论
Hedonists, 363,享乐主义者
Hegel, Georg Wilhelm Friedrich, 138,227,
231 - 232,289,299,345,357,413,415,格奥
尔格 · 威廉 · 弗里德里希 · 黑格尔
Heidelberg:海德堡

Matter and Memory，202，《物质与记忆》

Meaning：意义

    as omitted from formal logic, 132 - 133, 作为从形式逻辑里省略掉的意义

Meaning of truth, xvi, 144, 《真理的意义》

Means：手段

    related to ends as part of activity, 165 - 174, 与目的相联系的作为部分活动的手段

Medical psychology, 138, 《医学心理学》

Medieval philosophy：中世纪哲学

    its view of mind and nature, 215, 它的心智和自然观

Megaric school, 349, 麦加拉学派

Melanesia, 400, 美拉尼西亚

Meliorism, 294, 世界改良论

Memory：记忆

    related to perception, 22*n* - 23*n*, 28*n*, 与知觉相联系的记忆；organic, 369, 机体觉记忆

Mental life：精神生活

    emotional and rational as two phases of, 397 - 399, 作为精神生活两个阶段的感性精神生活和理性精神生活

Metaphysics：形而上学

    Bergson's, criticized, 135 - 136, 被批判的柏格森的形而上学；defined, 276 - 277, 定义

Method, 277 - 284, 方法

Miles, H. E. , 104 - 105, 461, H·E·迈尔斯

Mill, James, 144, 212, 345, 361, 詹姆斯·密尔（亦译穆勒——译者）

Mill, John Stuart：约翰·斯图亚特·密尔（亦译穆勒——译者）

    his system of induction, 241 - 242, 他的归纳体系；mentioned, 144, 212, 357, 361, 被提及

Milwaukee, Wisconsin, 462, 密尔沃基，威斯康星州

    Mind：心灵，心智

Dewey's theory of, xii, 杜威的心智理论；

Perry's conception of "subcutaneous," 54, 佩里的"皮下"心智观；as one with intelligent activity, 195 - 197, 作为伴随着理智活动的心智；defined, 214 - 217, 定义；connection of, with language, 395 - 397, 心智与语言的联系；realists' definition, 455 - 460, 实在论者对心智的定义

— state of：心态

    defined and summarized, 31 - 32, 定义和概括；as emotional attitude, 33, 作为感情态度的心态；social-moral influence on, 38 - 40, 对心态的社会道德影响；influence of art on, 40 - 43, 艺术对心态的影响；mentioned, xvii, 被提及

Modern idealism, 294, 现代唯心主义

Modernism, 419, 现代主义

Monads, 293, 单子论

Monism, 284 - 285, 一元论

Montague, William Pepperell, 23*n*, 威廉·佩珀雷尔·蒙塔古

Montaigne, Michel Eypquem, seigneur de, 295, 米歇尔·德·蒙田

Montessori, Maria, 187, 378, 381, 玛丽亚·蒙台梭利

Moore, George Edward, 422, 455, 乔治·爱德华·摩尔

Morality, 285, 道德

Moral Sense, 285, 道德感

Motivation, Thinking, and Effort, 473 - 474, 动机, 思考和努力

Motive, xxii, 动机

Mozart, Wolfgang Amadeus, xviii, 沃尔夫冈·阿马迪厄斯·莫扎特

Musical esthetics：音乐审美

    Helmholtz's contribution to, 140, 赫尔姆霍茨对音乐审美的贡献

Naïve realism, 456, 朴素实在论

Names：名字

theory of，37，主体间关涉理论；mentioned，被提及

Truth，xiv，64 - 78，132 - 133，358 - 359，真理

Uebermensch，414，超人

Umwertung aller Werte，414，重估一切价值

Unique relation，454 - 455，独一无二的关系

Universal，360，普遍性

Universe，357，宇宙

Utilitarianism，212，360 - 362，功利主义

Validity，362，有效性

Valuation，45，评价

Values：价值

　problem of，44 - 46，价值问题；educational，362 - 365，教育的价值

Varieties of Religious Experience，399，《宗教经验种种》

Vocational education，xxvii，职业教育

Voltaire，François Marie Arouet de，293，伏尔泰，弗朗索瓦·马利·阿鲁埃

Voluntarism，418，423，435，444，唯意志论

Weber，Max，138，马克斯·韦伯

Weltanschauung，418，世界观

Whewell，William，241，威廉·惠威尔

Will to Believe，142，327，《信仰的意志》

Winckelmann，Johann Joachim，290，约翰·约阿希姆·温克尔曼

Windelband，Wilhelm，216，威廉·文德尔班

Wisconsin：威斯康星州

　industrial education system of，84 - 86，461 - 468，威斯康星州工业教育体制

Woman suffrage，409，妇女参政权

Work：工作

　as using intermediate means to reach ends，189 - 191，作为达到目的的中间手段；related to play，320 - 321，与游戏相联系的工作

World War Ⅰ，xxiv，第一次世界大战

Wundt，Wilhenlm Max：威廉·马克斯·冯特

　as founder of psychology，137 - 141 passim，作为心理学的奠基人

Yellow Peril，407，黄祸

Zeller，Eduard：爱德华·策勒尔

　as founder of psychology，137 - 138，作为心理学的奠基人

译后记

本卷包括杜威哲学论战的文章、随笔、评论和为《教育百科全书》撰写的词条,题材涉及哲学、心理学、教育学等诸多方面,杜威的文风也随着题材和文体的差别有所变化。具体而言,哲学论战方面的文风十分晦涩,文字艰深,很难翻译;而涉及教育方面的评论以及教育学词条,文风则明白晓畅许多。

杜威是百科全书式的作家。本卷足可见出其学识之渊博、兴趣之广泛,同时不乏对某几个兴趣点的高度聚焦,这些聚焦的背后都是一个源头、一种主张、一种准宗教式的热情、一种哲学世界观、一个理论实践家——杜威。

仅仅把杜威的哲学理解成纯思辨,恐怕会误会他。他的哲学是需要身体力行践行的,他本人的生活即哲学,他本人的践行即理论,一言以蔽之,他的哲学即主客互动、有机生长的生活世界本身。他由哲学到心理学,由心理学到教育学,并持之以恒地关注教育实践,身体力行地推动教育改革,这体现了作为教育家的杜威不同于抽象的理论哲学家之处,也体现了作为哲学实践家的杜威不同于书斋哲学家之处。

一种理论,如果仅在书斋得到构建后,直接抛出书斋落地成长,估计杜威是不赞同的。杜威的理论是在生活实验中成长的,所以,这种理论始终是对实验开放的、未完成的、不封闭的,从而可以自我纠错。通过杜威的哲学,我们无疑可以摸到作为美国精神的实用主义的命门。它生机勃勃,是因为其直接肯定生命。

杜威终身关注实际和实践,从实践中提炼理论,并把理论最终运用于实践。他对智识的热情是与他对民主教育实践的热情纠缠在一起的,从这个角度说,杜威是百科全书式的作家,但决不是书斋作家;他是思想家,但绝不是幽居象牙塔内的思想家。

本卷翻译有赖于欧阳谦老师的推荐和信赖，译毕之后搁置几年，期间做过一些校对和修改，此后又搁置。现在补写译后记，距离当初翻译已是倏忽七年多了，真有旧交重逢并"逝者如斯"之慨。对于个体生命来说，七年太长，长到觉得人生更短。翻译和出版《杜威全集》的时间跨度更不止七年，此间不同的人因不同的际遇和理由在不同时段介入其中的工作，有的介入得短，有的介入得长，有的历经物是人非、生活变迁、心路转换。这些《杜威全集》背后的生命生活剪影，活在《杜威全集》的成长背景里。

对于有兴趣阅读本卷的非专业读者，作为译者，本人建议：不要一开始就按照目录顺序从论文部分读起，那是本卷最为晦涩的部分。不妨从与教育相关的内容读起，次读心理学相关部分，最后读哲学部分。如果只想阅读一篇文章，建议直接阅读本卷的《教育中的兴趣与努力》一文，该文广受流传，任何人都会从中获益良多。

最后要感谢《杜威中期著作》的中文编委会和本卷编辑，尤其要感谢欧阳谦老师对本卷翻译工作的支持和帮助，特别是他对哲学翻译部分进行棘手而耗时的校订工作。本卷作为一项最终的智力成品问世，凝结了很多人的心血。希望阅读它的人，开卷有益。尽管本人竭尽全力，仍恐有疏漏，恳请学界和读者批评指正。

刘 娟

2012 年 8 月 30 日

图书在版编目(CIP)数据

杜威全集. 中期著作. 第 7 卷:1912～1914/(美)杜威
(Dewey, J.)著;刘娟译.—上海:华东师范大学出版社,
2012.7
ISBN 978-7-5617-9786-0

Ⅰ.①杜…　Ⅱ.①杜…②刘…　Ⅲ.①杜威,J.(1859～
1952)—全集　Ⅳ.①B712.51-52

中国版本图书馆 CIP 数据核字(2012)第 174094 号

国家社科基金重大项目资助(项目批准号:12 & ZD123)
以及复旦大学"985 工程"三期整体推进人文学科
研究项目的资助(项目批准号:2011RWXKZD007)

杜威全集·中期著作(1899—1924)
第七卷(1912—1914)

著　　者　(美)约翰·杜威
译　　者　刘　娟
校　　者　欧阳谦
策划编辑　朱杰人
项目编辑　王　焰　曹利群　朱华华
审读编辑　夏海涵
责任校对　曹　琛　时东明
装帧设计　高　山

出版发行　**华东师范大学出版社**
社　　址　上海市中山北路 3663 号　邮编 200062
网　　址　www.ecnupress.com.cn
电　　话　021-60821666　行政传真 021-62572105
客服电话　021-62865537　门市(邮购)电话 021-62869887
地　　址　上海市中山北路 3663 号华东师范大学校内先锋路口
网　　店　http://hdsdcbs.tmall.com

印 刷 者　常熟市华通印刷有限公司
开　　本　787×1092　16 开
印　　张　28.5
字　　数　458 千字
版　　次　2012 年 12 月第 1 版
印　　次　2012 年 12 月第 1 次
印　　数　1—2100
书　　号　ISBN 978-7-5617-9786-0/B·723
定　　价　98.00 元

出 版 人　朱杰人

(如发现本版图书有印订质量问题,请寄回本社客服中心调换或电话 021-62865537 联系)